Materialien SII · Biologie

Evolution

Schroedel

Materialien SII · Biologie

Evolution

Herausgegeben und bearbeitet von
Ulf Erdmann, Bad Sachsa
Dr. Andreas Paul, Hamburg
Claudia Polzin, Berlin

Dieses Werk ist eine Neubearbeitung des Werkes *Evolution*, Bestell-Nr. 10532. Herausgegeben von Peter Hoff, Wolfgang Miram und Dr. Andreas Paul.

Druck A [1]/ Jahr 2008

Alle Drucke der Serie A sind im Unterricht parallel verwendbar.

Redaktion: Marcel Tiffert, Ulrike Wallek, Dr. Dirk Wenderoth
Illustrationen: Brigitte Karnath, Karin Mall, Tom Menzel
Einbandgestaltung: Janssen Kahlert
Design & Kommunikation
Satz und Repro: O & S Satz GmbH, Hildesheim
Druck und Bindung: westermann druck GmbH, Braunschweig

ISBN 978-3-507-**10920**-9

Inhalt

Belege für die Evolution 60

Ablauf der Evolution 98

Die Evolution des Menschen 126

Was ist Evolution?

Ein zahnloser Bartenwal, dessen Jungen als Embryonen Zähne besitzen; eine Zellmembran, die bei Bakterien ebenso wie bei Elefanten oder Orchideen aus einer Lipiddoppelschicht besteht; eine lange Abfolge von Fossilien, die im Verlauf von Jahrmillionen heute lebenden Tieren und Pflanzen immer ähnlicher werden: Beobachtungen wie diese inspirierten 1972 den russisch-amerikanischen Genetiker Theodosius DOBZHANSKY zu einem Satz, der in die Geschichte der Biologie einging: *„Nichts in der Biologie ergibt einen Sinn, außer im Licht der Evolution."*

Evolution (lat. *evolvere,* entwickeln) ist in den Augen fast aller heutigen Naturwissenschaftler sowohl eine Tatsache als auch eine Theorie. Mitte des 19. Jahrhunderts galt die Annahme, dass die heutige biologische Vielfalt das Ergebnis eines langen, natürlichen Entwicklungsprozesses ist, noch als gewagte Hypothese, die im Widerspruch zur Bibel stand. 1859 präsentierte Charles DARWIN in seinem Buch über den „Ursprung der Arten" jedoch so überzeugende Belege, dass schon damals kaum noch ein Naturwissenschaftler daran zweifelte, dass die Evolution der Arten eine Tatsache ist.

Gleichzeitig präsentierte DARWIN mit seiner **Selektionstheorie** eine Theorie, die eine schlüssige Erklärung für die Evolution der Lebewesen lieferte. Diese Theorie wurde im 20. Jahrhundert durch die Erkenntnisse der Genetik erweitert und trägt heute den Namen **Synthetische Evolutionstheorie.**

Wie andere naturwissenschaftliche Theorien ist die Synthetische Theorie der Evolution keine unbewiesene Spekulation, sondern stellt ein umfassendes Erklärungsmodell dar, das überprüfbare Vorhersagen ermöglicht. Dadurch unterscheidet sich die Evolutionstheorie von Glaubensbekenntnissen, die sich nicht überprüfen lassen. Eine solche nicht überprüfbare Gegenposition zur Evolutionstheorie ist beispielsweise der Kreationismus (lat. *creare,* erschaffen), der die Existenz von Lebewesen einem Schöpfergott zuschreibt. Eine moderne Variante dieses Glaubensbekenntnisses ist die

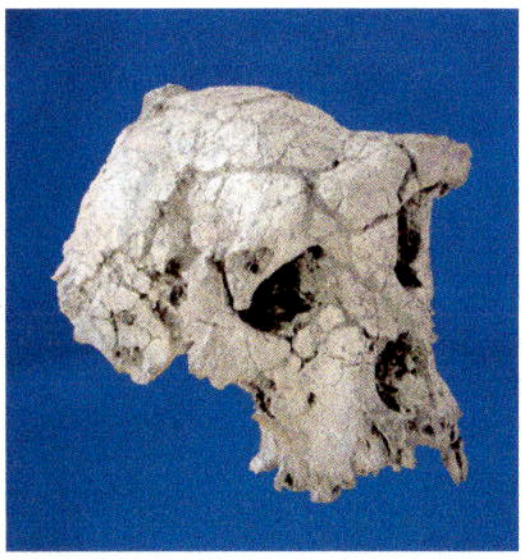

aus den USA stammende „Lehre“ vom „Intelligent Design“. Da die Verfassung der USA Religionsunterricht an öffentlichen Schulen verbietet, vermeiden die Anhänger dieser Glaubensrichtung jeden Bezug auf den biblischen Schöpfungsbericht. Sie behaupten stattdessen, dass komplexe Lebewesen nur durch einen „intelligenten Designer“ erklärbar seien. Versuche, „Intelligent Design“ im Schulunterricht als Gegenposition zur Evolutionstheorie durchzusetzen, sind in verschiedenen Bundesstaaten der USA gescheitert, da es sich nach Auffassung der Gerichte nicht um eine Wissenschaft, sondern um Religion handelt.

Im Gegensatz zur „Lehre“ vom „Intelligent Design“ ist die **Evolutionsbiologie** eine Wissenschaft, die ohne übernatürliche Erklärungen für natürliche Phänomene auskommt. Wichtigste Voraussetzung dafür, dass Evolution stattfinden kann, ist die Tatsache, dass die Individuen einer Art erbliche Unterschiede aufweisen. Mit dieser **genetischen Variation** beschäftigt sich ein Teilgebiet der Evolutionsbiologie, die **Populationsgenetik.** Sie beschreibt die genetische Struktur von Populationen und erklärt, wie Veränderungen von Allelfrequenzen im Verlaufe der Generationen zustande kommen. Ursache solcher Veränderungen sind einerseits Zufallsereignisse, wie etwa **Mutationen.** Ein anderer Evolutionsfaktor ist die Tatsache, dass manche Individuen aufgrund ihrer erblichen Eigenschaften besser an die jeweils herrschenden Umweltbedingungen angepasst sind als andere. Dies verbessert ihre Überlebenschancen und führt letztlich dazu, dass diese Individuen auch mehr überlebende Nachkommen hinterlassen. Diesen Prozess, der im Verlauf der Generationen zu einer besseren **Angepasstheit** der Mitglieder einer Population führt, hatte DARWIN **natürliche Selektion** genannt.

Der Prozess der **sexuellen Selektion** begünstigt dagegen die Evolution von Merkmalen, die alles andere als nützlich erscheinen. Oft verringern sie sogar die Lebenserwartung des Individuums. Ihr Selektionsvorteil liegt darin, dass sie die Fortpflanzungschancen des Merkmalsträgers erhöhen. Solche Phänomene zeigen, dass Selektion zwar ein Anpassungsprozess ist, aber nicht automatisch zu optimaler Angepasstheit führt.

Die Evolutionsbiologie ist heute eine dynamische Wissenschaft, die die Mechanismen der **Artbildung** ebenso erforscht wie die **Evolution des Verhaltens.** Molekularbiologische Methoden wie die DNA-Sequenzierung ermöglichen Einsichten in die **Evolution von Genen** und ganzen Genomen und haben auch die **Stammbaumrekonstruktion** revolutioniert.

DNA-Analysen und spektakuläre Fossilfunde haben in den letzten Jahren auch neue Erkenntnisse zur **Evolution des Menschen** ermöglicht. Gesichertes Wissen über die evolutionäre Zukunft des Menschen gibt es dagegen kaum, denn die Evolution ist kein zielgerichteter Prozess. Sicher ist nur, dass die Evolution weitergeht – auch die des Menschen.

Entwicklung des Evolutionsgedankens

1 Moderne Evolutionstheorie

1.1 Charles DARWIN

Zu Beginn des 19. Jahrhunderts erlebte die englische Wirtschaft durch die Industrialisierung einen rasanten Aufstieg. Als führende See- und Handelsmacht führte die britische Marine viele mehrjährige Expeditionen durch. Hierbei wurden vor allem Küstenlinien vermessen und weitere Handelsstützpunkte eingerichtet. Die Forschungsreisen wurden regelmäßig von Wissenschaftlern begleitet. Neue naturwissenschaftliche Erkenntnisse waren willkommen, da sie weitere Gewinne versprachen. Gleichzeitig hatte die Anglikanische Kirche eine starke politische Stellung in England inne, die unter anderem auf umfangreichen Landbesitz gegründet war. Die Landpfarrer waren weniger seelische Fürsorger ihrer Gemeinde als die politischen Statthalter der Kirche. Für die eigentliche Gemeindearbeit wurde oft zusätzlich ein Vikar eingestellt.

8.1 DARWINS Schiff Beagle

Unter diesen gesellschaftlichen Rahmenbedingungen wuchs Charles DARWIN als Sohn eines begüterten Landarztes auf. Während seines Medizinstudiums in Edinburgh begann DARWIN bereits, sich für Naturwissenschaften zu interessieren. Er gab das Medizinstudium nach zwei Jahren aber wieder auf. Auf Vorschlag seines Vaters begann er dann ein Theologie-Studium in Cambridge. Daneben begeisterte er sich zunehmend für Botanik und Geologie und besuchte entsprechende Vorlesungen. Er schloss sein Theologiestudium mit dem Examen ab, wurde aber nie als Seelsorger tätig. Auf Vermittlung seines Botanik-Lehrers John HENSLOW erhielt er das Angebot, mit dem Schiff Beagle unter Kapitän Robert FITZROY an einer Weltumsegelung teilzunehmen. Als DARWIN die Reise im Dezember 1831 antrat, glaubte auch er noch, ganz ein Kind seiner Zeit, dass die Welt als Ganzes und die Lebewesen in einem göttlichen Schöpfungsakt entstanden seien.

Während der Reise trat ein Charakterzug DARWINS zu Tage, der sein ganzes späteres Leben beherrschte. Mit akribischer Genauigkeit trug er alle Beobachtungen zusammen. Außerdem sammelte er eine kaum überschaubare Menge an wissenschaftlichen Fundstücken wie getrockneten Pflanzen, Vogelbälgen, Alkoholpräparaten, Fossilien sowie Mineralien und Gesteinsproben. Schon während seiner Reise war DARWIN aufgefallen, dass viele seiner Fossilfunde Ähnlichkeiten mit rezenten, das heißt heute noch lebenden Organismen aufwiesen. Das weckte in ihm erste Zweifel an einem einmaligen göttlichen Schöpfungsakt. Seine Zweifel wurden weiter genährt durch geologische Beobachtungen.

Dabei waren ihm die *Principles of Geology* von Charles LYELL eine große Hilfe. LYELL hatte in den Principles mit der Vorstellung aufgeräumt, dass die Oberfläche der Erde durch kurzfristige, heftige Katastrophen gestaltet wird. Vielmehr vertrat er das **Prinzip des Aktualismus** und nahm an, dass in der Vergangenheit dieselben Kräfte gewirkt haben, die in der Gegenwart noch wirken: so zum Beispiel Wind- und Wassererosion. Die dadurch verursachten klei-

PORTRÄT

Charles Robert DARWIN
(1809–1884)

Charles DARWIN wurde in Shrewsbury geboren. Seine schulischen Leistungen waren nur mittelmäßig. Trotzdem begann er ein Studium der Medizin, wechselte dann aber zur Theologie. Nach einer fünfjährigen Weltumsegelung ehelichte er seine wohlhabende Cousine Emma WEDGEWOOD. Obwohl DARWIN anfänglich durchaus umstritten war, wurde er nach seinem Tode mit höchsten Staatsehren in Westminster Abbey beigesetzt.

9.1 DARWINS Reiseroute an Bord der Beagle

nen Veränderungen summieren sich im Laufe langer Zeiträume zu großen Veränderungen der Erdoberfläche. LYELL gestand der Erde bereits ein Alter von mehreren Millionen Jahren zu. Dies stand im Widerspruch zur Ansicht des anglikanischen Bischofs James USSHER, der 1650 die Erschaffung der Erde durch Gott auf den 23. Oktober 4004 vor Christus datiert hatte. Dieses Datum hatte USSHER durch Addition entsprechender Zeitangaben der Bibel erhalten. Heute nimmt man ein Erdalter von knapp fünf Milliarden Jahren an.

LYELLS Überlegungen führten DARWIN zu einer Theorie über die Entstehung tropischer Atolle. Danach versinkt eine Vulkaninsel aufgrund ihrer Masse und der Erosionskräfte langsam im Meer. Währenddessen wachsen die Korallen eines vorhandenen Saumriffes stetig nach oben, dem Licht entgegen. Ist die Vulkaninsel schließlich vollständig versunken, hinterlässt sie eine zentrale Lagune, die von einer flachen, ringförmigen Insel umgeben ist. Solch ein Vorgang ist nur unter der Annahme großer Zeitabstände möglich.

Auch die Verbreitung von Lebewesen gab DARWIN zu denken. So beobachtete er auf den Galapagos-Inseln Spottdrosseln, Finken und Schildkröten, die sich von Insel zu Insel unterschieden. Während der Fahrt plagte DARWIN nur die Frage, wie die Schildkröten und Vögel auf die Inseln gekommen waren. Warum es auf verschiedenen Inseln des Archipels jeweils unterschiedliche Formen der Tierarten gab, war für ihn damals noch nicht von Interesse. So versäumte es DARWIN beispielsweise, seine Finken-Bälge mit genauen Fundortdaten zu versehen. Die Zuordnung gelang später in England nur dank der von FITZROY gesammelten und exakt beschrifteten Exemplare.

Am Ende der Reise hatte DARWIN seine Evolutionstheorie zwar noch nicht fertig entwickelt, aber die Summe seiner Beobachtungen ließen ihn immer mehr an einer göttlichen Schöpfung zweifeln.

9.2 Kwajalein-Atoll, Pazifik

PORTRÄT

Sir Charles LYELL wurde in Kinnordy, Schottland, geboren. Er gilt als einer der Begründer der modernen Geologie und verhalf dem Aktualitätsprinzip zum Durchbruch. Damit nahm man ein deutlich höheres Erdalter an, als die Kirche ihr damals nach der Bibel zugestehen wollte. LYELL stand DARWINS Theorien anfangs durchaus skeptisch gegenüber, ließ sich jedoch später überzeugen und wurde zum Förderer seines jüngeren Kollegen.

Charles LYELL (1797–1875)

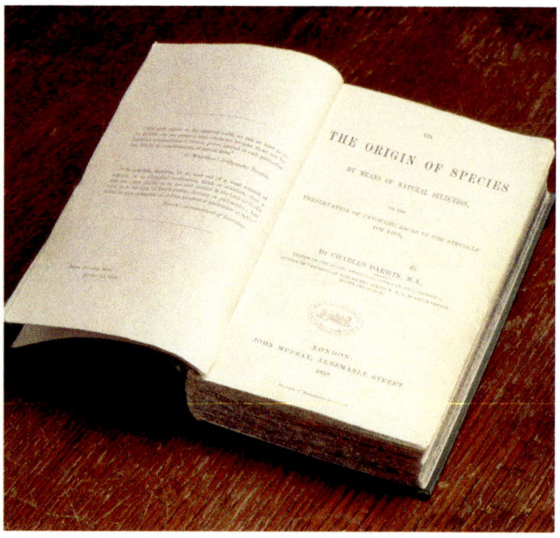

10.1 Origin of Species von Charles DARWIN

Nachdem DARWIN 1836 wieder in England war, entschied er sich gegen eine Karriere als Landpfarrer. Stattdessen widmete er sich der wissenschaftlichen Auswertung seiner Reise. So veröffentlichte er 1839 seine Reiseberichte und 1842 seine Theorie zur Entstehung von Atollen. Es folgten weitere Bücher zu geologischen Themen und schließlich begann er sich auch mit den gesammelten Pflanzen und Tieren zu beschäftigen. Seine Arbeit gipfelte 1859 in seinem berühmten Werk *On the Origin of Species by Means of Natural Selection, or the Preservation of Favoured Races in the Struggle for Life* (Über die Entstehung der Arten durch natürliche Zuchtwahl oder die Erhaltung der begünstigten Rassen im Kampf ums Dasein).

Dabei hatte eine Veröffentlichung von Thomas MALTHUS für DARWIN entscheidenden Nutzen. MALTHUS hatte angenommen, dass es in absehbarer Zeit zu Verteilungskämpfen zwischen den Menschen kommen würde, weil die Nahrungsressourcen nicht in gleichem Maße zunehmen würden wie die Bevölkerungszahl. DARWIN übertrug MALTHUS' Ausführungen vom Menschen auf alle Lebewesen, denn er hatte beobachtet, dass diese in der Regel deutlich mehr Nachkommen produzierten, als für das pure Überleben der Art notwendig wäre.

Andererseits bleibt die Größe der meisten Populationen konstant und die Menge an vorhandener Nahrung ist begrenzt. DARWIN schlussfolgerte daraus, dass die Lebewesen sich in einem ständigen Kampf ums Dasein, dem *struggle for life,* befinden müssten. Außerdem müsste dieser Kampf zwischen Angehörigen derselben Art besonders heftig sein, da diese um dieselben Ressourcen konkurrieren. Weiterhin beobachtete DARWIN, dass Lebewesen derselben Art Unterschiede aufweisen und viele dieser Unterschiede erblich sind. Er nannte diese unterschiedlichen Formen *Varietäten,* konnte ihr Zustandekommen aber nicht erklären. Für ihn war aber offensichtlich, dass die Varietäten unterschiedliche Überlebens- und Fortpflanzungschancen haben: Manche Varietäten hinterlassen mehr überlebende Nachkommen als andere. Diesen Vorgang nannte Darwin natürliche Selektion. Findet die Selektion über viele Generationen statt, kann dies zu grundsätzlichen Veränderungen führen, der Evolution der Lebewesen. Anfangs machte DARWIN keine Aussagen zur Evolution des Menschen, wohl wissend, dass er damit der kirchlichen Lehrmeinung vom Menschen nach Gottes Ebenbild zu sehr widersprach. Dies holte er 1871 mit der Abhandlung *The Descent of Man* (Die Abstammung des Menschen) nach.

PORTRÄT

Thomas Robert MALTHUS
(1766–1834)

Thomas Robert MALTHUS wurde in der Nähe von Guildford geboren. Er war zuerst Priester, übernahm dann eine Professur für Geschichte und Nationalökonomie. Seine Überlegungen zur Bevölkerungsdynamik inspirierten DARWIN zur Selektionstheorie. MALTHUS postulierte ein schnelleres Wachstum der Bevölkerung als der Nahrungsmittelproduktion, weshalb es zu Verteilungskämpfen kommen würde.

1 Fassen Sie DARWINS Evolutionstheorie in den wichtigsten Aussagen zusammen.

2 Stellen Sie Vermutungen an, warum es entgegen MALTHUS' Überlegungen gelingt, eine exponentiell wachsende Weltbevölkerung ausreichend mit Nahrungsmitteln zu versorgen.

3 Erläutern Sie aus heutiger Sicht, wie Varietäten entstehen können. Berücksichtigen Sie dabei Erkenntnisse der klassischen und der molekularen Genetik.

1.2 Unterstützung durch Alfred Russel WALLACE

DARWINS Theorie wurde in England einerseits begeistert aufgenommen, andererseits aber auch genauso strikt abgelehnt. Unterstützung erhielt er durch den Naturforscher Alfred Russel WALLACE. Dieser hatte in den Jahren 1848 bis 1852 das Amazonasgebiet erforscht und unternahm von 1854 bis 1860 eine ausgedehnte Sammlungsreise im Malaiischen Archipel. WALLACE war wirtschaftlich nicht so gut gestellt wie DARWIN und verdiente seinen Lebensunterhalt mit dem Verkauf biologischer Präparate und Sammlungen. Vor allem während seiner Reisen durch Indonesien erwarb WALLACE umfangreiches Wissen über die geografische Verbreitung von Tieren und Pflanzen. Diese Erkenntnisse ließen ihn an der Unveränderlichkeit der Arten und somit an einer göttlichen Schöpfung zweifeln.

WALLACE schrieb seine Überlegungen erstmals 1855 im sogenannten „Sarawak-Aufsatz" nieder. Darin nahm WALLACE das Aktualitätsprinzip LYELLS auf und postuliere, dass Arten langsam aus einer nah verwandten Vorgänger-Art entstehen. Diese Veröffentlichung gelangte auch zu DARWIN, der daraufhin zu WALLACE Kontakt aufnahm und ihm mitteilte, dass er mit den Schlussfolgerungen WALLACE' übereinstimme und selbst an einer ähnlichen Veröffentlichung arbeite.

Drei Jahre später bereitete WALLACE in Ternate auf den Molukkeninseln seine zweite Veröffentlichung vor: *On the Tendency of Varieties to depart indefinitely from the Original Type* (Über das Bestreben von Arten, sich unbegrenzt vom Ursprungstyp zu entfernen). Genau wie DARWIN erkannte auch WALLACE, dass die Lebewesen bei konstanter Populationsgröße eine Überzahl an Nachkommen produzieren und sich deshalb in einem fortwährenden *struggle for existence* befinden. Die Fähigkeit, auch unter ungünstigen Bedingungen Nahrung zu finden und den Fressfeinden zu entkommen, bestimmt die Lebensfähigkeit von Individuen und Arten. WALLACE schickt das Ternate-Manuskript mit dem oben skizzierten Inhalt 1858 mit der Bitte an DARWIN, das Papier an LYELL weiterzureichen, wenn DARWIN es einer Veröffentlichung für wert hielte.
DARWIN war nun in einer Zwickmühle. Sein Manuskript war noch nicht fertig für eine Veröffentlichung und WALLACE drohte ihm die Urheberschaft seiner Evolutionstheorie zu entreißen. Er wandte sich an seinen Freund George LYELL. Dieser wusste, dass DARWIN schon seit längerem an der Evolutionstheorie arbeitete. Man kam deshalb zu folgender Übereinkunft: DARWIN gab eine Zusammenfassung seiner bereits erstellten Überlegungen ab, welche gemeinsam mit WALLACE' Ternate-Aufsatz 1858 veröffentlicht wurde. Ein Jahr später erschien dann DARWINs Buch. WALLACE hat zeitlebens die Priorität von DARWINs Theorie anerkannt und für sich nur in Anspruch genommen, das Werkzeug gewesen zu sein, das DARWIN zur Veröffentlichung seiner Theorie zwang.

WALLACE wurde Verfechter, aber auch ein einflussreicher Kritiker des DARWINismus. Er wandte sich beispielsweise gegen die Verwendung des Begriffes Selektion, da dies die Vorstellung eines aktiv Handelnden beinhalte. Stattdessen schlug er die Verwendung des Begriffes *survival of the fittest* (Überleben des Bestangepassten) vor. Außerdem blieb WALLACE bis zu seinem Tod der Ansicht, dass der menschliche Geist nur durch göttliche Schöpfung entstanden sein könne. Im Alter wurde WALLACE zum Sozialisten und Verfechter einer Gesellschaft, in der man Land und materielle Güter nicht persönlich vererben können sollte.

1 Vergleichen Sie WALLACE' Sarawak-Aufsatz mit dem Ternate-Aufsatz.

PORTRÄT

Alfred Russel WALLACE wurde in Usk, England, geboren. Er unternahm zahlreiche Sammlungsreisen und ist ein Begründer der Biogeografie. WALLACE entwickelte unabhängig von DARWIN eine Theorie zur Veränderlichkeit und Neuentstehung von Arten. Im Alter wandte sich WALLACE dem Mystizismus zu. Außerdem propagierte er sozialistisches Gedankengut und forderte für jedes Individuum gleiche Chancen beim „struggle for freedom".

Alfred Russel WALLACE
(1823–1913)

PORTRÄT

Thomas Henry HUXLEY (1825–1895)

Thomas Henry HUXLEY wurde in London geboren. Er war Mitglied der einflussreichen wissenschaftlichen Royal Society, deren Präsident er 1881–1885 war. HUXLEY gehörte zu den ersten Befürwortern der DARWINschen Evolutionstheorie und übernahm deren wissenschaftliche Verteidigung in London. HUXLEY arbeitete über vergleichende Anatomie und schlug zum Beispiel 1873 die Zusammenfassung der Reptilien und Vögel zu den Sauropsiden vor.

1.3 Zeitgenössische Diskussionen um DARWINS Theorie

The Origin of Species wurde in England nicht widerspruchslos hingenommen. Zur damaligen Zeit beharrte die Kirche und damit große Teile des Establishments auf der Erschaffung der Lebewesen durch Gott. Die Bibel wurde auch als wissenschaftlicher Tatsachenbericht verstanden und naturwissenschaftliche Phänomene auf göttlichen Einfluss zurückgeführt. DARWIN war sich dieser Problematik bewusst. Bis heute wird gerätselt, warum er bis zur Veröffentlichung der *Origins* so viele Jahre verstreichen ließ: War es das Bewusstsein, dass er die damalige Gesellschaftsordnung in ihren Grundfesten erschüttern würde, oder einfach seine akribische Genauigkeit, die ihn jeden Aspekt wieder und wieder überprüfen ließ? Letztlich stattete er die *Origins* mit einer unglaublichen Zahl von Beispielen für seine Überlegungen und Schlussfolgerungen aus.

Den Biologen war damals durchaus geläufig, dass es ausgestorbene Arten gab und dass Arten wandlungsfähig waren. Dennoch schien es unvorstellbar, dass alle Arten auseinander hervorgegangen sein sollten. Richard OWEN war zu jener Zeit ein einflussreicher Anatom und Paläontologe. Als Leiter der naturgeschichtlichen Abteilung des Britischen Museums war er zugleich ein angesehenes Mitglied der Londoner Gesellschaft. Er ging davon aus, dass alle Lebewesen auf von Gott geschaffene Grundtypen zurückzuführen seien, die **Archetypen.** Diese seien dann in der Lage, nach ebenfalls göttlichen Regeln zu variieren. OWENS Archetypenlehre wurde von der Kirche unterstützt, stellte sie doch die göttliche Schöpfung nicht prinzipiell in Frage.

Zu dieser Zeit trat erstmals eine neue Generation von Naturwissenschaftlern auf, die ihre Qualifikation nicht aus einem kirchlichen Amt bezog. Vielmehr waren nun exaktes Beobachten und Experimentieren die Grundlage der wissenschaftlichen Arbeit. Erstmals war es auch möglich, sich mit naturwissenschaftlicher Arbeit seinen Lebensunterhalt zu verdienen. Ein typischer Vertreter dieser Wissenschaftler war Thomas HUXLEY. Er übernahm für DARWIN, der nicht gern im Blickpunkt der Öffentlichkeit stand, die Verteidigung der Evolutionstheorie in der Londoner Gesellschaft. Wegen seines bisweilen bissigen Stils erhielt er den Spitznamen „DARWINS Bulldogge". In Deutschland avancierte Ernst HAECKEL zum führenden Verteidiger DARWINS. Er entwickelte Stammbäume, um die Abstammung der Lebewesen zu veranschaulichen.

PORTRÄT

Ernst HAECKEL (1834–1919)

Ernst HAECKEL wurde in Potsdam geboren. Er studierte zuerst Medizin, wandte sich dann der Zoologie zu und gründete in Jena das Zoologische Institut. Er führte zahlreiche biologische Fachbegriffe ein wie Ökologie, Ontogenie und Phylogenie. Er erkannte, dass viele Lebewesen während ihrer Embryonalentwicklung Merkmale ihrer Stammesgeschichte zeigen. HAECKEL war der Wegbereiter von DARWINS Evolutionstheorie in Deutschland.

1 Erläutern Sie, warum DARWINS Evolutionstheorie von Seiten der Anglikanischen Kirche so viel Widerstand entgegen gesetzt wurde.

2 Begründen Sie, dass OWENS Archetypenlehre keine Evolutionstheorie ist, sondern nur ein Versuch, die Schöpfungslehre zu erhalten.

1.4 Synthetische Theorie der Evolution

Charles DARWIN hatte beobachtet, dass sich die Nachkommen eines Elternpaares in ihren Merkmalen unterschieden. Er konnte das Zustandekommen dieser *Varietäten* aber nicht schlüssig erklären, denn er kannte MENDELS Vererbungsregeln nicht. DARWIN behalf sich mit der Annahme, dass von den Eltern erworbene Eigenschaften vererbt würden. Der deutsche Biologe August WEISMANN konnte diese Annahme 1883 widerlegen und postulierte die natürliche Selektion als einzigen Mechanismus der Evolution. Damit wurde WEISMANN zum Begründer des **Neodarwinismus.**

Anfangs hatte die Genetik keinen Einfluss auf DARWINs Theorie, vor allem weil die Veröffentlichung der MENDELschen Regeln völlig unbeachtet blieb. Erst deren Wiederentdeckung um 1900 und das 1901 erstmals beobachtete Phänomen der Mutation rückten die Genetik in den Mittelpunkt. Nun sahen viele Biologen nur noch in den Mutationen den Motor der Evolution. Erst später wurden die Erkenntnisse der Genetik mit der Selektionstheorie in Einklang gebracht. Es entstand die **Synthetische Theorie der Evolution:** Zufallsereignisse wie Rekombination und Mutation liefern das Ausgangsmaterial für die natürliche Selektion.

Daran besonders beteiligt war Theodosius DOBZHANSKY, der in seinem Buch *Genetics and the Origin of Species* 1937 einen Überblick über Variation, Selektion und Isolationsmechanismen in natürlichen Populationen gab. DOBZHANSKY definierte Evolution als „Wechsel der Allelfrequenzen in einem Genpool." Von ihm stammt auch der Satz: „Nothing in biology makes sense except in the light of evolution". Eine andere prägende Persönlichkeit war Ernst MAYR, der von vielen Fachkollegen als *der* Biologe des letzten Jahrhunderts gesehen wird. MAYR entwickelte das Konzept der biologischen Art als Fortpflanzungsgemeinschaft mit fruchtbaren Nachkommen. In seinem Hauptwerk *„Systematics and the Origin of Species"* beschäftigte er sich 1942 mit den Mechanismen der Entstehung neuer Arten.

Neben Genetik und DARWINscher Evolutionstheorie trugen und tragen weitere biologische Disziplinen wichtige Erkenntnisse bei. Stellvertretend sei hier die Paläontologie genannt.

PORTRÄT

Theodosius DOBZHANSKY wurde in Nemirow, Ukraine, geboren und emigrierte 1927 in die USA. Dort arbeitete er mit Thomas MORGAN an der Chromosomengenetik von *Drosophila* und konnte die lineare Anordnung der Gene auf den Chromosomen nachweisen. DOBZHANSKY brachte die moderne Populationsgenetik mit der Evolution zusammen und vertiefte das Verständnis für Variation, Selektion und Isolationsmechanismen in natürlichen Populationen. Er starb in Davis, Kalifornien.

Theodosius DOBZHANSKY (1900–1975)

Der Amerikaner George Gaylord SIMPSON (1902–1984) war einer der einflussreichsten Paläontologen im 20. Jahrhundert und ein Experte für ausgestorbene Säugetiere. Er konnte mit seinen Forschungsergebnissen die Evolutionstheorie in vielfältiger Weise belegen. Bis heute ist die Entwicklung der Synthetischen Evolutionstheorie noch nicht abgeschlossen.

1 Erklären Sie die Begriffe Neodarwinismus und synthetische Theorie der Evolution und geben Sie wesentliche Inhalte wieder.

PORTRÄT

Ernst MAYR wurde in Kempten im Allgäu geboren. Schon früh beobachtete er Vögel. Auf einer Exkursion nach Melanesien erwarb er umfassendes Wissen zur Biogeografie der dortigen Vögel. Dies war die Grundlage seiner späteren evolutionsbiologischen Überlegungen. MAYR wanderte 1931 in die USA aus und verhalf der Evolutionstheorie in Amerika zum Durchbruch. MAYR starb in Bedford, Massachusetts.

Ernst MAYR (1904–2005)

1.5 Neutrale Theorie der Evolution und Punktualismus

Mit der Aufklärung des genetischen Codes und der Proteinbiosynthese ab Mitte des letzten Jahrhunderts rückte die molekulare Biologie immer mehr ins Blickfeld der Evolutionsbiologen. Dabei entdeckte man, dass die Variabilität auf der Ebene der Proteine um ein Vielfaches größer ist, als man es sich bis dahin vorgestellt hatte. Allein von Menschen sind beispielsweise hunderte verschiedener Hämoglobin-Varianten bekannt, die sich zum großen Teil nur in einer Aminosäure unterscheiden. Manche von ihnen, wie das unter der Abkürzung HbS bekannte Sichelzellenhämoglobin, können schwere Krankheiten verursachen. Die meisten Varianten haben aber keinerlei erkennbaren Effekt: Sie wirken sich auf den Träger der jeweiligen Molekülvariante weder positiv noch negativ aus. Aus dieser Erkenntnis heraus entwickelte der japanische Genetiker Motoo KIMURA 1968 die **Neutrale Theorie der molekularen Evolution.** Sie besagt, dass auf der Ebene der Moleküle ein großer Teil der durch Mutation oder Rekombination entstandenen Varianten *selektionsneutral* ist: Diese beeinflussen weder die Überlebens- noch die Fortpflanzungschancen des betroffenen Individuums. Demnach wird auch durch zufällige Prozesse bestimmt, ob diese Merkmale sich letztlich in einer Population durchsetzen.

Während die Vertreter der Synthetischen Theorie ebenso wie DARWIN die Rolle der Selektion in der Evolution hervorhoben, betonten also die Vertreter der Neutralen Theorie die Rolle des Zufalls. Zur selben Ansicht gelangten 1972 die amerikanischen Paläontologen Nils ELDREDGE und Stephen Jay GOULD. Sie hatten beobachtet, dass fossile Arten wie Dreilapp-Krebse oder *Trilobiten* oft in geologisch kurzen Zeiträumen entstanden, sich dann aber lange Zeit kaum veränderten – bis eine neue Phase schneller evolutionärer Veränderungen einsetzte. Auf zeitliche Abschnitte mit geringen Änderungen, Stasis (lat. *stare,* stehen), folgen also Abschnitte des schnellen Wandels. Dieses von ELDREDGE und GOULD als *punctuated equilibrium* (engl. unterbrochenes Gleichgewicht) bezeichnete Muster schien mit der Selektionstheorie DARWINs schwer vereinbar. Denn diese sollte zu einer graduellen Anhäufung kleiner Veränderungen führen. Um den Gegensatz zum DARWINschen **Gradualismus** (fr. *graduel,* stufenweise fortschreitend) zu betonen, sprachen GOULD und ELDREDGE vom **Punktualismus.**

Heute weiß man, dass schnelle evolutive Veränderungen nicht notwendigerweise Zufallsprodukte sind. Sie können auch durch Selektion entstehen. Darüber hinaus kann die natürliche Selektion auch dazu führen, dass sich Arten über lange Zeit nicht verändern. Allerdings sind sich die Evolutionsbiologen heute darüber einig, dass auch Zufallsereignisse den Verlauf der Evolution entscheidend geprägt haben. Sowohl der Punktualismus als auch die Neutrale Theorie werden daher heute nicht als alternative Gegenposition zu DARWINs Evolutionstheorie, sondern als wichtige Ergänzungen der Synthetischen Theorie der Evolution angesehen.

PORTRÄT

Stephen Jay GOULD (1941–2002)

Stephen Jay GOULD wurde in New York geboren. 1973 wurde er Professor für Geologie an der renommierten Havard University. GOULD verfasste eine Vielzahl von Aufsätzen, die in mehreren populärwissenschaftlichen Büchern zusammengefasst wurden. Zeitlebens war er ein engagierter Verfechter der Evolutionstheorie gegen den in Amerika immer mehr aufkeimenden Kreationismus. Gleichzeitig engagierte er sich gegen Rassendiskriminierung.

1 In denjenigen Abschnitten eines Proteins, die dessen Funktionalität bestimmen, sind Aminosäure-Änderungen besonders selten. In anderen Abschnitten, die nicht direkt mit der Wirkweise des Proteins zusammenhängen, kommen sie hingegen deutlich häufiger vor. Stellen Sie eine begründete Hypothese zur Klärung dieses Sachverhaltes auf.

2 Erläutern Sie, warum das oben beschriebene Phänomen die Neutrale Theorie der Evolution mit DARWINs Selektionstheorie zusammenführt.

1.6 Kreationismus und Intelligent Design – eine Alternative?

„Dinosaurier und Menschen haben gleichzeitig auf der Erde gelebt!“ Zu dieser für Biologen überraschenden und nicht akzeptablen Einsicht kamen Anfang des 20. Jahrhunderts in Nordamerika fundamentalistische religiöse Kreise. Diese wollten die Schöpfungsgeschichte der Bibel als naturwissenschaftlichen Tatsachenbericht etablieren. In ihrer radikalsten Auslegung, dem **Junge Erde Kreationismus,** glauben die Anhänger an die Entstehung der Erde vor höchstens 10 000 Jahren, an das Eintreten der Sintflut vor 7 000 Jahren und an die gleichzeitige, getrennte Erschaffung aller Lebewesen durch Gott. Die Anhänger des **Alte Erde Kreationismus** erkennen das tatsächliche geologische Alter der Erde von knapp fünf Milliarden Jahren an. Trotzdem gehen auch sie von der gleichzeitigen, getrennten Erschaffung aller Lebewesen durch Gott aus.

Scheinbar wird diese Annahme belegt durch Fußspuren im Paluxy River in Texas, USA. Dabei wurden Spuren von *Acrocanthosaurus* als Menschenspuren fehlinterpretiert: Wenn dieser Saurier nicht nur mit den Zehen, sondern auch mit dem Mittelfuß auftrat, entstanden längliche Abdrücke, bei denen die Krallen nur schwache Spuren hinterließen. Durch Verwitterung zeigen solche Abdrücke dann Ähnlichkeiten mit einem menschlichen Fußabdruck. Während der großen Wirtschaftsdepression in den 1930er Jahren begannen Einheimische, einzelne Trittsiegel aus den Fährten herauszumeißeln und zu verkaufen. George ADAMS ging dann dazu über, selbst Saurier- und Menschenfußabdrücke in einzelne Felsstücke zu meißeln, was weniger zeitaufwändig war. Trotzdem erkannte Clifford BURDICK, einer der Begründer des amerikanischen Kreationismus, diese gemeißelten menschlichen Fußspuren als echt an. Sie gelten auch heute noch vielen Kreationisten als Beweis für die parallele Existenz von Menschen und Sauriern.

In den 20er und 30er Jahren des letzten Jahrhunderts gab es einige Aufsehen erregende Prozesse in manchen Südstaaten der USA, weil Kreationisten die Lehre der Evolutionstheorie in Schulen zugunsten der biblischen Schöpfung verbieten lassen wollten.

15.1 Fußspuren. A Gemeißelte Spuren; **B** verschiedene Spuren von *Acrocanthosaurus*

Letztlich wurde dieses Ansinnen abgelehnt, weil laut Verfassung die Verbreitung religiöser Inhalte in den Schulen verboten ist.

Dies führte in Amerika zur Entstehung der Lehre vom **Intelligent Design.** Das geologische Alter der Erde wird nicht in Frage gestellt. Allerdings beharren die Anhänger des Intelligent Design darauf, dass die komplexen Strukturen der Lebewesen nur durch planerisches Handeln eines intelligenten Designers entstanden sein können. Das beinhaltet die getrennte Erschaffung verschiedener Archetypen oder Grundtypen, die durch kleinere evolutionäre Entwicklungsprozesse abgeändert werden können. Deshalb wird beispielsweise die Existenz von Fossilien bestritten, die Übergangsstadien zwischen verschiedenen Großgruppen darstellen.

Auch wenn die Anhänger des Intelligent Design für sich den Anspruch der Wissenschaftlichkeit erheben, entspricht ihre Argumentationsweise an vielen Stellen nicht wissenschaftlichen Grundsätzen: So werden beispielsweise Lücken im aktuellen Wissen, die auch von Evolutionsbiologen nicht bestritten werden, als „Beweis“ für die Ungültigkeit der Evolutionstheorie gewertet.

1 Schreiben Sie den Weg des naturwissenschaftlichen Erkenntnisgewinns als Pfeildiagramm auf. Erklären Sie anschließend, warum Wissenslücken eine Theorie nicht automatisch falsifizieren.

2 Erläutern Sie, warum Intelligent Design als Reaktion der Kreationisten auf die ersten Gerichtsurteile zu bewerten ist.

2 Historische Evolutionstheorien

2.1 Vom Altertum bis zum Mittelalter

16.1 Darstellung eines Schamanen

Anfang des vorigen Jahrhunderts entdeckten drei Brüder bei Montesquieu-Avantès in den französischen Pyrenäen die Höhle „Les Trois Frères" mit altsteinzeitlichen Zeichnungen. Unter den Darstellungen, die etwa 15 000 Jahre alt sind, befinden sich auch einige merkwürdige Wesen, die halb Mensch und halb Tier zu sein scheinen. Sie werden heute als Schamanen gedeutet. In Ermangelung eines naturwissenschaftlichen Verständnisses wurden vielfach Geister, Dämonen oder Götter als Verursacher von Naturphänomenen angenommen. Dies beinhaltet meist auch die Vorstellung, dass diese höheren Mächte für die Existenz der Erde und aller sie bewohnenden Lebewesen inklusive der Menschen verantwortlich sind. Schamanen versuchten als Mittler die reale, irdische mit der mystischen, überirdischen Welt zu verbinden.

Im ersten Jahrtausend vor Christus entstanden in Griechenland die ersten Ansätze zu natürlichen Erklärungen für Umweltphänomene. THALES von Milet (um 625–547 v.Chr.) dachte bereits grundsätzlich in naturwissenschaftlichen Bahnen, indem er zu einem beobachteten Phänomen eine Hypothese aufstellte und diese anschließend mit nachvollziehbaren Argumenten zu bestätigen oder zu widerlegen suchte. THALES nahm auch an, dass Wasser der Ursprung aller Dinge sei. Sein Schüler ANAXIMANDER (610–546 v.Chr.) entwickelte daraus die Idee der Urzeugung und nahm an, dass die ersten Lebewesen im Feuchten entstanden und erst später an Land gegangen seien. Auch die ersten Menschen seien in fischähnlichen Tieren herangewachsen und dann aus diesen geschlüpft. Obwohl ANAXIMANDER für die Lebewesen einen gemeinsamen Ursprung im Meer annimmt, bedeutet dies keine allmähliche, evolutive Entwicklung, sondern eher eine Art Metamorphose.

16.2 Scala naturae aus dem 18. Jahrhundert

ARISTOTELES (384–322 v.Chr.) war nicht nur Philosoph, sondern auch der erste empirische Naturwissenschaftler. Er nahm eine gestufte Abfolge von niederen zu höher entwickelten Lebewesen an, die später als **Scala naturae** (lat., Stufenleiter der Natur) bekannt wurde und großen Einfluss auf verschiedene Evolutionstheorien ausübte. ARISTOTELES selbst verstand die Scala naturae jedoch nicht als evolutionäre Abfolge der Lebewesen, sondern war davon überzeugt, dass alle Arten unveränderlich seien.

Die großen drei monotheistischen Religionen, Judentum, Christentum und Islam, übernahmen die aristotelischen Ideen von der Scala naturae und der Unveränderlichkeit der Arten und erweiterten sie noch um einen Schöpfer samt Schöpfungsprozess. Daraus ergibt sich die Lehre von der **Konstanz der Arten:** Seit dem Schöpfungsakt haben sich Aussehen und Anzahl der Arten von Lebewesen nicht verändert. Dies liegt in der Unfehlbarkeit Gottes begründet. Wären die Arten nur durch Veränderungen überlebensfähig, hätte Gott etwas Unvollkommenes geschaffen, was mit seiner Unfehlbarkeit nicht vereinbar ist. Deshalb sind Überlegungen zur Veränderlichkeit der Lebewesen nach Auslegung der damaligen Kirche Gotteslästerung und wurden zum Beispiel durch die Inquisition hart sanktioniert.

1 Stellen Sie die Bedeutung der griechischen Philosophen für die Erklärung beobachtbarer Naturphänomene heraus.

2 Zeigen Sie den Zusammenhang zwischen der Konstanz der Arten und den griechischen Philosophen.

2.2 Renaissance und Aufklärung

Der griechische Universalgelehrte Claudius PTOLEMAEUS (100–175) sah die Erde als natürliches Zentrum aller Dinge und postulierte, dass sich alle Himmelskörper, einschließlich der Sonne, um die Erde drehen müssten. Dieses geozentrische (gr. *ge*, Erde) Weltbild steht im Gegensatz zum heliozentrischen (gr. *helios*, Sonne), das ARISTARCHOS von Samos (310–230 v.Chr.) rund 400 Jahre zuvor etabliert hatte. Die christlichen Kirchen übernahmen das geozentrische Weltbild und verteidigten es. Denn in der Bibel (Josua, 10) steht geschrieben, dass Gott der Sonne befahl, still zu stehen. Dies ist logischerweise erst dann möglich, wenn sie sich zuvor bewegt hat.

Die ptolemäische Sichtweise hielt sich bis ins Mittelalter und wurde erst in der Zeit der **Renaissance** während des 15. und 16. Jahrhunderts erfolgreich in Frage gestellt. Die kulturelle Rückbesinnung auf die Antike führte zu einer unvoreingenommenen und nicht durch die Kirche bestimmten Auseinandersetzung mit den Schriften römischer und griechischer Philosophen und infolgedessen zu einer neuen Freiheit des Denkens.

Der Astronom Nikolaus KOPERNIKUS (1473–1543) widersprach dem geozentrischen Weltbild der Kirche und postulierte stattdessen, dass sich die Planeten auf Kreisbahnen um die Sonne bewegen. Der Italiener Gallileo GALLILEI (1564–1642) bestätigte durch astronomische Beobachtungen das heliozentrische Weltbild des KOPERNIKUS. Er musste diese These aber vor der Inquisition widerrufen, um sein Leben zu retten. Trotzdem setzte sich die neue Sichtweise der Planetenbewegungen durch. In der Biologie hingegen übte die Kirche ihren Einfluss trotz einiger Fortschritte deutlich länger aus.

Zwei von Leonardo DA VINCI (1452–1519) nebeneinander gezeichnete Beinskelette von Mensch und Pferd werden heute als Hinweis darauf gedeutet, dass DA VINCI die Entsprechung der beiden Extremitäten im Grundbauplan erkannt hatte. Er versuchte auch das Geheimnis von Muscheln zu ergründen, die er bei Ausflügen hoch in den Bergen gefunden hatte. Er war der Überzeugung, dass diese Fossilien nicht durch die Sintflut an der Fundstelle abgelagert wurden und vermutete, dass die Erde sehr viel älter sein müsse, als nach der Bibel zu erwarten sei.

Auf die Renaissance folgte im 17. und 18. Jahrhundert das Zeitalter der **Aufklärung.** Die Menschen befreiten sich von dogmatischen Zwängen und suchten für Naturerscheinungen vermehrt nach rationalen Erklärungen. In Schweden bemühte sich Carl von LINNÉ (1707–1778) um eine systematische Übersicht der Natur. In seinem grundlegenden Werk *Systema naturae* (lat., System der Natur) unterschied er die drei Reiche: Tiere, Pflanzen und Mineralien. Das Tierreich gliederte er in weitere Kategorien, die sich immer feiner aufspalteten. Wegweisend war die Einführung der heute noch gültigen binären Nomenklatur. Jedes Lebewesen erhält einen zweiteiligen wissenschaftlichen Namen: Der erste Namensteil ist der groß geschriebene Gattungsnamen, beim Menschen zum Beispiel *Homo,* und der zweite Teil ist der klein geschriebene Artnamen, beim Menschen *sapiens.* LINNÉ glaubte allerdings immer noch an die Konstanz der Arten: „Alle erschaffenen Dinge sind Zeuge von Gottes Wissen und Macht“.

Reich: Tiere
Klasse: Säugetiere
Ordnung: Fleischfresser
Familie: Hundeartige
Gattung: Hunde
Art: Wolf

17.1 LINNÉsche Systematik am Beispiel Wolf

1 Zeigen Sie, welche Bedeutung die Etablierung des heliozentrischen Weltbildes für Überlegungen zur Evolution hatte.

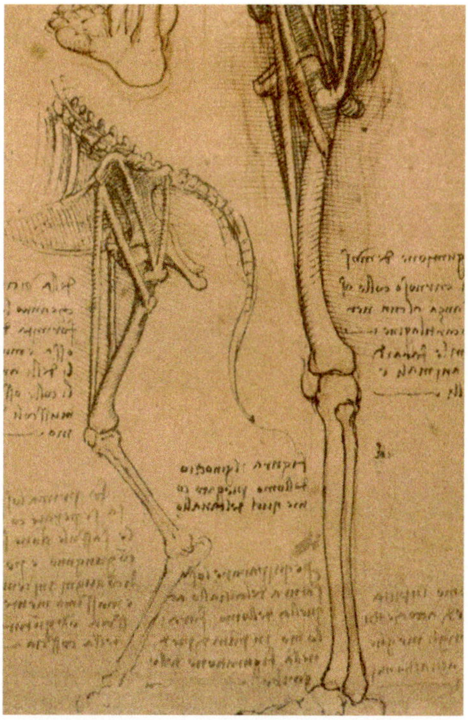

17.2 Leonardo DA VINCI. Beinskelette von Mensch und Pferd

2.3 Französische Wissenschaftler im 18. und 19. Jahrhundert

Während sich LINNÉ, basierend auf der Konstanz der Arten, um die systematische, hierarchische Erfassung der Lebewesen bemühte, arbeitete sein ärgster Widersacher in Frankreich an einer anderen Lösung.

Der französische Naturforscher Georges de BUFFON (1707–1788) veröffentlichte ab 1749 bis zu seinem Tode 36 Bände einer umfassenden *Histoire naturelle,* die das gesamte damalige naturwissenschaftliche Wissen umfassen sollte. Auf der Basis von vergleichend anatomischen Untersuchungen verfolgte er dort zum Beispiel die Idee, dass sich die Lebewesen durch Urzeugung aus kleinsten Teilchen und in Folge klimatischer Einflüsse stufenweise zu den heute lebenden Arten entwickelt haben. So nahm er unter anderem auch an, dass Affen und Menschen gemeinsame Ursprünge haben. Mit dieser Auffassung stellte er sich natürlich gegen die offizielle kirchliche Lehrmeinung und schränkte deshalb seine Überlegung wieder ein, „da uns die Autorität der Offenbarung versichert, dass das erste Paar jeder Art voll ausgebildet aus den Händen des Schöpfers hervorging".

Für eine stufenweise Entwicklung (*Scala naturae*) der Lebewesen veranschlagte BUFFON zudem deutlich mehr Zeit als die rund 6000 Jahre, die von den Geistlichen der damaligen Zeit zugestanden wurden. So nahm er an, dass die Erde vor rund 75 000 Jahren durch den Zusammenstoß eines Kometen mit der Sonne entstanden sei. In unveröffentlichten Notizen findet sich sogar die Annahme von 500 000 Jahren.

Auch wenn BUFFON an die Veränderung der Lebewesen durch Umwelteinflüsse glaubte, lieferte er keine verständlichen Erklärungen für diese Veränderungen. Dies gelang als erstem Jean Baptiste de LAMARCK (1744–1829), den BUFFON als Erzieher seines Sohnes angestellt hatte. LAMARCK arbeitete sich als Botaniker 1793 völlig neu in die Thematik der wirbellosen Tiere ein, als er die Stelle eines Kurators für dieses Fachgebiet im neu gegründeten Pariser Naturhistorischen Museum annahm. Bis gegen 1800 glaubte auch LAMARCK noch an die Konstanz der Arten. Die Beschäftigung mit den umfangreichen Fossilfunden wirbelloser Tiere aus dem Pariser Becken überzeugte ihn jedoch, dass es über einen längeren Zeitraum hinweg doch einen Wandel der Arten gegeben haben müsse. In diesem Zusammenhang war auch LAMARCK der Ansicht, dass die Erde deutlich älter sei als 6000 Jahre. 1802 schrieb er in einer Veröffentlichung: „Zeit ist bedeutungslos und stellt für die Natur kein Hindernis dar, denn Zeit steht ihr immer zur Verfügung".

LAMARCK ging davon aus, dass auf der jungen Erde die ersten, einfachen Organismen durch Urzeugung entstanden. Aus diesen seien dann nach und nach durch Umwandlung die heute lebenden Arten entstanden.

PORTRÄT

Jean-Baptiste de LAMARCK
(1744–1829)

Jean Baptiste de LAMARCK wurde als elftes Kind eines Landadeligen geboren. Nach dem Studium der Medizin und Botanik erhielt er eine Anstellung am königlichen Herbarium in Paris. Nach der Revolution war er einer der Mitbegründer des *Musée d'Histoire Naturelle,* in dem er die Stelle eines Kurators für wirbellose Tiere bekleidete. LAMARCK hatte wegen seines Vorgesetzten CUVIER keinen wissenschaftlichen Erfolg und starb verarmt in Paris.

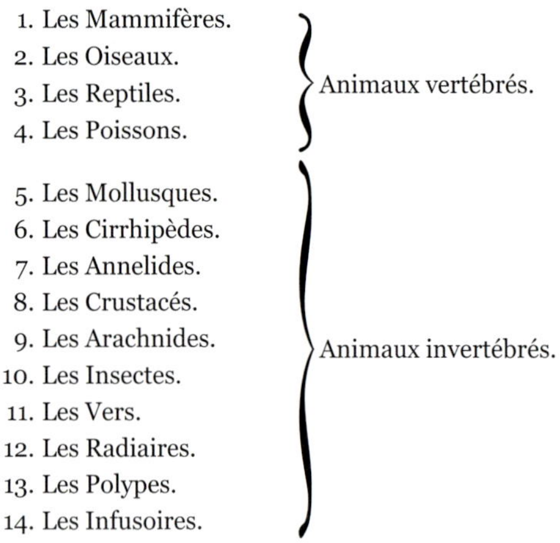

18.1 LAMARCKS Anordnung der Lebewesen in einer Stufenleiter, *Philosophie zoologique* 1809

In seinem Hauptwerk *Philosophie zoologique* ist LAMARCK 1809 noch von der *Scala naturae* beeinflusst und geht davon aus, dass die Lebewesen durch aktive Anpassung an die Umwelt linear auseinander hervorgegangen sind. An die Basis dieser starren Reihe stellt er die Infusorien, die Einzeller, und gelangt dann über Polypen, Strahlentiere, Insekten, Würmer, Spinnen, Krebse, Ringelwürmer, Rankenfüßer und Weichtiere zu den Fischen, Reptilien, Vögeln und schließlich zu den Säugetieren. Diese Stufen-Sichtweise gab LAMARCK in der 1815–1821 erschienenen *Histoire naturelle des animaux sans vertèbres* zugunsten eines verzweigten Systems auf, das auch die Beziehungen der einzelnen Tiergruppen untereinander berücksichtigte.

Das grundlegende Problem war der Mechanismus dieser Transformation der Arten. LAMARCK ging davon aus, dass eine Veränderung der Umweltverhältnisse bei den Lebewesen veränderte Bedürfnisse hervorruft. Die Lebewesen sollten auf diese veränderten Bedürfnisse durch veränderte Tätigkeiten reagieren, was zu einer aktiven Anpassung führen sollte. Diese vollzog sich LAMARCK zu Folge nach zwei Gesetzen:

- ... der häufigere Gebrauch eines Organs [stärkt] dasselbe allmählich ...; der konstante Nichtgebrauch ... lässt es endlich verschwinden.
- Alles, was die Individuen ... durch den Einfluss des vorherrschenden Gebrauchs oder konstanten Nichtgebrauch eines Organs erwerben oder verlieren, wird ... auf die Nachkommen vererbt, vorausgesetzt, dass die erworbenen Veränderungen beiden Geschlechtern ... gemein sind.

Im scharfen Widerspruch zu diesen Ansichten befand sich Georges CUVIER (1769–1832). Er untersuchte anatomische Ähnlichkeiten und Unterschiede verschiedener Lebewesen und begründete die vergleichende Anatomie als Forschungsdisziplin. In Anlehnung an diese Arbeitsweise rekonstruierte er fossile Lebewesen, indem er die gefundenen Überbleibsel mit entsprechenden Teilen heute noch lebender Tiere verglich und dann entsprechende Rückschlüsse zog. So konnte er beispielsweise anhand von Ähnlichkeiten mit modernen Reptilien die ersten Saurier beschreiben. Während seiner geologischen Untersuchungen des Pariser Beckens erkannte CUVIER außerdem, dass die Erdoberfläche wiederholt von Wassermassen bedeckt war. Daraus entwickelte er seine **Katastrophentheorie:** Danach wurde die Erde mehrfach von umfassenden geologischen Katastrophen heimgesucht, der ein Großteil der zur damaligen Zeit existierenden Lebewesen jeweils zum Opfer fielen. CUVIER war somit der erste, der erkannte, dass Arten tatsächlich aussterben können.

In den geologischen Schichten fand CUVIER jeweils deutlich unterschiedliche Fossilien und zwischen den Schichten klare Faunenschnitte. Daraus folgerte er, dass die Arten unveränderlich seien. Wohl auch deshalb stellte CUVIER keine Gedanken zur Entstehung der Arten an. Das Fehlen von Übergängen zwischen den Fossilien nahm ihn auch gegen LAMARCKs Hypothese der fortschreitenden Artumwandlung ein, die CUVIER für nicht hinreichend belegt erachtete.

PORTRÄT

Georges CUVIER besuchte wie Friedrich SCHILLER die strenge Karlsschule in Stuttgart. 1795 ging er nach Paris an das *Musée d'Histoire Naturelle.* Dort lehrte er unter anderem vergleichende Anatomie und wurde zum Begründer der Paläontologie. NAPOLEON schätzte CUVIER sehr und machte ihn zum Generalinspekteur für Erziehung. In dieser Stellung unterband er die Verbreitung der Evolutionshypothesen LAMARCKs. CUVIER starb hochgeehrt an Cholera.

Georges CUVIER (1769–1832)

1 Begründen Sie, worin die Bedeutung von BUFFON und LAMARCK als Evolutionstheoretiker jeweils liegt.

2 Beurteilen Sie LAMARCKs Erläuterung der Transformation aus Sicht der Klassischen Genetik.

3 Stellen Sie CUVIERs Katastrophentheorie und den Punktualismus von ELDREDGE und GOULD vergleichend gegenüber.

AUFGABEN

Entwicklung des Evolutionsgedankens

1

Der Imbauwa-Baum *Cecropia adenopus* aus Brasilien ist eine bekannte Ameisenpflanze. *Cecropien* sind eine auffallende Erscheinung im südamerikanischen Urwald. Auf einem sehr schlanken, mit großen, dreieckigen Blattnarben bedeckten Stamm von 12 bis 15 Meter Höhe sitzt eine relativ kleine Krone mit kandelaberartig gestellten Zweigen, an deren Ende Büschel großer, gelappter Blätter mit dornigen Blattstielen sitzen. Stamm und Äste sind hohl und an den Knoten durch Querplatten in zahlreiche Fächer unterteilt. Solange der Imbauwa noch jung ist und die Wände der Fächer dünn sind, dringen junge, begattete Königinnen der Ameise *Azteca mülleri* in die Fächer ein. Jedes dieser *Azteca*-Weibchen zieht zunächst eine Kolonie für sich auf. Diese kleinen Kolonien verschmelzen später nach Durchbohrung der Scheidewände zu einer großen Kolonie. In dieser setzt sich eine der vielen Königinnen durch und tötet die übrigen Königinnen. Die große Kolonie hat ihren Sitz im oberen Teil des Stammes und erstreckt sich über vier bis fünf Stammabschnitte, deren Wände von Natur aus kleine Löcher aufweisen.

a) Die anfängliche Besiedlung des Imbauwa-Baumes durch mehrere Königinnen bis zur Entwicklung einer Großkolonie, die den gesamten Baum bewohnt, spiegelt einen Großteil der DARWINschen Evolutionstheorie wider. Nennen Sie die wesentlichen Aspekte dieser Theorie und übertragen Sie diese auf das genannte Geschehen.

b) Zeigen Sie, wie das Verhalten der Ameisenköniginnen argumentativ gegen Anhänger des Intelligent Design verwendet werden kann.

2

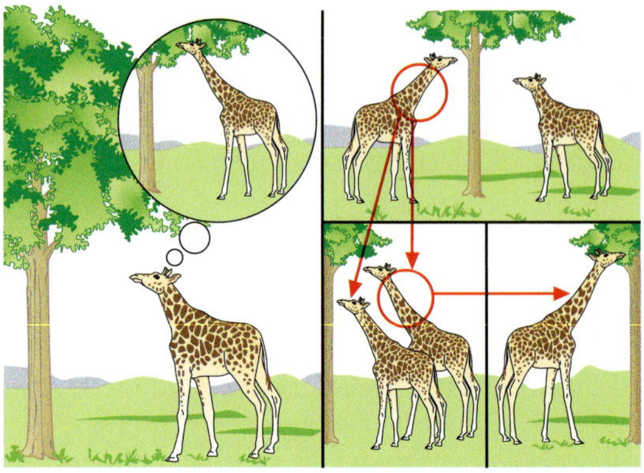

Die beiden Abbildungen zeigen modellhaft die Entstehung der langhalsigen Giraffe nach zwei verschiedenen Evolutionstheorien.

a) Ordnen Sie den beiden Abbildungen je einer der beiden Evolutionstheorien zu.

b) Beschreiben Sie die wesentlichen Inhalte dieser beiden Evolutionstheorien und wenden Sie diese auf das Beispiel der langhalsigen Giraffe an.

3

Die Abbildung zeigt die Rekonstruktion eines bemerkenswerten Fossils, einer *Archaeopteryx*, das erstmalig 1861 in Süddeutschland gefunden wurde und Merkmale eines Vogels mit denen eines Sauriers in sich vereint.

a) Begründen Sie, warum die Entdeckung des *Archaeopteryx*-Fossils DARWINS Evolutionstheorie unterstützte.

b) Für Anhänger des Intelligent Designs birgt die Existenz dieses Fossils hingegen einige Probleme. Erläutern Sie diese, indem Sie auf die entsprechenden Annahmen eingehen.

4

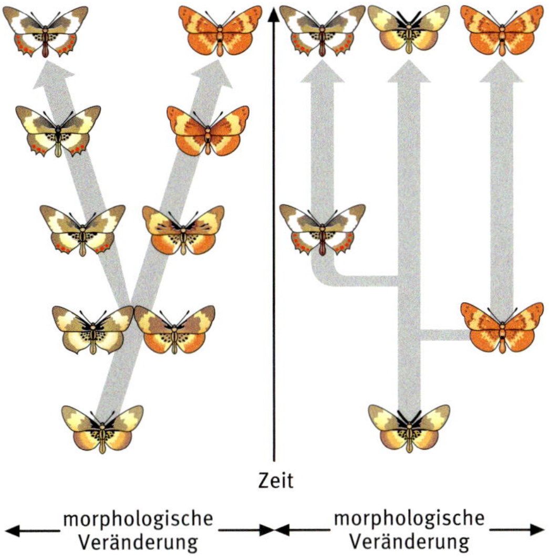

Die obige Abbildung gibt am Beispiel eines hypothetischen Stammbaumes von Schmetterlingen zwei unterschiedliche evolutionäre Sichtweisen wider.

a) Beschreiben Sie die beiden Diagramme.

b) Fassen Sie die wesentlichen evolutionsbiologischen Aussagen der beiden Diagramme zusammen.

c) Stellen Sie die Kernaussagen der Modelle zur gradualistischen und zur punktualistischen evolutionären Entwicklung zusammen.

d) Verknüpfen Sie die evolutionsbiologischen Aussagen der beiden Diagramme mit dem gradualistischen und dem punktualistischen Evolutionsmodell.

5

Kröten sind Amphibien und paaren sich in der Regel im Wasser. Die Männchen besitzen an den Fingern Haftschwielen, mit denen sie sich besser an den Weibchen festhalten können und nicht abrutschen. Geburtshelferkröten sind die einzigen Kröten, die sich an Land und nicht im Wasser paaren. Entsprechend besitzen sie auch keine Haftschwielen an den Fingern. Die Laichschnüre wickeln sich die Männchen um die Hinterbeine und tragen sie mit sich herum. Erst nach einigen Wochen suchen sie ein Gewässer auf, wo die fertig entwickelten Larven die Eihüllen verlassen.

Der österreichische Zoologe Paul KAMMERER behauptete auf einer Vortragsreise 1923, ihm sei es gelungen, bei Geburtshelferkröten Haftschwielen entstehen zu lassen, die sogar vererbt würden. Er hatte die Kröten dazu hohen Temperaturen ausgesetzt um sie ins kühle Wasser zu locken, wo sie sich auch fortpflanzten. Dort entstanden dann die Haftschwielen und vererbten sich an die nächste Generation. Außerdem wickelten die Männchen die Laichschnüre nicht mehr um ihre Beine, die Eier entwickelten sich komplett im Wasser. Nach sechs Generationen war diese Linie nach KAMMERERS Angaben dann ausgestorben. In seinen Vorträgen führte KAMMERER weiter aus, dass er die durch die Wasserhaltung veränderten Exemplare mit normalen Geburtshelferkröten gekreuzt habe. In der zweiten Generation hätten sich die Merkmale im Verhältnis 3 (ohne Haftschwielen) : 1 (mit Haftschwielen) aufgespalten. Beim reziproken Kreuzungsansatz habe das Aufspaltungsverhältnis jedoch 1 : 3 betragen.

Die Vortragsreise machte KAMMERER zum berühmtesten Biologen seiner Zeit, einem „neuen Darwin“. Bald jedoch regte sich Widerstand. Der amerikanische Biologe Gladwyn NOBLE stellte bei mikroskopischen Untersuchungen des letzten toten Belegexemplares fest, dass die Schwielen durch eine Injektion von Tusche verursacht worden waren. Bis heute ist nicht geklärt, wer diese Fälschungen initiiert hatte. KAMMERER jedenfalls schied nach dem Eklat freiwillig aus dem Leben.

a) Erläutern Sie, warum KAMMERERS Versuchsergebnisse einem überzeugten Anhänger des Neodarwinismus suspekt erscheinen mussten.

b) Hinter KAMMERERS angeblichen Versuchsergebnissen verbergen sich die Überlegungen eines anderen Evolutionstheoretikers. Nennen Sie die entscheidenden Aspekte der Theorie und wenden sie diese auf KAMMERERS Versuchsergebnisse an.

c) Überprüfen Sie KAMMERERS Spaltungsergebnisse mithilfe der MENDELschen Regeln und nehmen Sie dann Stellung.

d) In den 30er Jahren des letzten Jahrhunderts erlangte der Biologe Trofim Denissowitsch LYSSENKO in der ehemaligen Sowjetunion bedeutenden Einfluss. Recherchieren Sie im Internet die wesentlichen Aspekte des LYSSENKOismus und seine Auswirkungen auf die Biologie in der Sowjetunion.

Mechanismen der Evolution

1 Variation und Vererbung

1.1 Entstehung genetischer Variation

Am 26. Februar 2008 wurde auf Spitzbergen das *Svalbard Global Seed Vault* eröffnet. In dieser Bunkeranlage im Permafrostboden sollen viereinhalb Millionen Pflanzensamen aus aller Welt gelagert werden, um die genetische Vielfalt der Kulturpflanzen für künftige Generationen zu bewahren. Welche Bedeutung dieses Projekt hat, zeigt die Geschichte Irlands.
Mitte des 19. Jahrhunderts starben in Irland schätzungsweise eine Million Menschen an den Folgen einer verheerenden Hungersnot. Knapp zwei Million Iren, unter ihnen auch die Vorfahren John F. Kennedys, wanderten aus. Ursache der dramatischen Ereignisse war ein unscheinbarer Pilz namens *Phytophthora infestans,* der Erreger der Kartoffelfäule. Eingeschleppt aus Amerika hatte er mehrere Kartoffelernten komplett vernichtet, da die drei damals in Irland angebauten Sorten gegen den Erreger nicht resistent waren.

Von der Kartoffel existieren heute etwa 5000 verschiedene Zuchtformen. Sie unterscheiden sich nicht nur in ihrer Anfälligkeit gegenüber Krankheitserregern, sondern auch in der Größe, Form und Farbe ihrer Knollen, ihrem Geschmack, ihren Inhaltsstoffen, ihrer Reifezeit und vielen anderen Merkmalen. Noch größer sind die Unterschiede beim Mais, von dem etwa 50 000 verschiedene Sorten existieren. Diese Unterschiede betreffen nicht nur verschiedene Sorten: Genau wie beim Menschen gleicht auch beim Mais kein Individuum dem anderen.

Wenige Jahre vor der Hungersnot in Irland hatte Charles DARWIN die Bedeutung der individuellen **genetischen Variation** für die Evolution erkannt. Sie ist das „Rohmaterial", an dem der Hauptmechanismus der Evolution, die natürliche Auslese oder Selektion ansetzt. Ohne genetische Variation gäbe es auch keine Evolution.

Die Ursachen der individuellen Variation waren DARWIN noch ein Rätsel. Erst die Experimente MENDELS und die Erkenntnisse der modernen Genetik brachten hier Klarheit. Heute unterscheidet man zwischen dem Genotyp und dem Phänotyp eines Individuums. Der **Phänotyp,** das Erscheinungsbild, umfasst nicht nur das Aussehen, sondern auch alle physiologischen Merkmale eines Individuums. Geprägt wird der Phänotyp zum einen durch Umwelteinflüsse, zum anderen durch seinen **Genotyp,** also die Summe seiner Erbanlagen.

Veränderungen des Phänotyps, die auf Umwelteinflüsse zurückzuführen und nicht erblich sind, weil sie keinen Einfluss auf die Struktur

22.1 Genetische Variation bei Speisekartoffeln

und Funktion von Genen haben, nennt man **Modifikationen.**

Den wichtigsten Beitrag zur genetischen Variation leistet der Vorgang der **Rekombination** bei der Bildung und Verschmelzung der Gameten. Bei sexueller Fortpflanzung werden während der Meiose die homologen Chromosomen nach dem Zufallsprinzip auf die haploiden Geschlechtszellen verteilt. Dies nennt man *interchromosomale Rekombination.* Schon vor der Bildung der Gameten erfolgt zusätzlich ein weiterer Rekombinationsprozess, die *intrachromosomale Rekombination.* Hierbei tauschen homologe Chromosomen, die während der Prophase 1 der Meiose aneinander gelagert sind, durch den Vorgang des crossing over Teilstränge untereinander aus. Die beiden Prozesse sorgen dafür, dass in jeder Generation neue Merkmalskombinationen entstehen.

Veränderungen von Genen, Chromosomen oder Chromosomensätzen nennt man **Mutationen.** Sie treten spontan auf oder werden durch *Mutagene* wie Röntgenstrahlen induziert. *Somatische* Mutationen in Körperzellen sind nicht erblich und haben damit auf die Nachkommen keinen Einfluss. *Keimbahnmutationen* in Spermien oder Eizellen werden dagegen an die Nachkommen weitergegeben. Nicht jede Mutation wirkt sich aber auf den Phänotyp aus. Man unterscheidet zwischen **neutralen** Mutationen, die keine Konsequenzen für den Phänotyp haben, **negativen** Mutationen, die ihn schädigen, und **positiven,** die ihm nützen. Mutationen, die zum Tode ihres Trägers führen, nennt man **letal.** Mutationen treten ungerichtet auf und verändern häufig ein funktionierendes System, weshalb negative Folgen für den Merkmalsträger weitaus häufiger sind als positive.
Beim Menschen schätzt man die spontane **Mutationsrate** auf 10^{-5} bis 10^{-6} pro Gen und Generation. Bei einer Gesamtzahl von 25 000 Genen ist damit etwa ein Viertel aller menschlichen Gameten von einer Mutation betroffen.

Unterschiede zwischen Individuen beruhen aber nicht allein auf Unterschieden in ihrer DNA-Sequenz, sondern auch auf Unterschieden in der *Genregulation* und der *Genexpression.* Mit solchen Veränderungen der Genomfunktion, zu denen es auch durch Umwelteinflüsse kommen kann, beschäftigt sich ein noch junges Teilgebiet der Genetik, die **Epigenetik.**

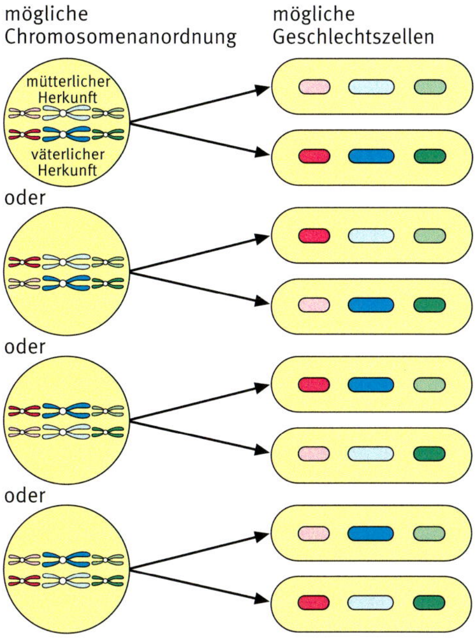

23.1 Interchromosomale Rekombination (Schema)

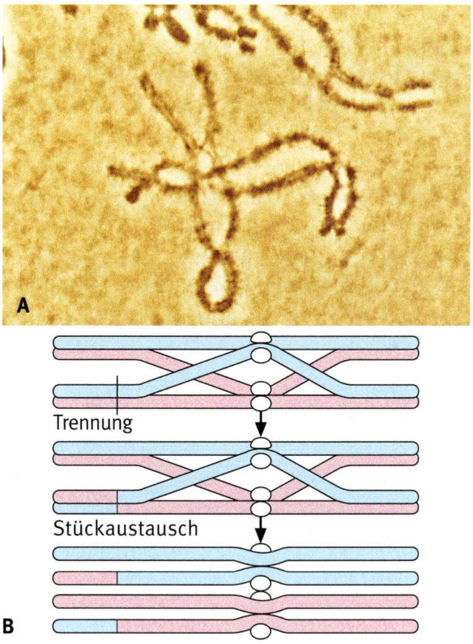

23.2 Intrachromosomale Rekombination.
A EM-Foto;
B Schema

1 Erläutern Sie die Begriffe Genotyp und Phänotyp.

2 Nennen Sie Beispiele für Modifikationen.

3 Berechnen Sie, wie viele unterschiedliche Gameten beim Menschen (haploider Chromosomensatz n = 23) durch interchromosomale Rekombination entstehen können und wie viele Kombinationsmöglichkeiten im Anschluss bei der Befruchtung entstehen. Ziehen Sie Schlussfolgerungen.

1.2 Die genetische Struktur von Populationen

Geparden hatten einst ein riesiges Verbreitungsgebiet, das vom Kap der Guten Hoffnung bis nach Afghanistan reichte. Heute ist das schnellste Säugetier der Welt vom Aussterben bedroht und steht auf der Roten Liste. Verantwortlich hierfür ist nicht nur der Mensch, der den Lebensraum dieser Tiere immer mehr einschränkt. Ihr Überleben ist auch dadurch gefährdet, dass sich alle heute lebenden Geparden genetisch fast so ähnlich sind wie eineiige Zwillinge: Geparden haben eine extrem geringe genetische Variation.

Mit Ursachen und Konsequenzen genetischer Variation beschäftigt sich die **Populationsgenetik.** Eine **Population** ist eine Gruppe von Individuen der gleichen Art, die in einem definierten Areal leben und eine Fortpflanzungsgemeinschaft bilden. Die Populationsgenetik entstand bald nach der Wiederentdeckung der Mendelschen Regeln Anfang des 20. Jahrhunderts und wurde zur Schnittstelle zwischen Genetik und Evolutionsbiologie. Populationsgenetiker sind maßgeblich daran beteiligt zu zeigen, wie sich evolutionärer Wandel vollzieht. Daneben hat die Populationsgenetik, wie das Beispiel der Geparden zeigt, auch praktische Bedeutung, beispielsweise für den Artenschutz. Als Fortpflanzungsgemeinschaft verfügt eine Population definitionsgemäß über einen gemeinsamen **Genpool,** also über einen gemeinsamen Bestand an Genen. Normalerweise gibt es von einem Gen mehrere oder sogar viele Varianten, die man als Allele bezeichnet. Die Häufigkeit der einzelnen Allele, ihre **Allelfrequenz,** kennzeichnet zusammen mit der Häufigkeit der einzelnen Genotypen die **genetische Struktur** einer Population.

Zu den wenigen genetischen Variationen im Genpool der afrikanischen Geparden gehört der „Königsgepard", bei dem die typischen schwarzen Punkte im Fell streifenartig verlängert sind. Ursache hierfür ist die Mutation eines rezessiven Allels, das in homozygoter Form vorliegen muss, damit aus Punkten Streifen werden. Die Fellzeichnung wird also durch zwei Allele erzeugt. Königsgeparde sind selten. Daher muss auch das rezessive Allel, das man im Gegensatz zum dominanten Allel (A) mit einem Kleinbuchstaben (a) bezeichnet, selten sein.
Kann sich der Anteil eines solchen seltenen Allels im Genpool und damit auch die genetische Struktur der Population im Verlauf der Generationen verändern? Eine Antwort auf diese Frage fanden 1908 unabhängig voneinander der britische Mathematiker Godfrey HARDY und der deutsche Arzt Wilhelm WEINBERG mit einer Modellrechnung.

Angenommen, in einer Population von insgesamt 1000 Geparden leben zehn Königsgeparde mit dem Genotyp aa. Von den übrigen 990 normal gefärbten Geparden sind 810 Individuen homozygot (AA) und die restlichen 180 heterozygot (Aa). Das dominante Allel A ist demnach in der Population 1800-mal vertreten (2 x 810 + 1 x 180), das rezessive Allel a 200-mal (2 x 10 + 1 x 180). Diese Zahlen kennzeichnen die *absoluten Allelfrequenzen* in der Population.

Die Fellzeichnung der Geparden wird nur durch zwei Allele gesteuert. Daher lassen sich aus den absoluten Allelfrequenzen auch die *relativen Allelfrequenzen* berechnen. Sie werden mit den Buchstaben p und q bezeichnet. Bei einer Gesamtzahl von 1000 Geparden und damit 2000 Allelen beträgt die relative Allelfrequenz p

24.1 Geparden. **A** normaler Phänotyp; **B** Königsgepard

des dominanten Allels A = $\frac{1800}{2000}$ = 0,9 oder 90 Prozent. Entsprechend lautet der Wert von q = $\frac{200}{2000}$ = 0,1 oder 10 Prozent. Da es in der Population keine weiteren Allele gibt, die die Fellzeichnung steuern, gilt: **p + q = 1.**

Was ändert sich an diesen Zahlen, wenn sich die Geparden miteinander fortpflanzen und eine neue Generation zeugen? Geschlechtszellen oder Gameten sind im Gegensatz zu Körperzellen haploid und enthalten damit jeweils nur ein Allel des entsprechenden Gens. Bei einer relativen Häufigkeit von 0,9 liegt die Wahrscheinlichkeit, dass ein Spermium mit dem dominanten Allel A eine Eizelle mit dem gleichen Allel befruchtet, bei p^2 = 0,9 x 0,9 = 0,81. Statistisch gesehen werden also 81 Prozent der neuen Gepardengeneration über den Genotyp AA verfügen.
Die Häufigkeiten der übrigen Genotypen lassen sich nach demselben Schema berechnen: Für die Genotypen Aa (p x q) und aA (q x p) ergibt sich jeweils eine Wahrscheinlichkeit von 0,9 x 0,1 = 0,09 und für den Genotyp aa (q^2) eine Wahrscheinlichkeit von 0,1 x 0,1 = 0,01. Mithin werden auch in der neuen Generation wieder zehn von 1000 Geparden Königsgeparden sein.

Die Berechnung von HARDY und WEINBERG zeigt also ein *stabiles Gleichgewicht* zwischen den einzelnen Allel- und Genotypfrequenzen einer Population. Formal wird dieser Zusammenhang so ausgedrückt:

$$p^2 + 2pq + q^2 = 1.$$

Diesen Zusammenhang bezeichnet man als **HARDY-WEINBERG-Gesetz** oder als **HARDY-WEINBERG-Gleichgewicht.** Die zentrale Aussage dieses Gesetzes lautet: Allein durch Rekombination ändert sich die genetische Struktur einer Population im Generationenverlauf nicht. Evolution findet unter diesen Bedingungen nicht statt. Allerdings handelt es sich bei einer HARDY-WEINBERG-Population auch nicht um eine reale, sondern um eine „ideale" Population. Die Rechnung gilt nämlich nur, wenn bestimmte Bedingungen erfüllt sind. Beispielsweise müssten alle Geparden unabhängig von ihrem Genotyp die gleichen Fortpflanzungschancen haben. Eine solche **Panmixie** (gr. *pan,* alles; *mixis,* Mischung), bei der die Wahl der Geschlechtspartner allein vom Zufall abhängt, gibt es aber im realen Leben weder bei Geparden noch bei sonstigen Lebewesen.

Phänotypen			
Anzahl Individuen	810	180	10
Genotypen	AA	Aa	aa
relative Häufigkeit der Genotypen	0,81 (810/1000)	0,18 (180/1000)	0,01 (10/1000)
absolute Allelfrequenz	810 + 810 + 180 =1800 A		180 + 10 + 10 =200 a
relative Allelfrequenz	p=1800/2000 =0,9		q=200/2000 =0,1

25.1 Genetische Struktur einer fiktiven Gepardenpopulation

Spermium / Eizelle	A p = 0,9	a q = 0,1
A p = 0,9	Aa  (p^2) = 0,81	Aa  (pq) = 0,09
a q = 0,1	aA 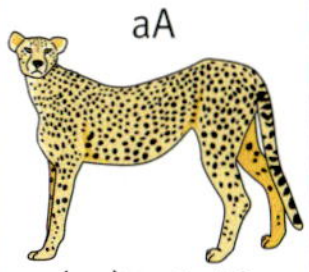 (qp) = 0,09	aa  (q^2) = 0,01
Summe der Allelhäufigkeit	p + q = 1	
Summe der Genotypen in der F_1	$p^2 + 2pq + q^2$ = 0,81 + 0,18 + 0,1 = 1	

25.2 Herleitung des HARDY-WEINBERG-Gesetzes

(1) Individuenzahl: Die Population muss so groß sein, dass Zufallsschwankungen keine Auswirkungen haben.
(2) Panmixie: Die Partnerwahl erfolgt zufällig. Sämtliche Gameten haben die gleichen Befruchtungschancen.
(3) Keine Selektion: Sämtliche Phänotypen haben unabhängig von ihrem Genotyp die gleichen Überlebens- und Fortpflanzungschancen.
(4) Keine Mutationen: Mutationen treten nicht auf.
(5) Genetische Isolation: Es gibt keine Zu- oder Abwanderung.

25.3 Bedingungen für das HARDY-WEINBERG-Gesetz (Idealpopulation)

1.3 Zufallseffekte verändern Populationen

Ideale Populationen, die in einem HARDY-WEINBERG-Gleichgewicht stehen und sich nicht verändern, kommen in der Natur nicht vor. In allen natürlichen Populationen treten beispielsweise Mutationen auf, die die genetische Struktur der Population verändern. Auch sind Populationen nur selten so strikt voneinander isoliert, dass es nicht zumindest gelegentlich zu einem Mitgliederaustausch kommt, der ebenfalls die genetische Struktur einer Population verändern kann. Nur in wenigen Lebensräumen, wie etwa auf entlegenen ozeanischen Inseln, sind solche **Migrationen** oder Wanderungen praktisch unmöglich. Veränderungen der genetischen Struktur von Populationen durch Migration bezeichnet man als **Genfluss.**

Ozeanische Inseln wie das 1000 Kilometer vor der südamerikanischen Küste gelegene Galapagos-Archipel sind für viele Tier- und Pflanzenarten schwer erreichbar. Vor schätzungsweise drei Millionen Jahren wurden aber einige Finken durch einen Sturm zufällig auf die Inselgruppe verfrachtet. Sehr wahrscheinlich handelte es sich nur um wenige Individuen, denen es jedoch gelang, eine neue Population zu gründen: die Galapagosfinken. Die wenigen Gründer der neuen Population repräsentierten nur einen Bruchteil der genetischen Variation ihrer Ursprungspopulation. Diese zufallsbedingte Veränderung der genetischen Struktur einer Population nennt man daher **Gründereffekt.**

Ein Beispiel für einen Gründereffekt aus jüngster Zeit sind die aus Nordamerika stammenden, heute aber auch in Deutschland umherstreifenden Waschbären. Sämtliche deutschen Waschbären stammen von zwei Tieren ab, die 1934 in Nordhessen freigelassen wurden. Die genetische Variation der deutschen Waschbären ist daher erheblich geringer als die ihrer amerikanischen Artgenossen.

Die geringe genetische Variation der Geparde ist auf einen ähnlichen Mechanismus zurückzuführen, der unter dem Namen **Flaschenhalseffekt** bekannt ist. Analysen des Gepardengenoms lassen vermuten, dass diese Tiere vor ungefähr 10 000 Jahren in ihrem Bestand so dezimiert waren, dass sie fast ausgestorben wären. Die wenigen Überlebenden, von denen die heutigen Geparden abstammen, verfügten nur über eine entsprechend eingeschränkte genetische Variation.

Beide Effekte, der Gründereffekt wie der Flaschenhalseffekt, sind Sonderfälle eines allgemeineren Prinzips: Allelfrequenzen können sich durch Zufallsereignisse, die nichts mit dem Allel oder dem von ihm codierten Merkmal zu tun haben, verändern. Diesen Prozess nennt man genetische Drift oder **Gendrift.** Vor allem in kleinen Populationen können dadurch kleine Ursachen große Wirkungen haben.

1 Beschreiben Sie, wie Zufallseffekte die genetische Struktur von Populationen verändern können.

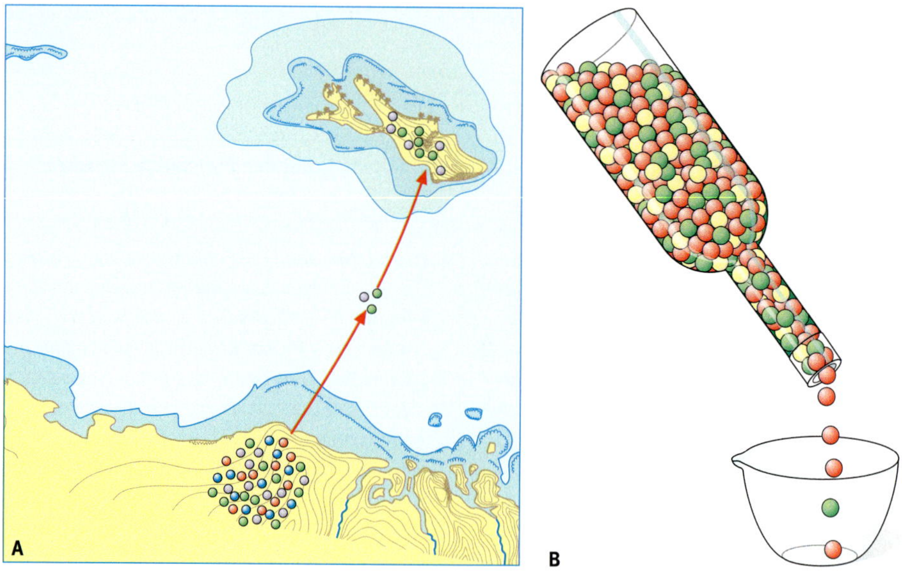

26.1 Formen der Gendrift (Schemata). **A** Gründereffekt; **B** Flaschenhalseffekt

Populationsgenetik

1

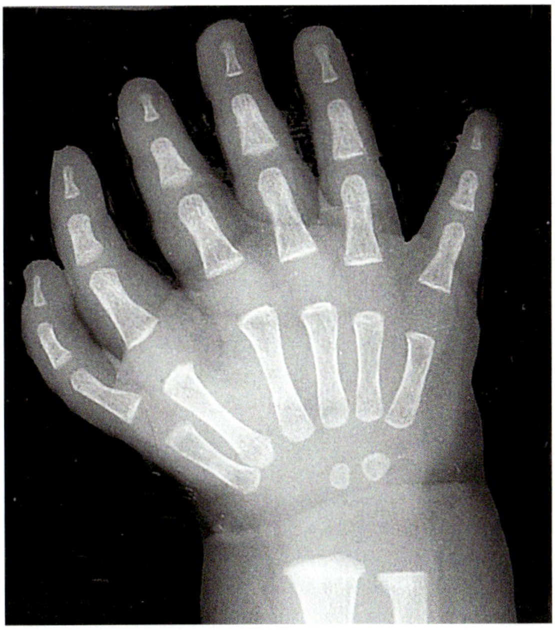

Tourismus ist ein wichtiger Wirtschaftsfaktor in Lancaster County, Pennsylvania. Die größte Touristenattraktion dieses Landstriches im Nordosten der USA sind zweifellos ein Teil seiner Bewohner: die Amish people.

Anfang des 18. Jahrhunderts waren etwa 200 Mitglieder dieser Religionsgemeinschaft von Süddeutschland nach Amerika ausgewandert, wo sie ihre traditionelle Lebensweise getreu den Buchstaben der Bibel und ihre Abschottung von der Außenwelt weitgehend beibehielten. Sie tragen noch heute altmodische Kleidung, fahren mit Pferdekutschen, sprechen einen eigenen, Pennsylvania Dutch oder Deitsch genannten Dialekt und lehnen die Evolutionstheorie ebenso wie Fernseher und viele andere moderne Errungenschaften strikt ab. Dafür legen sie viel Wert auf Demut und Gelassenheit und auf den Erhalt der Gemeinschaft.

Es kommt zwar vor, dass einzelne Mitglieder die Gemeinschaft verlassen, Neuzugänge gibt es aber nicht. Heiraten sind nur innerhalb der Religionsgemeinschaft erlaubt. Künstliche Methoden der Geburtenkontrolle sind aus religiösen Gründen streng verboten, dasselbe gilt für Sexualkundeunterricht. Familien mit zehn oder mehr Kindern sind bei den Amish keine Seltenheit.

In Lancaster County trägt fast ein Viertel aller Amish-Familien den Namen Stolzfus. In anderen Siedlungsgebieten der Amish findet man diesen Namen nicht. Das Gleiche gilt für eine seltene Erbkrankheit, das ELLIS-VAN CREFELD Syndrom (EvC). Kinder, die mit dieser Krankheit zur Welt kommen, haben verkürzte Gliedmaßen und an jeder Hand sechs Finger.

Viele sterben schon früh an Herzfehlern. Auslöser von EvC ist die Mutation eines Gens, das auf Chromosom 4 liegt. Im Normalzustand codiert dieses Gen ein Protein namens Limbin. Die genaue Funktion dieses Proteins ist noch unbekannt, allerdings scheint es für die gesunde Entwicklung und das Knochenwachstum des Fetus unerlässlich zu sein. Sind beide Allele von der Mutation betroffen, kommt die Krankheit zum Ausbruch.

Durch sorgfältig geführte Kirchenbücher, in denen sämtliche Heiraten, Geburten und Sterbefälle verzeichnet sind, war es möglich, die Krankheit bis auf ein Ehepaar zurückzuverfolgen, das 1744 nach Lancaster County eingewandert war. Gut 250 Jahre später, im Jahr 2000, waren allein in Lancaster County 52 EvC-Fälle gemeldet. In anderen Siedlungsgebieten der Amish ist die Krankheit nicht bekannt. Weltweit gibt es etwa 150 Betroffene.

a) Benennen Sie den Erbgang des ELLIS-VAN CREFELD Syndroms. Zeichnen Sie ein Stammbaumschema. Nennen Sie weitere Krankheiten mit demselben Erbgang.

b) Die Frequenz des EvC verursachenden Gens wird bei den Amish von Lancaster County auf $q = 0{,}006$ geschätzt. Berechnen Sie anhand dieses Wertes, wie groß der Anteil der von der Krankheit betroffenen Personen und der heterozygoten Personen in der Population ist.

c) Erläutern Sie, welche Faktoren die verhältnismäßig hohe Zahl der vom EvC-Syndrom betroffenen Personen in Lancaster County erklären.

d) Stellen Sie eine begründete Hypothese auf, warum das EvC-Syndrom in anderen Teilen der Welt extrem selten auftritt.

2 Natürliche Selektion

2.1 Selektion und Anpassung

Im Jahr 1848 fanden englische Schmetterlingssammler in der Umgebung von Manchester eine Rarität: einen dunkel gefärbten Birkenspanner. Birkenspanner sind normalerweise hell gefärbte Nachtfalter mit einer dunklen Sprenkelung. Diese *Tarnfärbung* macht sie tagsüber, wenn sie bewegungslos im Geäst von Birken, Pappeln und anderen Laubbäumen sitzen, fast unsichtbar, da die Rinde der Bäume meist mit hellen Flechten bewachsen ist.

Bis zum Jahr 1895 war aus der Rarität der Normalfall geworden: Der Anteil der dunkel gefärbten Birkenspanner in der Umgebung von Manchester war in nur 50 Jahren von schätzungsweise zwei Prozent auf 95 Prozent angewachsen. In anderen Teilen Großbritanniens war dieser Wandel nicht zu beobachten: Vor allem in ländlicheren Gegenden mit wenig Industrie blieb der Anteil der dunklen Birkenspanner gering. Damit schien klar, worauf die Zunahme der dunklen Birkenspanner zurückzuführen war: Mit der fortschreitenden Industrialisierung und der Emission großer Mengen von Schwefeldioxid und Ruß starben die Flechten ab und die dunkle Rinde der Bäume kam zum Vorschein. So verlor auch die Tarnfärbung der hellen Falter ihre Wirkung. Sie wurden nun viel häufiger von Vögeln erbeutet, während ihre dunklen Artgenossen auf den dunklen Bäumen gut getarnt waren. Da für die dunkle Färbung der Schmetterlinge das Pigment *Melanin* verantwortlich ist, nannte man die zunehmende Schwarzfärbung, die man auch bei anderen Arten beobachtete, **Industriemelanismus.**

Für DARWINS **Theorie der Evolution durch natürliche Selektion** waren die englischen Birkenspanner eine entscheidende Stütze. DARWIN selbst hatte nämlich keinen einzigen Beleg dafür vorweisen können, dass natürliche Selektion in der Natur tatsächlich stattfindet. Seine Theorie stützte sich auf logische Argumente: Individuen, die aufgrund ihrer erblichen Eigenschaften besser an die jeweils herrschenden Umweltbedingungen angepasst sind als andere, mussten auch bessere Überlebenschancen haben und infolgedessen mehr überlebende Nachkommen zeugen. Der Rückgang der hellen und die Zunahme der dunklen Birkenspanner in den englischen Industriegebieten des 19. Jahrhunderts ließ sich mit diesem Konzept mühelos erklären. Sogar Voraussagen wurden möglich: Bei einem Rückgang der Industrieemissionen sollten helle Birkenspanner wieder einen **Selektionsvorteil** haben. Genau dies trat ein.

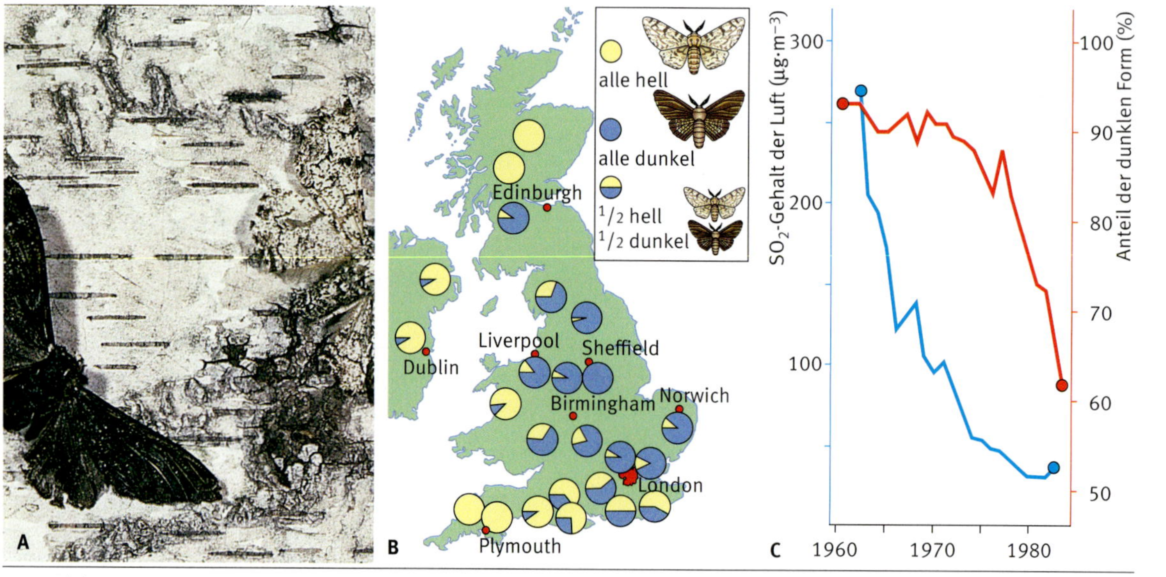

28.1 Birkenspanner. A helle und dunkle Form; **B** Anteil der verschiedenen Formen in Großbritannien um 1960; **C** Rückgang der Luftverschmutzung und Populationsänderungen im 20. Jahrhundert

Die Hypothese, dass veränderte Umweltbedingungen einen **Selektionsfaktor** für die englischen Birkenspanner darstellten und für den beobachteten Wandel der Populationen verantwortlich waren, erschien so plausibel, dass sie erst 50 Jahre später getestet wurde. Der englische Zoologe Bernhard KETTLEWELL fing Birkenspanner ein, markierte sie, um sie wiedererkennen zu können, und ließ sie in verschiedenen Gegenden Englands wieder frei. In der folgenden Nacht versuchte er die ausgesetzten Tiere mithilfe von Schmetterlingsfallen wieder einzufangen – was natürlich nur bei einem kleinen Teil gelang. Dennoch ergaben KETTLEWELLs Ergebnisse einen klaren Beleg für die Hypothese, dass die Färbung der hellen Falter in Industriegebieten wie Birmingham einen **Selektionsnachteil** darstellte: Der prozentuale Anteil der wiedergefangenen dunklen Falter war hier doppelt so hoch wie der der wiedergefangenen hellen Falter. In einem ländlichen Gebiet bei Dorset war das Umgekehrte der Fall. Kritiker, die immer noch bezweifelten, dass die schlechter angepassten Falter bevorzugt von Vögeln gefressen wurden, überzeugte er mit Filmaufnahmen, die genau dies zeigten.

Wie sich die natürliche Selektion auf die genetische Struktur einer Birkenspannerpopulation auswirkt, lässt sich mithilfe einer Modellrechnung veranschaulichen. Verantwortlich für die Färbung der Birkenspanner ist ein Gen, das die Synthese des Pigmentes Melanin kontrolliert. Falter mit den Genotypen CC und Cc (lat. *carbonaria,* kohlschwarz) sind dunkel, Falter mit dem Genotyp cc dagegen hell. Das Maß dafür, welchen Beitrag die einzelnen Genotypen für den Genpool der nächsten Generation leisten, ist ihre **Fitness.** Der *Selektionskoeffizient* s gibt an, wie stark der Selektionsdruck auf die Fitness der verschiedenen Genotypen ist.
Im Jahr 1848 lag der Anteil der hellen Birkenspanner um Manchester bei 98 Prozent. Folglich war $q^2 = 0{,}98$. Nimmt man an, dass die hellen Falter unter den veränderten Umweltbedingungen zehn Prozent weniger überlebende Nachkommen hatten, verringerte sich deren Fitness um 1 – s oder 1 – 0,1. Entsprechend würde der Wert von q^2 unter dem Einfluss der Selektion in der Folgegeneration auf $0{,}98 \cdot 0{,}9 = 0{,}88$ sinken. Die Allelfrequenz von c würde auf diese Weise von Generation zu Generation weiter abnehmen. Auf der genetischen Ebene ist Selektion also ein Mechanismus, der Allelfrequenzen in Populationen verändert.

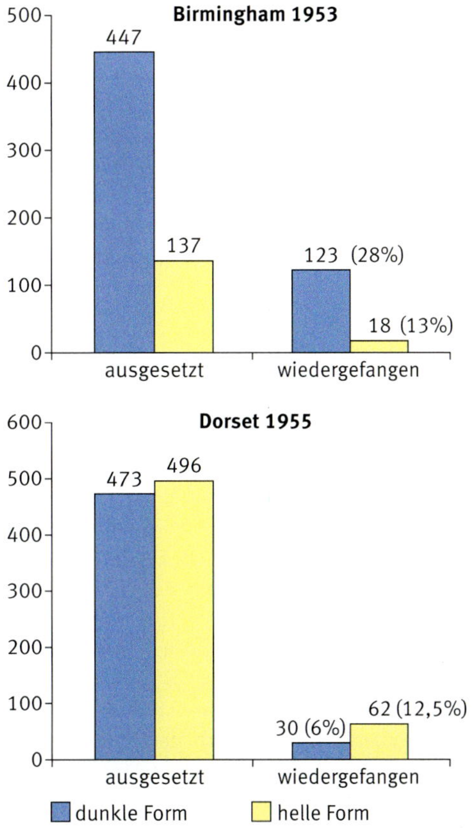

29.1 Versuche KETTLEWELLS

Phänotypen			
Genotypen	CC	Cc	cc
relative Häufigkeit vor der Selektion	$p_0^2 = 0{,}0001$	$2p_0q_0 = 0{,}02$	$q_0^2 = 0{,}98$
Selektion			
relative Fitness der Genotypen unter Einfluss von Selektion	1	1	1 – s (0,9)
relative Häufigkeit nach der Selektion	$p_1^2 = 0{,}00 \cdot 1 = 0{,}00$	$2p_1q_1 = 0{,}02 \cdot 1 = 0{,}02$	$q_1^2 = 0{,}98 \cdot 0{,}9 = 0{,}88$
neue Frequenz von $a(q_1)$	$q_1 = \frac{q_0\,(1 - sq_0)}{1 - sq_0^2}$ $q_1 = \frac{0{,}99\,(1 - 0{,}1 \cdot 0{,}99)}{1 - 0{,}1 \cdot 0{,}98} = 0{,}9889$		

29.2 Veränderung von Allelfrequenzen durch Selektion

Auf der Ebene der Phänotypen ist das Ergebnis der Selektion die von Generation zu Generation fortschreitende Angepasstheit von Populationen an die aktuell herrschenden Umweltbedingungen. Unter **Angepasstheit** versteht man die Fähigkeit eines Lebwesens, in einer gegebenen Umwelt zu überleben und sich fortzupflanzen. Den Prozess, der zur Angepasstheit von Lebewesen führt, nennt man *Anpassung* oder *Adaptation.*

Das Beispiel der Birkenspanner zeigt, dass Angepasstheit umweltabhängig ist: In einer durch Industrieemissionen verschmutzten Umwelt haben dunkel gefärbte Birkenspanner bessere Überlebens- und Fortpflanzungschancen, in smogfreien Gebieten dagegen hell gefärbte.

Prinzipiell kann jeder Aspekt der Umwelt einen **Selektionsdruck** auf Lebewesen ausüben und damit zum Selektionsfaktor werden. Man unterscheidet zwischen *biotischen* und *abiotischen Selektionsfaktoren.* Für die Evolution der Birkenspanner sind weniger die Rußablagerungen, sondern der Schwefeldioxidgehalt der Luft ein wichtiger, wenn auch nur indirekt wirkender abiotischer Selektionsfaktor: Schwefeldioxid tötet Flechten. Das Absterben der hellen Flechten bewirkt, dass die Tarnfärbung der Falter ihre Wirkung verliert und helle Falter deutlicher auf dunklen Rinden kontrastieren und somit häufiger zur Beute von Vögeln werden. Fressfeinde sind also ein direkt wirkender biotischer Selektionsfaktor für die Falter. Allerdings üben nicht alle Fressfeinde der Insekten einen Selektionsdruck auf ihre Färbung aus: Fledermäuse, die ihre Beute durch Echolotung orten, erbeuten helle Birkenspanner genauso häufig wie dunkle.

Zu den biotischen Selektionsfaktoren zählen neben *Fressfeinden* auch *Parasiten* und eigene *Artgenossen.* Parasiten üben einen Selektionsdruck auf ihre Wirte aus, indem sie diese schädigen. Angepasstheiten von Ektoparasiten sind beispielsweise die Klammerorgane von Läusen und Milben. Artgenossen sind ein Selektionsfaktor, weil sie dieselben Ressourcen nutzen. Damit sind sie Konkurrenten um Nahrung, Geschlechtspartner, Nistgelegenheiten und andere Güter, die Lebewesen zum Überleben und für ihre Fortpflanzung benötigen.

Ein Beispiel für den Einfluss eines abiotischen Selektionsfaktors sind die flügellosen Fliegen der Kerguelen-Inseln. Auf dieser 2000 Kilometer vor der Antarktis gelegenen Inselgruppe gibt es weder Bäume noch Sträucher. Flugfähige Insekten wären hier in Gefahr, von den häufigen schweren Stürmen auf das Meer hinausgeweht zu werden. Die Rückbildung der Flügel erwies sich in diesem Lebensraum als Selektionsvorteil.

Andere abiotische Selektionsfaktoren sind die Temperatur, das Licht, das Wasser oder auch der Salzgehalt. Eine der wenigen Pflanzen, die mit einem hohen Salzgehalt in ihrer Umgebung zurechtkommt, ist der an den Küsten von Nord- und Ostsee verbreitete Queller. Bei dieser Samenpflanze ist der Spross ähnlich wie bei einem Säulenkaktus verdickt und die Blätter sind zu Schuppen zurückgebildet. Anders als beim Kaktus ist diese *Sukkulenz* (lat. *suculentus,* saftvoll) genannte Wuchsform allerdings keine Angepasstheit an besonders trockene Standorte: Der Queller wird zweimal täglich überschwemmt. Durch das Speichern von Wasser gelingt es der Pflanze, eine zu hohe intrazelluläre Salzkonzentration zu verhindern.

1 Erläutern Sie die Wirkungsweise der natürlichen Selektion am Beispiel des Industriemelanismus.

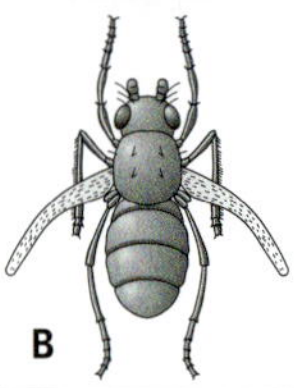

30.1 Angepasstheiten. A Filzlaus; **B** Kerguelenfliege; **C** Queller

2.2 Selektionsformen

Für die Körner fressenden Finken auf den Galapagos-Inseln war 1977 ein schweres Jahr: Die Regenzeit fiel aus. Eine unmittelbare Folge der Dürre bestand darin, dass weniger Pflanzen Samen produzierten. Vor allem kleinere, weiche Samen, die die Finken zur Aufzucht ihrer Jungen benötigen, waren kaum vorhanden. Bestandserhebungen auf der Insel Daphne Major zeigten, dass die Dürre die dort lebende Population der Mittleren Grundfinken deutlich dezimiert hatte: Während 1976 noch über 700 Vögel auf der Insel gezählt worden waren, waren es zwei Jahre später nur noch 90. Außerdem hatte sich der Phänotyp der Population verändert: Die überlebenden Vögel hatten im Mittel dickere Schnäbel, mit denen sich auch größere und härtere Pflanzensamen knacken ließen. Das durch die Dürre veränderte Nahrungsangebot auf Daphne Major hatte einen so starken Selektionsdruck auf die Finken ausgeübt, dass es innerhalb einer Generation zu einer messbaren Veränderung im Phänotyp gekommen war. Eine solche Form der Selektion, die zu einer Merkmalsverschiebung führt und so die Evolution einer Art in eine bestimmte Richtung lenkt, nennt man **gerichtete Selektion.** Gerichtete Selektion ist häufig die Folge von Umweltveränderungen. Ursache hierfür ist die Tatsache, dass in einer veränderten Umwelt oft diejenigen Individuen einen Selektionsvorteil erlangen, die vom Durchschnitt abweichen.

Eine andere Form der Selektion ist die **stabilisierende Selektion.** Ein klassisches Beispiel ist das Geburtsgewicht menschlicher Babys. Die meisten Babys wiegen bei der Geburt zwischen 2,5 und 4,5 Kilogramm. Diese Babys haben heute in den reichen Industrienationen nahezu alle eine sehr hohe Überlebenschance. Bei deutlich kleineren und leichteren Neugeborenen, bei denen es sich häufig um Frühgeburten handelt, ist die Sterblichkeit aber erhöht. Dasselbe trifft auf schwerere Neugeborene zu, bei denen Geburtskomplikationen wahrscheinlicher sind. Im Gegensatz zur gerichteten Selektion haben hier also Individuen, die vom Durchschnitt abweichen, einen Selektionsnachteil. In den Industrienationen hat der Selektionsdruck auf ein mittleres Geburtsgewicht in den letzten Jahrzehnten allerdings nachgelassen, da Frühgeburten intensivmedizinisch betreut werden und zu große Babys meist durch Kaiserschnitt zur Welt gebracht werden.

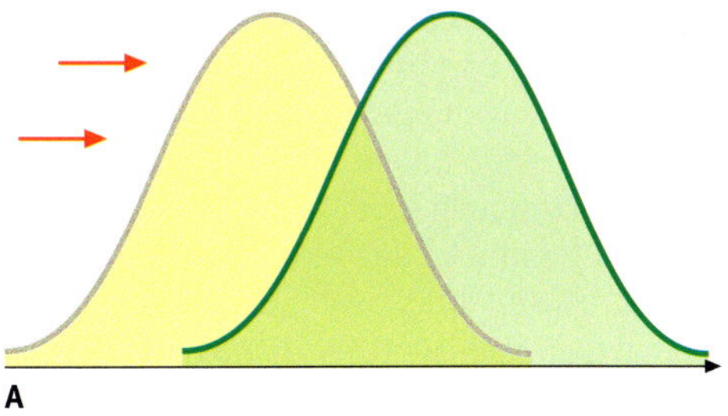

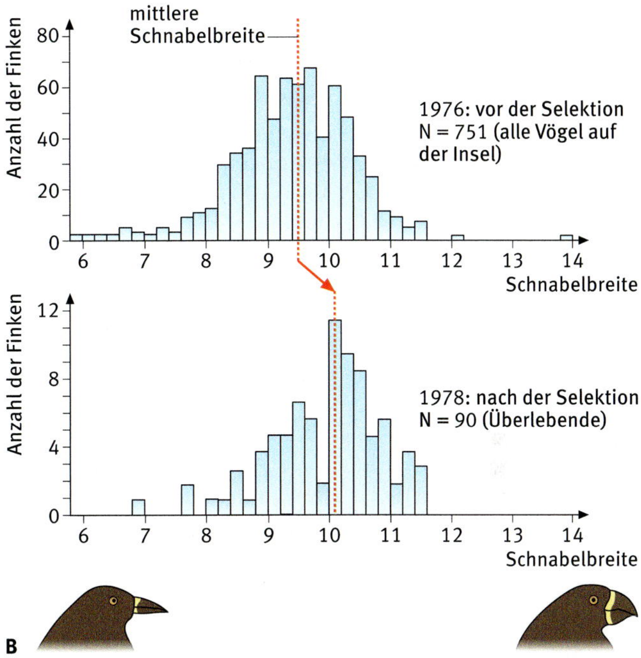

31.1 Gerichtete Selektion. **A** Schema; **B** Veränderung der Schnabeldicke bei Mittleren Grundfinken

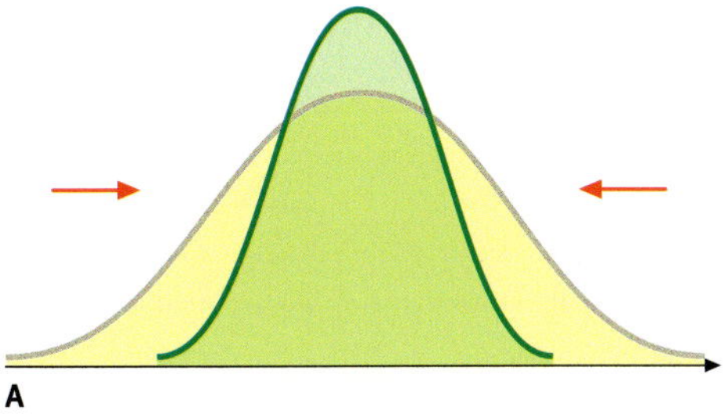

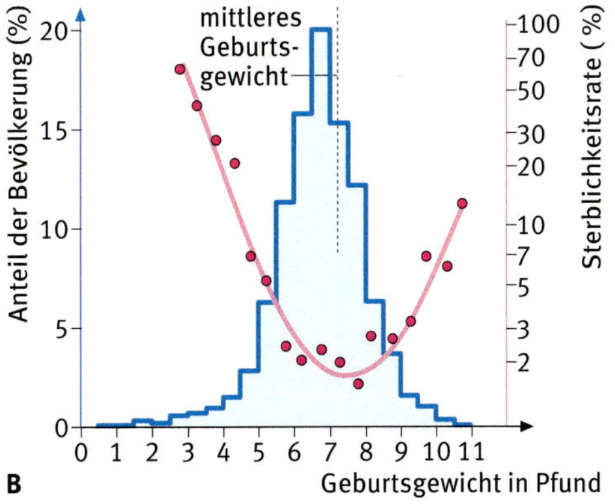

31.2 Stabilisierende Selektion. **A** Schema; **B** menschliches Geburtsgewicht und Neugeborenensterblichkeit

Eine dritte Form der Selektion ist die aufspaltende oder **disruptive Selektion.** Sie beruht darauf, dass nicht Durchschnittstypen einen Selektionsvorteil haben, sondern die Extremtypen beider Seiten eines Merkmalsspektrums. Dadurch kommt es zur Merkmalsaufspaltung und zur Ausbildung zweier unterschiedlicher Phänotypen. Ein Beispiel hierfür ist eine im ostafrikanischen Tanganjikasee lebende Buntbarschart namens *Perissodus microlepis.* Diese Fische haben eine sehr spezielle ökologische Nische: Sie ernähren sich von den Schuppen anderer Fischarten. Diese erbeuten sie, indem sie sich von hinten ihrem Opfer nähern und ihm dann blitzschnell einige Schuppen aus der Flanke reißen. Als Angepasstheit an diese Form der Ernährung ist das Maul der Schuppenfresser nicht nach vorne, sondern etwas zur Seite gerichtet, und zwar entweder nach rechts oder nach links. „Linksmünder" greifen folgerichtig die rechte Flanke ihrer Beute an, „Rechtsmünder" dagegen die linke.

32.1 Disruptive Selektion.
A Schema;
B Häufigkeit von Rechts- und Linksmündern bei Schuppen fressenden Buntbarschen

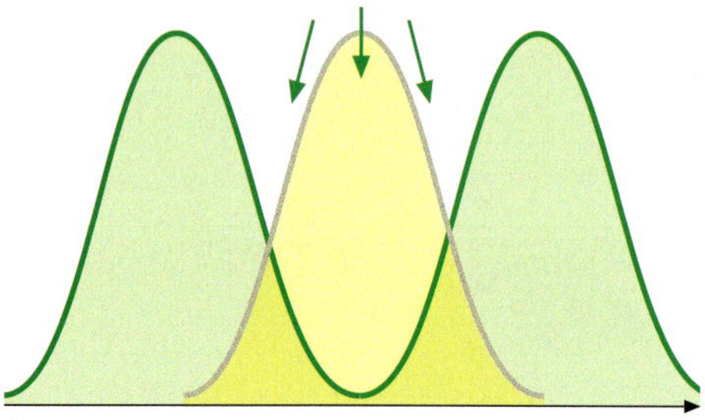

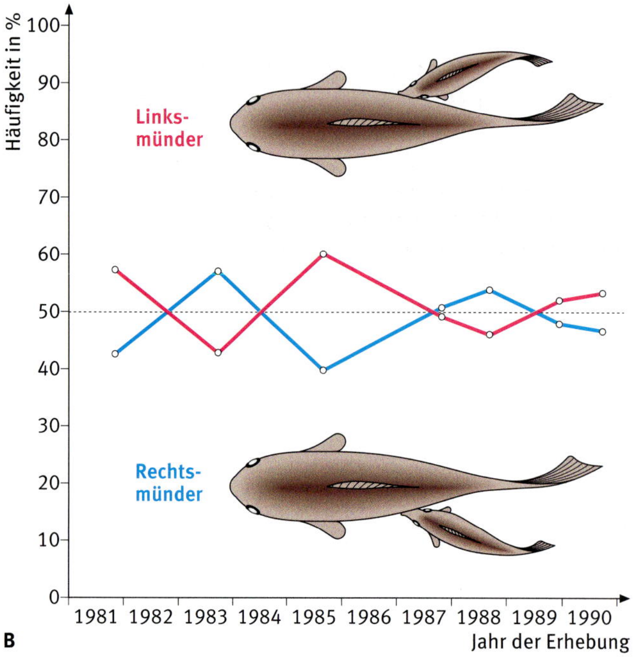

Die Ausrichtung des Maules der Schuppenfresser ist genetisch festgelegt und wird von zwei Allelen eines Gens kontrolliert. Grundsätzlich könnte man erwarten, dass beide Phänotypen gleich häufig sind, da keiner der beiden einen prinzipiellen Selektionsvorteil vor dem anderen hat. Dennoch schwanken die Anzahlen der Links- und Rechtsmünder leicht: Sind in einem Jahr Rechtsmünder häufiger, findet man im darauffolgenden Jahr mehr Linksmünder. Ursache ist das Verhalten der Beutefische: Sie lernen, von welcher Seite sie am häufigsten attackiert werden, und weichen entsprechend aus. Die Folge ist, dass die jeweils seltenere Variante der Schuppenfresser einen Selektionsvorteil erhält. Diese Form der Selektion, bei der der Selektionsvorteil eines Phänotyps von der Häufigkeit anderer Phänotypen in der Population abhängt, heißt **frequenzabhängige Selektion.** Längerfristig halten sich die Vor- und Nachteile der jeweiligen Phänotypen die Waage, so dass sich zwischen ihnen ein Gleichgewicht herausbildet. Dieses nennt man einen **balancierten Polymorphismus** (gr. *poly,* viel, *morphe,* Gestalt).

Ein anderes Beispiel für einen balancierten Polymorphismus ist das gehäufte Auftreten der *Sichelzellanämie* in Teilen Afrikas. Die Sichelzellanämie ist eine autosomal-rezessive Erbkrankheit, bei der das Hämoglobin durch eine Punktmutation verändert ist. Dadurch sind die Erythrozyten sichelartig verformt und werden vermehrt in Leber und Milz abgebaut. Im heterozygoten Zustand kann dies bei schwerer körperlicher Belastung zu gesundheitlichen Problemen führen, im homozygoten Zustand ist die Krankheit lebensgefährlich. Trotz dieses klaren Selektionsnachteils sind in Teilen Zentralafrikas bis zu 40 Prozent der Menschen Träger des Sichelzell-Allels. Ursache hierfür ist die Tatsache, dass dieses Allel im heterozygoten Zustand einen Selektionsvorteil besitzt: Die deformierten Blutzellen werden nicht von dem Einzeller *Plasmodium* befallen, dem Erreger der Malaria. An dieser Infektionskrankheit sterben weltweit jährlich etwa drei Millionen Menschen. Der **Heterozygotenvorteil** ist aber nur dort gegeben, wo Malaria verbreitet ist.

1 Das Beispiel der Sichelzellanämie zeigt, dass in der Evolution auch Gene erhalten bleiben können, die ihrem Träger unter bestimmten Bedingungen schaden. Erläutern Sie diesen Sachverhalt.

Modellbeispiele zu Gendrift und Selektion

1 Modellspiel Gendrift

Zeit: 60 min
Material pro Gruppe: Becherglas (250 ml), 4 Bechergläser (100 ml), je 40 rote, weiße, grüne und braune Perlen

Durchführung:
1. In das große Becherglas werden je zehn Perlen von jeder Farbe gegeben, die restlichen Perlen kommen als Vorrat jeweils in ein kleines Becherglas.
2. Nun wird blind aus dem großen Becherglas eine Perle gezogen und in das jeweilige Vorratsglas gelegt.
3. Anschließend wird erneut eine Perle blind aus dem großen Becherglas gezogen und zusammen mit einer zweiten Perle derselben Farbe aus dem Vorrat wieder zurück in das große Becherglas gegeben. Somit ist eine Spielrunde beendet.
4. Nach 20 Spielrunden werden die Perlen im großen Becherglas nach Farben getrennt ausgezählt und aufgeschrieben. Danach wird weitergespielt.

Dieses Modellspiel simuliert beispielsweise das Zusammenleben verschiedenfarbiger Nachtfalter mit Fledermäusen, die auf die Nachtfalter Jagd machen.

Aufgaben:
a) Führen Sie das Modellspiel in mehreren Gruppen entsprechend für 200 Spielrunden durch und notieren Sie alle 20 Spielrunden die Ergebnisse.
b) Werten Sie die Ergebnisse der 200 Spielrunden graphisch aus, indem Sie die Anzahl der Perlen in der jeweiligen Perlenfarbe in ein gemeinsames Diagramm übertragen. Auf der X-Achse wird jeweils die Anzahl der Spielrunden aufgetragen und auf der Y-Achse jeweils die Anzahl der Perlen.
c) Übertragen Sie das Modellspiel auf natürliche Verhältnisse, indem Sie tabellarisch die Bestandteile und Vorgaben des Modells ihrer natürlichen Entsprechung gegenüber stellen.
d) Interpretieren Sie das Modellspiel aus evolutionsbiologischer Sicht, gehen Sie dabei auch auf das Beispiel Nachtfalter-Fledermaus ein.

2 Modellspiel Selektion

Zeit: 60 min
Material pro Gruppe: Becherglas (250 ml), 4 Bechergläser (100 ml), je 40 rote, weiße, grüne und braune Perlen, ein Würfel

Durchführung:
1. In das große Becherglas werden je zehn Perlen von jeder Farbe gegeben, die restlichen Perlen kommen jeweils in einen Vorratsbehälter.
2. Nun wird blind aus dem großen Becherglas eine Perle gezogen.
3. Zusätzlich wird einmal gewürfelt. Das Würfelergebnis und die Farbe der zufällig gezogenen Perle entscheiden, was mit ihr geschieht:
4. Bei einer gewürfelten 1 oder 2 wird die Perle unabhängig von der Farbe aus dem Spiel genommen; bei einer 3 bleiben rote Perlen im Spiel, bei einer 4 bleiben rote und weiße Perlen im Spiel, bei einer 5 bleiben rote, weiße und grüne Perlen im Spiel und bei einer 6 bleiben alle Perlen im Spiel.
5. Bleibt die Perle nach dem Würfeln im Spiel, wird sie in das große Becherglas zurückgelegt und die Spielrunde ist beendet.
6. Wurde die Perle nach dem Würfeln aus dem Spiel genommen, wird eine weitere Perle blind aus dem großen Becherglas gezogen und zusammen mit einer zweiten Perle derselben Farbe aus dem Vorratsbehälter wieder zurück in das große Becherglas gegeben. Erst jetzt ist die Spielrunde beendet.
7. Die Perlen im großen Becherglas werden nach jeweils 20 Spielrunden ausgezählt.

Dieses Modellspiel simuliert beispielsweise das Anzahlverhältnis verschiedenfarbiger Nachtfalter, die zusätzlich jeweils unterschiedlich giftig sind, mit verschiedenen Fledermaus-Arten, die jeweils unterschiedlich resistent gegen die Gifte der Nachtfalter sind.

Aufgaben:
a) Werten Sie das Modellspiel entsprechend den Aufgaben zum vorigen Modellspiel Gendrift aus.
b) Vergleichen Sie die beiden Modellspiele und zeigen Sie entscheidende Unterschiede in Durchführung und Auswirkung auf.

Mechanismen der Evolution

1

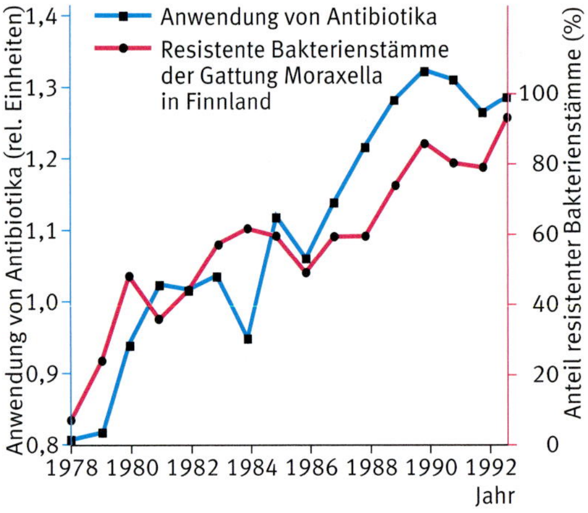

Versuch II

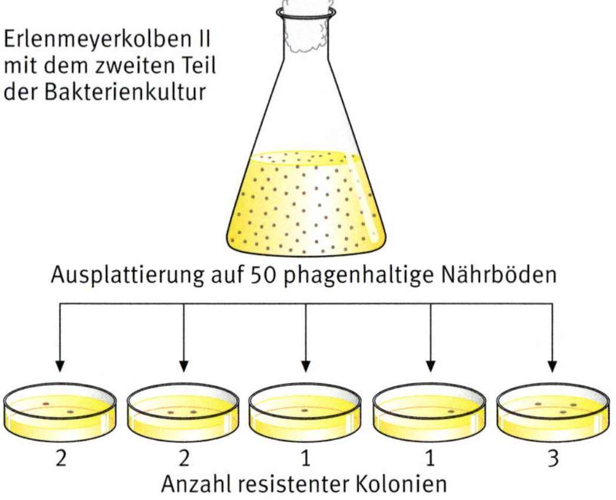

Während des 2. Weltkrieges wurden erstmals Antibiotika in der Medizin angewendet. Bald darauf musste man feststellen, dass diese Medikamente immer öfter wirkungslos blieben. Die Bakterien, deren Vermehrung die Antibiotika verhindern sollten, waren resistent geworden. Dabei gab es offensichtlich einen Zusammenhang zwischen dem Einsatz von Antibiotika und der Anzahl resistent gewordener Bakterienstämme.
Im Jahr 1942 führten die in den USA arbeitenden Wissenschaftler Max DELBRÜCK und Salvador LURIA ein Experiment durch, das diesen Zusammenhang klären sollte. Es wurde unter dem Namen **Fluktuationstest** (lat. *fluctuare,* schwanken) bekannt.

Versuch I

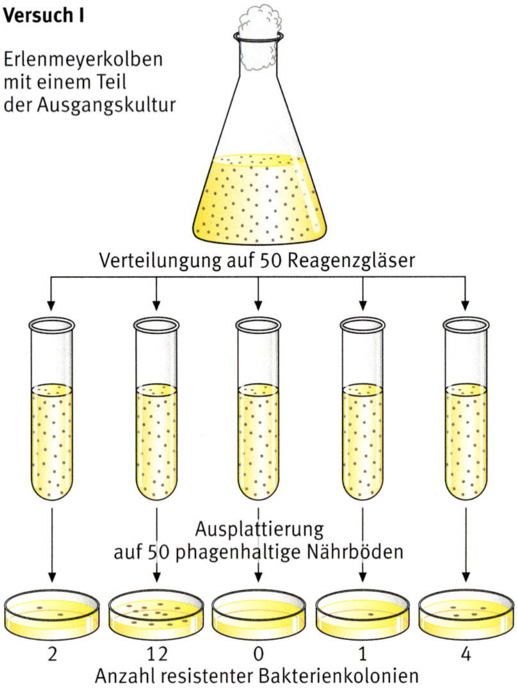

Zunächst züchteten LURIA und DELBRÜCK Bakterien der Art *Escherichia coli*. Die entstandene Bakterienkultur verteilten sie zu gleichen Teilen auf zwei Erlenmeyerkolben. Im dann folgenden Versuch 1 verteilten sie den Inhalt des einen Glases auf 50 neue Reagenzgläser, die sie zusammen mit dem anderen Erlenmeyerkolben zur weiteren Vermehrung der Bakterien in einen Brutschrank gaben. Nach 24 Stunden übertrugen sie die 50 Proben auf je eine Petrischale, die neben einem Nährboden ein Bakterien tötendes Virus, einen *Bakteriophagen* enthielt. Versuch 2 diente zur Kontrolle: Der bislang ungeteilte Inhalt des zweiten Glases wurde ebenfalls auf 50 mit Bakteriophagen geimpfte Petrischalen verteilt.
In beiden Versuchsansätzen entwickelten sich gegen den Bakteriophagen resistente Bakterienkulturen.
Die Anzahl der resistenten Kulturen war im ersten Versuchsansatz sehr unterschiedlich, sie schwankte zwischen 0 und mehr als 100. Im zweiten Versuchsansatz zählten die Forscher dagegen in allen Petrischalen annähernd gleich viele resistente Kulturen.

a) Beschreiben Sie die Versuchsansätze und deren Ergebnisse.

b) Der Zusammenhang zwischen dem Einsatz von Antibiotika und der Evolution resistenter Bakterien kann durch zwei Hypothesen erklärt werden, die LURIA und DELBRÜCK die „Hypothese der erworbenen Immunität" und die „Mutationshypothese" nannten. Begründen Sie diese Wortwahl und erläutern Sie, welche Hypothese durch die Ergebnisse gestützt wird.

c) Das Ergebnis des Fluktuationstests ist ein Beleg für die Synthetische Theorie der Evolution. Begründen Sie diese Aussage.

d) Im Zusammenhang mit dem Fluktuationstest fällt oft der Begriff **„Präadaptation"**. Erläutern und bewerten Sie diesen Begriff.

2 Normalerweise geben Lebewesen ihre Gene durch Fortpflanzung an ihre Nachkommen weiter. 1946 entdeckten die Genetiker Joshua LEDERBERG und Edward TATUM aber, dass Bakterien noch über eine weitere Möglichkeit der Weitergabe von Genen verfügen: Sie können Gene auch untereinander austauschen. Dieses Phänomen nennt man **horizontalen Gentransfer** – im Gegensatz zum „normalen" *vertikalen* Gentransfer von einer Generation zur nächsten. Der Nachweis gelang, als die Forscher zwei Bakterienstämme miteinander mischten, die jeder an einer Mangelmutation litten: Stamm A konnte die Aminosäuren Cystein und Phenylalanin nicht synthetisieren, Stamm B fehlte diese Fähigkeit für die Aminosäuren Leucin und Threonin. Ohne künstliche Zugabe dieser Stoffe war keiner der beiden Stämme allein lebensfähig. Mischte man die beiden Stämme aber, entstanden Kolonien, die alle vier Aminosäuren herstellen konnten. Spätere Forschungen zeigten, wie der horizontale Gentransfer bei Bakterien erfolgt.

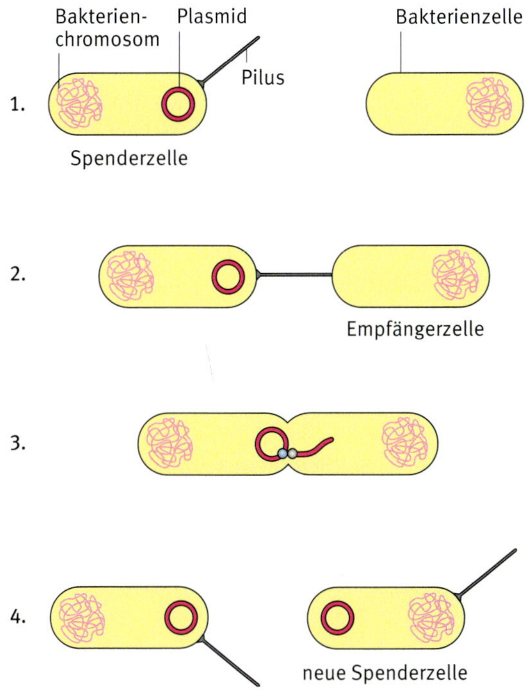

a) Beschreiben Sie anhand der Abbildung den Prozess des horizontalen Gentransfers.

b) Horizontaler Gentransfer erfolgt durch *Konjugation* und anschließende genetische *Rekombination*. Erläutern Sie diese Begriffe und vergleichen Sie sie mit entsprechenden Vorgängen bei Eukaryoten.

c) Erläutern Sie die evolutionsbiologische Bedeutung des horizontalen Gentransfers.

3 *"Peppered moths* [Birkenspanner] *do not naturally rest in exposed positions on tree trunks."* Mit diesem Satz löste der englische Schmetterlingsexperte Michael MAJERUS 1998 eine erregte Diskussion zwischen Gegnern und Befürwortern der Evolutionstheorie aus. Sie gipfelte in der Anschuldigung, KETTLEWELL habe seine Ergebnisse gefälscht und Lehrbücher stellten die Biologie des Birkenspanners falsch dar: *„Jahrzehntelang"*, heißt es auf einer Internetseite, *„wurde die Menschheit durch Fotos von toten Motten, die mit Nadeln an Baumrinden befestigt waren, in die Irre geführt, um Darwins ... völlig veraltete Theorie am Leben zu erhalten."* Ist diese Aussage richtig?
Viele Fotos zeigen tatsächlich tote Birkenspanner. Auch wurden in manchen Studien tote Falter an Bäume geklebt, um zu prüfen, ob schlecht getarnte Exemplare häufiger von Vögeln erbeutet werden als besser getarnte. Weiterhin gab es bis 1998 kaum Erkenntnisse darüber, wo sich Birkenspanner tagsüber aufhalten. Um diese Wissenslücke zu schließen, notierte MAJERUS zwischen 2001 und 2007 den Aufenthaltsort von 135 Birkenspannern. Die meisten, stellte er fest, wählen ihren Ruheplatz unter Astgabeln in mehr als zwei Metern Höhe – so dass sie äußerst selten von Menschen entdeckt werden.

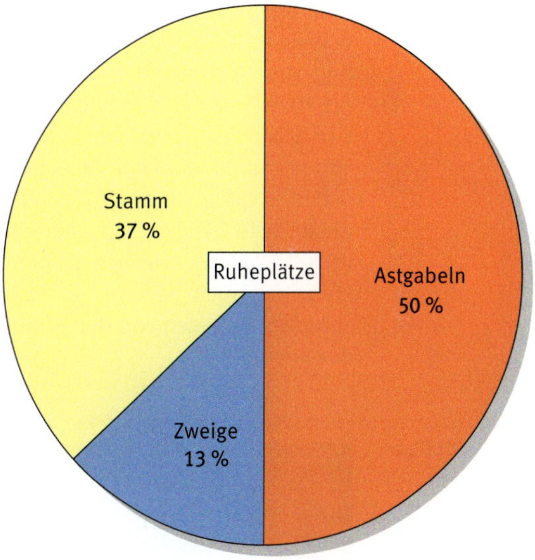

a) KETTLEWELL hatte die von ihm markierten Birkenspanner am Tag auf Baumstämme gesetzt, wo sie zumeist sofort ihre Ruheposition einnahmen. Begründen Sie, warum man dieses Vorgehen kritisieren kann.

b) Entwerfen Sie ein Experiment, mit dem die Hypothese der natürlichen Selektion beim Birkenspanner besser überprüft werden könnte.

c) Bewerten Sie die oben zitierten Aussagen.

3 Sexuelle Selektion und Verhalten

3.1 Kosten und Nutzen der Sexualität

Sexualität ist ein vieldeutiger Begriff: Für die einen handelt es sich um bestimmte Verhaltensweisen oder Gefühle, für die anderen um etwas, das untrennbar mit Fortpflanzung verbunden ist. Die Biologie definiert Sexualität anders: Sexualität ist die Vereinigung der genetischen Information zweier Individuen, die zur Erzeugung neuer, genetisch einzigartiger Individuen führt. Fortpflanzung ist dagegen die Produktion von Nachkommen.

Fortpflanzung ohne Sexualität gibt es nicht nur bei Einzellern, sondern auch bei Vielzellern. Manche Arten der amerikanischen Rennechsen bestehen nur aus Weibchen. Nachkommen entstehen hier ohne männliche Beteiligung aus unbefruchteten Eizellen. Dies nennt man auch *einelterliche Fortpflanzung*. Der Nutzen gegenüber zweielterlicher Fortpflanzung ist offensichtlich: Eine Population, in der jedes Individuum Nachkommen zur Welt bringen kann, wächst doppelt so schnell wie eine, in der zwei Individuen zur Produktion von Nachkommen benötigt werden. Für die Fitness eines Weibchens ist die Produktion von Männchen daher mit Kosten verbunden. Hinzu kommt, dass ein Weibchen bei einelterlicher Fortpflanzung sein gesamtes Genom an die nächste Generation weitergibt – und nicht nur die Hälfte, wie bei sexueller Fortpflanzung. Da auch letzteres Fitnesskosten sind, sprechen Biologen von den **doppelten Kosten der Sexualität.**

Warum konnte sich sexuelle Fortpflanzung dann trotz dieser enormen Kosten in der Evolution durchsetzen? Biologen erklärten dies lange Zeit so: Ohne das durch *Rekombination* entstehende Potenzial an genetischer Variabilität wären Arten nicht in der Lage, sich an veränderte Umweltbedingungen anzupassen und würden aussterben. Diese Erklärung hat jedoch eine entscheidende Schwäche: Selektion ist kein Mechanismus, der vorausschauend wirkt. Selektion begünstigt die genetische Information von Individuen, die sich in der Gegenwart erfolgreich fortpflanzen – unabhängig davon, wie erfolgreich sie in der Zukunft möglicherweise sein werden.

Heute favorisieren Biologen daher eine andere Erklärung für die Evolution der Sexualität: Genetisch einheitliche Populationen bieten ein bevorzugtes Angriffsziel für Parasiten und Krankheitserreger aller Art, da hier eine überwundene Immunabwehr wie ein Dammbruch wirkt: Es kommt zu einer Seuche. Sexuelle Fortpflanzung führt dagegen aufgrund der erhöhten genetischen Variabilität dazu, dass Krankheitserreger immer neue Immunschranken überwinden müssen – und ihre Wirte auf diese Weise besser geschützt sind. Fachleute sprechen in diesem Zusammenhang von einem *evolutionären Wettrüsten* zwischen Wirten und Parasiten. Dabei ist die Sexualität die wichtigste Waffe der Wirte.

1 Vergleichen Sie Kosten und Nutzen ein- und zweielterlicher Fortpflanzung.

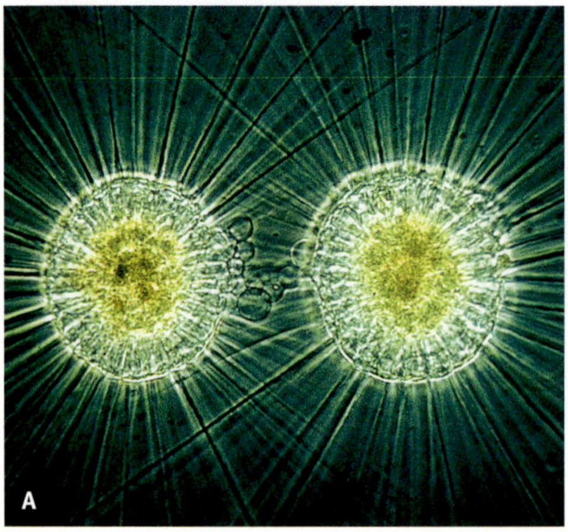

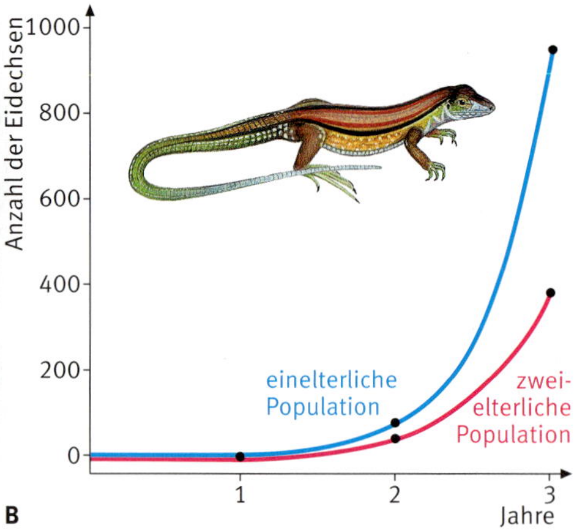

36.1 Fortpflanzung ohne Sexualität. **A** Zweiteilung bei Sonnentierchen; **B** Populationswachstum bei Rennechsen

3.2 Evolution der Geschlechter

Wie die ursprüngliche Form der sexuellen Fortpflanzung ausgesehen haben könnte, zeigen heute noch lebende Arten wie die Grünalge *Ulothrix:* Jedes Individuum produziert zahlreiche kleine, bewegliche Gameten, die aufgrund ihres gleichartigen Aussehens **Isogameten** genannt werden (gr. *isos,* gleich; *gamein,* vermählen).
Aus Isogameten entstanden durch Zelldifferenzierung im Laufe der Evolution zunächst ungleich große **Anisogameten** und schließlich die beiden Zelltypen, die die Geschlechter definieren: Männchen produzieren zahlreiche kleine, bewegliche Spermien, Weibchen wenige große, unbewegliche Eizellen. Entsprechend nennt man diesen Befruchtungstyp dann **Oogamie** (gr. *oon,* Ei).

Die Evolution von Eizellen und Spermien und damit die Evolution der Geschlechter ist ein Beispiel für *disruptive Selektion:* Die beiden extremen Merkmalsausprägungen einer Population besaßen einen Selektionsvorteil. Kleine Gameten haben den Vorteil, in großen Mengen produziert werden zu können. Entsprechend hoch ist die Wahrscheinlichkeit, auf einen Gameten eines anderen Individuums zu treffen. Die Überlebenschance einer Zygote, die aus zwei kleinen Gameten entsteht, ist allerdings gering, da sie kaum Nährstoffe enthält. Die besten Treffer- und Überlebenschancen bietet daher eine Kombination aus zahlreichen kleinen, beweglichen Spermien und wenigen, aber dafür großen und nährstoffreichen Eizellen. Bestätigt wurde dies durch Computersimulationen.

Welche Folgen der „kleine Unterschied" für die Geschlechter hat, untersuchte der britische Genetiker Angus BATEMAN 1948 an Taufliegen. Zu Hilfe kam ihm dabei, dass sich die Nachkommen mutierter Taufliegen anhand bestimmter Merkmale ihres Phänotyps leicht ihren Eltern zuordnen lassen.

Nachdem er Tausende von Fliegen gezüchtet hatte, stellte BATEMAN fest, dass die Unterschiede im Fortpflanzungserfolg bei den Männchen erheblich größer waren als bei den Weibchen. Sportlich ausgedrückt gab es unter den Männchen einige wenige Sieger mit sehr vielen Nachkommen, denen sehr viele Verlierer gegenüber standen, die gar keine Nachkommen gezeugt hatten. Die Weibchen lagen hingegen alle im Mittelfeld.
BATEMANS zweites Ergebnis hing mit dem ersten zusammen: Der Fortpflanzungserfolg der Männchen stieg linear mit der Anzahl ihrer Sexualpartnerinnen, während es bei den Weibchen keine Rolle spielte, ob sie sich mit einem oder mehreren Männchen gepaart hatten. Ihr Fortpflanzungserfolg war davon nicht betroffen.
Beide Ergebnisse gelten nicht nur für Taufliegen, sondern für alle Arten, bei denen es zwei Geschlechter gibt und somit viele Spermien um wenige Eizellen konkurrieren.

1 Geschlechter können sich auf vielfältige Weise voneinander unterscheiden. Nennen Sie Beispiele.

2 Begründen Sie, warum das Geschlecht in der Biologie durch die Art der produzierten Gameten definiert wird.

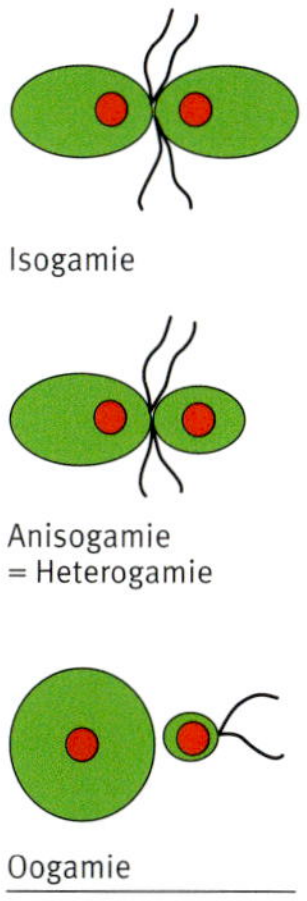

37.1 Formen der Sexualität

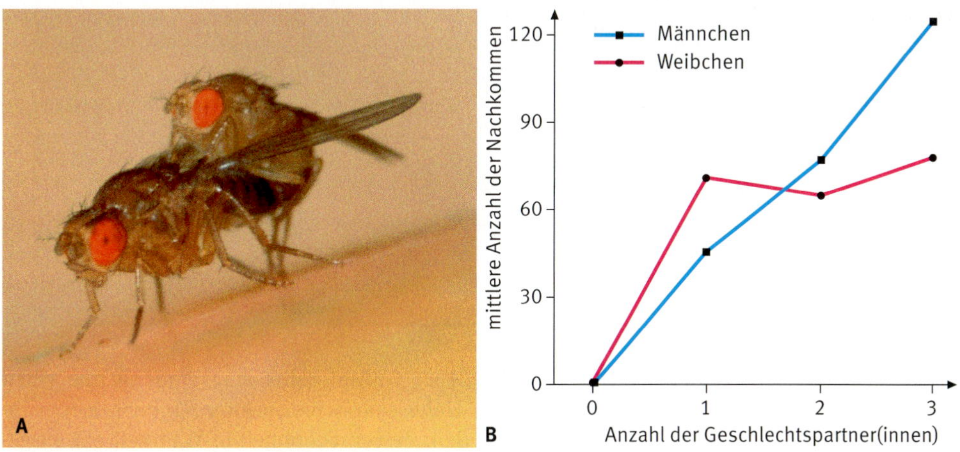

37.2 Fortpflanzung bei *Drosophila.*
A Paarung;
B Fortpflanzungserfolg

38.1 Sexualdimorphismus. **A** Pfauen; **B** See-Elefanten

3.3 Sexuelle Konkurrenz und Partnerwahl

Gegenüber einem Pfauenhahn mit seinem prachtvollen Gefieder sieht die Pfauenhenne recht unscheinbar aus. Aus menschlicher Perspektive scheint dies ungerecht, aber für seine Schönheit zahlt der Pfau einen hohen Preis: Wegen seiner Auffälligkeit und weil er mit seiner langen Schleppe kaum noch fliegen kann, fällt er in seiner indischen Heimat leicht Raubfeinden zum Opfer.

Merkmale, die das Überleben eher behindern, können nach DARWINs Theorie nicht durch natürliche Selektion entstanden sein. Gleiches gilt für Merkmale, die nur bei einem Geschlecht auftreten, aber nichts mit der Fortpflanzung zu tun haben. Solche Merkmale, wie die Schmuckfedern des männlichen Pfaus, das Geweih des männlichen Hirsches oder die Mähne des männlichen Löwen, bezeichnet man auch als *sekundäre Geschlechtsmerkmale.* Sämtliche sichtbaren Unterschiede zwischen den Geschlechtern, also beispielsweise auch Unterschiede in der Körpermasse oder Unterschiede im Verhalten, werden als **Sexualdimorphismus** bezeichnet.

Wäre der menschliche Bart ein Ergebnis der natürlichen Selektion, argumentierte DARWIN, müsste auch Frauen ein Bart wachsen. Es musste also noch einen weiteren Mechanismus geben, der die Evolution solcher Merkmale erklären konnte. Aus dieser Überlegung heraus entwickelte DARWIN die **Theorie der sexuellen Selektion.**

Die Theorie der sexuellen Selektion besteht aus zwei Teilen. Zum einen, postulierte DARWIN, würden die Mitglieder des einen Geschlechtes – in der Regel die Männchen – um den Zugang zu Mitgliedern des anderen Geschlechtes konkurrieren. Bei dieser *sexuellen Konkurrenz* haben Merkmale wie ein kräftiges Geweih oder eine geradezu erdrückende Körpermasse einen Selektionsvorteil: Ein großer See-Elefant wird einen Rivalen eher besiegen als ein kleiner und daher mehr Nachkommen zeugen.
Merkmale wie der menschliche Bart oder das Gefieder des männlichen Pfaus lassen sich so jedoch nicht erklären. Sie waren nach DARWINs Überzeugung das Ergebnis weiblicher *Partnerwahl.*

Aber warum sollte eine Pfauenhenne einen Hahn zum Erzeuger ihrer Nachkommen wählen, dessen Schönheit in Wahrheit ein ausge-

38.2 Sexuelle Konkurrenz bei Rothirschen. **A** Revierkampf; **B** Fortpflanzungserfolg

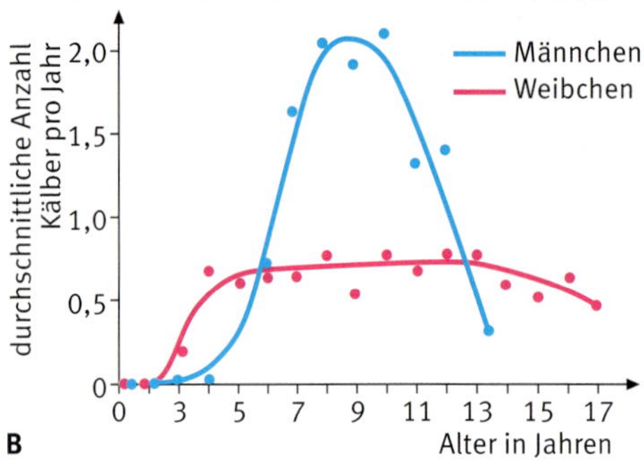

machtes Handicap ist? Auf diese Frage hatte DARWIN keine Antwort – was dazu führte, dass seine Theorie der sexuellen Selektion lange ignoriert wurde.
Erst 1975 schlug der israelische Biologe Amotz ZAVAHI eine Lösung des Paradoxons vor, die seither als **Handicap-Prinzip** bekannt ist. Ein Männchen kann ein Weibchen von seiner Qualität als Sexualpartner nur dann überzeugen, argumentierte ZAVAHI, wenn es *Signale* aussendet, die sich nicht jeder leisten kann. Die lange Federschleppe des männlichen Pfaus ist ein Handicap, aber eben deshalb ein besonders überzeugendes und zuverlässiges Signal: Ein Pfau, der trotz dieser Last immer noch am Leben ist, beweist, dass er ein hoch qualifizierter Partner für die Henne ist.

Untersuchungen zur Fortpflanzungsbiologie von Pfauen unterstützen diese Theorie: Weibliche Pfauen paaren sich bevorzugt mit besonders prächtigen Männchen und die Jungen dieser Männchen haben bessere Überlebenschancen als Küken, die von weniger prächtigen Männchen gezeugt wurden.
Ähnliche Forschungsergebnisse kommen von Stichlingen. Die Männchen des auch bei uns heimischen Dreistachligen Stichlings haben in der Paarungszeit einen leuchtend roten Bauch, der sie zur leicht erkennbaren Beute von Raubfischen macht. Dennoch sind Männchen mit einem leuchtend roten Bauch bei den Weibchen als Sexualpartner beliebter als blasser gefärbte Männchen. Weitere Untersuchungen zeigten, dass blasser gefärbte Männchen tatsächlich die schlechtere Wahl wären: Sie leiden häufiger an Bandwürmern und anderen Parasiten und geben diese Anlage auch an ihre Nachkommen weiter. Der rote Stichlingsbauch ist also ebenso wie die Farbenpracht des männlichen Pfaus ein zuverlässiger **Indikator für gute Erbanlagen.**

Pfauenhähne beteiligen sich nicht an der Aufzucht ihrer Jungen. Der genetische Beitrag ist das Einzige, was sie für ihre Jungen leisten. Insofern haben Pfauenhennen auch keinen Grund, die Männchen nach anderen Kriterien zu beurteilen – was ihnen natürlich nicht bewusst ist. Andere Arten handeln unterschiedlich: Die Männchen mancher Insektenarten bieten den Weibchen vor der Paarung beispielsweise kleine Beutetiere zum Fressen an. Derartige „Hochzeitsgeschenke“ erhöhen die Begattungschancen. Das Gleiche gilt, wenn Männchen über andere materielle Ressourcen verfügen, die die Fitness des Weibchens beeinflussen.
In manchen Fällen kann es für Weibchen auch sinnvoll sein, sich mit mehreren Männchen zu paaren. Auf die Anzahl ihrer Jungen wirkt sich dies zwar in der Regel nicht aus, aber die Überlebenschancen der Jungen können sich erhöhen. Dies ist beispielsweise dann der Fall, wenn sich alle potenziellen Väter an der Aufzucht der Jungen beteiligen oder Ressourcen zur Verfügung stellen, die für die erfolgreiche Aufzucht der Jungen wichtig sind.

1 Erläutern Sie die Kurvenverläufe in der Grafik auf Seite 38. Benutzen Sie dazu auch die auf der vorigen Seite vorgestellten Forschungsergebnisse Angus BATEMANS.

2 Begründen Sie, ob und gegebenenfalls inwiefern sich die Theorie der sexuellen Selektion auch auf Menschen anwenden lässt.

3 Entwickeln Sie eine Hypothese, die erklären kann, warum „Designerklamotten“ bei Jugendlichen so beliebt sind.

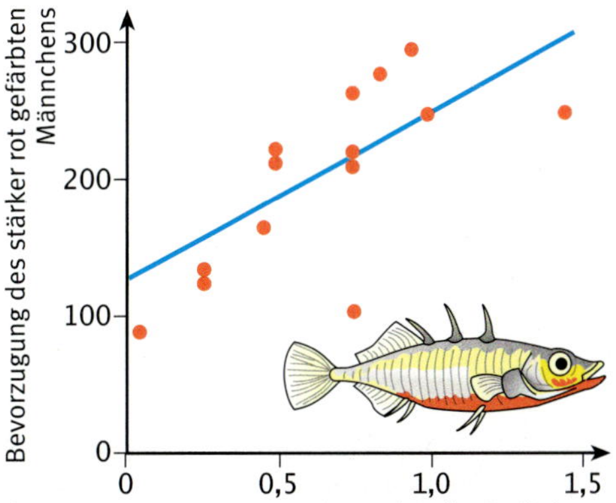

A

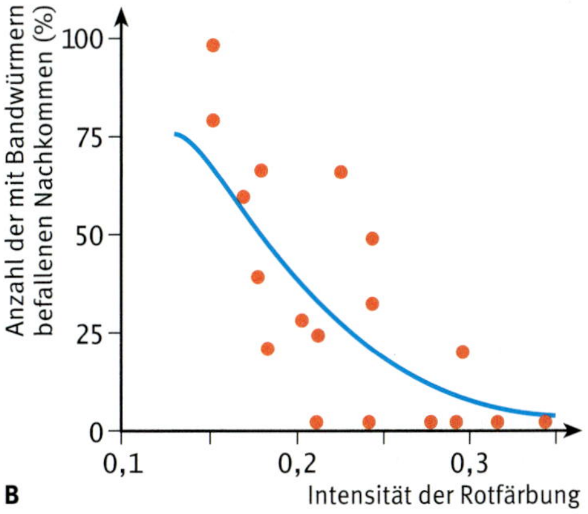

B

39.1 Fortpflanzungsverhalten beim Dreistachligen Stichling. **A** Partnerwahl; **B** Färbung des Vaters und Parasitenbelastung der Jungen

3.4 Evolution von Paarungssystemen

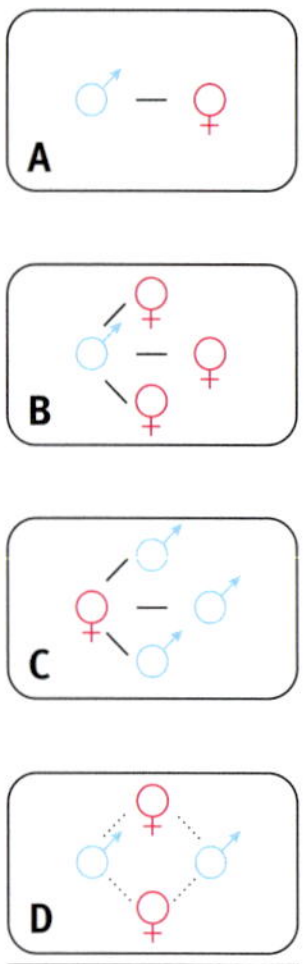

40.1 Paarungssysteme (Schemata).
A Monogamie;
B Polygynie;
C Polyandrie;
D Promiskuität

Schon vor 70 Jahren war Zoologen aufgefallen, dass sich Affenarten in ihrer Hodengröße erheblich unterscheiden. Die Hoden eines erwachsenen Schimpansenmännchens wiegen beispielsweise 120 Gramm und sind damit etwa viermal so groß wie die eines Gorillas. Berücksichtigt man zusätzlich noch die Körpermasse der beiden Arten, wird deutlich, dass die riesigen Gorillas sehr kleine Hoden haben: Sie machen nur 0,2 Promille ihrer Körpermasse aus. Für die viel kleineren Schimpansen liegt der entsprechende Wert bei 2,7 Promille.
Welche Ursachen für diese Größenunterschiede verantwortlich sind, wurde den Biologen jedoch erst klar, als sie das Sexualverhalten der Tiere in freier Wildbahn untersuchten. In Tansania beobachtete Jane GOODALL, wie sich ein Schimpansenweibchen innerhalb einer Woche 84-mal mit sieben verschiedenen Männchen paarte. Bei den Berggorillas in Ruanda beobachtete Dian FOSSEY dagegen, dass sich die Weibchen in der Regel nur mit dem ranghöchsten Männchen der Gruppe paarten – obwohl auch in Gorillagruppen oft mehrere erwachsene Männchen leben. Um solche Unterschiede zu charakterisieren, haben Biologen den Begriff **Paarungssystem** eingeführt.

Prinzipiell unterscheidet man monogame und polygame Paarungssysteme (gr. *monos,* allein; *poly,* viele; *gamein,* heiraten). Von **Monogamie** spricht man, wenn zwei Individuen eine Sexualbeziehung eingehen. Eine solche Beziehung kann dauerhaft oder zeitlich begrenzt sein. Monogamie ist bei Vögeln wie den heimischen Störchen häufig. Bei Säugetieren findet man dieses Paarungssystem nur bei wenigen Arten, wie beispielsweise Bibern.

Viel häufiger als Monogamie ist im Tierreich **Polygamie.** Wie das Beispiel der Schimpansen und Gorillas zeigt, beschreibt dieser Begriff aber nur unzureichend, wer sich mit wem paart. Bei Gorillas kann ein einzelnes Männchen durch überlegene Körperkraft ein Paarungsmonopol über eine Gruppe von Weibchen erreichen. Ein solches Paarungssystem, bei dem sich ein Männchen mit mehreren Weibchen paart, die Weibchen sich aber nur mit einem Männchen paaren, nennt man **Polygynie** (gr. *gyne,* Frau).

Schimpansenmännchen gelingt es im Gegensatz zu Gorillas nicht, Konkurrenten von der Paarung auszuschließen. Beide Geschlechter paaren sich mit mehreren Partnern und gehen keinerlei feste Bindungen ein. Man spricht in diesem Fall von **Promiskuität** (lat. *promiscuus,* vermischt) – wobei der Begriff in diesem Zusammenhang wertfrei ist.
Paaren sich mehrere Männchen mit nur einem Weibchen, liegt **Polyandrie** (gr. *andros,* Mann) vor, wie zum Beispiel bei den Anemonenfischen. Dieses Paarungssystem ist im Tierreich selten.

Paart sich ein Weibchen innerhalb kurzer Zeit mit mehreren Männchen, befinden sich in seinem Genitaltrakt die Spermien verschiedener Männchen. Damit entsteht eine Situation, in der die Konkurrenz um die Befruchtung von Eizellen nicht nur zwischen Individuen stattfindet, sondern auch zwischen ihren Spermien. Diese **Spermienkonkurrenz** ist die Ursache dafür, dass die Hoden eines männlichen Schimpansen so viel größer als die eines Gorillas sind. Da große Hoden viele Spermien produzieren, haben Schimpansenmännchen mit großen Hoden höhere Befruchtungschancen und somit einen Selektionsvorteil.

40.2 Monogamie im Tierreich.
A Weißstorch;
B Biber

Die Hodengröße einer Tierart ist an das jeweilige Paarungssystem angepasst. Daher lassen sich aus diesem anatomischen Detail auch Vorhersagen über das Verhalten der jeweiligen Art machen: Bei Arten mit relativ zur Körpermasse großen Hoden ist zu erwarten, dass sich die Weibchen mit mehreren Männchen paaren. Das Paarungssystem wäre in diesem Fall entweder promisk oder polyandrisch. Kleine Hoden lassen dagegen den Schluss zu, dass das Ausmaß der Spermienkonkurrenz gering ist und die Weibchen sich nur mit einem Männchen paaren. In diesem Fall wäre ein monogames oder polygynes Paarungssystem zu erwarten. Vergleichende Untersuchungen zur Sexualbiologie von Primaten und anderen Tieren bestätigen diese Zusammenhänge.

Sämtliche Paarungssysteme sind das Ergebnis individueller **Fortpflanzungsstrategien.** Wenn Biologen von *Strategien* sprechen, meinen sie damit nicht das bewusste und planmäßige Verfolgen eines Zieles. Strategien sind ein Set von genetisch verankerten Verhaltensregeln, die sich in der Evolution durchgesetzt haben, weil sie dem Individuum einen Fitnessvorteil verschaffen. Obwohl Männchen und Weibchen zur Fortpflanzung aufeinander angewiesen sind, sind ihre Fortpflanzungsstrategien aber nicht identisch: Männchen können sich am ehesten dadurch einen Fitnessvorteil verschaffen, dass sie möglichst viele Eizellen befruchten und gleichzeitig andere Männchen daran hindern, dasselbe zu tun. Die Fortpflanzungsstrategie von Weibchen besteht dagegen darin, die Überlebenschancen der eigenen Jungen zu sichern. Männchen und Weibchen haben also unterschiedliche „Interessen". Können Männchen ihre Interessen durchsetzen, entsteht ein polygynes Paarungssystem.

Gelingt es Männchen nicht, mehrere Weibchen zu monopolisieren, bleiben ihnen zwei weitere Optionen: Entweder versuchen sie trotzdem, sich mit möglichst vielen Weibchen zu paaren, oder sie gehen eine Bindung zu einem einzelnen Weibchen ein. Im ersten Fall entsteht ein promiskes Paarungssystem, im zweiten Monogamie. Beides ist aus männlicher Sicht mit Kosten verbunden, da die Monopolisierung mehrerer Weibchen einen größeren Fitnessgewinn bringen würde. Aus weiblicher Sicht kann Monogamie dagegen vorteilhaft sein – vorausgesetzt, das Männchen beteiligt sich an der Aufzucht der gemeinsamen Jungen.

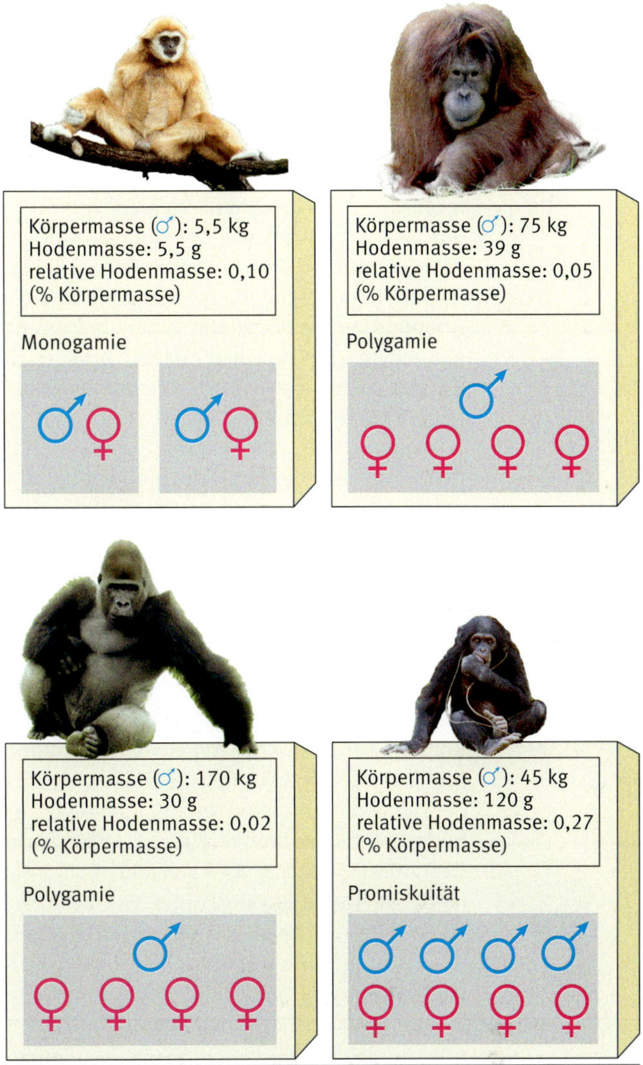

41.1 Sexualbiologie von Menschenaffen

Ist das Überleben der Jungen davon abhängig, dass sich beide Partner an der Aufzucht beteiligen, ist Monogamie für beide Geschlechter die einzige Option, da sie nur so ihren Fortpflanzungserfolg sichern können.

1 Statt von Paarungssystemen sprach man früher von „Eheformen" im Tierreich. Begründen Sie, warum dieser Begriff heute für Tiere nicht mehr verwendet wird.

2 Bei vielen scheinbar monogamen Arten hat man „Seitensprünge" beobachtet. Entwickeln Sie für beide Geschlechter eine Hypothese, die dieses Verhalten als vorteilhaft erklären könnte.

3.5 Evolution der Kooperation

Korallenriffe gehören zu den artenreichsten Lebensräumen der Erde. Vor allem das Vorkommen von Haien, Muränen, Barrakudas und anderen gefährlichen Raubfischen erweckt leicht den Eindruck, dass hier der DARWINsche „Kampf ums Dasein" am heftigsten tobt. Aber die Konkurrenz um Ressourcen, die das Leben der Riffbewohner wie das aller Lebewesen prägt, ist nur die eine Seite der Medaille. Für zahlreiche Lebewesen ist auch die **Kooperation** ein Mittel, um in der Konkurrenz mit anderen zu überleben und sich erfolgreich fortzupflanzen. Tatsächlich gäbe es ohne Kooperation keine Korallenriffe.

Im Zellinneren der meisten riffbildenden Korallenpolypen leben fotosynthetisch aktive, einzellige Algen, die *Zooxanthellen*. Ein solches enges Zusammenleben zweier Arten, wobei die eine im Körperinneren der anderen lebt, heißt **Endosymbiose** (gr. *endon*, innen; *sym-*, zusammen; *bios*, Leben). Von dieser Beziehung profitieren beide Partner: Die Korallen erhalten von den Algen Sauerstoff und Kohlenhydrate und die Algen von der Koralle Mineralstoffe und Kohlenstoffdioxid. Außerdem sind sie im Inneren der Koralle besser vor Fressfeinden geschützt. Für das Wachstum des größtenteils aus Kalk bestehenden Riffs ist die Symbiose mit den Algen von zentraler Bedeutung, da sie durch ihren Stoffwechsel dazu beitragen, dass aus wasserlöslichem Calciumhydrogenkarbonat Kalk gebildet werden kann. Im Zusammenhang mit der globalen Erwärmung kommt es zunehmend zu einem Phänomen, das man „coral bleaching" nennt: Die Korallen verlieren ihre Symbionten, „erbleichen" und sterben ab.

Auch Kühe und Koalas gäbe es ohne Kooperation mit Endosymbionten nicht. Kühe fressen hauptsächlich Gras, verfügen aber nicht über das Enzym Cellulase, das die überwiegend aus Zellulose bestehenden Zellwände aufspalten könnte. Diese Aufgabe übernehmen Bakterien, Archaebakterien und Wimpertierchen, die im Pansen der Kuh leben. Für diese Einzeller bietet der Pansen einer Kuh optimale Lebensbedingungen: Die Temperatur liegt konstant bei 37 bis 39 Grad Celsius, es herrschen anaerobe Bedingungen und Nahrung wird ständig geliefert. Dies führt dazu, dass in einem Milliliter Pansenflüssigkeit bis zu 100 Milliarden Prokaryoten und etwa eine Million Wimpertierchen leben. Ohne diese „Mitbewohner" wäre die Kuh nicht in der Lage, ihre pflanzliche Nahrung zu verwerten. Auch die auf Eukalyptusblätter spezialisierten Koalas könnten ohne Bakterien, die in ihrem extrem langen Dünndarm leben und dort die Zellulose verdauen, nicht überleben.

Nicht immer leben Kooperationspartner so eng zusammen. Unabhängig von der physischen Nähe nennt man sämtliche Beziehungen zwischen Arten, die beiden Seiten Vorteile bringen, **Mutualismus** (lat. *mutuus*, gegenseitig). Hierzu zählen auch **Ektosymbiosen** (gr. *ektos*, außen). Ein Beispiel ist die Kooperation zwischen Seeanemonen und Anemonenfischen. Die zu den Riffbarschen gehörenden Anemonenfische verbringen die meiste Zeit im Schutze der Tentakeln der Anemone, die mit giftigen Nesselkapseln bewehrt sind. Am Fuß der Anemone werden die Eier abgelegt. Im Gegenzug säubern sie die Seeanemone von Schmutzpartikeln und Nahrungsresten und verteidigen sie gegen Schmetterlingsfische, die sich von den Tentakeln der Anemonen ernähren.

42.1 Kooperation zwischen Arten.
A Korallenriff;
B Anemonenfisch

Viel häufiger als Kooperation zwischen Arten ist die Kooperation zwischen Artgenossen: Geschlechtspartner müssen beispielsweise miteinander kooperieren, um Nachwuchs zu zeugen. Andere Formen der Kooperation betreffen die gemeinsame Aufzucht der Jungen, die Verteidigung gegen Fressfeinde oder die Beschaffung von Nahrung. Die Selektionsvorteile, die hiermit verbunden sind, haben in verschiedenen Tiergruppen mehrfach unabhängig voneinander zur **Evolution sozialer Gruppen** geführt.

Riffbildende Korallen profitieren beispielsweise davon, dass hier jedes einzelne Individuum als Mitglied einer großen Kolonie ein geringeres Risiko hat, Beute von Fressfeinden zu werden. Aus demselben Grund schließen sich auch viele Fische und Vögel zumindest zeitweise zu Schwärmen zusammen. Da sich die einzelnen Individuen hier nicht persönlich kennen, bezeichnet man diesen Gruppentyp als *anonymen Verband.*
Mit 9500 bekannten Arten und schätzungsweise zehntausend Billionen Individuen gehören Ameisen zu den evolutionär erfolgreichsten Organismen. Auch Ameisen leben in anonymen Verbänden, deren Mitglieder sich allerdings an einem für die jeweilige Gruppe typischen Geruch erkennen. Anders als in einem Heuschreckenschwarm haben Gruppenfremde hier keinen Zugang, sondern werden bekämpft. Man spricht daher von geschlossenen anonymen Verbänden. Der evolutionäre Erfolg der Ameisen beruht auf der ausgeprägten Kooperation innerhalb einer Ameisenkolonie. Gleichzeitig herrscht zwischen verschiedenen Ameisenkolonien allerdings erbitterte Konkurrenz. Kooperation ist hier ein wichtiges Mittel, um gegnerische Kolonien zu besiegen und sogar zu vernichten.

Kooperation zwischen Gruppenmitgliedern bei gleichzeitig heftiger Konkurrenz zwischen Gruppen zeichnet auch Schimpansen aus. Wie viele andere Säugetiere leben Schimpansen in *individualisierten Verbänden,* deren Mitglieder einander persönlich kennen. Schimpansen kooperieren beispielsweise bei der Jagd auf kleinere Affenarten. Dabei steigt die Wahrscheinlichkeit Beute zu machen mit der Anzahl der Jagdteilnehmer. Ist die Jagd erfolgreich, wird die Beute meist geteilt. Daher zahlt sich Kooperation auch für erfolglose Jagdteilnehmer aus.

Vor allem Schimpansenmännchen machen aber auch Jagd auf Mitglieder anderer Gruppen, die sie gemeinschaftlich überfallen und oft auch töten. In einem gut dokumentierten Fall haben Mitglieder einer Gruppe über mehrere Jahre hinweg durch systematisch durchgeführte Überfälle eine gegnerische Gruppe vollständig ausgerottet und auf diese Weise ihr eigenes Revier erheblich vergrößert.

1 Informieren sie sich über die verschiedenen Bedeutungen des Wortes Symbiose.

2 „Der wahre Egoist kooperiert“, behaupten Evolutionsbiologen. Begründen Sie diese These.

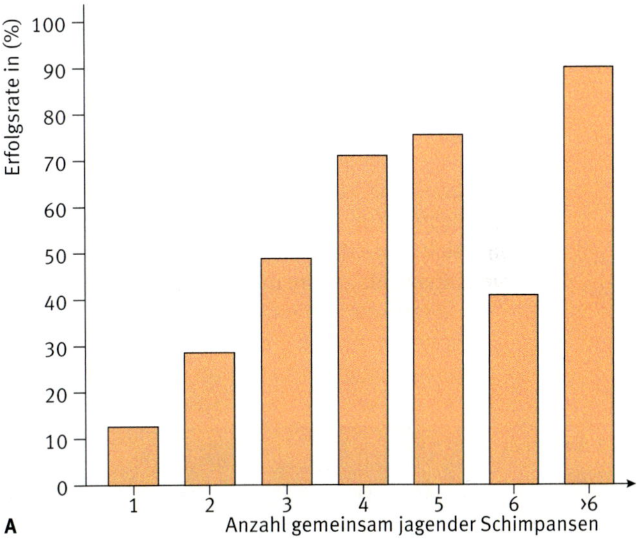

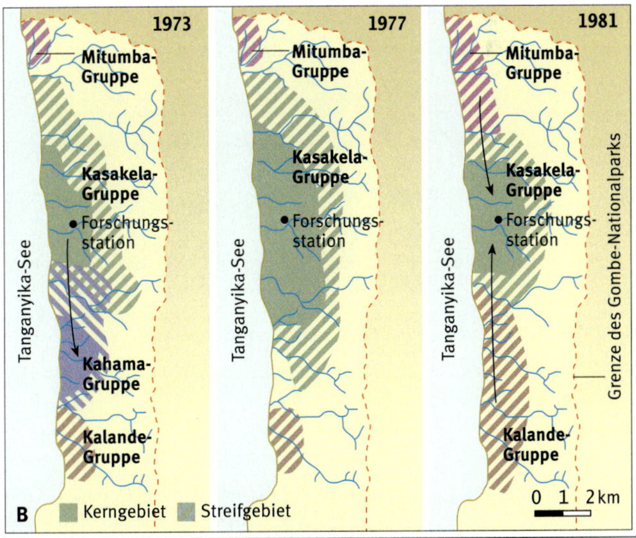

43.1 Kooperation zwischen Schimpansen. A Jagderfolg;
B Landgewinn infolge kriegerischer Auseinandersetzungen

3.6 Verwandtenselektion

Bienen, Wespen, Ameisen und Termiten leben in hoch komplexen Gesellschaften, die man vermenschlichend oft auch „Staaten“ nennt. Das herausragende Merkmal dieser Gesellschaften ist die *Arbeitsteilung:* Das einzige fruchtbare Weibchen die „Königin“ produziert Nachwuchs, der dann von zahlreichen sterilen weiblichen Nachkommen, den „Arbeiterinnen“, versorgt wird. Diese Form der Arbeitsteilung ist ein Beispiel für **Altruismus** in der Tierwelt: Die Arbeiterinnen nehmen durch ihren Verzicht auf eigene Fortpflanzung Kosten auf sich, während der Nutzen ihres Verhaltens anderen zu Gute kommt. Aufgrund dieser Tatsache bezeichnet man das Sozialsystem der Bienen, Wespen, Ameisen und Termiten heute als **eusozial** (gr. *eu-*, gut, besonders).

Mit der DARWINschen Evolutionstheorie scheint ein solches, selbstloses Verhalten kaum erklärbar zu sein: Die Selektion begünstigt schließlich Merkmale, die dazu führen, dass sich der Merkmalsträger erfolgreicher fortpflanzt als andere Individuen. Man bezeichnet dieses Konzept als **Individualselektion.** Wie konnte sich also ein Verzicht auf eigene Fortpflanzung in der Evolution durchsetzen?

44.1 Verwandtschaftsverhältnisse bei Bienen.
A Königin und Arbeiterinnen;
B haplo-diploider Erbgang

Für die meisten Biologen schien dies lange Zeit kein Problem zu sein. Sie gingen davon aus, dass alles, was Tiere tun, letztlich der Arterhaltung dient. DARWIN selbst hatte dieser Erklärung Vorschub geleistet: In seinem 1871 veröffentlichten Buch „Die Abstammung des Menschen“ findet sich der Satz, dass „die sozialen Instinkte (...) ohne Zweifel vom Menschen ebenso wie von den niederen Tieren zum Besten der ganzen Gemeinschaft erlangt worden sind.“

Erst im Jahre 1964 zeigte der britische Biologie William HAMILTON, dass das Konzept der Arterhaltung einen schweren theoretischen Mangel hat: Ein mutiertes Gen, das eine Bienenarbeiterin in die Lage versetzen würde, sich selbst fortzupflanzen, hätte einen eindeutigen Selektionsvorteil. Ein selbstloser „Verzicht“ auf eigene Fortpflanzung im Dienste der Arterhaltung hätte in der Evolution also keine Chance. HAMILTON hatte eine andere Erklärung, die auf einer Besonderheit der Fortpflanzung basierte.
Anders als bei den meisten Lebewesen entstehen bei Bienen, Wespen und Ameisen Männchen aus unbefruchteten, Weibchen dagegen aus befruchteten Eizellen. Die unmittelbare Folge ist, dass die Männchen mit jedem ihrer Gameten ihr gesamtes Genom an ihre Nachkommen weitergeben, die Weibchen aber nur die Hälfte. Diesen Erbgang nennt man **haplo-diploid.**

Bei einem diploiden Erbgang erhält jeder Nachkomme die Hälfte seines Erbgutes von der Mutter und die andere Hälfte vom Vater. Daraus errechnet sich der mit dem Buchstaben r bezeichnete **Verwandtschaftskoeffizient.** Er beträgt zwischen Eltern und Kindern grundsätzlich 50 Prozent oder $r = 0{,}5$. Auch Geschwister teilen 50 Prozent ihrer Gene – allerdings nur im Durchschnitt.
Bei haplo-diploiden Arten erhalten Töchter jedoch das gesamte Erbgut ihres Vaters. Dies

Verwandtschaftskoeffizienten zwischen Schwestern:

	♀	♀
♀	1,0	0,5
♀	0,5	1,0

Mittelwert: r = 0,75

führt dazu, dass Schwestern im Durchschnitt mehr Gene gemeinsam haben als Mütter und Töchter: Ihr Verwandtschaftskoeffizient liegt bei 0,75.
Aus dieser Erkenntnis zog HAMILTON eine einfache Schlussfolgerung: Bei einem haplodiploiden Erbgang können Weibchen mehr für die Verbreitung der eigenen Gene tun, wenn sie sich um ihre Schwestern kümmern, als wenn sie sich selbst fortpflanzen. *Genetische Fitness* besteht also aus zwei Komponenten: Die **direkte Fitness** ist die Komponente, die durch eigene Fortpflanzung maximiert werden kann. Die Weitergabe von Kopien der eigenen Gene kann jedoch auch indirekt, nämlich durch die Förderung der Fortpflanzung Verwandter erfolgen. Daher heißt diese Komponente **indirekte Fitness.** Aus der Summe beider Komponenten ergibt sich die **Gesamtfitness** eines Individuums. Die Evolution altruistischen Verhaltens wird auf diese Weise erklärbar: Durch **Verwandtenselektion** können Lebewesen ihre indirekte Fitness und damit auch ihre Gesamtfitness maximieren.

Eusozialität ist bei Arten mit haplo-diploidem Erbgang wenigstens 14-mal unabhängig voneinander entstanden. Bei der viel größeren Anzahl von Arten mit diploidem Erbgang ist Eusozialität dagegen sehr selten. Dies zeigt, dass die durch Haplo-Diploidie entstehenden Verwandtschaftsverhältnisse die Evolution altruistischen Verhaltens begünstigen. Die Tatsache, dass es Eusozialität auch bei einigen Arten mit diploidem Erbgang gibt, zeigt jedoch auch, dass Haplo-Diploidie nicht der einzige Faktor ist, der die Evolution der Eusozialität möglich gemacht hat.
Termiten und einige andere Arten, bei denen diese extreme Form von Altruismus dennoch vorhanden ist, zeichnen sich durch ein gemeinsames Merkmal aus: Sie verbringen den größten Teil ihres Lebens in Bauten, in denen sie vor Fressfeinden geschützt sind. Ein Mitgliederaustausch zwischen verschiedenen Gruppen ist unter diesen Lebensumständen äußerst selten. Ein dermaßen eingeschränkter Genfluss hat zur Folge, dass zwischen den Mitgliedern einer Gruppe Inzucht vorherrscht. Inzucht wiederum führt dazu, dass der Verwandtschaftskoeffizient zwischen sämtlichen Gruppenmitgliedern außergewöhnlich hoch ist. Auf diese Weise können auch Termitenarbeiterinnen ihre Gesamtfitness sehr erfolgreich durch Verwandtenselektion maximieren.

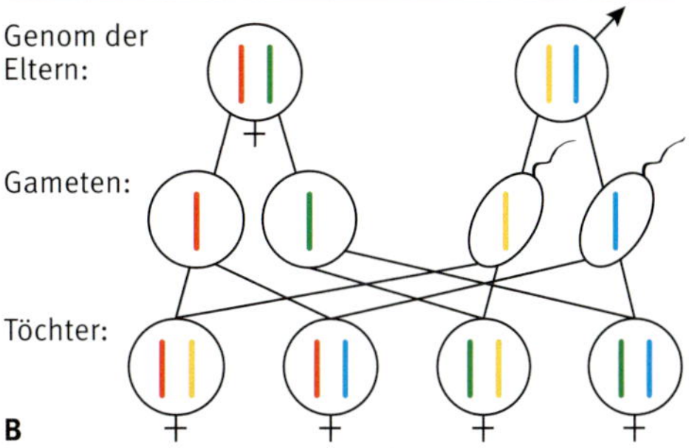

Verwandtschaftskoeffizienten zwischen Schwestern:

	♀	♀	♀	♀
♀	1,0	0,5	0,5	0,0
♀	0,5	1,0	0,0	0,5
♀	0,5	0,0	1,0	0,5
♀	0,0	0,5	0,5	1,0

Mittelwert: r = 0,5

45.1 Verwandtschaftsverhältnisse bei Termiten.
A Königin und Arbeiterinnen; **B** diploider Erbgang

PORTRÄT

William D. HAMILTON kam als britischer Staatsbürger in Kairo zur Welt. Seine Ideen zur Evolution altruistischen Verhaltens, die er während seiner Promotion in Cambridge entwickelte, verstanden zunächst nicht einmal seine Professoren. Heute gilt er als einer der bedeutendsten Biologen des 20. Jahrhunderts.

William D. Hamilton (1936–2000)

1 Begründen Sie, warum der Verzicht auf eigene Fortpflanzung eine extreme Form von Altruismus darstellt.

2 Erläutern Sie, warum ein haplo-diploider Erbgang die Evolution altruistischen Verhaltens begünstigt.

3.7 Reziproker Altruismus

Affen verbringen bis zu 30 Prozent des Tages mit einer Verhaltensweise, die umgangssprachlich als „Lausen" bekannt ist. Tatsächlich gehört das Entfernen von Ektoparasiten zu den Funktionen des Lausens: Läuse beziehungsweise deren Eier werden ebenso wie andere Fremdkörper unter großem Zeitaufwand aus dem eigenen Fell oder dem anderer Affen entfernt. Laust ein Affe einen anderen, verhält er sich somit altruistisch.

Ausgehend von der Theorie der Verwandtenselektion könnte man erwarten, dass Affen nur Verwandte lausen. Kennt man die Verwandtschaftsbeziehungen in einer Affengruppe, stellt man jedoch schnell fest, dass dies nicht der Fall ist: Sehr häufig lausen Affen auch Individuen, mit denen sie nicht verwandt sind. Könnte altruistisches Verhalten also auch dann einen Selektionsvorteil haben, wenn es nicht Verwandten zugute kommt? Die Antwort lautet ja – sofern sich der Begünstigte zu einem späteren Zeitpunkt revanchiert. Ist dies der Fall, spricht man von **reziprokem Altruismus.**

Reziproker Altruismus ist ein zentraler Bestandteil menschlicher Moralsysteme und Grundlage für Freundschaften. Um eine spezifisch menschliche, kulturelle Errungenschaft handelt es sich aber nicht. Auch Affen revanchieren sich nämlich für Hilfeleistungen – beispielsweise dadurch, dass sie diejenigen, von denen sie häufig gelaust werden, in Konfliktsituationen unterstützen.
Die Bereitschaft, sich auch gegenüber Nichtverwandten altruistisch zu verhalten, konnte sich in der Evolution der Primaten durchsetzen, weil Primaten in individualisierten Verbänden leben und ein gutes Gedächtnis haben. Dies schafft die Voraussetzungen dafür, dass eine Hilfeleistung zu einem späteren Zeitpunkt erwidert werden kann. Eine Garantie dafür gibt es allerdings nicht. Dieses in Anlehnung an ein modernes Großstadtphänomen genannte *Schwarzfahrer-Problem* ist die Ursache dafür, dass die Neigung, sich gegenüber Fremden altruistisch zu verhalten, begrenzt ist.

Trotz dieser Einschränkung handeln Menschen auch dann manchmal altruistisch, wenn sie weder mit dem Begünstigten verwandt sind noch eine Gegenleistung von ihm erwarten können. Wissenschaftler vermuten daher, dass es eine genetische Anlage für altruistisches Verhalten gibt. Da der Mensch über die längste Zeit seiner Evolution in überschaubaren individualisierten Verbänden und enger Gemeinschaft mit Verwandten gelebt hat, besaß eine solche Anlage einen Selektionsvorteil. Aber auch in modernen menschlichen Gesellschaften kann altruistisches Verhalten auch dann noch einen Selektionsvorteil haben, wenn weder Verwandte begünstigt werden noch vom Begünstigten eine Gegenleistung zu erwarten ist. Egoisten, die stets und für alle erkennbar nur auf ihren eigenen Vorteil bedacht sind, machen sich schnell unbeliebt. Hilfsbereite Menschen genießen dagegen ein hohes gesellschaftliches Ansehen und sind allseits beliebt – was sich nicht zuletzt auch auf ihre Fortpflanzungschancen auswirkt. Die Gegenleistung für eine Hilfeleistung muss also nicht direkt vom Begünstigten kommen, sondern kann auch indirekt erfolgen. Diese Form von Altruismus nennt man *indirekten reziproken Altruismus.*

1 Erläutern Sie die Voraussetzungen für die Evolution altruistischen Verhaltens.

2 Begründen Sie, warum man im Zusammenhang mit reziprokem Altruismus vom „Schwarzfahrer-Problem" spricht.

46.1 Reziproker Altruismus bei Berberaffen. **A** „Lausen"; **B** Unterstützung

Können Gene egoistisch sein?

Im Jahr 1976 machte der britische Evolutionsbiologe Richard DAWKINS mit seinem Buch „Das egoistische Gen“ Furore. „Gene sind genauso wenig egoistisch, wie Atome eifersüchtig sein können“, schrieb eine Kritikerin, die nicht verstanden hatte, dass DAWKINS eine Metapher benutzt hatte. Natürlich haben Gene keine Absichten oder gar ein Bewusstsein und können in diesem Sinne auch nicht egoistisch sein. Aber Gene haben Auswirkungen, die ihre Ausbreitung im Genpool der kommenden Generationen beeinflussen. Altruistisches Verhalten von Individuen, das letztlich der Ausbreitung der Gene dieser Individuen dient und in diesem Sinne „egoistisch“ ist, ist nur eine dieser Auswirkungen.

Erfolgreich ist ein Allel in der Evolution dann, wenn es sich gegen seine konkurrierenden Allele durchsetzen kann. Normalerweise kommt dieser Effekt dadurch zustande, dass manche Allele die Überlebens- und Fortpflanzungschancen ihres Trägers vorteilhafter beeinflussen als andere. Dadurch nehmen sie im Genpool der Population zu, während die weniger erfolgreichen Allele seltener werden. Es gibt jedoch auch Gene, die ihre Weitergabe in den Genpool der nächsten Generation direkt und auf Kosten ihrer Allele beeinflussen.
Ein Beispiel ist der aus einem Komplex mehrerer gekoppelter Allele bestehende T-Haplotyp bei Mäusen. Zwei Kopien des T-Haplotyps sind für eine Maus tödlich, aber heterozygote Männchen überleben und geben ihn zu über 90 Prozent an ihre Nachkommen weiter – anstatt der bei einer normal verlaufenden Meiose zu erwartenden 50 Prozent. Solche Allele oder Allelkomplexe, die den Verlauf der Meiose zu ihren Gunsten beeinflussen, nennt man **Segregationsverzerrer** (lat. *segregatio*, Trennung).

Die Wirkung der inzwischen bei zahlreichen Tier- und Pflanzenarten gefundenen Segregationsverzerrer besteht darin, dass sie den Stoffwechsel der Träger des homologen Chromosoms so beeinflussen, dass diese absterben. Andere Gene, wie das bei einem Mehlkäfer entdeckte „Medea-Gen“, führen zum Tode sämtlicher Nachkommen heterozygoter Mütter, die nicht über das entsprechende Allel verfügen.

Obwohl Medea-Gene und Segregationsverzerrer keinerlei böse Absichten haben, sind ihre Effekte denen egoistischer Individuen vergleichbar: Sie nützen nur sich selbst und schaden nicht nur ihren Allelen, sondern sogar dem Körper, der sie beherbergt.

Aus diesem Grund haben sich auch in der Fachsprache Begriffe wie „egoistische Gene“ oder „egoistische genetische Elemente“ eingebürgert.

47.1 Richard DAWKINS (*1941)

Gene, die ihrem Träger schaden, sich selbst aber nützen, kennt man auch

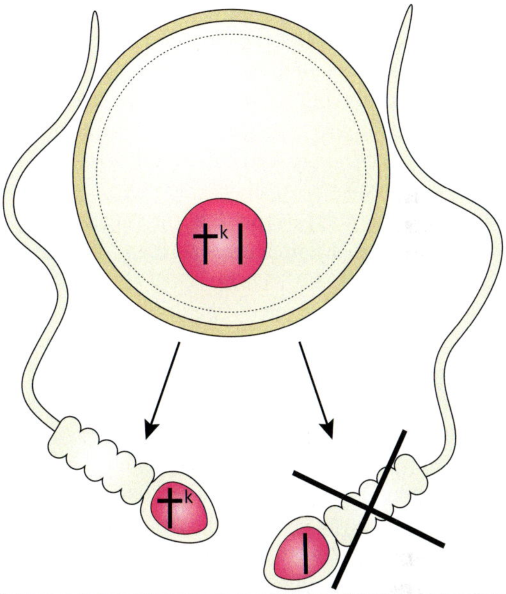

47.2 Wirkungsweise eines Segregationsverzerrers (Schema)

vom Menschen. Etwa eine von 200 Personen in Europa leidet beispielsweise an einer genetisch mitbedingten Form der Depression, die mit starken Stimmungsschwankungen verbunden ist. Unter den Betroffenen ist die Selbsttötungsrate hoch. Die Häufigkeit der beteiligten Gene erklärt sich dadurch, dass sie ihren Trägern einen Fortpflanzungsvorteil verschaffen.

1 Trotz des Schlagworts vom „survival of the fittest“ bemisst sich der Erfolg eines Gens nicht daran, wie sehr es seinem Träger nützt, sondern daran, wie sehr es sich selbst nützt. Erläutern Sie diese Aussage.

Fortpflanzungsstrategien

1 Ethogramm und Verhaltensqualifizierung

Guppys (*Poecilia reticulata*) zählen zu den beliebtesten Aquarienfischen. Von ihnen gibt es zahlreiche Zuchtformen, die sich von der aus der Karibik und Südamerika stammenden Wildform unterscheiden. Systematisch gehören sie zur Gruppe der Lebendgebärenden Zahnkärpflinge. Diese pflanzen sich anders als die meisten anderen Knochenfische durch innere Befruchtung fort. Hierfür besitzt das Männchen eine zu einem Begattungsorgan umgeformte Afterflosse, das *Gonopodium*. Die Entwicklung der Jungfische erfolgt im Körper des Weibchens. Die Trächtigkeitsdauer beträgt 22 bis 30 Tage.
Guppys zeichnen sich durch einen deutlichen Sexualdimorphismus aus: Die Männchen sind deutlich farbenprächtiger als die eher unscheinbaren Weibchen und mit einer Länge von knapp 3 cm deutlich kleiner und schlanker als die bis zu 7 cm langen Weibchen.

Material: Aquarium; 4 unterschiedlich gefärbte, geschlechtsreife männliche sowie 4 unterschiedlich große, geschlechtsreife, nicht trächtige weibliche Guppys; Protokollblätter und Schreibmaterial

Hinweis: Weibliche Guppys sind nur für wenige Stunden nach der Geburt einer Brut paarungsbereit. Um sicher zu stellen, dass keines der Weibchen trächtig ist, sollten die Fische daher erst kurz vor Beginn der Beobachtung in das Beobachtungsaquarium überführt werden. Dabei sollten die Weibchen aus einem Aquarium ohne Männchen stammen. Es sollte darauf geachtet werden, dass das Beobachtungsaquarium dieselbe Wassertemperatur hat wie das Heimataquarium (ca. 24–28 °C).

Durchführung: Beobachten Sie in einer ersten Untersuchungsphase die Tiere für einen Zeitraum von 30 min. Protokollieren Sie während dieser Zeit sämtliche beobachteten Verhaltensweisen der Tiere. Vermeiden Sie Interpretationen und stützen Sie sich nur auf das, was Sie tatsächlich sehen. Um die Tiere individuell unterscheiden zu können, notieren Sie zusätzlich individuelle Merkmale. Protokollieren Sie in einer zweiten Untersuchungsphase das Verhalten jedes einzelnen männlichen Guppys für einen Zeitraum von jeweils 10 min. Berücksichtigen Sie auch die Reaktion der Weibchen.

Das Männchen folgt dem Weibchen.

Das Männchen schwimmt vor dem Weibchen.

Das Männchen spreizt die Schwanzflosse.

Das Männchenlockt das Weibchen.

Das Männchen zeigt eine S-förmige Krümmung des Körpers.

Begattungsversuch

Begattung

Aufgaben:

a) Erstellen Sie aus den Ergebnissen der ersten Untersuchungsphase ein Ethogramm, d.h., einen Verhaltenskatalog, zum Sexualverhalten der Guppys. Erstellen Sie dazu eine Liste der beobachteten Verhaltensweisen und der Interaktionen zwischen Männchen und Weibchen. Beschreiben und benennen Sie diese. Vergleichen Sie Ihre Ergebnisse mit denen Ihrer Mitschülerinnen und Mitschüler.

b) Drei auffällige Verhaltensweisen männlicher Guppys sind die Sigmoid- oder S-Stellung, der Paarungsversuch und die Paarung. Beschreiben Sie diese Verhaltensweisen und ermitteln Sie aus den Ergebnissen der zweiten Untersuchungsphase, wie häufig jedes einzelne Männchen die genannten Verhaltensweisen gezeigt hat.

c) Ziehen Sie aus dem Verhalten der männlichen Guppys und den Reaktionen der Weibchen Schlussfolgerungen hinsichtlich ihrer Fortpflanzungsstrategien. Stellen Sie eine Hypothese zum Paarungssystem von Guppys auf.

d) Als vergleichsweise kleine Fische haben Guppys in ihrem natürlichen Lebensraum zahlreiche Fressfeinde. Erläutern Sie, welche Selektionsdrücke damit auf Guppys einwirken.

Sexuelle Selektion und Verhalten

1 Mit ihren über 50 cm langen Schwanzfedern gehören die Männchen der zu den Singvögeln gehörenden Hahnenschweifwidas zu den auffälligsten Vögeln der ostafrikanischen Savanne. Um zu überprüfen, welche Funktion diese Schwanzfedern besitzen, führte der schwedische Forscher Malte ANDERSSON zu Beginn der Brutsaison ein einfaches Freilandexperiment durch: Er schnitt einigen Vögeln den Schwanz bis auf eine verbleibende Länge von 14 cm ab und klebte anderen die abgeschnittenen Teile an. Vorsichtshalber arbeitete ANDERSSON noch mit zwei Kontrollgruppen: Der einen kürzte er ebenfalls den Schwanz und klebte das abgeschnittene Teil anschließend wieder an. Die zweite Kontrollgruppe von Männchen wurde nur gefangen, beringt, und anschließend wieder freigelassen. Vor dem Eingriff hatte ANDERSSON die Reviere der Männchen begutachtet, da es wichtig war, dass alle etwa gleich groß und auch sonst vergleichbar waren. Nach diesen Vorbereitungen folgte der entscheidende Teil der Untersuchung: ANDERSSON beobachtete, wie viele Weibchen im Revier welcher Männchen ihr Nest bauten und verglich diese Daten mit denen der vorigen Brutsaison.

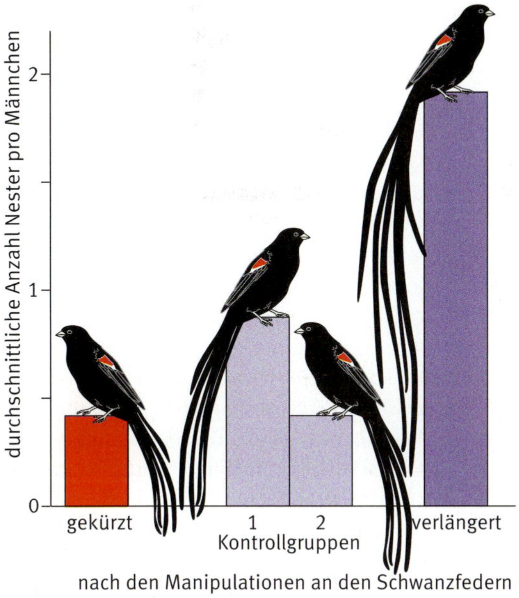

a) Beschreiben und erläutern Sie die Ergebnisse des Versuchs.

b) Begründen Sie, warum ANDERSSON zwei Kontrollgruppen in den Versuch einbezog.

c) Entwickeln Sie anhand der Ergebnisse von ANDERSSONS Test eine Hypothese zu den Vorlieben weiblicher Hahnenschweifwidas und zur Evolution der Schwanzfedern dieser Vögel. Berücksichtigen Sie dabei, dass die Schwanzfedern der Weibchen nur 7 cm lang sind.

2 Reziproken Altruismus nachzuweisen ist nicht einfach. Eines der wenigen Beispiele aus der Tierwelt stammt von Vampirfledermäusen. Die mittelamerikanischen Gemeinen Vampire haben ihre Schlafplätze in Höhlen. Dort verbringen sie den Tag in manchmal großen Kolonien, die jedoch aus Kleingruppen mit 10 bis 20 Erwachsenen und ihren Jungen bestehen. Nachts gehen sie auf Nahrungssuche. Sie ernähren sich bevorzugt vom Blut großer Weidetiere, wie Rindern oder Pferden. Sind wenig Tiere auf der Weide, kann es vorkommen, dass ein Vampir kein Opfer findet. Passiert dies mehrfach, entsteht eine lebensbedrohliche Situation: Ohne Blutmahlzeit verhungert ein Vampir innerhalb weniger Tage. Daher fliegt er zum Schlafquartier zurück und bettelt einen seiner erfolgreicheren Schlafgenossen um Blut an. Erfolg hat er damit in der Regel dann, wenn er mit dem Spender verwandt ist und/oder sehr viel Zeit – mindestens 60 Prozent – mit ihm in derselben Schlafgruppe verbracht hat.

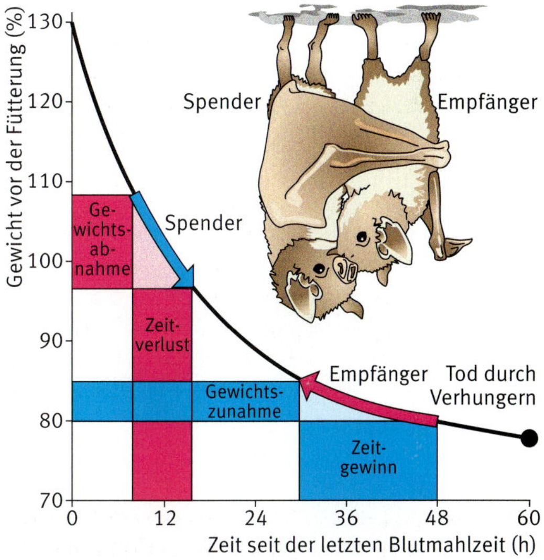

a) Die Grafik zeigt die Gewichtsentwicklung eines Vampirs, der nach einer Blutmahlzeit in seine Schlafhöhle zurückkehrt. Zu diesem Zeitpunkt wiegt er durch die Nahrungsaufnahme deutlich mehr als vor der Mahlzeit. Der Wert liegt bei 130 Prozent. Findet er in den folgenden 48 Stunden kein neues Opfer, sinkt der Wert bis unter 80 Prozent und der Vampir droht zu verhungern. Teilt er innerhalb dieser Zeit seine Mahlzeit mit einem Artgenossen, entstehen ihm Kosten, während der Empfänger profitiert. Erläutern Sie anhand der Grafik das resultierende Kosten-Nutzen-Verhältnis.

b) Begründen Sie, warum das Sozialsystem und die Nahrungsökologie der Gemeinen Vampire die Evolution von reziprokem Altruismus fördert.

4 Artbildung

4.1 Artbegriff

Schmetterlinge richtig zu bestimmen ist nicht immer einfach. 1758 beschrieb Carl von LINNÉ zwei Arten des Landkärtchens. Erst 60 Jahre später stellte sich heraus, dass es sich um unterschiedlich aussehende Modifikationen derselben Art handelt: Die im Frühjahr schlüpfende Generation entwickelt sich unter dem Einfluss der Tageslänge anders als die Tiere, die im Sommer schlüpfen.

Noch komplizierter sind die Verhältnisse bei den südamerikanischen Passionsblumenfaltern. Hier gibt es nicht nur Formen, die trotz unterschiedlichen Aussehens derselben Art angehören, sondern auch solche, die einander zum Verwechseln ähnlich sehen, aber verschiedenen Arten angehören.

50.1 Schmetterling Landkärtchen.
A Frühjahrsform;
B Sommerform

50.2 Mimikry bei Insekten.
A ungiftiger Falter *Eurytides;*
B und **C** giftige *Heliconius* Falter

Ursache hierfür ist die Tatsache, dass die Arten der Gattung *Heliconius* übel schmeckende Substanzen enthalten und dadurch vor Fressfeinden geschützt sind. Andere Arten, die ebenso aussehen, profitieren davon. Sie werden auch verschmäht – unabhängig davon, ob sie selbst ungenießbar sind oder nicht. Dieses Nachahmen der Warntracht einer anderen Art nennt man **Mimikry.**

Trotz der nahe liegenden Annahme, dass Artgenossen einander ähnlich sehen, ist es also problematisch, Arten nur anhand äußerer morphologischer Merkmale zu definieren. Die Mimikry der Passionsblumenfalter und der *Saisondimorphismus* der Landkärtchen sind Beispiele dafür, dass der zu LINNÉs Zeiten übliche *morphologische* oder *typologische Artbegriff* unzureichend ist. Aus diesem Grunde hat sich heute eine Definition der Art durchgesetzt, die unter dem Namen **biologischer Artbegriff** bekannt ist: *Arten sind Gruppen von wirklich oder potenziell sich fortpflanzenden natürlichen Populationen, die reproduktiv von anderen solchen Gruppen isoliert sind.*

Anders als beim typologischen Artbegriff ist das zentrale Kriterium des biologischen Artbegriffs also, dass es zwischen verschiedenen Arten **Fortpflanzungsbarrieren** gibt. Auch die beiden Formen des Landkärtchens fallen unter diese Definition, obwohl sie wegen der unterschiedlichen Schlupfzeiten normalerweise keine Nachkommen miteinander zeugen. Reproduktiv voneinander isoliert sind beide dennoch nicht, da sie durch Fortpflanzung auseinander hervorgehen. Diesen Aspekt betont die **populationsgenetische Artdefinition:** Eine Art besteht aus einer Population, deren Genpool gegen andere Arten isoliert ist.

1 Beschreiben Sie Frühjahrs- und Sommerform des Landkärtchens vergleichend.

2 Wenden Sie die drei obigen Artdefinitionen jeweils auf die drei Falter aus Abbildung 50.2 an.

3 Erläutern Sie die Schwierigkeiten der obigen Artdefinitionen für Forscher, die sich mit ausgestorbenen Lebewesen beschäftigen.

4.2 Isolationsmechanismen

Die biologische und die populationsgenetische Artdefinition sind heute allgemein gebräuchlich. Trotzdem ist ihre Anwendung mitunter schwierig, da die Überprüfung der Gültigkeit oft sehr zeitaufwändig ist. Laborexperimente sind in diesem Zusammenhang nicht immer aussagefähig, da sie nicht unter natürlichen Bedingungen stattfinden. Und für die Evolution ist nur von Bedeutung, ob sich Lebewesen unter natürlichen Bedingungen fortpflanzen. Geschieht dies nicht, liegt eine reproduktive oder **genetische Isolation** vor.

Manchmal wird die Isolation scheinbar unterbrochen und die Artschranke aufgehoben: So wird aus Zoos bei gemeinsamer Haltung manchmal die Geburt eines Ligers gemeldet, eines Löwe-Tiger-Hybrids. Solche Hybride wurden aus Asien nie gemeldet, wo die Habitate der beiden Tiere überlappen. Hybriden sind in der Regel jedoch nicht fruchtbar, es liegt **Hybrid-Sterilität** vor. Die Artschranke bleibt also bestehen.

Maultiere als Kreuzung aus Pferd und Esel sind ein Beispiel für Hybrid-Sterilität, die durch Chromosomen-Unverträglichkeit hervorgerufen wird. Während der Meiose paaren sich die homologen Chromosomen. Ist dies nicht möglich, entstehen keine Keimzellen. Pferde haben 2n = 64 Chromosomen, Esel jedoch nur 2n = 62. Außerdem finden sich homologe DNA-Abschnitte auf unterschiedlichen Chromosomen: DNA-Teile von Esel-Chromosom 5 auf den Pferde-Chromosomen 2 und 19, und DNA-Abschnitte von Pferd 2 auf Esel 3. Durch diese Unterschiede ist die Bildung und Aufteilung von Chromatid-Tetraden in der Prophase I unmöglich.

Neben der Hybridsterilität verhindert auch eine erhöhte **Hybrid-Sterblichkeit** die Überwindung der Artschranke. Dabei wird die Embryonalentwicklung möglicher Hybriden abgebrochen. Ist dies nicht der Fall, kann es auch noch zum **Hybrid-Zusammenbruch** kommen. Dabei sind die Hybriden der ersten Generation lebensfähig und pflanzen sich auch untereinander fort, ihre Vitalität nimmt jedoch zunehmend ab und erlischt mit weiteren Generationen. Beobachtet hat man dies zum Beispiel bei Baumwollpflanzen.

51.1 Artbastarde. A Liger (Löwe x Tiger); **B Maultier** (♀ Pferd x ♂ Esel)

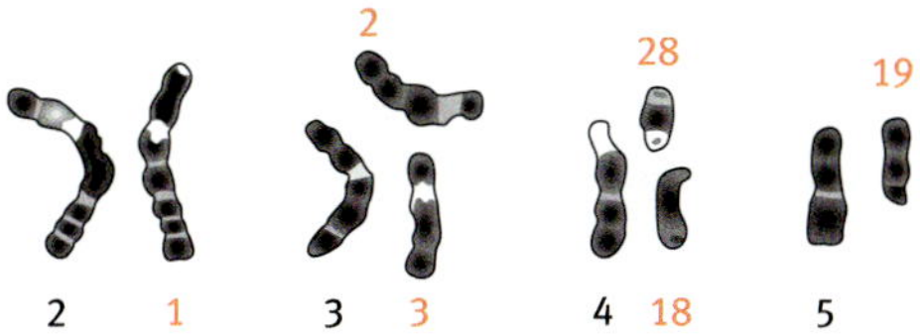

51.2 Chromosomenpaare von Esel (jeweils li) und Pferd (re)

51.3 Seefrosch (A) und Kleiner Wasserfrosch (B) hybridisieren zu Teichfrosch (C)

Nur sehr selten kommt es vor, dass sich Hybridformen erfolgreich etablieren. Ein Beispiel hierfür sind die europäischen Teichfrösche, die aus Kreuzungen zwischen den Seefröschen und den Kleinen Wasserfröschen entstanden sind.

Die drei genannten Isolationsmechanismen werden als **postzygote Barrieren** zusammengefasst, da sie erst nach Ausbildung einer Zygote einsetzen, Hybriden sich also anfänglich entwickeln oder sogar entstehen.

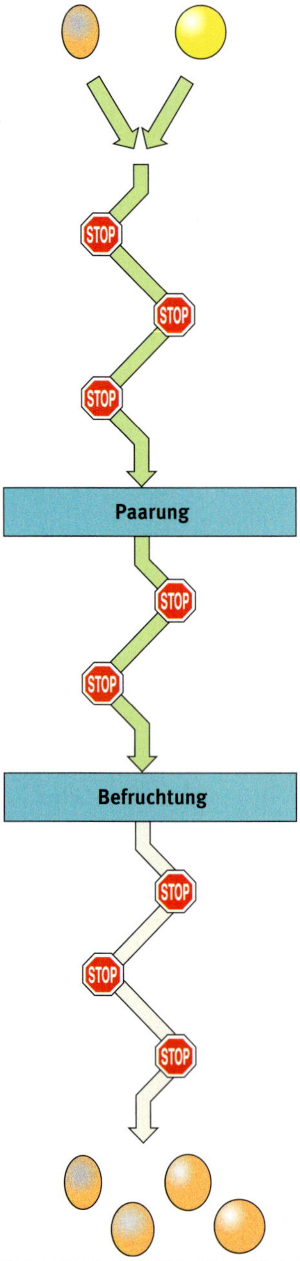

52.1 Mögliche Fortpflanzungsbarrieren zwischen zwei Arten

Fortpflanzungsbarrieren entstehen natürlich auch dann, wenn es erst gar nicht zur Paarung oder zur Befruchtung von Eizellen kommt. Alle Mechanismen, die dies verhindern, werden als **präzygotische Isolationen** zusammengefasst.

Dies kann geschehen, wenn zwei Populationen durch eine Barriere getrennt sind. Dann liegt **geografische Separation** (lat. *separare*, trennen) vor. Je nach Art der Lebewesen sind unterschiedliche Barrieren denkbar, wie zum Beispiel Gebirge, Flüsse, Salzwasser, Meeresströmungen oder besonders trockene oder feuchte Gebiete.

Leben die in Frage kommenden Arten gemeinsam, kann **ethologische Isolation** vorkommen. Diese liegt vor, wenn es zwischen den Arten keine sexuelle Anziehung gibt oder die gegenseitigen Paarungssignale nicht verstanden werden. Dies ist beispielsweise bei unterschiedlichen Balzgesängen von Vögeln der Fall. Selbst wenn eine sexuelle Anziehung besteht und die Paarungssignale auch gegenseitig verstanden werden, bleiben Arten bei **zeitlicher Isolation** getrennt, wenn die Paarung und Befruchtung zu unterschiedlichen Jahreszeiten erfolgt. So sind zum Beispiel die Florfliegen *Chrysoperla carnea* und *C. downesi* voneinander isoliert.

Wenn diese Isolationsmechanismen nicht greifen, kann es zwischen Individuen verschiedener Arten zum Paarungsversuch kommen. Dessen Erfolg kann durch eine **mechanische Isolation** verhindert werden. Diese liegt beispielsweise vor, wenn die Geschlechtsorgane in ihrer Größe oder ihrem speziellen Aufbau nicht zusammen passen. Bei vielen Insekten- und Spinnenarten beispielsweise passen die Geschlechtsorganen genau nach dem Schlüssel-Schloss-Prinzip zueinander.

Schließlich kann durch **gametische Isolation** trotz erfolgreicher Paarung die Entstehung einer Zygote verhindert werden. Dies passiert zum Beispiel, wenn die Eizelle nicht das passende chemische Signal für die Spermienzelle aussendet oder das Spermium nicht in die Eizelle eindringen kann. Bei vielen Pflanzen verhindert ein chemisches Wechselspiel zwischen Pollen und Blütenstempel, dass artfremder Pollen auskeimen und die Eizelle in der Samenanlage befruchten kann.

1 Nennen Sie weitere Beispiele für präzygotische Isolation und bestimmen Sie den jeweiligen Isolationstyp.

2 Nennen Sie weitere Beispiele für postzygotische Isolation und bestimmen Sie den jeweiligen Isolationstyp.

3 Erläutern Sie den Begriff Hybrid-Sterilität.

4.3 Formen der Artbildung

Wenn Isolationsmechanismen Populationen genetisch trennen, entstehen neue Arten. In Arizona leben an den Rändern des bis zu 1,8 Kilometer tiefen Grand Canyons zwei Arten von Erdhörnchen der Gattung *Ammospermophilus* nur wenige Kilometer voneinander entfernt. Wie konnte es zu dieser **allopatrischen Artbildung** (gr. *allos*, anders; lat. *patria*, Heimatland) kommen?

Wenn eine Ausgangspopulation durch eine neu entstehende geografische Barriere aufgespalten wird, entstehen durch Gendrift bereits unterschiedliche Teilpopulationen. Verschiedene Mutationen und Rekombination lassen die Teilpopulationen sich in ihrem Genpool immer mehr unterscheiden. Unterschiedliche Selektionsfaktoren können die Allelfrequenzen weiter verändern. Wird die Barriere wieder aufgehoben, treffen die Teilpopulationen aufeinander. Entweder kommt es dann zur erneuten Vermischung der Populationen oder diese sind im Laufe der Zeit durch die Anhäufung von Unterschieden im Genpool genetisch voneinander isoliert worden und leben jetzt sekundär sympatrisch (gr. *syn*, zusammen) miteinander.

Dies trifft in Mitteleuropa auf viele Arten zu, die sich während der letzten Eiszeit durch ihren Rückzug in nicht vereiste Gebiete auftrennten. Nach Ende der Eiszeit trafen sie im ursprünglichen Verbreitungsgebiet wieder zusammen und blieben getrennte Arten: Dies gilt zum Beispiel für Grünspecht und Grauspecht sowie Winter- und Sommergoldhähnchen.

Daneben ist aber auch **sympatrische Artbildung** möglich, wenn präzygotische Mechanismen wie zeitliche oder ethologische Isolation wirken, so zum Beispiel bei amerikanischen Florfliegen. *Chrysoperla carnea* und *C. downesi* zeigen mehrere Allelveränderungen. Die erste führte zur einer anderen Körperfarbe, wodurch die Tiere in unterschiedlichen Habitaten besser getarnt sind und sich entsprechend dort vorzugsweise aufhalten. Eine weitere Änderung bewirkte eine andere Reaktion der Florfliegen auf die Fotoperiode, sodass sich die Arten zu unterschiedlichen Zeiten fortpflanzen. Schließlich veränderte sich auch der Paarungsruf der Tiere.

53.1 Erdhörnchenarten am Grand Canyon

53.2 Allopatrisch entstandene Spechte.
A Grünspecht; **B** Grauspecht

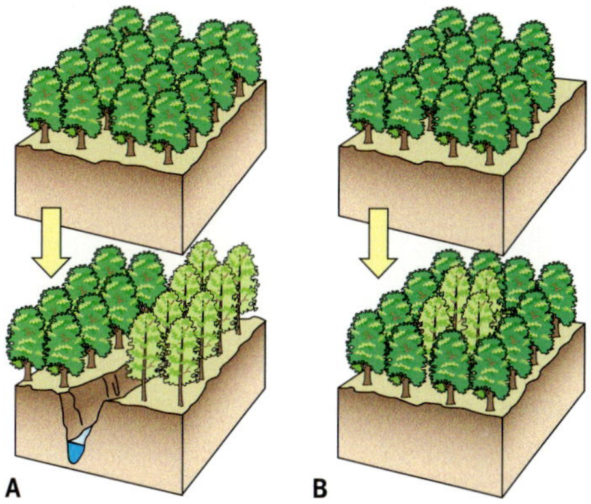

53.3 Artbildung.
A Allopatrisch; **B** sympatrisch

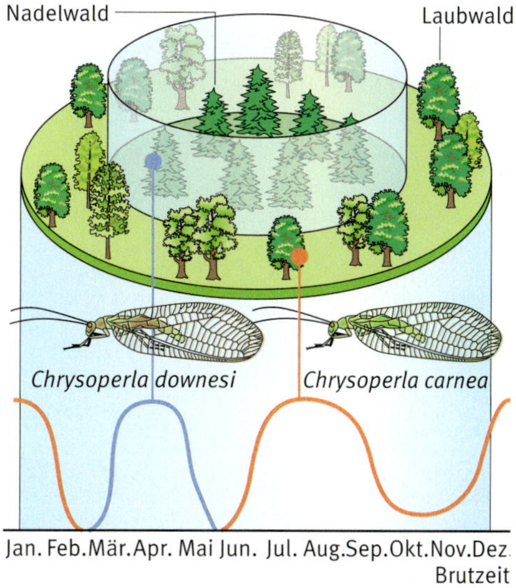

53.4 Sympatrische Artbildung bei der Florfliege *Chrysoperla*

4.4 Adaptive Radiation

Der Hawai'ianische Archipel ist die am weitesten vom Festland entfernte Inselgruppe der Welt. Diese **geographische Separation** verdankt sie ihrem vulkanischen Ursprung durch *hot spots,* über die sich die pazifische Kontinentalplatte hinwegbewegt. Das genaue geologische Alter der Inseln ist bekannt.

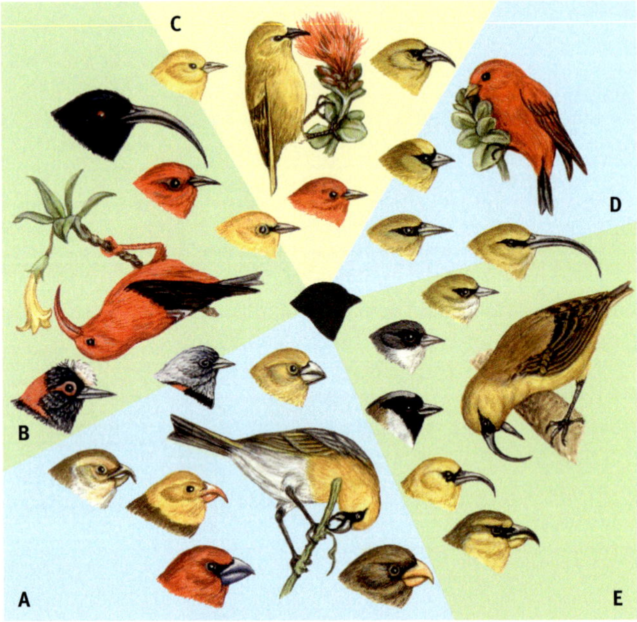

54.1 Hawai'ianische Kleidervögel. A Samen- und Fruchtfresser; **B** Nektarfresser; **C** Generalisten; **D** Insektenfresser an Blättern; **E** Insektenfresser an Rinde

Die Hawai'ianischen Inseln sind durch eine Vielzahl verschiedener ökologischer Nischen gekennzeichnet. Die Erstbesiedlung des Archipels erfolgte um 500 n.Chr. durch polynesische Seefahrer von den Tuamotu- und Marquesas-Inseln. Sie fanden auf Hawai'i eine Vielzahl mehr oder weniger ähnlicher, teilweise sehr farbenprächtiger Vögel vor, aus deren Federn sie Umhänge für ihre Häuptlinge fertigten. Daher stammt der deutsche Name *Kleidervögel* für diese Gruppe.

Insgesamt waren auf Hawai'i nach derzeitigem Kenntnisstand 51 verschiedene Arten von Kleidervögeln **endemisch** (gr. *endemos,* einheimisch), das heißt, sie kamen nur dort und nirgendwo sonst auf der Welt vor. Die Polynesier waren versierte Ackerbauern und veränderten das Ökosystem der Inseln nachhaltig. Sie nahmen so den ersten Kleidervogelarten bereits den Lebensraum. 13 Arten sind deshalb schon kurz nach Ankunft der ersten Siedler ausgestorben. 18 weitere Arten starben vor allem kurz vor und nach dem Beginn des 20. Jahrhunderts aus, als die Vogelmalaria nach Hawai'i eingeschleppt worden war.

Die Kleidervögel haben nahezu jede verfügbare Nahrungsquelle erschlossen und zeigen deutliche Angepasstheiten an ihre unterschiedliche Ernährungsweise. Trotzdem beweisen morphologisch-anatomische Studien und molekulargenetische Untersuchungen, dass sie alle eng miteinander verwandt sind.

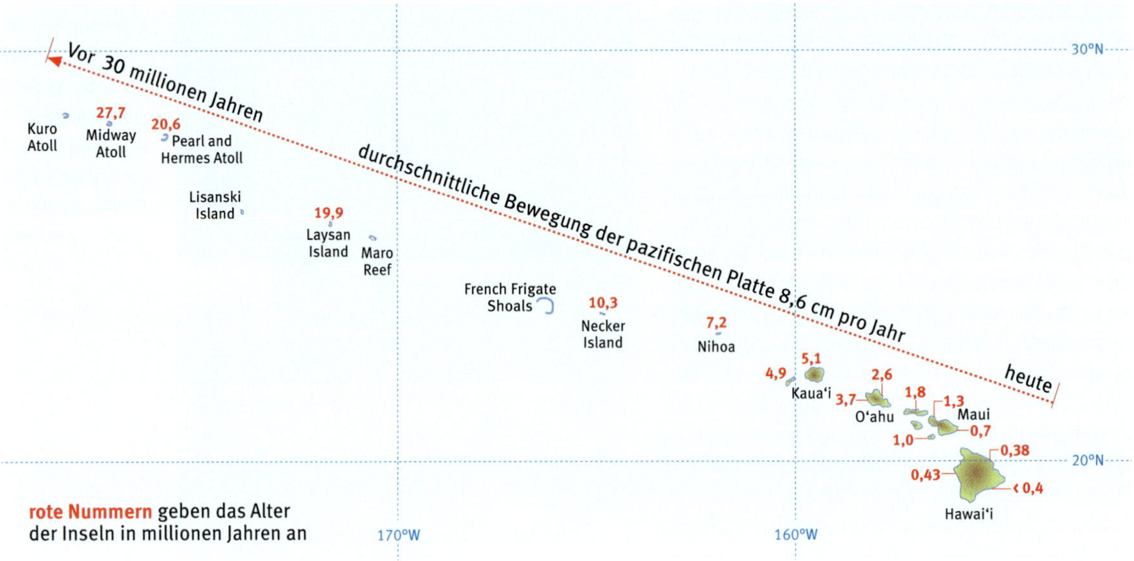

54.2 Hawai'ianischer Archipel im Pazifischen Ozean

Wie ist dieses Phänomen erklärbar? Alle Kleidervögel stammen von einer einzigen Gründerpopulation ab. Wahrscheinlich wurden vor etwa 3,5 Millionen Jahren einige Goldfinken durch einen Sturm nach Hawai'i verdriftet. Sie landeten vermutlich auf Kaua'i. Die Vögel fanden dort ein ökologisch reich gegliedertes System ohne nennenswerte Konkurrenten vor.

Die Individuen der Gründerpopulation erweiterten wegen der innerartlichen Konkurrenz um Nahrung ihre ökologische Nische. Durch zufällig auftretende Rekombinationen und Mutationen ergaben sich Angepasstheiten an bestimmte Nahrungsquellen. Durch Selektion auf bestimmte Ernährungstypen und unterschiedliche Lebensbedingungen wurden die Kleidervögel ökologisch zunehmend voneinander isoliert, sodass es mit der Zeit zur sympatrischen Artbildung kam. Treten viele ökologische Aufspaltungen innerhalb kurzer Zeit auf, spricht man von **adaptiver Radiation.** Dieser Prozess wird begünstigt durch einen isolierten Lebensraum mit vielen ungenutzten Ressourcen und einer unspezialisierten Gründerpopulation, die viele der Nischen nutzen kann.

55.1 Arten der Dickblattgewächse *Aeonium* auf Teneriffa

Finken sind auch an einer weiteren adaptiven Radiation beteiligt, die auf den Galapagos-Inseln stattfand. Dort sind aus einer verdrifteten Festlandsform 14 endemische Arten entstanden. Ihrem Entdecker zu Ehren werden sie DARWIN-Finken genannt.

Das Phänomen der adaptiven Radiation ist nicht nur auf Inseln beschränkt: Einige der großen ostafrikanischen Seen werden durch eine ungeheure Vielfalt von Buntbarschen besiedelt, die in sehr kurzer Zeit entstanden ist. Im rund 200 000 Jahre alten Viktoria-See sind es etwa 300 verschiedene Arten, im 9 bis 12 Millionen Jahre alten Tanganjika-See rund 200 und im eine Million Jahre alten Malawi-See sogar rund 500 Arten. Auch hier hat eine starke ökologische Spezialisierung stattgefunden. Es gibt verschiedene Arten, die sich von Algen, Schnecken oder Fischen ernähren und sogar Schuppenfresser. Diese reißen im Vorbeischwimmen anderen Fischen Schuppen aus der Haut. Dabei gibt es innerhalb einer Art sogar Formen, die sich ihrer Beute bevorzugt entweder von rechts oder von links nähern.

Adaptive Radiation tritt auch bei Pflanzen auf. Zum Beispiel gibt es von dem Dickblattgewächs *Aeonium* 34 verschiedene Arten auf den Kanarischen Inseln. Dabei erfolgte die ökologische Isolation vor allem durch die abiotischen Umweltbedingungen. Schließlich gibt es adaptive Radiationen auch dann, wenn in der Phylogenie neue Merkmale auftreten, die ihren Trägern einen Selektionsvorteil verschaffen. So gab es eine adaptive Radiation von Beuteltieren, die den Eier legenden Säugetieren überlegen waren. In Australien blieb die Vielfalt der Beuteltiere erhalten, während diese in der restlichen Welt von den Plazentatieren verdrängt wurden, weil Australien zu diesem Zeitpunkt schon vom Restkontinent Gondwana isoliert war.

1 Recherchieren Sie weitere Beispiele für adaptive Radiationen aus dem Tier- und Pflanzenreich. Tragen Sie jeweils einige grundlegende Informationen zusammen.

2 Stellen Sie Gemeinsamkeiten und Unterschiede der in Aufgabe 1 gefundenen Beispiele heraus.

55.2 DARWIN-Finken

6 Koevolution

Die Orchidee „Stern von Madagaskar“ (*Angraecum sesquipedale*) hat eine weiße, besonders nachts stark duftende Blüte mit einem bis zu 35 Zentimeter langen Nektarsporn. Am Grund dieser aus Blütenblättern gebildeten Röhre befinden sich Drüsen, die eine zuckerhaltige Flüssigkeit, den Nektar absondern. Welchen Nutzen hat die Pflanze von einem derart langen Nektarsporn? Diese Frage stellte sich auch Charles DARWIN. In seinem 1862 veröffentlichten Buch *Über die verschiedenen Einrichtungen, durch welche Orchideen bestäubt werden* wagte er eine Vorhersage: Es müsse einen Nachtfalter mit einem entsprechend langen Rüssel als Bestäuber dieser Orchidee geben. Damit setzte er sich dem Spott der Insektenkundler aus, die ein solches Tier weder kannten noch daran glauben wollten. DARWIN gründete seine Hypothese auf die von ihm entwickelte Selektionstheorie. Danach sollten Rüssel und Sporn schrittweise durch natürliche Selektion entstanden sein.

56.1 Afrika und Insel Madagaskar

Knapp 40 Jahre später, 1903, wurde tatsächlich ein Nachtfalter mit einem 30 Zentimeter langen Rüssel auf Madagaskar entdeckt. Er erhielt den Namen *Xanthopan morgani praedicta* (lat., vorhergesagt).

Nachtfalter und Orchidee sind offensichtlich perfekt aneinander angepasst. Dies lässt Kreationisten und Anhänger des „Intelligent Design“ an das Werk eines intelligenten Schöpfers glauben. Tatsächlich lässt sich das Phänomen aber auch ohne die Annahme übernatürlicher Kräfte erklären.

Nachtschwärmer verhalten sich ähnlich wie Kolibris: Sie saugen in einem pendelnden Schwirrflug Nektar aus Blüten, ohne auf diesen zu landen. Dies ist für sie vorteilhaft, denn auf den Blüten lauern oft Krabbenspinnen auf Beute. Diese Räuber können anfliegende Nachtfalter an den Luftschwingungen orten, die diese durch ihren Flügelschlag erzeugen. Kommt ein Falter in ihre Reichweite, fällt die Spinne ihre Beute wie ein Bungee-Springer an einem Sicherheitsfaden hängend an und lähmt sie in Sekundenschnelle durch einen Biss. Ein langer Rüssel ermöglicht es einem Nachtschwärmer also nicht nur, tief liegende Ressourcen auszubeuten, sondern auch einen ausreichenden Sicherheitsabstand zur Blüte zu halten. Dieser doppelte Selektionsvorteil erklärt, warum es schon vor der Evolution von Blüten mit langen Nektarspornen für Nachtfalter vorteilhaft war, einen langen Rüssel zu

56.2 Schwärmer als Bestäuber. **A** *Xanthopan morgani praedicta* an Orchidee *Angraecum sesquipedale;* **B** *Panogena lingens* an Blüte mit Riesenkrabben-Spinne

besitzen. Damit wird der Einwand gegenstandslos, ein 30 Zentimeter langer Nektarsporn und ein ebenso langer Schmetterlingsrüssel könnten nur gleichzeitig erschaffen worden sein, da keines der beiden Merkmale allein einen Sinn ergäbe.

Ein Schwärmer, der mit einem 30 Zentimeter langen Rüssel in der Lage ist, Nektar aus einem ebenso langen Sporn zu saugen, hat einen weiteren Selektionsvorteil: Er ist konkurrenzlos, solange es keine weiteren Arten mit ähnlich langem Rüssel gibt. Davon profitiert auch die Pflanze, deren Pollen während des Saugvorganges am Rüssel des Schmetterlings hängen bleiben. Für ihre Fortpflanzung sind Blütenpflanzen darauf angewiesen, dass arteigener Pollen auf ihre Narbe übertragen wird. Dies kann entweder durch Selbst- oder durch Fremdbestäubung erfolgen. Letzteres ist für die Fitness der Pflanze von Vorteil, da Selbstbestäubung die Gefahr birgt, dass nachteilige rezessive Allele homozygot werden. Ist nur eine potenzielle Bestäuberart in der Lage, die Nahrungsressourcen zu nutzen, die die Pflanze bietet, erhöht dies deren Fortpflanzungschancen: Durch seine Blütenstetigkeit trägt das Insekt mit großer Wahrscheinlichkeit Pollen der gleichen Pflanzenart mit sich und ermöglicht so die Fremdbestäubung.

Den Prozess der wechselseitigen Anpassung zweier Arten aneinander bezeichnet man als **Koevolution:** Beide Arten üben jeweils einen Selektionsdruck auf die andere Art aus. Profitieren hiervon, wie im Falle der Blüten und ihrer Bestäuber, beide Partner, nennt man diese Beziehung **mutualistisch** (lat. *mutuus*, gegenseitig). Sind die beteiligten Arten eher Widersacher, spricht man von einer **antagonistischen** Beziehung (gr. *antagonistes*, Widersacher). Eine antagonistische Form der Koevolution hat beispielsweise Merkmale von Pferden und ihrer Hauptnahrung, den Gräsern, beeinflusst.

Vor 20 Millionen Jahren wurden infolge eines weltweiten Temperaturabfalles Wälder zurückgedrängt und Graslandschaften breiteten sich aus. Aus den bis dahin waldbewohnenden Vorfahren der heutigen Pferde wurden Steppentiere, die sich nun bevorzugt von Gräsern ernährten. Auf Gräsern lastete jetzt ein doppelter Selektionsdruck: Sie wurden gefressen und hatten zusätzlich unter dem Abtritt zahlreicher Weidegänger zu leiden. Dieser Selektionsdruck führte dazu, dass Wachstumszonen unter der Erdoberfläche entstanden, die Schutz gegen regelmäßiges Abweiden und Schäden durch Abtritt boten. Außerdem erlangten Gräser einen Selektionsvorteil, die in ihren Zellen Einschlüsse aus Kieselsäure enthielten. Diese wie kleine Sandkörner wirkenden Kristalle hatten den Effekt, dass der Zahnschmelz der Weidetiere abgerieben wurde und sich die betroffenen Lebewesen immer schlechter ernähren konnten. Damit wiederum entstand ein Selektionsdruck auf die Weidegänger: Es wurden längere Zähne mit dickeren und härteren Schmelzschichten positiv selektiert.

57.1 Kieselsäure-Einschluss in einer Graszelle

1 Beschreiben Sie das Zustandekommen der Koevolution zwischen *Xanthopan* und *Angraecum* als Fließdiagramm. Beginnen Sie mit der Existenz von Riesenkrabben-Spinnen und begründen Sie alle Entwicklungsschritte.

2 Erläutern Sie die evolutionsbiologischen Vor- und Nachteile, die dem Artenpaar *Xanthopan* und *Angraecum* aus der Koevolution erwachsen.

3 Erläutern Sie die Veränderung der Zähne der Pferdeartigen im Laufe ihrer Phylogenie.

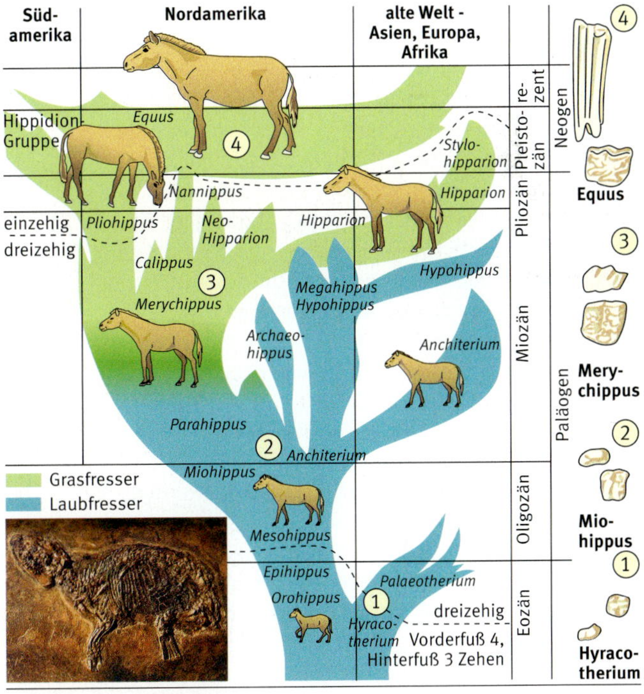

57.2 Evolution der Pferde

Artbildung und Koevolution

1

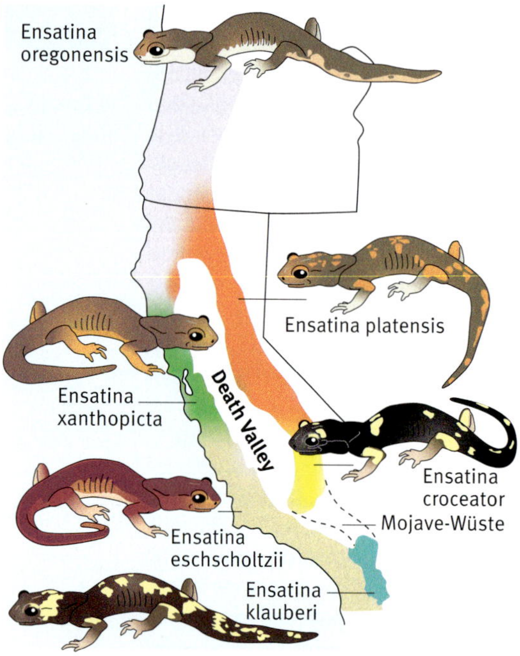

An der nordamerikanischen Westküste sind in den Bundesstaaten Oregon und Kalifornien Salamander der Gattung *Ensatina* verbreitet. In Kalifornien leben diese Amphibien sowohl in den Küstenregionen als auch im Sierra-Nevada Gebirge im Landesinneren. Zwischen den beiden Lebensräumen liegt das heiße und trockene „Death Valley". Im Binnenland wird die Verbreitung der Salamander durch die Mojave-Wüste unterbrochen.

Fast alle *Ensatina*-Populationen sind durch Mischformen miteinander verbunden, was durch fließende Farbübergänge gekennzeichnet ist. Selbst zwischen *E. klauberi* und *E. croceator* gibt es noch Mischformen (gepunktet gekennzeichnet). Lediglich zwischen *E. klauberi* und *E. eschscholtzii* wurden noch nie Mischlinge im natürlichen Habitat beobachtet. Selbst im Labor gelang es nicht, diese beiden Arten erfolgreich zu kreuzen, während dies zwischen *E. xanthopicta* und den Binnenlandformen zu fruchtbaren Nachkommen führte. Wegen ihrer besonderen Beziehungen untereinander werden die *Ensatina*-Salamander als Ringart oder „Rassenkreis" bezeichnet.

a) Wenden Sie die verschiedenen Artdefinitionen an und erklären Sie den systematischen Status der verschiedenen Salamanderformen zueinander.

b) Stellen Sie eine begründete Vermutung zur rezenten Verbreitung von *E. klauberi* und *E. croceator* auf.

c) Legen Sie begründend dar, welcher der *Ensatina*-Salamander als Ausgangsform anzusehen ist und in welche Richtung sich die Ausbreitung vollzogen hat.

2

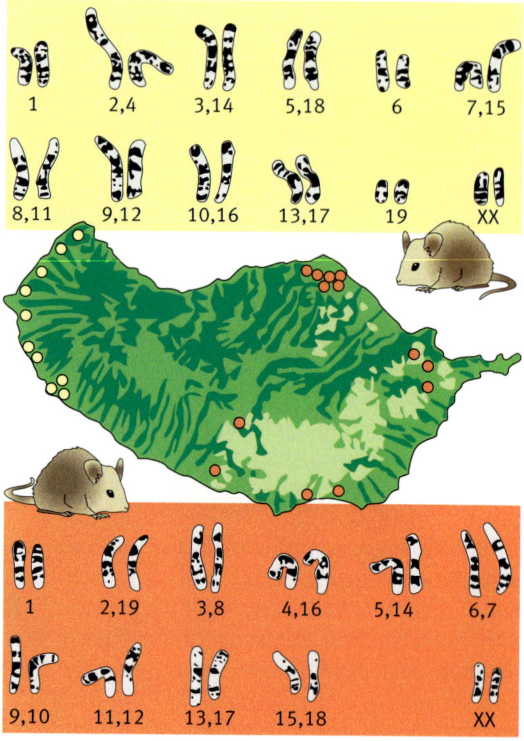

Madeira liegt im Atlantik, etwa 1000 Kilometer südwestlich der portugiesischen Hauptstadt Lissabon. Die Insel ist vulkanischen Ursprungs mit tief eingeschnittenen Tälern. Als die Portugiesen 1419 erstmals auf Madeira landeten, brachten sie ungewollt Hausmäuse mit, die sich seitdem dort vermehren.

Die Auswertungen von Chromosomen-Bildern (Karyogrammen) führte 1999 zu einem überraschenden Ergebnis: Obwohl sich die Mäusepopulationen verschiedener Täler morphologisch relativ ähnlich sehen, gibt es zwischen ihnen beträchtliche Unterschiede. So kommen auf Madeira Populationen mit 22, 24 oder auch 30 Chromosomen vor. Festlandsmäuse hingegen haben üblicherweise 40 Chromosomen.

Die beiden Karyogramme zeigen die Chromosomen-Anordnungen zweier Populationen, deren Verbreitung auf der Karte Madeiras farbig markiert ist. Die Zahlen beziehen sich auf entsprechende Chromosomen-(Abschnitte) bei Hausmäusen.

a) Erläutern Sie, wie die unterschiedlichen Chromosomenzahlen bei den Mäusepopulationen Madeiras entstanden sind.

b) Erläutern Sie aus evolutionsbiologischer Sicht, warum auf Madeira Mäusepopulationen mit unterschiedlicher Chromosomenzahl existieren.

c) Stellen Sie begründete Vermutungen zum systematischen Status der Mäusepopulationen an.

3

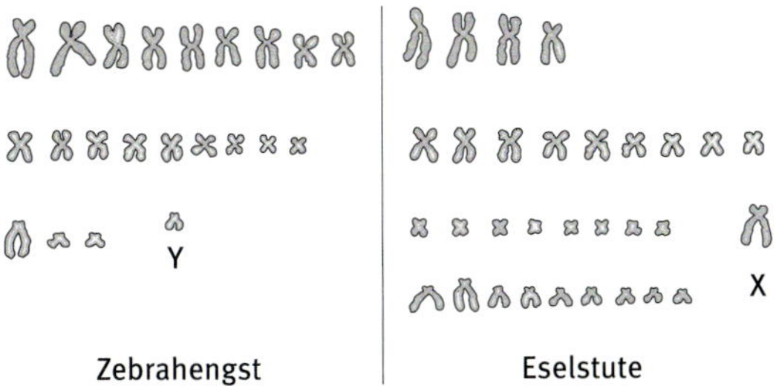

Die Kolonialtruppen Wilhelms II haben in Afrika Zebras mit Pferden und Eseln gekreuzt. So hofften sie, die relative Unempfindlichkeit der Zebras gegen den Stich der Tse-Tse-Fliege (die eine Tropenkrankheit überträgt) auf die nicht voll tropentauglichen Reittiere übertragen zu können. Das Experiment misslang letztlich, weil sich die Zebroide als zu störrisch erwiesen. Außerdem waren sie unfruchtbar und mussten immer wieder neu gezüchtet werden. Warum das so ist, zeigen die beiden Karyogramme, die jeweils einen einfachen Chromosomensatz abbilden.

a) Erläutern Sie, warum es zwischen Zebrahengst und Eselstute keine fruchtbaren Nachkommen geben kann. Ziehen Sie Schlussfolgerungen auf den systematischen Status und die evolutionsbiologische Verwandtschaft.

b) Erläutern Sie die Form der Isolation, die zwischen Zebra und Esel vorliegt.

4 Während seiner Weltreise erreichte Charles DARWIN 1835 die Galapagos-Inseln. Dort erzählte ihm der britische Gouverneur der Inseln, dass er in der Lage sei, die Herkunft einer jeden Schildkröte von den Galapagos-Inseln nach ihrem Panzer bestimmen zu können. Grundsätzlich unterscheidet man bei den Panzern eine Sattelform und eine Domform. Bei der Sattelform ist die Halsregion hochgewölbt, bei der Domform nach unten gebogen.

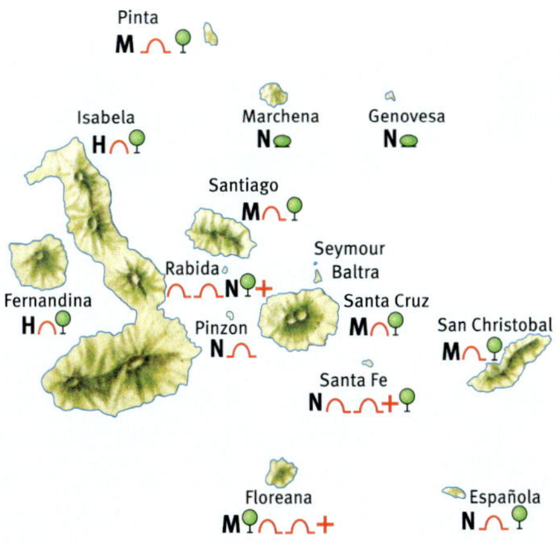

- baumförmige Opuntien
- strauchförmige Opuntien
- **H** Inselhöhe hoch
- **M** Inselhöhe mittel
- **N** Inselhöhe niedrig
- „Domform"
- „Übergangsform"
- „Sattelrückenform"
- + ausgestorben

Schildkröten ernähren sich rein pflanzlich. Ihr Nahrungsspektrum reicht von Gräsern und Kräutern bis zu Kakteen. Bei den Kakteen ist auf den Galapagos-Inseln eine Besonderheit zu beobachten. Opuntien oder Feigenkakteen wachsen in der Regel strauchförmig mit mehreren verdickten Sprossachsen. Dort, wo auf den Galapagos-Inseln noch Schildkröten leben oder gelebt haben, wachsen die Opuntien baumförmig mit einem Hauptstamm, der sich erst in einiger Höhe strauchartig verzweigt.
Die geographische Höhe einer Insel bestimmt das vorherrschende Klima: So sind die flachen Inseln eher trocken, während es auf den höheren Inseln neben den trockenen Regionen auch feuchte Bereiche mit reichlich Grasbewuchs gibt.

a) Beschreiben Sie die Verteilung der Schildkröten und der Opuntien – getrennt nach ihrer Wuchsform – in Abhängigkeit von der Inselhöhe.

b) Stellen Sie begründete Zusammenhänge zwischen den in Aufgabe a) gefundenen Verteilungsmustern her.

c) Erläutern Sie, inwiefern diese Verteilungsmuster durch Koevolution entstanden sind. Erläutern Sie die Teilprozesse, die dabei stattgefunden haben.

Belege für die Evolution

1 Belege aus der Paläontologie

1.1 Fossilien

Der Leibarzt des Würzburger Fürstbischofs, Johann Bartholomäus BERINGER (1667–1738), veröffentlichte 1726 die *Lithographiae Wirceburgensis.* In diesem Buch waren auf 21 Kupferstichtafeln 204 verschiedene *Figurensteine* abgebildet, wie BERINGER seine Funde nannte. Dabei handelte es sich, wie sich noch zu Lebzeiten BERINGERs herausstellte, um gefälschte Fossilien, die als Würzburger Lügensteine weltberühmt wurden. Die Affäre BERINGER dürfte wohl die bekanntesten Fossilfälschung in der Geschichte der Paläontologie sein. Aus heutiger Sicht ist es verwunderlich, dass die Figurensteine anfangs als echte Fossilien durchgingen, wurden neben Muschelschalen doch auch solche Besonderheiten wie kopulierende Frösche, Hirschkäfer und Kometen abgebildet. BERINGER vertrat in dem Buch die Ansicht, die Figurensteine seien durch geheimnisvolle Urkräfte entstanden. Man geht heute davon aus, dass BERINGER an der Fälschung der Figurensteine beteiligt war.

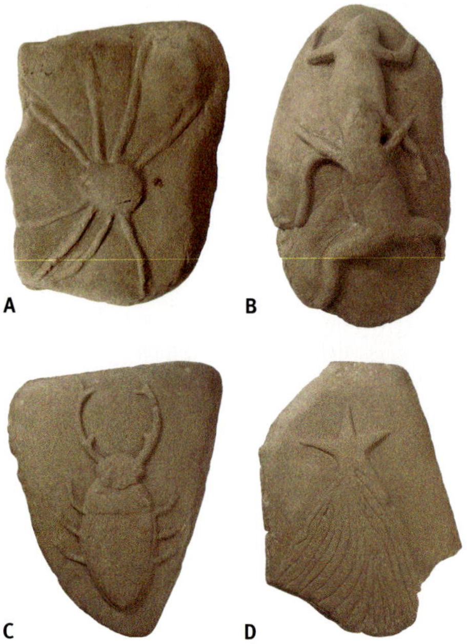

60.2 Würzburger Lügensteine.
A Spinne;
B kopulierende Frösche;
C Hirschkäfer;
D Komet

Unter **Fossilien** (lat. *fossilis,* ausgegraben) oder **Petrefakten** (gr. *petros,* Stein; lat. *facere,* machen), wie sie früher genannt wurden, versteht man jedwedes Überbleibsel von Lebewesen aus vergangenen Zeiten der Erdgeschichte. Das können entweder Überreste der Lebewesen selbst sein, sogenannte *Körperfossilien,* oder Zeugnisse der Lebensaktivitäten wie Trittspuren, die als *Spurenfossilien* bezeichnet werden, oder sogar Exkremente, die Koprolithen (gr. *kopros,* Kot, gr. *lithos,* Stein).

Obwohl bereits griechische Philosophen wie PYTHAGORAS vermuteten, dass Fossilien auf ehemals lebende Tiere zurückgehen, behinderte die jüdisch-christliche Vorstellung von der Erschaffung der Welt in sechs Tagen eine angemessene Deutung für lange Zeit. Der Begriff *Fossil* wurde erstmals im 16. Jahrhundert verwendet, allerdings verstand man darunter damals alle aus dem Boden stammenden Kuriositäten wie zum Beispiel Mineralien. Erst ab der Mitte des 17. Jahrhunderts wurde der Begriff auf seine heutige Bedeutung eingeschränkt. Die Existenz der Fossilien wurde mit der Sintflut erklärt. Dass es sich bei den Fossilien zum großen Teil um Meerestiere handelt, die eine Überflutung eigentlich überleben sollten, wurde übergangen.

Die Entstehung eines Fossils ist von vielen Zufällen abhängig und nicht die Regel. Meistens werden tote Tiere und Pflanzen nämlich von anderen Lebewesen der Nahrungskette ohne Rückstände verwertet. Damit ein Organismus fossilisieren kann, muss er nach seinem Tod deshalb schnell unzugänglich für andere Lebewesen werden. Auch die Anwesenheit von Sauerstoff ist hinderlich, weil sonst rasch bakterielle Verwesungsprozesse in Gang kommen. Diese Umstände sind gegeben, wenn der Organismus schnell von Sand oder anderen Ablagerungen bedeckt wird. Dies ist in der Regel in Gewässern wie Meeren oder größeren Binnenseen der Fall, kann aber auch in Sümpfen oder Mooren vorkommen. Nach demselben Prinzip können auch Fußspuren erhalten bleiben. So hat man vielfach versteinerte Saurierfährten gefunden.

Die Weichteile der Lebewesen werden meist durch chemische Prozesse fast vollständig abgebaut. Hartteile wie Zähne oder Knochen bleiben hingegen deutlich länger erhalten und können unterschiedliche Fossilisierungsprozesse durchlaufen. Die ursprüngliche, mineralische Substanz der Hartteile kann zum Beispiel erhalten bleiben und nur in ihrer Feinstruktur verändert werden. Dabei wird die äußere Form beibehalten und man spricht von einem Fossil im engeren Sinne.

Selbst von Sediment bedeckte Hartteile können im Laufe der Zeit aufgelöst werden. Oftmals dringt später Material in diesen Hohlraum ein und wird versteinert. Es entsteht dann ein Ausguss des Körperinneren dieses Lebewesens, ein **Steinkern.** An Ostseestränden findet man beispielsweise häufig Steinkerne von Seeigeln.

Unter besonders günstigen Umständen bleiben auch Weichteile erhalten. Dies ist zum Beispiel bei der **Mumifikation** der Fall. Dabei verhindert große Kälte oder die Abwesenheit von Wasser, dass bakterielle Prozesse in Gang kommen. Aus den sibirischen Permafrost-Böden werden Zum Beispiel immer wieder fast vollständig erhaltene Wollhaar-Mammuts geborgen. Kleinere Lebewesen wie Insekten oder Spinnen können auch ganz von Baumharz umschlossen werden. So bleiben sie im Bernstein ebenfalls komplett für die Nachwelt erhalten.

Im Gegensatz zu den in der Regel ausgestorbenen, fossilen Lebewesen, bezeichnet man heute lebende Organismen als **rezent** (lat. *recens,* frisch). Geologisch junge Überbleibsel rezenter Lebewesen werden subfossil oder subrezent genannt.

1 Beschreiben Sie, was einem gestorbenen Organismus in der Regel statt der Fossilisation widerfährt.

2 Erläutern Sie, warum extreme Kälte oder Trockenheit bakterielle Verwesungsprozesse aufhält oder stark verlangsamt.

61.1 Fährte eines vierbeinigen Sauriers

61.2 Mammutzahn aus der Nordsee

61.3 Seeigel. **A, B** Steinkern; **C** rezente Schale

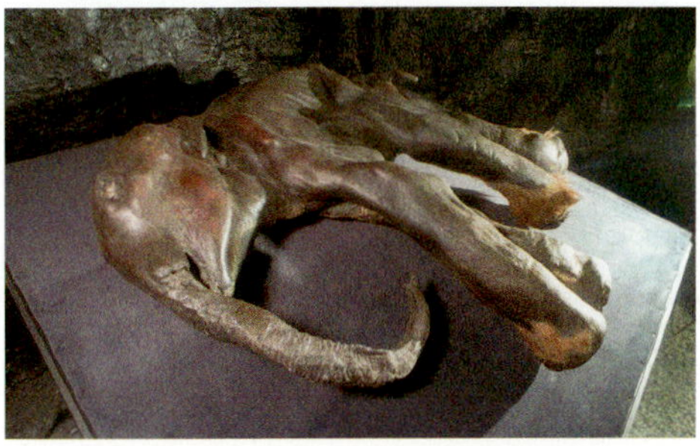

61.4 Baby-Mammut aus Sibirien

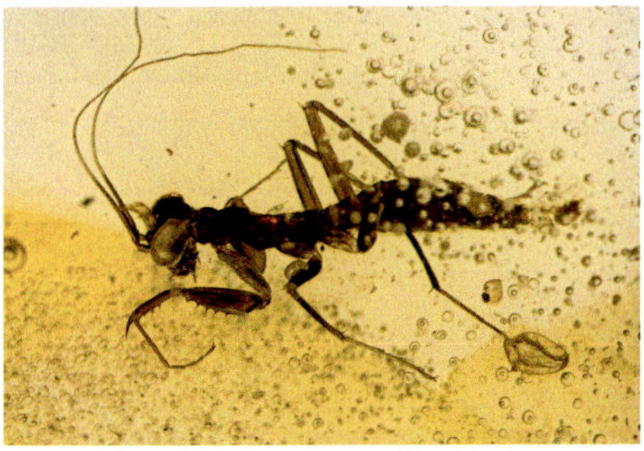

61.5 Bernstein-Einschluss

1.2 Rekonstruktion durch Paläontologie

62.1 Horn des *Iguanodon*

62.2 Grüner Leguan *Iguana*

Der englische Arzt und Paläontologe Gideon MANTELL fand im Jahr 1821 im Südosten Englands ein bemerkenswertes Zahnfragment. Es war 2,5 Zentimeter lang und die Krone wies eine stumpfe, mahlende Oberfläche auf. MANTELL vermutete, dass der Zahn einer riesigen, Pflanzen fressenden Echse gehört hatte, weil die Gesteinsschichten für den Fund eines Säugetierzahnes zu alt waren. Dieser Gedanke war für die damalige Zeit revolutionär. Denn bisher war in England erst eine weitere landlebende Riesenechse beschrieben worden. *Megalosaurus* hatte klingenförmige Zähne mit scharfen Kanten, die an Krokodilzähne erinnerten. Fleischfressende Riesenechsen waren wegen der Analogie zu den Krokodilen denkbar, aber Pflanzen fressende Echsen? Viele Experten der damaligen Zeit schrieben den Zahn deshalb eiszeitlichen Großsäugern wie einem Rhinozeros zu.

MANTELL fand weitere Knochenbruchstücke, die vorerst aber keine vollständige Rekonstruktion des Tieres zuließen. Der nächste interessante Fund war ein Horn, das MANTELL seinem Saurier zusprach, während die Experten es für das kleine Horn eines Nashorns hielten. MANTELL aber gab nicht auf und konnte weitere Zähne der Pflanzen fressenden Riesenechse zusammentragen.

1824 bestätigte CUVIER, dass es sich bei den Zähnen um die „eines neuen, Pflanzen fressenden Reptils" handeln müsse. MANTELL suchte nun nach einem rezenten Reptil mit ähnlicher Bezahnung. Dieses wurde mit dem Grünen Leguan *Iguana* aus dem tropischen Amerika gefunden. Deshalb nannte MANTELL das Tier 1825 *Iguanodon,* was Leguanzahn bedeutet. Auch für das Horn fand sich dank des Vergleichs mit rezenten Lebewesen ein Platz: Wie bei einem Nashornleguan wurde es auf die Schnauze platziert.

1834 tauchte schließlich das erste Rumpfskelett eines *Iguanodon* auf. Größenvergleiche einzelner Knochen des Fossils mit denen des modernen Leguans ließen MANTELL eine Gesamtgröße des *Iguanodons* von 30 Metern schätzen. Richard OWEN verkürzte die Länge durch neue Berechnungen anhand der Wirbelsäule auf knapp neun Meter und erkannte richtig, dass sich die Beine des *Iguanodon* *unter* dem Körper befunden haben mussten. Daraus entstand schließlich die Rekonstruktion eines Lebewesens, das in seiner massigen Gestalt an Großsäuger wie Elefanten und Nashörner erinnerte.

62.3 Rekonstruktion eines *Iguanodons* von 1854

1878 gelang dann der entscheidende Schritt bei der Rekonstruktion von *Iguanadon.* In Belgien entdeckten Grubenarbeiter in einem Kohleflöz unter Tage 31 vollständige Skelette. Nun zeigte sich, dass *Iguanodon* auf zwei Beinen lief. Auch das knöcherne Horn wuchs nicht auf der Schnauze sondern am Daumen der Vorderextremitäten und diente wohl der Verteidigung. Die Schwanzwirbel zeigten Ansatzstellen von Sehnen und Muskeln, die darauf hinweisen, dass er waagerecht getragen wurde. So diente der Schwanz einerseits dem Ausbalancieren des Körpers und konnte andererseits als Waffe eingesetzt werden. Die bis zu acht Meter langen Tiere erreichten fünf Meter Körperhöhe und ein Gewicht von etwa viereinhalb Tonnen. Sie lebten in der Unterkreide vor 136 bis 122 Millionen Jahren.

62.4 Moderne Rekonstruktion eines *Iguanodons*

1 Erläutern Sie anhand des Beispiels von *Iguanodon* die möglichen Probleme bei der Rekonstruktion eines fossilen Lebewesens.

1.3 Relative Altersbestimmung

Seit den ersten Fossilfunden beschäftigten sich die Menschen mit dem Alter der vermeintlichen Überbleibsel der Sintflut. Dabei war es im Sinne der biblischen Schöpfungsgeschichte wenig hilfreich, dass es im Boden nicht nur eine einzige Fossilien führende **Schicht** gibt. Vielmehr liegt eine Vielzahl von Ablagerungsschichten aus *Sedimenten* (lat. *sedimentum*, Bodenatz) übereinander. Offensichtlich hatte es nicht nur die eine Sintflut gegeben, sondern die heutigen Landmassen mussten im Laufe ihrer Geschichte mehrmals überflutet gewesen sein. Wenn dadurch immer neue Sedimente über den alten abgelagert wurden, sollten die ältesten Schichten oder Strata (lat. *stratum*, Decke) demnach tiefer im Erdboden liegen als jüngere Schichten. Somit ist auch eine relative Altersaussage über Fossilien möglich, die eventuell in den verschiedenen Schichten gefunden werden: Die Fossilien aus den tieferen Schichten sind älter als die Fossilien aus den oberen Schichten.

Das setzt aber voraus, dass die Ablagerungsschichten in der Erde horizontal verlaufen und nicht durch geologische Prozesse wie Hebungen oder Faltungen in der Lage beeinträchtigt werden. In manchen Gebieten können auch Schichten fehlen, weil der Boden an dieser Stelle angehoben wurde und die oberen Schichten durch Erosionsprozesse verschwunden sind.

Der englische Ingenieur William SMITH bemerkte im auslaufenden 18. Jahrhundert beim Bau von Schifffahrts-Kanälen als erster, dass manche Fossilien ausschließlich in bestimmten Bodenschichten zu finden sind. Dies half ihm, diese Bodenschichten auch an anderer Stelle wiederzuerkennen und im Sinne des Kanalbaues zu bewerten. SMITH war von den geologischen Schichten so fasziniert, dass er tausende von Kilometern kreuz und quer durch England reiste, um die erste geologische Karte Großbritanniens zu erarbeiten. Dabei konnte er aufgrund der enthaltenen Fossilien weit von einander entfernt liegende Schichten in Beziehung bringen. Daraus entwickelte sich die Methode der **Biostratigraphie** (gr. *graphein*, schreiben), der Schichtenkunde mithilfe enthaltener Fossilien.

63.1 Schichtenfolge im Waimea Canyon, Kauai

Die zunehmende Kenntnis von Fossilien zeigte, in welchem Ausmaß einzelne Schichten durch typische Fossilien gekennzeichnet sind. Schließlich führte man das Prinzip der **Leitfossilien** ein, die jeweils nur in einer bestimmten erdgeschichtlichen Periode gelebt haben und entsprechende Schichten zweifelsfrei kennzeichnen. Als besonders geeignet erwiesen sich die Schalen von Meereslebewesen, da diese weit verbreitet waren und so auch den Vergleich von Schichten auf verschiedenen Kontinenten ermöglichen.

63.2 Trilobit aus Marokko

Wichtige Leitfossilien für sehr alte Ablagerungen sind beispielsweise Dreilapp-Krebse oder *Trilobiten*. Darauf folgende und somit jüngere Schichten lassen sich mithilfe von *Brachiopoden* bestimmen, an Muscheln erinnernde Lebewesen mit zwei Schalen.

63.3 Brachiopode aus der Eifel

Daneben gibt es auch viele Mikroorganismen, die als Leitfossilien dienen. *Foraminiferen* sind einzellige, marine Lebensformen mit vielkammerigem Kalkgehäuse. *Foraminiferen* treten in großer Artenfülle auf, 90 Prozent aller bekannten Arten sind fossil. *Foraminiferen* sind heute ein unverzichtbares Hilfsmitel bei der Erschließung von Bodenschätzen. Sie geben zum Beispiel Hinweise auf mögliche Erdöl-Lagerstätten.

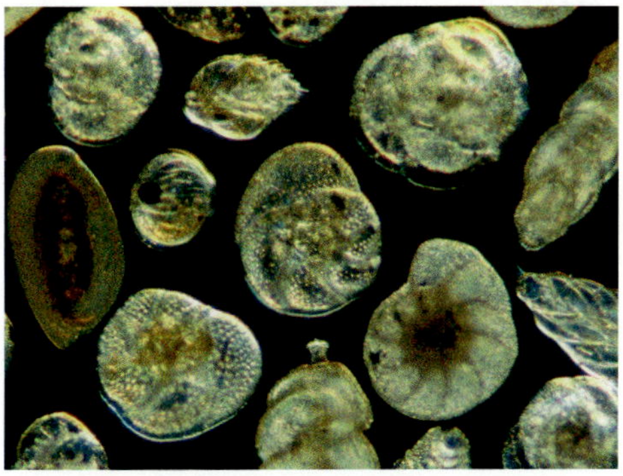

63.4 *Foraminiferen*-Gehäuse

1.4 Absolute Alterbestimmung

64.1 Antoine Henri Becquerel

Selbst als man durch die Biostratigraphie die Lage der Fossilien zueinander geklärt hatte und festlegen konnte, welches Fossil älter und welches jünger war, konnte man immer noch nicht sagen wie alt es tatsächlich war. George LYELL hatte mit der Anwendung des Aktualitätsprinzips auf die Geologie schon vermutet, dass die Erde viele Millionen Jahre alt sein müsse, aber Sicherheit konnte nur eine **absolute Altersbestimmung** bringen.

Methoden der absoluten Altersbestimmungen beruhen zum Beispiel auf Kenntnissen über verschiedene Atomsorten, Isotope, eines Elementes sowie den radioaktiven Zerfall von Atomen. Atome bestehen aus negativ geladenen Elektronen (e^-), positiv geladenen Protonen (p^+) und elektrisch neutralen Neutronen (n). Während sich die Elektronen in der Atomhülle bewegen, liegen Neutronen und Protonen gemeinsam im Atomkern. Protonen und Neutronen haben ungefähr die gleiche Masse und werden deshalb zur Massenzahl zusammengefasst. Die Massenzahl wird als Exponent vor das jeweilige Elementsymbol geschrieben.

64.2 Willard Frank Libby

Die Anzahl der Protonen wird als Ordnungszahl bezeichnet und gibt an, um welches Element es sich handelt. Die Ordnungszahl wird jeweils als Index vor das Elementsymbol geschrieben. So haben alle Wasserstoffatome beispielsweise nur jeweils ein Proton im Kern und tragen deshalb die Ordnungszahl „1“. Kohlenstoffatome beinhalten immer sechs Protonen im Kern. Die Anzahl der Neutronen kann jedoch variieren. Es gibt Atome mit sechs Neutronen im Kern, welche mit sieben und welche mit acht. Entsprechend haben Kohlenstoffatome immer die Ordnungszahl „6“, aber variable Massenzahlen, die sich aus der Zahl der Protonen und Neutronen zusammensetzen: und zwar von 12 ($6p^+$ + 6n) bis 14 ($6p^+$ + 8n). Diese verschiedenen Sorten eines Elementes heißen **Isotope.**

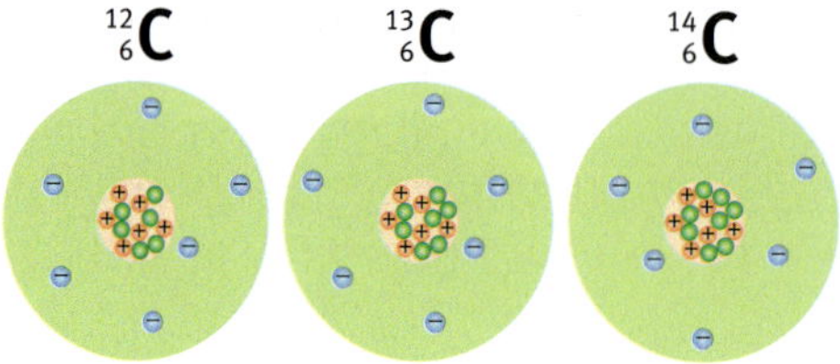

64.3 Drei Isotope des Kohlenstoffs

Isotope eines Elementes reagieren chemisch gleich, obwohl sie sich in der Masse unterscheiden. Lebewesen können bei der Aufnahme von Stoffen nicht nach Isotopen unterscheiden.

Gegen Ende des vorletzten Jahrhunderts entdeckte der französisch Physiker Antoine Henri BECQUEREL (1852–1908), dass Verbindungen des Elementes Uran unbelichtete fotografische Platten schwärzten. BECQUEREL untersuchte dieses Phänomen weiter und wurde für die Entdeckung der **radioaktiven Strahlung** 1903 mit dem Nobelpreis für Physik geehrt. Weitere Untersuchungen zeigten, dass es verschiedene radioaktive Strahlungen gab, die nach dem griechischen Alphabet als alpha- (α), beta- (β) und gamma- (γ) Strahlung bezeichnet werden. Bei der α-Strahlung handelt es sich um eine Teilchenstrahlung. Die α-Teilchen bestehen jeweils aus zwei Protonen und zwei Elektronen, entsprechen also einem Heliumatom ohne Elektronen. Auch die β-Strahlung ist eine Teilchenstrahlung, bei ihr werden beispielsweise einzelne Elektronen abgestrahlt. Die Elektronen entstehen durch den Zerfall eines Neutrons in ein Proton und ein Elektron. Die γ-Strahlung schließlich besteht nicht aus Teilchen, sondern ist eine energiereiche elektromagnetische Strahlung, ähnlich wie die schwächere Röntgenstrahlung.

Eine Besonderheit der radioaktiven Teilchen-Strahlung ist die Mengenabnahme des strahlenden Ausgangsstoffes. Die zweite Besonderheit ist, dass dieser radioaktive Zerfall nicht beeinflussbar ist, weder durch Temperatur oder Druck noch durch die Konzentration des Ausgangsstoffes. Die Geschwindigkeit des Zerfalls ist eine Naturkonstante, die von Isotop zu Isotop verschieden ist. Zur besseren Verständlichkeit wurde der Begriff der **Halbwertszeit** eingeführt. Das ist die Zeit, innerhalb derer im statistischen Mittel die Hälfte aller vorhandenen radioaktiven Atomkerne zerfallen ist. Sie kann Sekundenbruchteile, aber auch Milliarden von Jahren betragen. In der Mitte des letzten Jahrhunderts begann der amerikanische Chemiker Willard Frank LIBBY mit Kohlenstoffisotopen zu experimentieren und entwickelte daraus eine Methode zur absoluten Datierung kohlenstoffhaltigen Materials. Für die Entdeckung der **Radiokarbon-Datierung** bekam er 1960 den Nobelpreis für Chemie.

Kohlenstoff kommt in der Natur in den Isotopen ^{12}C, ^{13}C und ^{14}C vor. Mit etwa 97,89 Prozent ist der Anteil des Isotops ^{12}C am Gesamtkohlenstoffgehalt der Luft am höchsten. Das Isotop ^{13}C macht etwa 1,11 Prozent aus, und ^{14}C hat nur einen Anteil von 0,0000000001 Prozent. Das heißt, auf eine Billion ^{12}C-Atome kommt ein einziges ^{14}C-Atom. Dieses ist im Gegensatz zu den beiden anderen Isotopen radioaktiv und wird deshalb auch als *Radiokarbon* bezeichnet.

Allerdings zerfällt das Isotop nicht nur, sondern es wird auch neu gebildet. Zerfall und Neubildung halten sich in etwa die Waage, die Konzentration an ^{14}C bleibt somit konstant. Die Neubildung erfolgt in der Erdatmosphäre: Durch energiereiche kosmische Strahlung entstehen dort freie Neutronen. Trifft solch ein Neutron auf ein Stickstoffisotop ^{14}N, zerfällt der neu entstandene Kern in das Isotop ^{14}C sowie in ein Proton:

$$^{14}_{7}N + ^{1}_{0}n \rightarrow ^{14}_{6}C + ^{1}_{1}p^{+}$$

^{14}C zerfällt seinerseits mit einer Halbwertszeit von 5730 Jahren durch β-Zerfall zu ^{14}N:

$$^{14}_{6}C \rightarrow ^{14}_{7}N + e^{-}$$

Das radioaktive ^{14}C verbindet sich noch in der Atmosphäre mit zwei Sauerstoffatomen zu radioaktivem Kohlenstoffdioxid $^{14}CO_2$. Grüne Pflanzen nehmen dieses Isotop bei der Fotosynthese neben $^{12}CO_2$ und $^{13}CO_2$ auf und fixieren es als Biomasse. Diese ist der Ursprung aller Nahrungsketten. Aus diesem Grund weisen alle lebenden Organismen dasselbe Verhältnis der drei Kohlenstoff-Isotope auf wie die Luft. In den Lebewesen zerfallende radioaktive Kohlenstoff-Atome werden durch die Nahrungsaufnahme ersetzt, das Verhältnis von ^{12}C zu ^{14}C bleibt konstant. Wenn nun ein Lebewesen stirbt, geht zwar der Zerfall der ^{14}C-Atome weiter, diese werden aber nicht mehr ersetzt, denn das Lebewesen nimmt ja keine Nahrung mehr auf. Das Verhältnis von ^{12}C zu ^{14}C verschiebt sich mit zunehmendem Abstand vom Todeszeitpunkt immer mehr zu Gunsten des ^{12}C. Dadurch kann man den Todeszeitpunkt bestimmen. Die Voraussetzung ist, dass die Neubildungsrate von ^{14}C über die Jahre konstant sein muss, die Halbwertszeit ist nicht veränderlich.

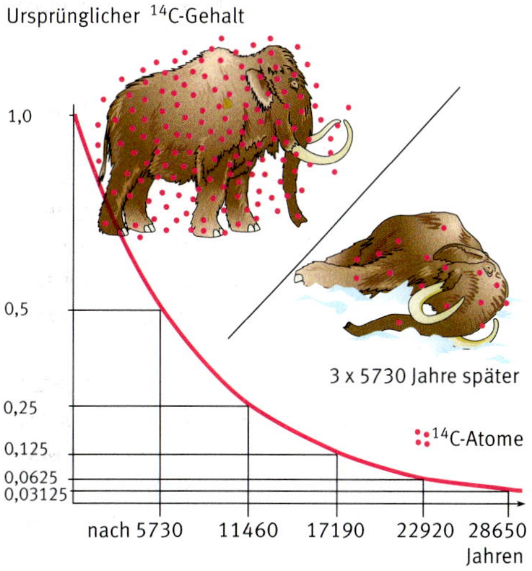

65.1 Halbwertskurve des ^{14}C in einem Mammut

Allerdings ist der Zeitraum, der auf diese Art zurückverfolgt werden kann, durch die Halbwertszeit begrenzt. Für die Radiokarbonmethode liegt die nachweisbare Grenze etwa zwischen 500 und 50 000 Jahren. Will man ältere Fossilien oder Schichten bestimmen, kommen andere Isotope zum Einsatz, zum Beispiel das Paar ^{40}Kalium/^{40}Argon mit einer Halbwertszeit von etwa 1,3 Milliarden Jahren. Damit sind Altersbestimmungen von mehr als 100 000 Jahren möglich. Noch weiter in die Vergangenheit reicht man mit dem Paar ^{87}Rubidium/^{87}Strontium mit einer Halbwertszeit von 49 Milliarden Jahren, das eine Datierung ab 100 Millionen Jahren erlaubt.
Eine weitere Methode zur absoluten Altersbestimmung ermöglichen die Magnetpole der Erde. Der positive Magnetpol liegt heute am Nordpol, der negative am Südpol. Durch das magnetische Feld werden eisenhaltige Mineralien bei ihrer Entstehung entsprechend ausgerichtet. Während der Erdgeschichte hat sich die Lage der Magnetpole mehrfach vertauscht. Diese Veränderungen sind in eisenhaltigen Gesteinen jeweils festgehalten. Die Abfolge verschiedener Magnetisierungsepochen ermöglicht mit radiometrischen Methoden ebenfalls eine als **Paläomagnetismus** bezeichnete Datierung.

1 Stellen Sie eine begründete Hypothese zu Schwierigkeiten bei der Altersbestimmung mithilfe radioaktiver Isotope auf.

2 Erläutern Sie, wie Paläomagnetismus WEGENERS Kontinentalverschiebung belegen könnte.

MATHEMATIK

Anwendung der Radiokarbonmethode

In Jakutien, in Ost-Sibirien, findet man Gold. Die Goldgräber gelangen an die Lagerstätten, in dem sie die darüber liegenden, dauergefrorenen Bodenschichten mit kräftigen Wasserstrahlen freispritzen. Bei solch einer Gelegenheit wurde im Juni 1977 ein männliches Mammutkalb entdeckt. Der Kadaver lag unter einer zwei Meter dicken Schicht aus gefrorenem Schlamm. Nach einem in der Nähe verlaufendem Fluss wurde das Tier „Dima“ getauft. Es war bei seinem Tod etwa 6 bis 12 Monate alt, 90 Zentimeter groß und 110 Zentimeter lang. In seinem dehydrierten Zustand wog es noch 61 Kilogramm, man schließt daraus auf ein Lebendgewicht von 100 bis 110 Kilogramm. Die Frage des Todeszeitpunkts wurde mit der Radiokarbonmethode bestimmt.

Dima hatte während seines Lebens über die Nahrung radioaktives ^{14}C aufgenommen. Seit seinem Tod zerfällt dieses Isotop zu ^{12}C und das Verhältnis zwischen ^{14}C und ^{12}C verändert sich laufend zugunsten von ^{12}C. Das macht man sich bei der Altersbestimmung zu nutze.

Der Zerfall radioaktiver Isotope wie des ^{14}C erfolgt nach dem Zerfallsgesetz:

$$dn = -\lambda \cdot n \cdot dt$$

Dabei ist dn die Zahl der pro Zeiteinheit dt zerfallenden Teilchen, n die Gesamtzahl der vorhandenen Teilchen, dt die Zeiteinheit, in der eine bestimmte Anzahl Teilchen zerfällt und Lambda (λ) die Zerfallskonstante.

Die Zerfallskonstante λ hat für jedes radioaktive Teilchen einen spezifischen Wert. Die Integration der obigen Gleichung führt zum Zeitgesetz:

$$n = n_0 \cdot e^{-\lambda \cdot t}$$

66.1 Mammutkalb Dima am Fundort

Dabei ist n_0 die zu Beginn des Zerfalls vorhandene Teilchenzahl und t die abgelaufene Zeit. Für die Halbwertszeit $t = t½$, nach der die Zahl n_0 durch den Zerfall um die Hälfte auf $n_0/2$ abgenommen hat, gilt dann:

$$n_0/2 = n_0 \cdot e^{-\lambda \cdot t1/2}$$

Durch Logarithmieren erhält man:

$$t½ = 1/\lambda \cdot \ln 2$$

Bei einer Halbwertszeit von t = 5730 Jahren beträgt die Zerfallskonstante $\lambda = 1{,}21 \cdot 10^{-4}$ pro Jahr.

Das natürliche Verhältnis von ^{14}C zu ^{12}C beträgt eins zu 10^{12}. Untersuchungen von Dima ergaben ein Verhältnis von 1 zu 10^{14}. Mithilfe des Zeitgesetzes kann nun das ungefähre Alter von Dima berechnet werden. Dazu muss das Zeitgesetz nach der gesuchten Größe t aufgelöst werden:

$$n = n_0 \cdot e^{-\lambda * t}$$

$$\ln n = \ln n_0 \cdot -\lambda \cdot t$$

$$\ln n - \ln n_0 = -\lambda \cdot t$$

$$(\ln n - \ln n_0) / -\lambda = t$$

Durch Einsetzen der Werte n = 1 und $n_0 = 10^{14} / 10^{12} = 100$ sowie $\lambda = 1{,}21 \cdot 10^{-4}$ pro Jahr erhält man:

$$t = (\ln n - \ln n_0) / -\lambda$$

$$t = (0 - 4{,}605) / -1{,}21 \cdot 10^{-4} \text{ pro Jahr} = 38099 \text{ Jahre.}$$

Dima ist also rund 40 000 Jahre alt. Die Genauigkeit der Altersbestimmung mit der Radiokarbonmethode hängt also von der Genauigkeit ab, mit der das Verhältnis von ^{14}C zu ^{12}C bestimmt wurde. Mit zunehmender Zerfallszeit wird der Anteil von ^{14}C immer geringer und schwieriger genau zu bestimmen. Deshalb endet die Zuverlässigkeit der Radiokarbonmethode bei etwa 50 000 Jahren.

1 Ein Stück Holz soll aus der Jungsteinzeit stammen. Die genaue Untersuchung des Holzrestes ergab ein Verhältnis von ^{14}C zu ^{12}C von 1 zu $6 \cdot 10^{12}$. Bestimmen Sie das tatsächliche Alter des Holzstückes.

1.5 Die Erdzeitalter

Solange die Bibel als naturwissenschaftlicher Tatsachenbericht angesehen wurde und solange man daran glaubte, dass die Erde etwa 4000 vor Christus erschaffen wurde, gab es keinen Anlass, die seitdem verstrichene Zeit nach verschiedenen geologischen Epochen zu gliedern. Vielmehr legten biblische Ereignisse wie der Sündenfall oder die Sintflut Zeitabschnitte fest.

Genaue Untersuchungen des Untergrundes förderten aber Ablagerungsschichten zu Tage, die wegen ihrer Mächtigkeit von teilweise mehreren hundert Metern nach einem langen Zeitraum der Sedimentation verlangten, der im Widerspruch zu den kirchlichen Ansichten stand. Zudem gab es offensichtlich eine Vielzahl von Überschwemmungen. Dies führte letztlich Charles LYELL zu der These, dass die Erde Millionen von Jahren alt sein müsse. Heute weiß man, dass der Entstehungszeitpunkt der Erde 4,6 Milliarden Jahre zurückliegt. Diese lange Zeitspanne wird in die vier **Erdzeitalter** Erdurzeit, Erdaltertum, Erdmittelalter und Erdneuzeit gegliedert.

Wegen der dauernden Umwälzungen durch die Kontinentalverschiebung gibt es nicht viele Zeugnisse aus der Erdurzeit. Die wahrscheinlich ältesten Sedimentgesteine sind rund 3,8 Milliarden Jahre alt und stammen aus Grönland. Ob sie tatsächlich Zeugnisse fossilen Lebens beinhalten, ist noch nicht endgültig bewiesen. Ab etwa 635 Millionen Jahren werden die Fossilfunde deutlich häufiger und es gibt auch mehr Fundstellen entsprechend alter Ablagerungen. Anhand unterschiedlicher Leitfossilien lassen sich in den Erdzeitaltern deutliche **Formationen** unterscheiden, die jeweils auch durch spezifische Ablagerungen gekennzeichnet sind.

Die Namen der Formationen beziehen sich zum Beispiel auf Landschaften, wo sie erstmals entdeckt wurden wie zum Beispiel die englische Grafschaft *Devonshire* oder sie beziehen sich auf typische Bodenschätze aus der Formation wie die *Kohle* (lat. *carbo*).

1 Beschreiben Sie wesentliche Veränderungen in der Lage der Kontinente während der Erdzeitalter.

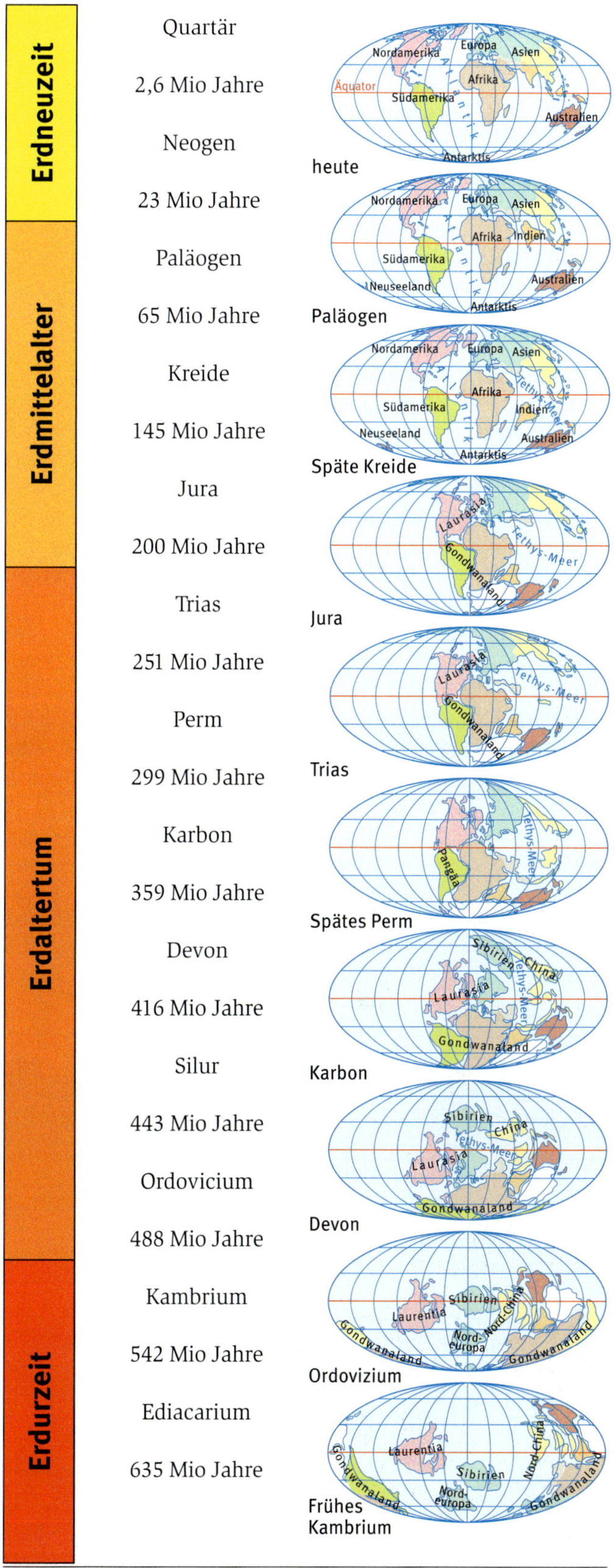

67.1 Erdzeitalter mit Verteilung der Kontinente

1.6 Abwandlungsreihen

68.1 Urpferd aus der Grube Messel

In der Nähe von Darmstadt liegt die Grube Messel, ein stillgelegter Tagebau, in dem hervorragend erhaltene Fossilien aus dem Eozän vor rund 47 Millionen Jahren gefunden werden. Besondere Berühmtheit haben die Urpferde der Gattung *Propalaeotherium* erlangt. Obwohl diese Tiere in die Vorfahrenlinie der heutigen Pferde gehören, zeigen sie doch einige erstaunliche Merkmale: So hatten sie beispielsweise an den vorderen Extremitäten vier Zehen und an den hinteren drei. Auch war *Propalaeotherium* nur etwa Schäferhund groß, lebte offensichtlich in Wäldern und ernährte sich von Blättern und Früchten. Auch die Zähne waren anders aufgebaut und hatten deutlich niedrigere Kronen. In diesen Merkmalen unterscheidet sich das hessische Urpferdchen deutlich von den heutigen Pferden der Gattung *Equus*.

Am 18. Februar 1870 teilte Henry HUXLEY bei einem Vortrag in London mit, er habe in der Entwicklung der Pferde den idealen Beleg für DARWINs Evolutionstheorie gefunden, eine **Abwandlungsreihe** oder Abfolge ununterbrochener Umformungen. Dazu führte er die beiden fossilen Gattungen *Anchitherium* und *Hipparion* sowie die rezenten Pferde an. Während das kleine *Anchitherium* noch auf drei Zehen lief, gab es beim größeren *Hipparion* schon eine deutlich verstärkte Mittelzehe mit zwei seitlichen Zehen, die den Boden kaum berührten. Moderne Pferde besitzen schließlich nur noch eine verstärkte Mittelzehe. Auch bei den Zähnen gab es augenscheinlich eine Abwandlungsreihe: Die kleinen Mahlzähne mit den kurzen Zahnkronen bei *Anchitherium* werden über *Hipparion* bis *Equus* immer größer und hochkroniger. Diese Entwicklungen erklärte man als Angepasstheiten an den zunehmend trockeneren Lebensraum. Die eozänen Pferdevorfahren hatten offensichtlich in feuchtwarmen Wäldern gelebt und sich wie *Propalaeotherium* von Blättern und Früchten ernährt. Die zunehmende Abkühlung veränderte diesen Lebensraum zu einer trockenen Steppenlandschaft mit Gräsern als Hauptnahrung.

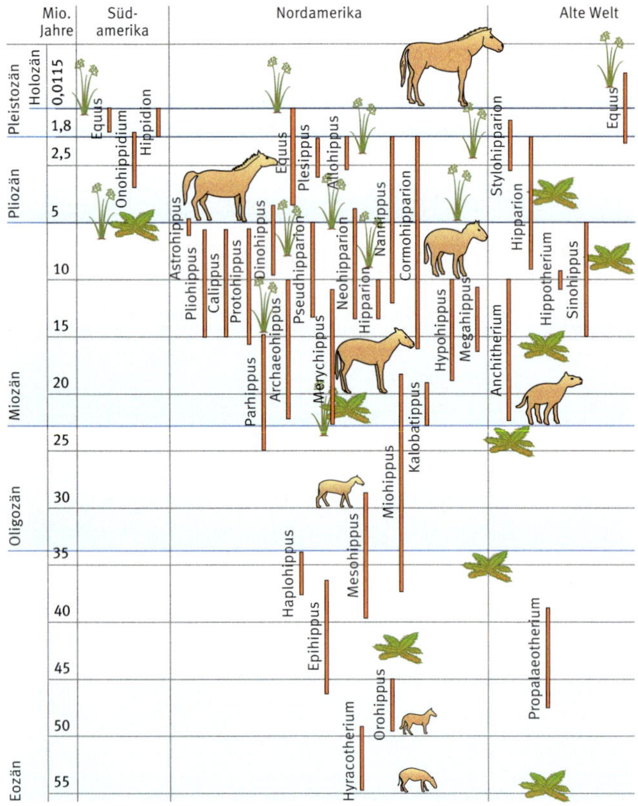

68.2 Abwandlungsreihe der Pferde

HUXLEY hatte sich bei seiner Fossilreihe nur auf europäische Fossilien gestützt. Heute weiß man, dass die Evolution der Pferde vor allem in Nordamerika stattfand. Europa wurde mehrmals über Landbrücken vom nordamerikanischen Kontinent her besiedelt. Die Neuankömmlinge überlebten jeweils einige Millionen Jahre, starben dann aber ohne Nachfahren aus. Außerdem verlief die Entwicklung auch nicht so zielgerichtet, wie HUXLEY angenommen hatte. Es handelt sich weniger um eine geradlinige, abgestufte Höherentwicklung zum modernen Pferd als vielmehr um einen buschartigen Stammbaum mit vielen Seitenästen. Von diesen hat nur der Seitenast mit einzehigen, groß gewachsenen Pferden mit hochkronigen Backenzähnen überlebt. Erst wenn man die Verwandtschaftsbeziehungen vom überlebenden Seitenast der Gattung *Equus* in die Vergangenheit zurückverfolgt, scheinen sich die ausgestorbenen Arten zu einer durchgehenden Verwandtschaftsreihe zu ordnen.

1 Erläutern Sie anhand der Abbildungen, warum das hessische Urpferd *Propalaeotherium* nicht mehr als direkter Vorfahre des heutigen Pferdes gilt.

2 Beschreiben Sie die Evolution der Pferde in ihren wesentlichen Aspekten nach der Abbildung.

1.7 Übergangsformen

1860 wurde nahe Solnhofen der versteinerte Abdruck einer Feder gefunden. Das Besondere war nicht die Feder an sich, sondern das Alter der Gesteinsplatten aus dem Jura von etwa 150 Millionen Jahren. Bis dahin kannte man Vögel nur aus 60 Millionen Jahre alten Schichten des Paläogens. Der Fund wurde als *Archaeopteryx* (gr. *archaios*, uralt; gr. *pteryx*, Flügel, Feder) beschrieben. 1861 wurde ebenfalls bei Solnhofen das erste befiederte Skelett eines Lebewesens gefunden, das Merkmale eines Reptils und eines Vogels in sich vereinte.

Nur zwei Jahre nach DARWINs *Origin of Species* war den Anhängern der Evolutionstheorie die Bedeutung dieses Fundes sofort klar. DARWIN selbst schrieb, durch *Archaeopteryx* sei „die große Kluft zwischen Vögeln und Reptilien überbrückt worden." Um diesen Sachverhalt auszudrücken, bezeichnet man Lebewesen, die aufgrund ihrer Merkmalskombination die stammesgeschichtliche Verwandtschaft unterschiedlicher Organismengruppen belegen, als **Übergangsformen.** Ebenfalls üblich sind Begriffe wie „Zwischenform", „Brückentier" oder der rein beschreibende Begriff **Mosaikform.** *Archaeopteryx,* von der bis heute elf Fossilien gefunden wurden, zeigt mosaikartig ältere Reptilien- und jüngere Vogelmerkmale. Zu den Reptilienmerkmalen zählen bekrallte Finger, die Schwanzwirbelsäule, der Besitz von Zähnen und Bauchrippen, der fehlende Kamm des Brustbeins sowie das nicht miteinander verwachsene Schien- und Wadenbein. Als typische Vogelmerkmale gelten Flügel und Federn, der leichte Schädel mit großen Augenhöhlen sowie die zum Gabelbein verwachsenen Schlüsselbeine.

Über die Evolution der Federn wurde lange gerätselt – bis in China fossile Dinosaurier entdeckt wurden, die ebenfalls Federn besaßen. Einige von ihnen, wie der im Jahr 2000 entdeckte 125 Millionen Jahre alte *Microraptor,* konnten offenbar auch fliegen. Dies unterstützt eine Hypothese von Thomas HUXLEY: Vögel stammen von Dinosauriern ab.

Heute wird bezweifelt, dass *Archaeopteryx* ein direkter Vorfahre der rezenten Vögel ist. Vermutlich gehörte er zu einer Seitenlinie, die ausstarb, ohne Nachkommen zu hinterlassen. Insofern repräsentiert dieser „Urvogel" also nur ein nahezu perfektes Modell für eine „Übergangsform". Ähnliches gilt vermutlich für viele andere fossile Übergangsformen, wie beispielsweise den „Urlurch" *Ichthyostega* oder den zwischen Reptilien und Säugetieren vermittelnden *Cynognathus.* An der Tatsache, dass alle diese Mosaikformen ein Beleg für die stammesgeschichtliche Verwandtschaft unterschiedlicher Tiergruppen sind, ändert dies freilich nichts.

1 Erläutern Sie, welche Bedeutung Übergangsformen für die Evolutionstheorie haben und warum Anhänger des Intelligent Design ihre Existenz verneinen müssen.

69.1 Feder der *Archaeopteryx*

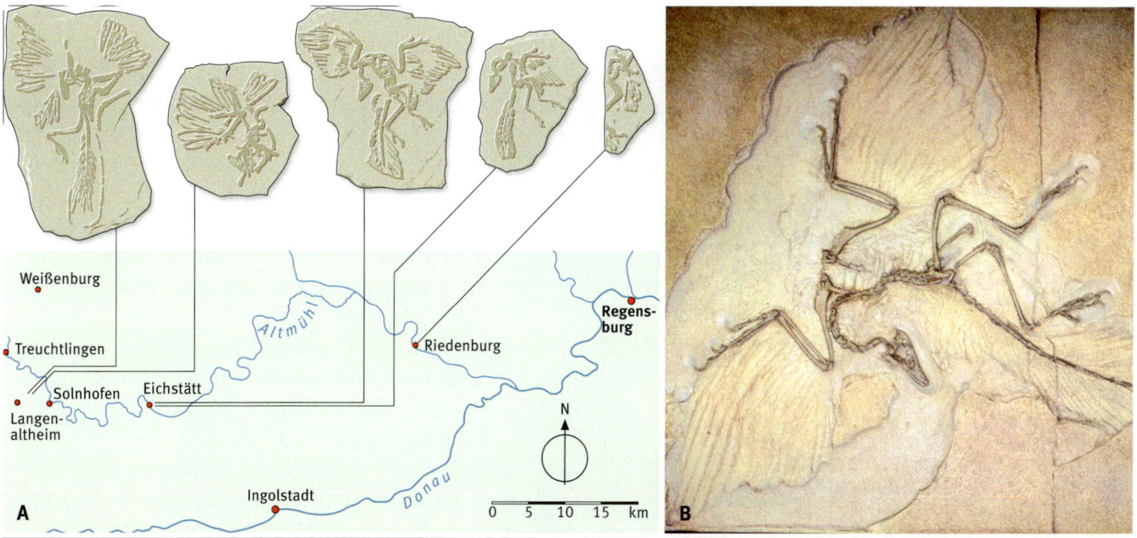

69.2 Archaeopteryx. A Fundorte der ersten Archaeopteryx-Fossilien; **B** Exemplar des Humboldt-Museums in Berlin

1.8 Lebende Fossilien

Am 22. Dezember 1938 fing die Besatzung eines Trawlers vor dem südafrikanischen Fluss Chalumna einen merkwürdigen Fisch. Im Hafen von East London angekommen, wurde deshalb die Kuratorin des örtlichen Museums benachrichtigt, Marjorie COURTENAY-LATIMER. Sie bekam einen eineinhalb Meter langen und 115 Pfund schweren Fisch zu Gesicht, dessen Flossen fleischigen Stielen entsprangen. COURTNEY-LATIMER hatte solch einen Fisch noch nie gesehen und konnte das Tier auch nicht mithilfe der Museumsbibliothek bestimmen. Deshalb machte COURTENAY-LATIMER eine flüchtige Skizze des Fisches und ließ ihn präparieren.

Die Skizze wurde an den Fisch-Spezialisten James Leonhard Brierly SMITH geschickt. Der war bei ihrem Anblick völlig überrascht. Der Fisch ähnelte mindestens 60 Millionen Jahre alten Versteinerungen und hätte eigentlich schon längst ausgestorben sein sollen: Er war ein **lebendes Fossil.** SMITH bestimmte den Fisch als **Quastenflosser** und nannte ihn *Latimeria chalumnae.* Trotz einer ausgesetzten Belohnung wurde erst im Dezember 1952 bei den Komoren-Inseln vor Ostafrika ein weiteres Exemplar gefangen. Auch dieses Exemplar stammte wie das südafrikanische aus großer Tiefe. Es stellte sich heraus, dass die Einheimischen *Latimeria* als *Gombessa* lange gekannt haben.

70.1 Ginkgo-Blätter.
A Fossil;
B rezent

70.2 Quastenflosser vor der südafrikanischen Küste

70.3 Fossiler Quastenflosser aus dem oberen Jura

Bis in die 1980er Jahre wurden bei den Komoren über hundert weitere Quastenflosser gefangen. 1987 gelang es dann einem Team um den deutschen Verhaltensforscher Hans FRICKE. die Tiere aus dem Tauchboot *Geo* in 198 Meter Tiefe zu filmen.

Zehn Jahre später gab es erneut Aufregung um den Fisch: Auf der indonesischen Insel Sulawesi taucht ein weiteres Quastenflosser-Exemplar auf einem Fischmarkt auf, das als neue Art *Latimeria manadoensis* beschrieben wurde. Auch hier ist der *Raja laut* (ind., König der See) den Einheimischen schon länger bekannt. Inzwischen sind Populationen des Quastenflossers auch an der ostafrikanischen Küste von Kenia bis Südafrika sowie von Süd-Madagaskar belegt. Allen Populationen gemeinsam ist, dass die Tiere in Wassertiefen von 100 bis 200 Meter leben und den Tag in Gemeinschaftshöhlen verbringen. Die Nacht treiben sie als Driftjäger auf Beutefang nach anderen Fischen in der Strömung.

Wegen ihrer paarigen und gestielten Gliedmaßen galten Quastenflosser lange als direkte Vorfahren der ersten Landwirbeltiere, heute werden sie als Seitenzweig dieser Entwicklung eingestuft. Quastenflosser sind keine typischen Tiefwasserfische, ihnen fehlen im Vergleich zu diesen ein großes Maul, stark vergrößerte Augen oder auch ein Leuchtorgan. Deshalb nimmt man an, dass der derzeitige Lebensraum von *Latimeria* eine ökologische Reliktnische ist. Denn die fossilen Quastenflosser dürften überwiegend im Flachwasser gelebt haben,

Schon Charles DARWIN hatte den Begriff des lebenden Fossils für den **Ginkgo**-Baum eingeführt, der scheinbar unverändert seit 60 Millionen Jahren in China überdauerte. Lebende Fossilien haben unter Umständen deshalb so lange überlebt, weil sie im richtigen Moment freie ökologische Planstellen besetzt haben. Deshalb sind auch nicht alle Merkmale dieser Lebewesen altertümlich.

1 Erläutern Sie, warum der Begriff *lebendes Fossil* in sich widersprüchlich ist.

2 Formulieren Sie eine begründete Hypothese, die das Überleben der Quastenflosser in der Tiefsee aus evolutionsbiologischer Sicht erklärt.

Untersuchung von Foraminiferen-Schalen

1 Extraktion von Schalen aus Sedimentgestein

Als Sedimentgesteine eigenen sich für diese Untersuchungen besonders Tone oder Kreideablagerungen.
Vorsicht: Wasserstoffperoxid wirkt ätzend und führt bei Hautkontakt zu Ausbleichungen. Im Bedarfsfall sofort mit viel Wasser abspülen.

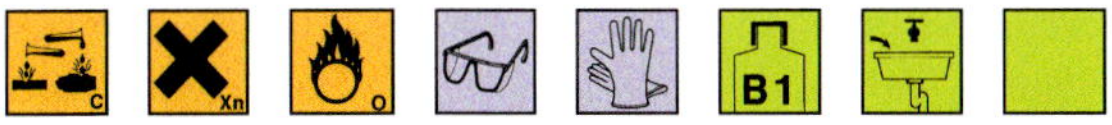

Zeit: 30 min
Material: Analysensiebe (Maschenweite 1 mm und 0,125 mm), Becherglas (100 ml), Binokular, Glaswanne, Heizplatte, Holzstäbchen, Petrischale, Standzylinder (50 ml), Teelöffel, Sedimentgestein, Leitungswasser, destilliertes Wasser, Wasserstoffperoxidlösung (c = 30 %, spezielle Entsorgungsreaktion).

Durchführung:
1. Das zu untersuchende Sedimentgestein wird über Nacht mit Leitungswasser in einer Petrischale eingeweicht.
2. Das eingeweichte Sedimentgestein wird zuerst durch ein Analysensieb (Maschenweite 1 mm) gespült. Der Rückstand im Sieb wird verworfen.
3. Nun wird das aufgeschlämmte Material durch das feinere Analysensieb (Maschenweite 0,125 mm) gespült. Mit dem Rückstand dieses Siebes wird weiter gearbeitet.
4. Etwa ein Teelöffel dieser Menge wird in das Becherglas gegeben und mit 10 ml Wasserstoffperoxidlösung versetzt.
5. Anschließend wird vorsichtig auf der Heizplatte erwärmt, bis die Lösung anfängt leicht zu schäumen.
6. Nun wird das Becherglas von der Heizplatte genommen und in die Glaswanne gestellt.
7. Das nun in der Regel folgende starke Aufschäumen kann abgemildert werden, indem ein Holzstäbchen in das Becherglas gestellt wird.
8. Nachdem die Reaktion abgeklungen ist, wird das Gemisch erneut in das feinere Analysensieb (Maschenweite 0,125 mm) gegeben und mehrfach mit destilliertem Wasser gespült.
9. Der Rückstand wird in einer Petrischale getrocknet und die Foraminiferen mit dem Binokular bei Auflicht und schwarzem Hintergrund betrachtet.

Aufgaben:
a) Erklären Sie die einzelnen Schritte der Versuchsdurchführung.
b) Führen Sie das Experiment entsprechend den Vorgaben durch.
c) Fertigen Sie einige Zeichnungen verschiedener Foraminiferen an.

Zeit: 15 min
Material: Binokular, Foraminiferensand

Durchführung: Betrachten sie den Foraminiferensand mit dem Binokular bei Auflicht auf schwarzem Hintergrund.

Aufgaben:
a) Fertigen Sie einige Zeichnungen verschiedener Foraminiferen an.
b) Informieren Sie sich über die Lebensweise von Foraminiferen und deren Bedeutung als Mikrofossilien für die Biostratigraphie.

2 Belege aus der Biogeografie

72.1 Schweinsnasenfrosch aus Indien

Biologen staunten nicht schlecht, als im Oktober 2003 im Sahyadri-Gebirge im Südwesten Indiens ein grabender, unter der Erde lebender Frosch entdeckt wurde. Weder in Asien, noch in Europa oder Afrika gibt es einen Frosch, der mit dem Schweinsnasen-Frosch *Nasikabatrachus sahyadrensis* verwandt ist. Lediglich auf den Seychellen Inseln im Indischen Ozean, die 3000 Kilometer vom Fundort entfernt liegen, leben Verwandte des besonderen indischen Frosches. Wie konnte es zu einer solch erstaunlichen Verteilung kommen? Schon Charles DARWIN hatte in den *Origins of species* festgestellt, dass Frösche nicht im Meer schwimmen und sich demnach auch nicht über Ozeane ausbreiten können. Amphibien gehen im Salzwasser schnell zugrunde, denn ihre Haut ist hohem osmotischen Druck nicht gewachsen.

Während der großen wissenschaftlichen Expeditionen des 18. Jahrhunderts wurden überall auf der Welt Pflanzen und Tiere gesammelt und dann in der Heimat klassifiziert und benannt. Dabei stellte die Flut der neuen Lebewesen die Forscher vor ein ernstes Problem: Nach der damaligen Lehrmeinung waren alle Lebewesen von Gott geschaffen worden. Deshalb hatten die Wissenschaftler erwartet, überall auf der Welt auch die gleichen Arten anzutreffen. Doch dem war nicht so, selbst in ökologisch sehr ähnlichen Gebieten gab es sehr unterschiedliche Lebewesen. Hatte Gott auf jedem Kontinent eine eigene Schöpfung kreiert?

72.2 Biogeografische Reiche der Erde

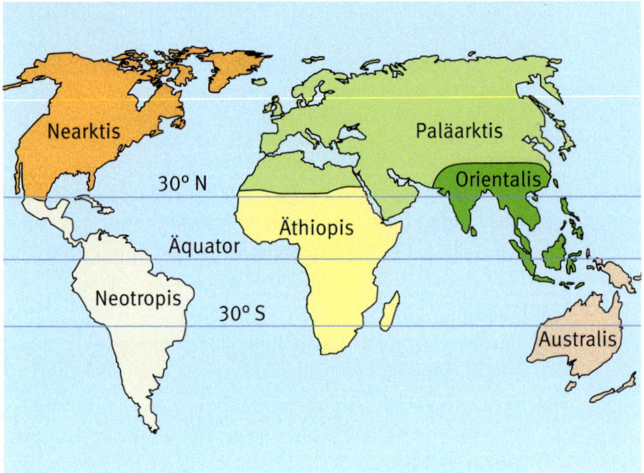

DARWIN war auf seiner Weltumsegelung mit der Beagle aufgefallen, dass Arten in der Regel mit anderen Arten aus dem gleichen Gebiet näher verwandt sind als mit Arten aus anderen Gebieten, die aber eine ähnliche Lebensweise haben. Die Verbreitung der Lebewesen auf der Erde wird durch die Wissenschaft der **Biogeografie** untersucht. Insgesamt lassen sich auf der Erde sechs verschiedene Gebiete mit deutlich unterschiedlicher Flora und Fauna unterscheiden, sogenannte biogeografische Reiche.

So ist die *Australis* bekannt als Heimat von etwa 250 Arten von Beuteltieren. Bei dieser Gruppe von Säugetieren werden die Nachkommen im embryonalen Zustand geboren und beenden ihre Entwicklung im Beutel der Mutter. Bei den auf der restlichen Erde verbreiteten Säugetieren vollzieht sich die Entwicklung ganz in der Gebärmutter über den Mutterkuchen, die Plazenta. Bis auf Fledermäuse und Flughunde gibt es keine natürlich vorkommenden Plazentatiere in Australien, alle anderen wie Kaninchen oder Dingos wurden von Menschen eingeführt.

Früher gab es Beuteltiere fast auf der ganzen Welt. Auch aus der Grube Messel bei Frankfurt gibt es fossile Belege aus dem Eozän vor etwa 48 Millionen Jahren. Der Ursprung der Beuteltiere liegt nach neuen, 125 Millionen Jahren alten Fossilfunden im heutigen China. Seither sind sie in den meisten Regionen der Erde ausgestorben, wahrscheinlich verdrängt durch die Konkurrenz der Plazentatiere. Neben ihrem Hauptverbreitungsgebiet *Australis* leben Beuteltiere heute nur noch mit einigen wenigen Arten in der *Neotropis*. Dieses Verbreitungsmuster ist leichter zu erklären als beim indischen Schweinsnasen-Frosch: Die rezenten Vorkommen der Beuteltiere sind Reliktendemismen (lat. *relictum*, Zurückgelassenes; gr. *endemos*, einheimisch) einer ursprünglich weltweiten Verbreitung. Aber warum konnten die Beuteltiere in der *Australis* als dominierende Säugetiergruppe überleben?

Die Lösung entwickelte der deutsche Polarforscher und Geowissenschaftler Alfred WEGENER (1880 bis 1930), als er zufällig von den weitreichenden Übereinstimmungen der Fossilfunde Südamerikas und Afrikas erfuhr. Zusammen mit dem fast übereinstimmenden Küstenverlauf Südamerikas und Afrikas ließ dies die Existenz eines Urkontinents vermuten, der auseinander gebrochen war und dessen Teile nun seit Millionen Jahren auseinander drifteten: Die Idee der **Kontinentalverschiebung** war geboren. Bisher hatte man das gemeinsame Vorkommen von Fossilien und rezenten Tieren mit der Existenz von Landbrücken erklärt, diese ließen sich aber nicht zwischen allen Kontinenten nachweisen. So liegt der Meeresboden zwischen der *Australis* und der *Orientalis* mehrere tausend Meter tief. Für die Theorie der Kontinentalverschiebung sprach beispielsweise auch das Vorhandensein von Kohle in der Antarktis, die nur unter deutlich wärmeren als den heutigen Bedingungen entstanden sein konnte.

Die Bewegung der Kontinente wird heute mit der **Plattentektonik** (gr. *tektonikos*, die Baukunst betreffend) erklärt: Feste Erdplatten treiben auf zähflüssigem Magma dahin, angetrieben von Wärmeströmungen aus dem Erdinneren. Die Platten können aufeinanderprallen und Gebirge wie den Himalaya auftürmen oder können unter starker Vulkantätigkeit auseinanderweichen wie auf dem Meeresboden in der Mitte des Atlantiks. Island ist das nördliche, sichtbare Ende dieses Mittelatlantischen Rückens. Genaue Messungen haben die Bewegung der Erdplatten nachgewiesen: Europa und Nordamerika driften beispielsweise etwa zwei Zentimeter pro Jahr auseinander. An anderer Stelle taucht eine Platte unter einer anderen ab wie beim kalifornischen Sankt-Andreas-Graben.

Durch die Plattentektonik lässt sich nun auch das Überleben der Beuteltiere in Australien erklären. Sie befanden sich bereits auf dem australischen Festland, als sich der Kontinent aus einem größeren herauslöste, dem Südkontinent Gondwana. Zu diesem Zeitpunkt gab es noch keine Placentatiere, die Australien hätten besiedeln können. Inzwischen ist das umgebende tiefe Wasser für die *Australis* eine wirksame Barriere und verhinderte die Besiedlung Australiens mit Plazentatieren. Die Existenz Gondwanas ist auch eine mögliche Erklärung für die weltweite Verbreitung großer, flugunfähiger Laufvögel. Molekularbiologische Methoden belegen, dass diese Vögel eng miteinander verwandt sind. Dies interpretiert man heute so, dass sie auf einen gemeinsamen Vorfahren zurückgehen, der zu Zeiten Gondwanas gelebt hatte. Aus diesem sind dann die heutigen Arten entstanden.

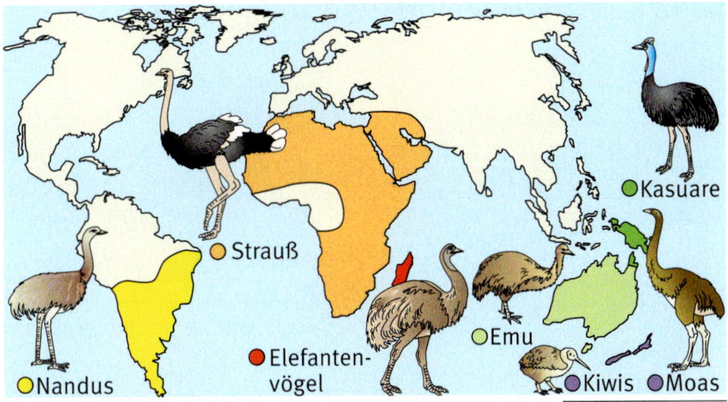

73.1 Verbreitung der großen, flugunfähigen Vögel

Schließlich liefert die Plattentektonik auch die Erklärung für das Verbreitungsmuster des indischen Schweinsnasen-Frosches. Vor 70 Millionen Jahren lag die Indische Platte weit südlich des Äquators und driftete dann mehr als 6000 Kilometer nach Nordwesten gegen die Eurasische Platte. Unterwegs konnten Verwandte des Schweinsnasen-Frosches die indische Fähre verlassen und die Seychellen besiedeln.

1 Der ostafrikanische Graben, das Rift-Valley, ist ein Gebiet besonderer geologischer Aktivität. Recherchieren Sie, welche plattentektonische Prozesse dort vorliegen.

2 Zeigen Sie, inwiefern die Biogeografie die Evolutionstheorie belegt.

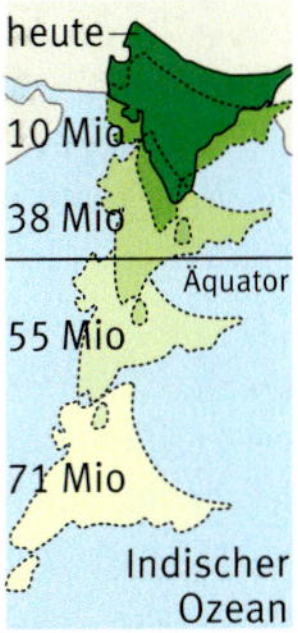

73.2 Verdriftung der indischen Platte

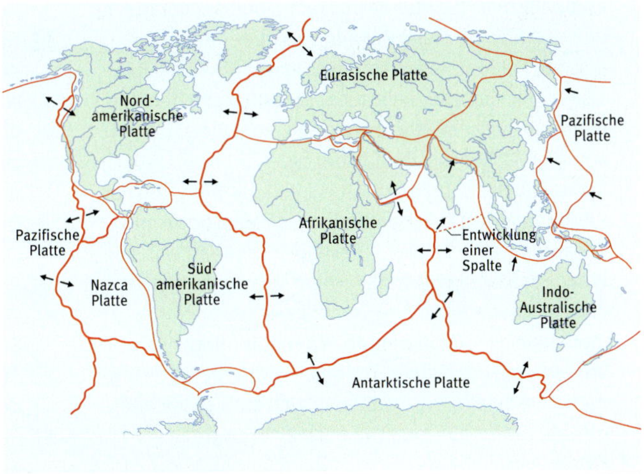

73.3 Wichtigste Platten der Erdkruste

Belege aus Paläontologie und Biogeografie

1

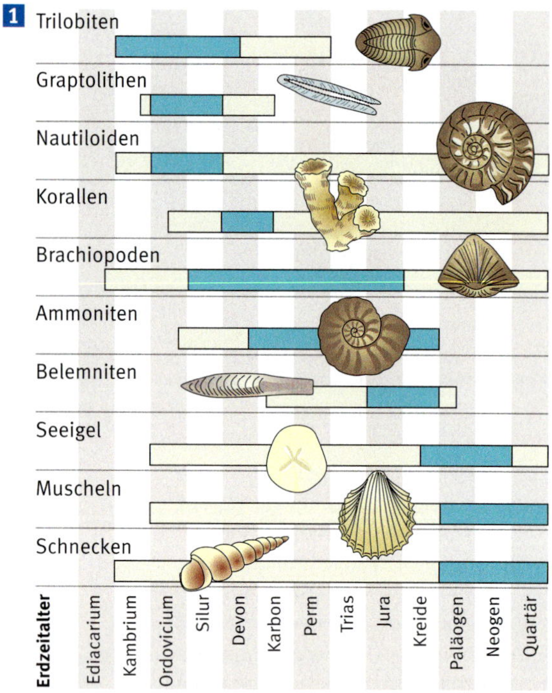

Die Abbildung zeigt gängige Leitfossilien für verschiedene Erdzeitalter.

a) Stellen Sie die Bedeutung der Leitfossilien für die Paläontologie heraus.

b) Recherchieren Sie grundlegende biologische Fakten zu den einzelnen Leitfossilien.

2 Im Jahre 1876 begab sich Thomas HUXLEY für eine Vortragsreihe nach Amerika. Er wollte über die Abwandlungsreihe der Pferdemerkmale referieren, die er nach europäischen Fossilfunden zusammengestellt hatte. In den USA machte er die Bekanntschaft des amerikanischen Paläontologen Othniel Charles MARSH (1831–1899), der sich ebenfalls mit der Entwicklung der Pferdeartigen beschäftigte und sich auf eine Vielzahl amerikanischer Fossilfunde bezog.
MARSH überzeugte HUXLEY, dass sich die Evolution der Pferde vor allem in Nordamerika vollzogen hatte und die europäische Entwicklungslinie lückenhaft war. Für einen Festvortrag HUXLEYS fertigte MARSH eine Serie von Zeichnungen zur Abwandlungsreihe der Pferdemerkmale an. Davon werden in der Abbildung die Vorderbeine dargestellt. Zur besseren Verdeutlichung hatte MARSH alle Extremitäten gleich groß gezeichnet, obwohl *Orohippus* nur etwa ein Viertel so groß wie *Equus* war.

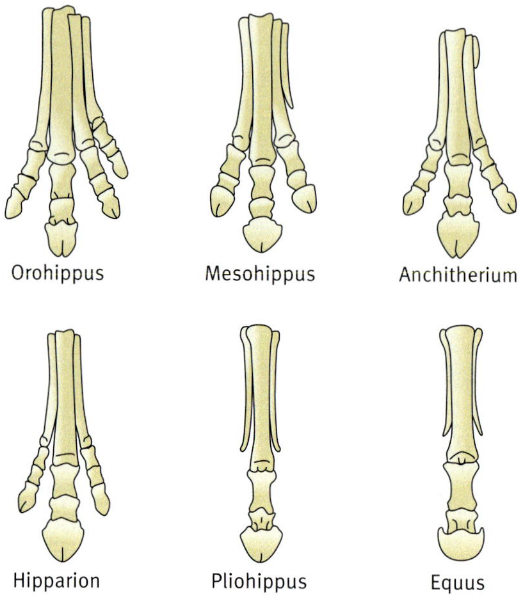

a) Ordnen Sie den genannten Arten jeweils einen Lebenszeitraum zu.

b) Beschreiben Sie die Vorderextremitäten vergleichend und stellen Sie entsprechende Selektionsvorteile in einer Umwelt heraus, die sich vom feuchtwarmen Wald zur kalten Steppe verändert.

c) Erläutern Sie, warum es irreführend ist, dabei von evolutionären Trends zu sprechen.

d) Edward Drinker COPE (1840–1897), ein Rivale MARSHS, stellte folgende Regelmäßigkeit fest: Stammeslinien tendieren im Laufe der Evolution dazu, immer größere Wuchsformen hervorzubringen. Begründen Sie, warum die COPEsche Regel für die Evolution der Pferdeartigen *nicht* zutrifft.

3 Das zehnte Fossil einer *Archaeopteryx* wurde 2005 vom Wyoming Dinosaur Center in Thermopolis, USA für wahrscheinlich zwei bis drei Millionen Euro von einem privaten Sammler erworben und wird seitdem als Thermopolis-Exemplar bezeichnet. Auch dieses Exemplar war in der Nähe von Eichstätt gefunden worden.
Dieser neue Fund ist sehr gut erhalten und lieferte einige neue Erkenntnisse zur systematischen Stellung von *Archaeopteryx*.

- Der Schädel ist besonders gut erhalten und lässt einen Blick auf die Gaumenknochen zu, die eine viel größere Ähnlichkeit mit zweibeinigen Raubsauriern (*Theropoden*) aufweisen als bisher angenommen.
- Außerdem zeigt der Mittelfußknochen dieses Exemplares einen nach oben gerichteten Fortsatz, der ebenfalls typisch für Theropoden ist.

- Schließlich hatte man bisher angenommen, dass bei *Archaeopteryx* die Hinterzehe wie bei modernen Vögeln auch, immer nach hinten gerichtet sei. Das Thermopolis-Exemplar zeigt jedoch deutlich, dass diese Zehe zur Seite gespreizt ist wie der Daumen einer menschlichen Hand. Auch das ist wiederum ein Charakteristikum der Theropoden.
- Schon länger ist bekannt, dass auch der Körper einiger Theropoden von Federn bedeckt war.

a) Erläutern Sie, inwiefern die neuen Erkenntnisse, die aus dem Thermopolis-Exemplar gewonnen werden konnten, die systematische Stellung von *Archaeopteryx* beeinflussen.

b) Erklären Sie anschließend, inwiefern eine veränderte systematischen Stellung von *Archaeopteryx* die stammesgeschichtlichen Beziehungen zwischen Sauriern und Vögeln keineswegs berühren.

c) Nehmen Sie kritisch Stellung zu der Aussage „*Archaeopteryx* ist nun kein Beweis mehr für die Makroevolution“.

4 Vergleicht man in Südamerika und Afrika verschiedene Tiergruppen miteinander, so fällt auf, dass phylogenetisch alte Gruppen wie Schildkröten, Frösche, Lungenfische, Knochenfische und Laufvögel relativ nahe miteinander verwandt sind.
Entwicklungsgeschichtlich junge Tierarten, die jeweils ähnliche ökologische Nischen besetzen, zeigen zwar auch äußerliche Ähnlichkeiten, sind aber nicht näher miteinander verwandt. Solche Ähnlichkeiten treten zum Beispiel bei den Paaren Kolibri/Nektarvogel, Leguan/Agame, Greifstachler/Stachelschwein oder Totenkopfaffe/Meerkatze auf.
Überlegungen zur Biogeografie können dieses Phänomen klären.

a) Erklären sie, warum phylogenetisch alte Tierpaare in Südamerika und Afrika nah miteinander verwandt sind, die ähnlich aussehenden, phylogenetisch jungen jedoch nicht.

b) Stellen Sie eine begründete Hypothese auf, warum sich nicht nah miteinander verwandte Tierpaare in Südamerika und Afrika ähnlich sehen, wenn sie eine ähnliche ökologische Nische besiedeln.

c) Erklären Sie die Bedeutung dieser beiden Beobachtungen für die Evolutionstheorie.

5

Die flugunfähigen Kiwis leben nachtaktiv in den Wäldern Neuseelands. Obwohl sie nur bis zu 35 Zentimeter hoch und bis zu zwei Kilogramm schwer werden, werden sie systematisch zu den großen Laufvögeln wie Strauß oder Emu gestellt. Die Eier der Kiwis sind mit einem Gewicht von bis zu 500 Gramm die im Verhältnis zur Körpermasse größten Eier bei Vögeln.

a) Begründen Sie die systematische Einordnung des Kiwis aus biogeografischer Sicht.

b) Interpretieren Sie die Größe des Kiwi-Eies aus evolutionsbiologischer Sicht.

3 Belege aus der vergleichenden Anatomie und Morphologie

3.1 Homologie

Im Jahre 1827 erhielt Richard OWEN, Kurator des Londoner Jagdmuseums, den Auftrag, einen Katalog aller ausgestellten Arten anzulegen. Um die Arten sinnvoll ordnen zu können, prägte er den Begriff der **homologen Organe** (gr. *homologos*, übereinstimmend). Als homologe Organe werden die Organe zusammengefasst, die einen gleichen Grundbauplan aufweisen und bei verschiedenen Arten auftreten. Diese Organe können durchaus Unterschiede in der Funktion und im äußeren Bau aufweisen.

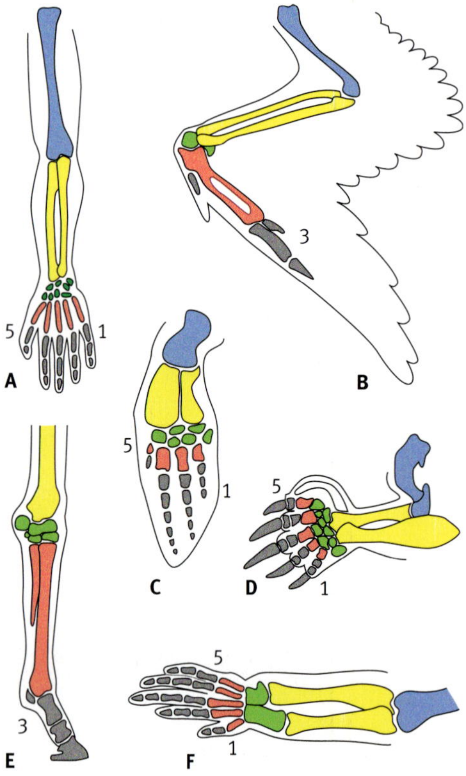

76.1 Vordergliedmaßen verschiedener Wirbeltiere. **A** Mensch; **B** Vogel; **C** Wal; **D** Maulwurf; **E** Pferd; **F** Krokodil

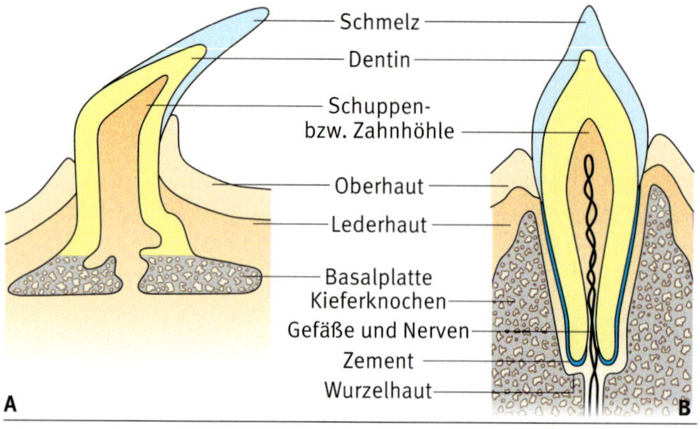

76.2 Homologe Organe. **A** Hautschuppe Hai; **B** Schneidezahn Mensch

Obwohl OWEN die Evolutionstheorie von Charles DARWIN später erbittert bekämpfte, ebnete er damit den Weg für DARWINS Theorie. Mit ihr konnte DARWIN die Ursache für das Auftreten von Homologien erklären: Arten mit homologen Organen besitzen einen gemeinsamen Vorfahren. Dessen Nachkommen können unterschiedliche Lebensräume besiedeln. Die Anpassung an die jeweiligen Umweltbedingungen führt zwar zu mehr oder weniger großen Unterschieden im äußeren Bau und in der Funktion der Organe, der innere Grundbauplan bleibt jedoch oft weitgehend erhalten.
Das Vorhandensein von homologen Organen ist damit ein wichtiger Beleg für die Evolutionstheorie. Homologien zu erkennen ist aber nicht immer ganz einfach. Daher formulierte der Zoologe Adolf REMANE 1952 drei Homologiekriterien. Trifft mindestens eines der Kriterien zu, gelten die untersuchten Organe als homolog.

Nach dem **Kriterium der Lage** sind Organe dann homolog, wenn Anzahl und relative Verknüpfung ihrer Teilstrukturen übereinstimmen. Alle Säugetiergliedmaßen besitzen zum Beispiel fünf Teilstrukturen, die stets in der gleichen Reihenfolge miteinander verbunden sind: An die Oberarmknochen schließen sich die Unterarmknochen an, diese sind mit den Handwurzelknochen verbunden, darauf folgen die Mittelhandknochen und schließlich die Fingerknochen. Innerhalb der Teilstrukturen kann die Anzahl und Größe der einzelnen Knochen als Angepasstheit an unterschiedliche Umweltbedingungen variieren: Während ein Pferd zum Beispiel nur einen vollständigen Mittelhandknochen besitzt, findet man beim Wal vier und beim Menschen sogar fünf Mittelhandknochen.

Bei einfach gebauten Organen ohne Teilstrukturen oder bei Fossilien, bei denen nur Teile von Organen erhalten sind, ist dieses Kriterium allerdings nicht anwendbar. In diesen Fällen wird das **Kriterium der spezifischen Qualität** genutzt:

Stimmen verschiedene Organe in mehreren charakteristischen Merkmalen überein, dann sind sie homolog. Je größer die Zahl der Übereinstimmungen ist, desto sicherer wird in diesem Fall der Nachweis der Homologie. So weisen zahlreiche Gemeinsamkeiten im Aufbau von Haifischschuppen und menschlichen Zähnen auf einen gemeinsamen stammesgeschichtlichen Ursprung dieser Organe hin.

Ist die Anwendung der ersten beiden Homologiekriterien nicht möglich, kann der Homologienachweis durch das **Kriterium der Stetigkeit** erfolgen: Zwei Organe sind dann homolog, wenn sie sich durch Zwischenformen verbinden lassen. Somit kann man auf eine stetige, nicht unterbrochene Entwicklung schließen. Solche Übergangsformen können entweder während der Embryonalentwicklung, bei ausgewachsenen heute lebenden Arten oder bei fossilen Arten auftreten. Wurden im Laufe der Evolution immer komplexere Organe ausgebildet, spricht man von einer *Progressionsreihe* (lat. *progredere*, fortschreiten) wie zum Beispiel bei den Atmungsorganen der Landwirbeltiere. Sie beginnt mit der sackförmigen Lunge der Molche und endet mit der mehrfach gefalteten Lunge bei Vögeln und Säugetieren. Die Lungen der Wirbeltiere sind auch ein Beispiel dafür, dass homologe Organe die gleiche Funktion besitzen können.

Eine stufenweise Rückbildung von Organen führt dagegen zu einer *Regressionsreihe* (lat. *regredere*, zurückgehen). Ein Beispiel dafür sind die Extremitäten bei Eidechsen: Die Zauneidechse verfügt über voll entwickelte Gliedmaßen, der Scheltopusik besitzt nur stummelförmige Hinterbeine und die Blindschleiche ist völlig beinlos.

Über das Kriterium der Stetigkeit kann die Entstehung homologer Organe im Laufe der Evolution nachvollzogen werden. Dabei verdeutlichen Übergangsformen die Abwandlung einer Ausgangsform. Dieser Entstehungsmechanismus trifft für alle homologen Organe zu, daher muss das Kriterium der Stetigkeit in jedem Falle gelten, selbst wenn noch keine Zwischenformen bekannt sind.

1 Wenden Sie die Homologiekriterien auf Blätter und Blattdornen von Kakteen an.

2 Richard OWEN definierte im Jahre 1843 Homologie als: “the same organ in different animals under every variety of form and function.” Beurteilen Sie die Richtigkeit dieser Definition aus heutiger Sicht.

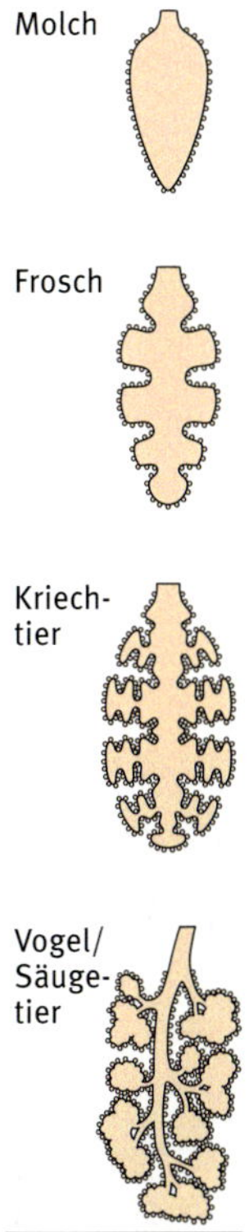

77.1 Lungen von Wirbeltieren

77.2 Verschiedene Kakteenarten mit Blättern, Übergangsformen zwischen Blatt und Dorn sowie Dornen

3.2 Analogie und Konvergenz

78.1 Rose

78.2 Schlehe

Haie, Fischsaurier, Delfine und Pinguine gehören ganz unterschiedlichen Tiergruppen an, zeichnen sich aber alle durch ihren stromlinienförmigen Körper aus. Wie lassen sich die Gemeinsamkeiten im äußeren Erscheinungsbild erklären?

Durch Selektion haben diejenigen Lebewesen den höchsten Fortpflanzungserfolg, die am besten an die Umwelt angepasst sind. Das Leben im Wasser führt zum Beispiel dazu, dass die Individuen im Vorteil sind, deren Körper dem Wasser den geringsten Widerstand entgegensetzt. Bei der Verfolgung von Beute oder bei der Flucht vor Räubern wird so weniger Energie verbraucht. Somit überlebt das Individuum und kann sein Merkmal weiter vererben. So kann man erklären, dass unterschiedliche Arten wie Haie, Fischsaurier, Delfine und Pinguine, die ursprünglich deutliche Unterschiede im äußeren Bau aufwiesen, aufgrund identischer Umweltbedingungen zu einer Annäherung im äußeren Erscheinungsbild kommen. Diese aufeinander zulaufende Entwicklung nennt man **Konvergenz** (lat. *convergere,* sich hinneigen). Das Ergebnis der Konvergenz sind Übereinstimmungen im äußeren Bau und der Funktion bei verwandtschaftlich weit entfernten Arten, sie werden als **Analogie** (lat. *analogos,* gleichartig) bezeichnet. Aufgrund des geringen Verwandtschaftsgrades ist der innere Aufbau von analogen Merkmalen deutlich verschieden.

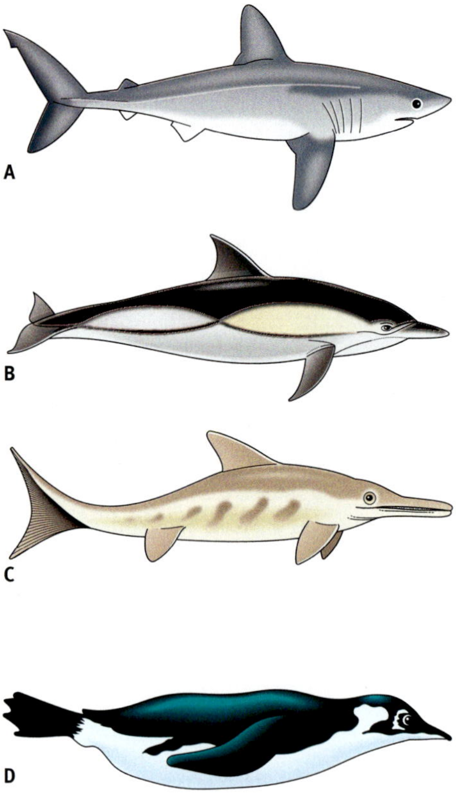

78.4 Körperform bei im Wasser lebenden Wirbeltieren. **A** Hai; **B** Delfin; **C** Fischsaurier; **D** Pinguin

Analogie kann bei einzelnen Organen auftreten, wie bei den Stacheln der Rose und den Dornen der Schlehe. Sie kann aber auch das gesamte äußere Erscheinungsbild betreffen. So besitzen Wüstenpflanzen in Amerika und Afrika verdickte, Wasser speichernde Sprossachsen. Deren zu Dornen umgebildete Blätter verringern die transpirierende Oberfläche und dienen als Fraßschutz. Diese Übereinstimmungen im äußeren Bau und in der Funktion sind jedoch kein Hinweis auf Verwandtschaft. Ein Beispiel für eine solche konvergente Entwicklung lässt sich bei afrikanischen und amerikanischen Wüstenpflanzen finden. Beide weisen aufgrund des identischen Klimas einen ähnlichen äußeren Aufbau auf. Allerdings findet man im Inneren der afrikanischen Pflanze Milchgänge. Sie gehört daher zu den Wolfsmilchgewächsen. In Amerika wurden bisher keine Wolfsmilchgewächse gefunden.
Ähnliche Umweltbedingungen in den Wüsten waren die Ursache für eine konvergente Evolution bei beiden Wüstenpflanzen.

1 Vergleichen Sie homologe und analoge Organe tabellarisch.

2 Erläutern Sie, warum es sich bei Stacheln und Dornen um analoge Organe handelt.

3 Informieren Sie sich, wie man Wüsten bewohnende Wolfsmilchgewächse und Kakteen am äußeren Erscheinungsbild unterscheiden kann.

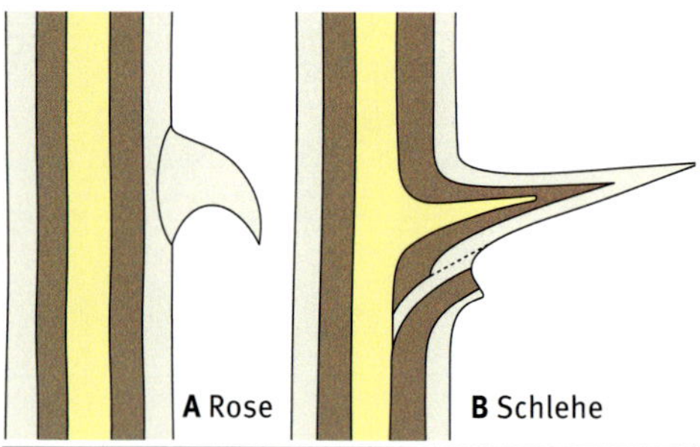

78.3 Analogie bei Pflanzen. **A** Stachel; **B** Sprossdorn

3.3 Rudimentäre Organe und Atavismen

Riesenschlangen wie Python und Boa besitzen stummelförmige Hinterbeine und Reste des Beckengürtels. Dies lässt den Schluss zu, dass diese Schlangen von Gliedmaßen tragenden Vorfahren abstammen. Organe, die im Laufe der Evolution aufgrund veränderter Selektionsdrücke zurückgebildet wurden, bezeichnet man als **rudimentäre Organe** (lat. *rudimentus*, Rest). Bei rudimentären Organen ist die ursprüngliche Funktion oft verloren gegangen, dafür kann eine Nebenfunktion in den Vordergrund treten. Die zurückgebildeten Hintergliedmaßen der Pythonschlange dienen beispielsweise als Hilfsorgane bei der Begattung. Straußenvögel bewegen ihre rudimentären Flügel bei der Balz und nutzen sie als Balanceorgan. Die Reste des Beckengürtels und der Hinterextremitäten bilden bei Walen die Ansatzstelle für die Penis- und Aftermuskulatur.

Auch Menschen besitzten rudimentäre Organe. Ein bekanntes Beispiel ist das zurückgebildete hintere Ende des Blinddarmes, der Wurmfortsatz. Bei einigen Pflanzenfressern wie dem Pferd oder dem Kaninchen beherbergt der Blinddarm Cellulose verdauende Bakterien. Durch die cellulosearme Ernährung des Menschen wurde diese Funktion des Blinddarmes überflüssig und er wurde zurückgebildet. Der so entstandene Wurmfortsatz ist jedoch nicht funktionslos, sondern Bestandteil des Immunsystems. Zusammen mit Lymphknoten, Gaumenmandeln und Milz zählt er zu den lymphatischen Geweben. Hier treffen bestimmte Weiße Blutkörperchen, die Lymphocyten, auf Krankheitserreger und werden zur Antikörperproduktion angeregt. Wird der Wurmfortsatz aufgrund einer Entzündung entfernt, so übernehmen die anderen lymphatischen Gewebe seine Funktion.
Weitere rudimentäre Organe oder Merkmale des Menschen sind zum Beispiel die Weisheitszähne und das Steißbein.

Die genetische Information für die vollständige Ausbildung rudimentärer Organe muss während der Evolution nicht verloren gegangen sein. Vielmehr wurden die entsprechenden Gene über Regulationsgene weitgehend inaktiviert. Hinweise dafür liefern Mutationen in den Regulationsgenen, durch welche die Inaktivierung aufgehoben worden ist. Dadurch wird das Organ oder Merkmal, wie bei den Vorfahren, in stärkerem Maße ausgebildet. Einen solchen Rückschlag auf die Merkmale eines Ahnen nennt man **Atavismus** (lat. *atavus*, Urgroßvater). Während rudimentäre Organe meist für alle Vertreter einer Art typisch sind, treten Atavismen stets nur bei einzelnen Individuen auf. Beispiele für Atavismen beim Menschen sind eine starke, fellähnliche Ganzkörperbehaarung oder ein schwanzähnlich verlängertes Steißbein.

79.1 Atavismus beim Menschen

1 Vergleichen Sie rudimentäre Organe und Atavismen hinsichtlich ihrer evolutionären Bedeutung.

2 Diskutieren Sie die Bedeutung von Weisheitszähnen für die Theorie des Intelligent Design.

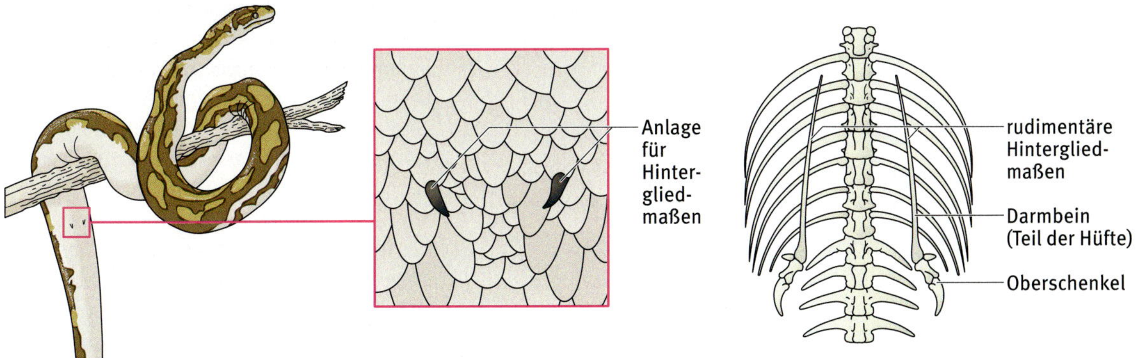

79.2 Rudimentäre Hintergliedmaßen bei der Pythonschlange

4 Belege aus der Entwicklungsbiologie

4.1 Vergleichende Embryologie

Regelmäßig erscheinen in den Medien Berichte über angebliche oder erwiesene Fälschungen von wissenschaftlichen Forschungsergebnissen. Einer der umstrittensten Fälle liegt mehr als 100 Jahre zurück, erregt aber noch immer die Gemüter.

Im Jahre 1866 veröffentlichte der deutsche Zoologe Ernst HAECKEL ein Buch mit Zeichnungen verschiedener Wirbeltierembryonen. Aus den Zeichnungen ging hervor, dass sich die einzelnen Arten in den frühen Stadien ihrer Entwicklung sehr viel stärker ähneln als in späteren. Dies hatte der Zoologe Karl Ernst VON BAER schon 1828 erkannt, ohne dies jedoch als Beleg für eine gemeinsame Abstammung der Arten zu interpretieren. Als begeisterter Anhänger DARWINS zog HAECKEL diese Schlussfolgerung. Denn wie sonst sollte man erklären, dass nicht nur Fische und Amphibien, sondern auch Säugetiere und Vögel zu Beginn ihrer Entwicklung Kiementaschen ausbilden?

Seine Erkenntnisse fasste HAECKEL im „biogenetischen Grundgesetz" zusammen: „Die *Ontogenese* (Individualentwicklung) ist eine kurze und schnelle Rekapitulation der *Phylogenese* (Stammesgeschichte)".

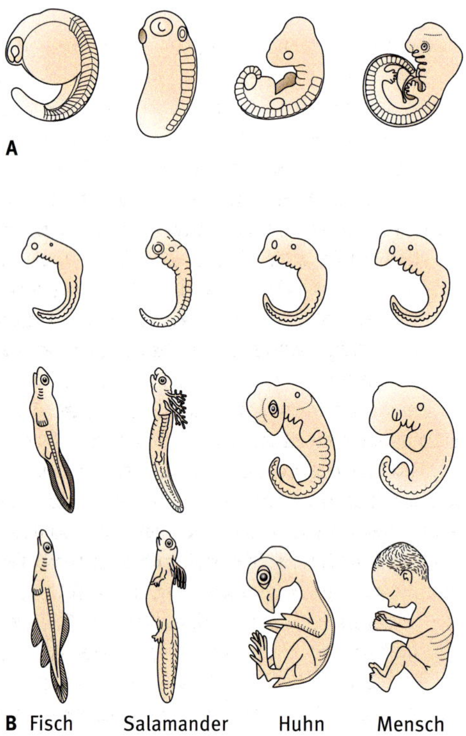

80.1 Entwicklungsstadien von Wirbeltieren. **A** reale Abbildungen; **B** idealisierte Darstellung von HAECKEL

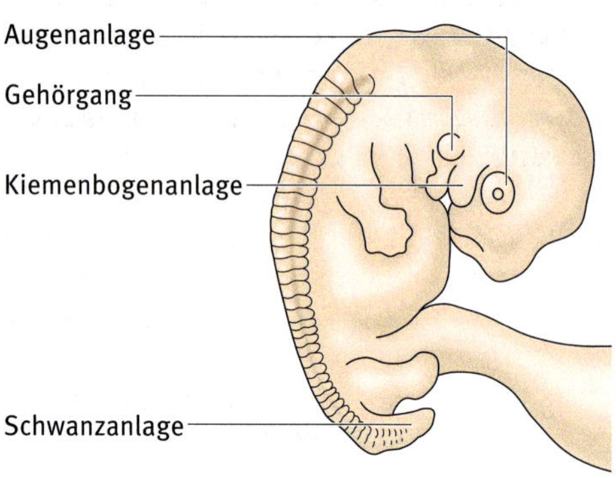

80.2 Menschlicher Embryo am Ende des ersten Monats

Schon bald nach Veröffentlichung der Zeichnungen wurden Vorwürfe laut, HAECKEL habe mit seinen Darstellungen die Wirklichkeit verfälscht. Tatsächlich hatte er extraembryonale Anhänge weggelassen und die Wirbeltierembryonen, die sich in ihrer Länge mitunter um das Zehnfache unterscheiden, in der Größe angeglichen. Er hatte sogar einige Abbildungen mit demselben Druckstock anfertigen lassen. Dies gab HAECKEL auch offen zu. Es ging ihm jedoch nicht um eine gefälschte, sondern eine vereinfachte, auch für Laien verständliche Darstellung der Wirklichkeit.

Die moderne Entwicklungsbiologie konnte HAECKEL in seinen prinzipiellen Aussagen bestätigen. Zugleich wurde aber deutlich, dass sein „biogenetisches Grundgesetz" nur mit Einschränkungen gilt:

1. Nicht alle Merkmale, die in der Ontogenese auftauchen, sind als Wiederholungen der Phylogenese zu bewerten. So wird zum Beispiel während der menschlichen Embryonalentwicklung eine Art Dottersack gebildet. Er ähnelt rein äußerlich dem Dottersack von Vögeln und Reptilien, eine genauere Untersuchung offenbart jedoch deutliche Unterschiede. Bei Vögeln und Reptilien dient der außerhalb des Embryos liegende Dottersack als Nährstoffspeicher. Der Dottersack in der menschlichen Entwicklung ist dagegen als Bildungsstätte für Urkeim-, Gefäßwand- und Blutstammzellen Teil des Embryos. Er ist damit kein Hinweis auf die Verwandtschaft der Säugetiere mit Eier legenden Wirbeltieren.

2. Nicht jedes ursprüngliche Merkmal tritt in der Ontogenese wieder auf. Es wird niemals die gesamte Phylogenese der Lebewesen, sondern nur die Ausbildung einzelner ursprünglicher Merkmale wiederholt.
3. Es werden nicht die Erwachsenenstadien der Ahnen, sondern nur die Embryonalstadien rekapituliert. So zeigen die Embryonen der Landwirbeltiere in ihren frühen Entwicklungsstadien keine voll ausgebildeten Kiemen, sondern nur deren Anlagen, die Kiementaschen. Während diese sich bei Fischen und Amphibienlarven öffnen und die Kiemenspalten ergeben, bleiben sie bei Landwirbeltieren geschlossen. Nur die erste Kiementasche öffnet sich, wird aber sekundär durch das Trommelfell wieder verschlossen.

Unter Berücksichtigung dieser Einschränkungen spricht man heute nicht mehr von einem Gesetz, sondern von der **biogenetischen Grundregel:** Während der Ontogenese werden phylogenetisch ältere Embryonalstadien einzelner Organe durchlaufen.

Dabei erscheinen diese Strukturen sehr oft in der gleichen Reihenfolge, in der sie auch während der Evolution auftauchen. Am Beispiel der menschlichen Embryonalentwicklung lässt sich dies verdeutlichen: Zwischen dem 23. und 26. Tag entsteht ein Herz mit einer Vor- und einer Hauptkammer. Es entspricht damit vom Aufbau her einem Fischherzen. Am Ende der fünften Entwicklungswoche besteht das Herz, wie bei Amphibien, aus zwei getrennten Vorkammern und einer Hauptkammer. Zwei Wochen später entwickelt sich die reptilientypische, unvollständig geteilte Hauptkammer. Schließlich erfolgt mit der vollständigen Trennung der zwei Hauptkammern die endgültige Ausbildung des Herzens.

Nicht nur der Mensch wiederholt während seiner Embryonalentwicklung eine Vielzahl stammesgeschichtlich alter Merkmale, auch zahlreiche andere Tierarten tun dies. So weist bei den Bartenwalen die Ausbildung von Zahnanlagen während der Embryonalentwicklung darauf hin, dass auch diese Wale von Zahn tragenden Vorfahren abstammen.

Ein enger Verwandter des Regenwurms, der im Nordseewatt vorkommende Wattwurm, entwickelt sich über ein charakteristisches

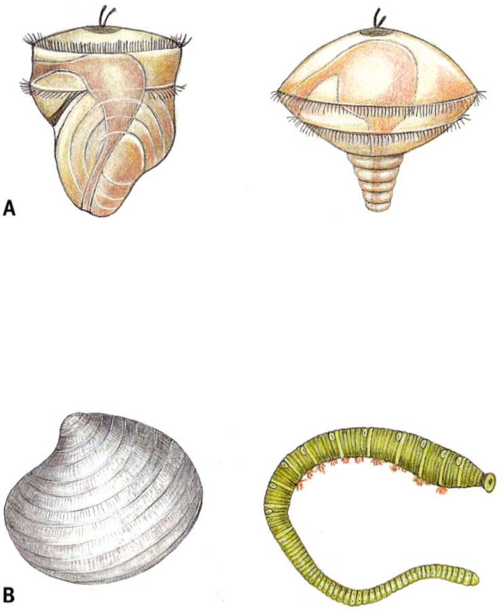

81.1 Larven und erwachsene Formen verschiedener Tiere.
A Kugelmuschel;
B Wattwurm

Larvenstadium: die *Trochophoralarve.* Zwei Wimpernkränze sorgen für die Fortbewegung dieser kleinen, durchsichtigen Larven und strudeln außerdem Nahrung in den dazwischen befindlichen Mund. Den gleichen Grundaufbau zeigen die Larven von Muscheln – ein Hinweis auf die gemeinsame Abstammung von Muscheln und Wattwurm.
Auch die Larve des Seeigels gibt Hinweise zur Abstammung: Im Gegensatz zum strahlensymmetrischen erwachsenen Tier besitzt sie nur eine Symmetrieebene. Dies deutet darauf hin, dass auch die Vorfahren des Seeigels zweiseitig symmetrisch waren.

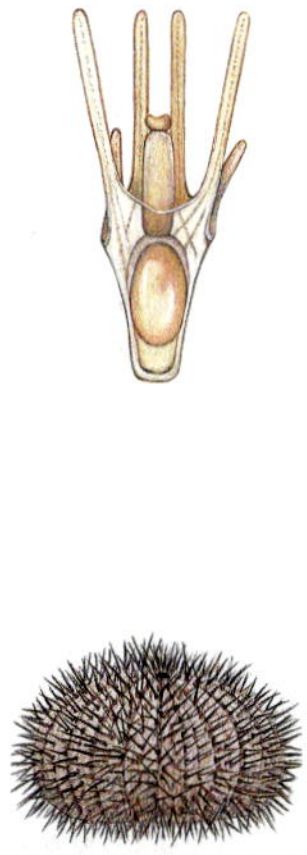

81.2 Seeigel und seine Larve

Man hat viel darüber spekuliert, warum Wirbeltiere während ihrer Embryonalentwicklung ursprüngliche Merkmale wiederholen. Ein Grund ist möglicherweise, dass die stammesgeschichtlich alten Strukturen noch wichtige Funktionen bei der Organisation der weiteren Entwicklung erfüllen. So wird bei allen Wirbeltierembryonen zunächst ein knorpeliger Stützstab, die Chorda, gebildet. Dieser produziert Signalproteine, welche die Entstehung von Wirbelkörpern und die Bildung motorischer Neuronen im Rückenmark steuern.

1 Erläutern Sie, warum man heute nicht mehr vom biogenetischen Grundgesetz, sondern von der biogenetischen Grundregel spricht.

2 Recherchieren Sie nach weiteren Organen, auf die die biogenetische Grundregel zutrifft. Erläutern Sie Ihr Ergebnis.

4.2 Homöotische Gene

Unter den vielen mutierten Formen, die man bei der Taufliege *Drosophila melanogaster* entdeckte, war auch eine, bei der an Stelle der Fühler Beine wuchsen. Die Ursache für diese Veränderung, die man auch bei vielen anderen Insektenarten fand, ist eine Mutation in einem Entwicklungskontrollgen. Man bezeichnet es als *Antennapedia*-Gen (lat. *antenna*, Fühler; *pes*, Fuß), abgekürzt Antp. Neben dem *Antennapedia*-Gen kennt man bei *Drosophila* noch acht weitere Entwicklungskontrollgene. Diese Gene kontrollieren die spezifische Ausbildung der einzelnen Körpersegmente und werden auch als **homöotische Gene** (gr. *homoios,* gleichartig) bezeichnet.

Alle homöotischen Gene liegen bei *Drosophila* auf einem kleinen Abschnitt des dritten Chromosoms und bilden den so genannten HOM-Cluster. Sie sind in derselben Reihenfolge angeordnet, wie sie entlang der Körperachse wirken: Die Gene am vorderen Ende der DNA kontrollieren die Ausbildung des Kopfes, danach folgen die Gene, welche die Entwicklung der Brustsegmente steuern, unter anderem das *Antennapedia*-Gen, und schließlich die Kontrollgene für die Hinterleibssegmente.

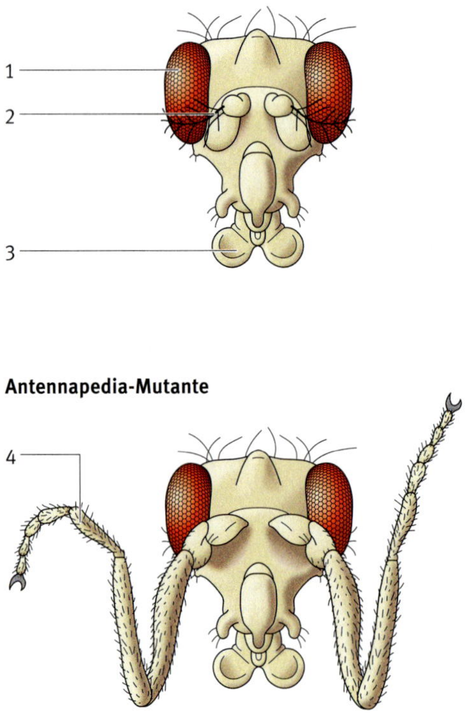

82.1 Homöotische Mutation bei *Drosophila*. **1** Auge; **2** Fühler; **3** Mundwerkzeuge; **4** homöotisches Bein

Die von den homöotischen Genen codierten Proteine sind Transkriptionsfaktoren, die spezifisch an die DNA binden und so die Transkription anderer Gene beeinflussen. Auf diese Weise bestimmen sie, ob und in welchem Ausmaß deren Genprodukte gebildet werden. Das im *Antennapedia*-Gen verschlüsselte Protein beeinflusst so die Transkription von Genen, welche die Ausbildung der Beine steuern. Dabei bestimmt die Menge des gebildeten *Antennapedia*-Proteins darüber, wie viele Beine gebildet werden. Führt eine Mutation im *Antennapedia*-Gen zu einer erhöhten Menge des entsprechenden Proteins, so wächst anstelle der Fühler ein zusätzliches Beinpaar.

Die homöotischen Gene von *Drosophila* besitzen einen etwa 180 Basenpaare langen Abschnitt, der bei allen neun Genen sehr ähnlich ist. Dieser als **Homöobox** bezeichnete Abschnitt codiert jeweils ein 60 Aminosäuren langes Proteinfragment, die **Homöodomäne.** Mit diesem Bereich binden die Proteine jeweils an die DNA. Er bildet eine spezifische Raumstruktur aus, die eine optimale Bindung an die DNA ermöglicht. Trotzdem zeigen die Homöodomänen auch geringe Unterschiede, die dazu führen, dass unterschiedliche Zielsequenzen erkannt werden.

Die grundlegende Bedeutung der Homöodomäne wurde durch eine sensationelle Entdeckung bestätigt: Gene mit Homöobox fand man auch bei den verschiedensten anderen Organismen, so zum Beispiel bei Mäusen und Menschen. Auch bei diesen Genen handelt es sich um homöotische Gene, welche die Ausbildung der Organe entlang der Körperachse bestimmen. Säugetiere verfügen jedoch über eine deutlich größere Anzahl an homöotischen Genen als *Drosophila*. Sie sind in vier Gruppen, den HOX-Clustern A bis D, auf vier verschiedenen Chromosomen angeordnet. Wie beim HOM-Cluster von *Drosophila* sind auch in jedem HOX-Cluster die Gene in der Reihenfolge angeordnet, in der sie entlang der Körperachse wirksam werden. Wahrscheinlich wird dadurch auch die zeitliche Abfolge festgelegt, in der die Gene während der Entwicklung transkribiert werden. Jeder HOX-Cluster enthält 9 bis 12 Gene. Dabei zeigen jeweils die Sequenzen der Gene die größte Übereinstimmung, die in jedem Cluster an der gleichen Position liegen: zum Beispiel die Gene an der ersten Position A1, B1 und D1. Diese weisen außerdem eine große Ähnlichkeit mit dem ersten Gen des HOM-Clusters bei *Drosophila* auf. Die Gene mit der gleichen Position erfüllen meist auch ähnliche Funktionen. Dies konnte in einem Experiment nachgewiesen werden.

Das HOX-B6-Gen der Maus, welches in seiner Position auf der DNA und in seiner Funktion dem *Antennapedia*-Gen entspricht, wurde in das Genom von *Drosophila* integriert. Dadurch wurde zusätzlich zu der normalen Menge an *Antennapedia*-Protein das HOX-B6-Protein produziert. Da beide Proteine normalerweise die Ausbildung von Beinen veranlassen, addierte sich ihre Wirkung, was dazu führte, dass anstelle der Fühler ein zusätzliches Beinpaar ausgebildet wurde.

Die große Ähnlichkeit zwischen den homöotischen Genen von *Drosophila* und Säugetieren zeigt den gemeinsamen stammesgeschichtlichen Ursprung dieser Organismen. Dabei besitzt *Drosophila* wahrscheinlich die stammesgeschichtlich ältere Organisationsstruktur der homöotischen Gene. Durch Genduplikation wurde im Laufe der Evolution die Zahl der Gene innerhalb des HOM-Clusters erhöht, sodass der aus 14 Genen bestehende HOX-Cluster entstand. Das Lanzettfischchen *Branchiostoma* verfügt bereits über einen solchen Cluster. Es ist ein relativ ursprüngliches Wirbeltier und besitzt noch keine Wirbelsäule, sondern nur einen knorpeligen Stützstab, die Chorda. Während der weiteren Entwicklung der Wirbeltiere kam es dann zur mehrfachen Verdopplung des ganzen Clusters, sodass schließlich vier HOX-Cluster entstanden. Nachträgliche Genverluste sind die Ursache dafür, dass die HOX-Cluster bei Säugetieren aus weniger als 14 Genen bestehen.

1 Vergleichen Sie anhand von Abbildung 83.2 die Anordnung der homöotischen Gene bei Maus und *Drosophila*.

2 Erläutern Sie die Funktion der homöotischen Gene und ihre evolutionäre Bedeutung.

3 Schildern Sie die Auswirkungen der Integration des Maus-HOX-B6-Gens in das *Drosophila* Genom. Ziehen Sie Schlussfolgerungen.

4 Fassen Sie mit eigenen Worten die Entstehung der HOX-Cluster der Säugetiere aus dem HOM-Cluster zusammen.

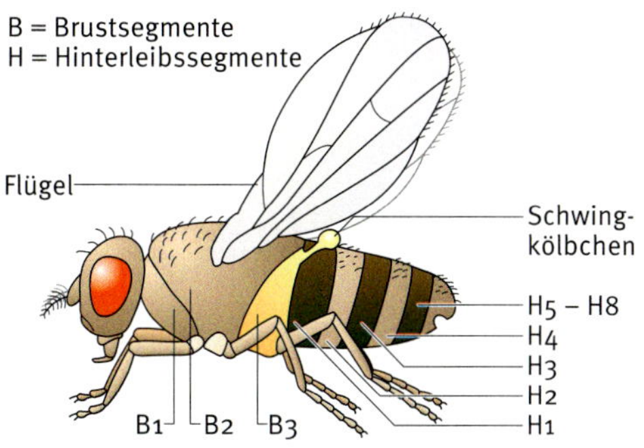

83.1 Segmentierung bei *Drosophila*

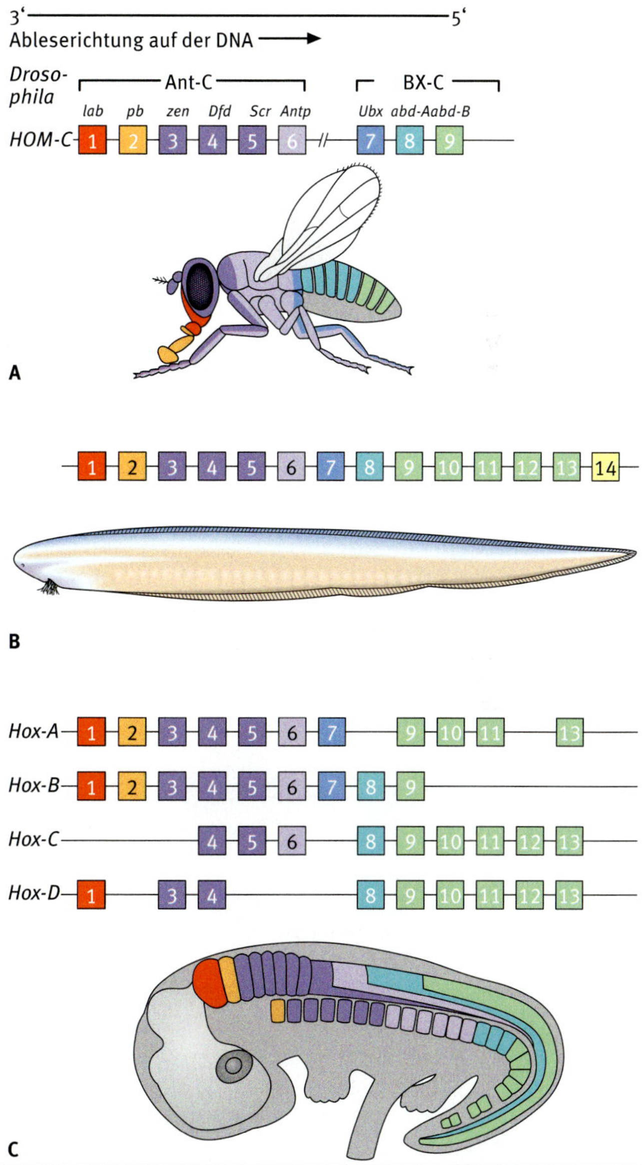

83.2 Homöotische Gene. Gleiche Nummern kennzeichnen Gene mit besonders hoher Sequenzübereinstimmung. **A** *Drosophila;* **B** Lanzettfischchen; **C** Maus

Homologie, Analogie und homöotische Gene

1

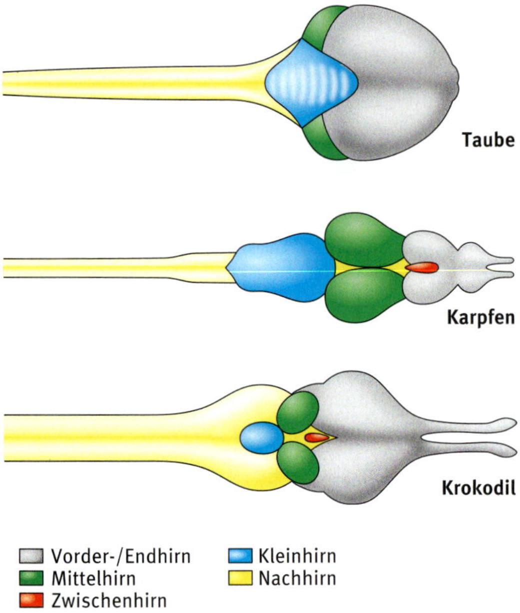

a) Vergleichen Sie die abgebildeten Wirbeltiergehirne.

b) Entscheiden Sie, ob es sich um homologe oder analoge Organe handelt. Begründen Sie Ihre Ausführungen.

2

Der Galapagos-Kormoran und der Schmetterling von den Kerguelen kommen jeweils auf Inseln vor, die weit entfernt vom Festland liegen. Die Kerguelen befinden sich im sturmumtosten südlichen Indischen Ozean. Die Galapagos-Inseln liegen im Pazifischen Ozean vor Südamerika und zeichnen sich durch eine einzigartige Tierwelt aus, zu der viele Reptilien- und Vogelarten, jedoch nur wenige Säugerspezies gehören. Viele der hier vorkommenden Arten sind endemisch, das heißt sie kommen nur auf den Galapagos-Inseln vor.

a) Beschreiben Sie Besonderheiten im äußeren Erscheinungsbild der beiden Inseltiere.

b) Erörtern Sie, inwiefern diese Besonderheiten eine Angepasstheit an die spezifischen Umweltbedingungen auf Galapagos beziehungsweise auf den Kerguelen darstellen.

c) Diskutieren Sie, ob hier Homologie oder Analogie vorliegt. Berücksichtigen Sie auch die unterschiedlichen Selektionsdrücke, die zur Ausbildung des äußeren Erscheinungsbildes führten.

3

1915 fand Calvin Bridges unter den vielen Taufliegen in seiner *Drosophila*-Zucht eine ungewöhnliche vierflügelige Fliege. Er nannte diese Mutation *bithorax* (lat. *bi*, doppelt; gr.-lat. *thorax*, Brust), kurz bx-Mutation.

a) Vergleichen Sie die Ausbildung der Brustsegmente bei normalen Taufliegen und bei der abgebildeten Fliege. Erklären Sie die Bezeichnung *bithorax*.

b) Stellen Sie eine begründete Vermutung über die möglichen Ursachen für das Auftreten der vierflügeligen Fliege an.

5 Belege aus dem Verhalten

Wenn im Frühjahr an den heimischen Gewässern die Stockenten in Balzstimmung kommen, zeigen männliche Tiere, die Erpel, oft ein merkwürdiges Verhalten: Scheinbar ohne Grund fangen sie an, mit stereotypen Schnabelbewegungen ihre auffällig gefärbten Schwungfedern zu säubern. Dabei erzeugen sie bei der Berührung der Federkiele ein deutlich hörbares Geräusch. Dieses als „Scheinputzen" bezeichnete Verhalten zeigen auch andere Entenarten, wie die Brand- und die Mandarinente. Lässt sich aus einer solchen, bei verschiedenen Arten zu beobachtenden, Verhaltensweise – ähnlich wie bei homologen morphologischen Strukturen – auf Verwandtschaft schließen?

Homolog sind Merkmale dann, wenn sie unabhängig von ihrer äußeren Form oder Funktion von einem gemeinsamen Vorfahren abstammen. Dies bedeutet gleichzeitig, dass die Merkmale eine genetische Grundlage haben müssen. Für das „Scheinputzen" scheint diese Bedingung erfüllt, denn die Erpel zeigen das Verhalten auch dann, wenn sie keine Möglichkeit hatten, es von Artgenossen zu lernen. Aber auch angeborene Merkmale können bei verschiedenen Arten in Anpassung an ähnliche Umweltbedingungen entstanden und damit analog sein. Genau wie in der vergleichenden Morphologie lässt sich die oben gestellte Frage also nur durch Anwendung der Homologiekriterien beantworten.

Das *Kriterium der Lage* ist erfüllt, wenn eine bestimmte Verhaltensweise bei verschiedenen Arten in einem längeren Handlungsablauf immer an der gleichen Stelle erfolgt. Dies trifft beim Scheinputzen zu: Es tritt bei allen Entenarten am Beginn der Balz auf.
Einen weiteren Hinweis auf Homologie liefert das *Kriterium der spezifischen Qualität*. So zeigt das Scheinputzen der verschiedenen Entenarten mehrere Übereinstimmungen: Der Flügel wird leicht angehoben, der Schnabel fährt über die Unterseite der Federkiele und erzeugt einen lauten Ton.
Das *Kriterium der Kontinuität* ist am schwierigsten zu belegen, da es fossile Übergangsformen von Verhaltensweisen nicht geben kann und die Verhaltensweisen bei rezenten Arten nur dann durch Zwischenformen zu verbinden sind, wenn sie größere Unterschiede aufweisen. Die Erfüllung der ersten beiden Kriterien reicht jedoch als Nachweis für Homologie aus.

85.1 „Scheinputzen" in der Balz verschiedener Entenarten.
A Branderpel; **B** Mandarinerpel; **C** Stockerpel

Das „Scheinputzen" ist nicht das einzige Beispiel dafür, dass Verhaltensweisen auf die gemeinsame Abstammung verschiedener Arten hinweisen. Ebenso wie in der Morphologie gibt es auch im Verhalten Rudimente. So ziehen heimische Rothirsche – anstatt das kräftige Geweih zu präsentieren – beim Drohen ihre Lippen hoch. Der Sinn dieses *Verhaltensreliktes* lässt sich mithilfe der Stammesgeschichte verstehen: Der Muntjak, eine kleine südost-asiatische Hirschgattung mit recht kümmerlichem Geweih, besitzt hauerartig verlängerte Eckzähne, welche beim Hochziehen der Lippen entblößt werden. Obwohl die Eckzähne des Rothirsches zurückgebildet sind, wird die entsprechende Drohgebärde noch ausgeführt und ist ein Beleg dafür, dass die Rothirsche von Vorfahren mit relativ großen Eckzähnen abstammen. Fossile Überreste dieser Vorfahren zeigen tatsächlich ein kleines kolbenförmiges Geweih und längere Eckzähne.

1 Beschreiben Sie ein Beispiel für Verhaltensrelikte beim Menschen. Nutzen Sie als Informationsquelle auch andere Lehrbuchkapitel.

85.2 Muntjak

6 Belege aus der Parasitologie

Auf den ersten Blick haben Kamele und Lamas wenig gemein: Sie leben auf verschiedenen Kontinenten und sehen auch recht unterschiedlich aus. Dennoch gibt es ein eindeutiges Indiz dafür, dass beide nahe miteinander verwandt sind und von einem gemeinsamen Vorfahren abstammen: ihre Parasiten.

Parasiten sind in der Regel *wirtsspezifisch*, das heißt, das Vorkommen eines bestimmten Parasiten beschränkt sich auf eine Wirtsart. Diese Wirtsspezifität resultiert aus der *Koevolution* von Parasit und Wirt: Durch den Parasitenbefall haben sowohl Wirte mit immer wirksameren Abwehrmechanismen einen Selektionsvorteil, als auch Parasiten, welche diese Abwehrmechanismen umgehen können. So sind die Beine der Läuse zu Klammerorganen umgebildet, wodurch sie nur schwer aus dem Fell entfernt werden können. Bei verschiedenen Läusearten variiert der Bau der Klammerorgane in Anpassung an die Beschaffenheit der Haare des Wirtes. Meist besiedelt eine Läuseart daher nur eine Wirtsart. Untersucht man das Fell von Lamas und Kamelen, so findet man jedoch auf beiden Tierarten Läuse der Gattung *Microthoracius*. Wie ist das möglich?

86.1 Kamelläuse und ihre Wirte. A Trampeltier; **B** *Microthoracius cameli;* **C** Lama; **D** *Microthoracius mazzai*

Fossilien belegen, dass die gemeinsamen Vorfahren von Kamelen und Lamas vor 40 bis 50 Millionen Jahren in Nordamerika lebten. Von dort breiteten sie sich sowohl nach Südamerika, als auch nach Asien und Afrika aus. Dabei nahmen sie die in ihrem Fell lebenden Vorfahren von *Microthoracius* mit. Anders als für ihre Wirte änderten sich für die Läuse die Umweltbedingungen nur wenig: Ein dichtes, wolliges Fell als Schutz vor der Kälte erwies sich in allen Verbreitungsgebieten als Vorteil, sei es in den kühlen Wüstennächten Afrikas und Asiens oder in den eisigen Regionen des südamerikanischen Hochgebirges. Daher zeigen die Läuse, die auf Lamas und Kamelen leben, auch heute noch so starke Ähnlichkeiten, dass sie zu einer Gattung gezählt werden. Abgesehen vom dichten Fell änderte sich das Aussehen der Wirte jedoch stark: Mächtige, Fett speichernde Höcker ermöglichen das Überleben der Kamele in der Wüste. Bei den schlanken Lamas ist das Fett gleichmäßig unter der Haut verteilt und ihre Hinterläufe sind länger als die Vorderläufe. Diese Eigenschaften erleichtern das Klettern im Hochgebirge und stellen daher eine ideale Anpassung an diesen Lebensraum dar.
Die gemeinsamen Parasiten sind somit ein wichtiger Hinweis darauf, dass Kamele und Lamas trotz großer Unterschiede im äußeren Erscheinungsbild stammesgeschichtlich eng miteinander verwandt sind.

1 Erklären Sie, warum die Evolution von Parasiten häufig langsamer verläuft als die ihrer Wirte.

7 Belege aus der Züchtung

87.1 Variabilität bei Haushunden.
A Deutsche Dogge; **B** Chihuahua; **C** Nackthund; **D** Komondor

Die Mehrheit der heute bekannten, über 400 Hunderassen wurde in den letzten 200 Jahren gezüchtet. Unter ihnen sind so unterschiedliche Rassen, wie die riesige Deutsche Dogge und der winzige Chihuahua oder der Komondor mit bis zu 27 cm langen Haaren und die vollkommen unbehaarten Nackthunde.
Im 19. Jahrhundert meinten viele Hundezüchter, dass jede Rasse ihre eigene Ursprungsart hätte. Erst im 20. Jahrhundert kam die Idee auf, dass die Haushunde nur von einer Wildart abstammen. In Frage kamen Wolf, Goldschakal und Kojote – bei allen drei Arten ist in Gefangenschaft eine Kreuzung mit dem Haushund möglich und führt zu fruchtbaren Nachkommen. Erst moderne Untersuchungsmethoden, wie der DNA-Vergleich, konnten nachweisen, dass alle Hunderassen nur von einer Wildart abstammen: vom Wolf.
In der Natur hat sich der Wolf in den letzten 10.000 Jahren nur wenig verändert. Wie wurden dann die großen Veränderungen erreicht, die schließlich zu den heutigen Hunderassen führten?

Die Ursache hierfür ist die **künstliche Selektion:** Individuen, die aufgrund von zufälligen Rekombinations- und Mutationsereignissen ein vom Züchter gewünschtes Merkmal zeigen, werden von diesem selektiert und gezielt weitervermehrt.
Während bei der natürlichen Selektion die Varianten den höchsten Fortpflanzungserfolg haben, welche an die augenblicklichen Umweltbedingungen am besten angepasst sind, strebt der Züchter ein bestimmtes Zuchtziel an und kann vorausschauend selektieren. Er wählt über viele Generationen hinweg beständig die Varianten aus, die seinem Zuchtziel am nächsten kommen.
Oft unterscheidet sich das vom Züchter gewünschte Merkmal sehr stark von der ursprünglichen Form. Daher werden bei der künstlichen Selektion häufig extreme Merkmalsvarianten bevorzugt. Gleichzeitig wirkt auf nicht gewünschte Varianten ein sehr hoher Selektionsdruck, da sie vollkommen von der Fortpflanzung ausgeschlossen werden. Auf diese Weise lassen sich in kurzer Zeit große Veränderungen erzeugen. Allerdings entstehen dabei meist keine neuen Arten, wie die erfolgreiche Kreuzung von Pudel und Wolf sowie die zahlreichen Promenadenmischungen zwischen verschiedenen Hunderassen zeigen. Die reproduktive Isolation gehört eben nicht zu den vorrangigen Zuchtzielen und wurde daher in der zur Verfügung stehenden Zeit nicht erreicht.
Züchtung ermöglicht die gezielte Veränderung von Arten auf der Grundlage von Variabilität und Selektion. Das hatte schon DARWIN richtig erkannt und als Beweis für seine Evolutionstheorie angeführt.

1 Vergleichen Sie künstliche und natürliche Selektion.

87.2 Kojote

87.3 Goldschakal

87.4 Wolf

8 Belege aus der Biochemie und Molekularbiologie

8.1 Immunologischer Verwandschaftsnachweis

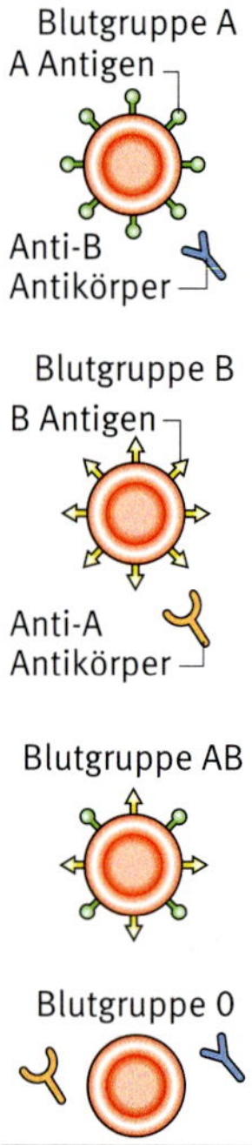

88.1 Blutgruppen des Menschen, Verteilung Antigen und Antikörper

Im 17. Jahrhundert versuchte man Unfallopfern, die viel Blut verloren hatten, zu helfen indem man Ihnen Tierblut übertrug. Leider erwies sich diese Methode als wenig hilfreich, die Patienten starben in der Regel sofort nach der Übertragung. Selbst Übertragungen von Mensch zu Mensch blieben häufig erfolglos. Genauere Untersuchungen zeigten, dass in diesen Fällen Rote Blutkörperchen verklumpt waren und die Adern verstopften. Erst der Wiener Arzt Karl LANDSTEINER konnte dieses Problem 1901 lösen, als er die **Blutgruppen** entdeckte.

Bei seinen Untersuchungen trennte er bei seinem Blut und dem seiner Mitarbeiter die Blutkörperchen von der flüssigen Serum-Fraktion. Anschließend mischte er dann die Serum-Proben jeweils mit den verschiedenen Blutkörperchen-Proben. Bei verschiedenen Kombinationen verklumpten daraufhin die Blutkörperchen, bei anderen nicht. LANDSTEINER schloss aus seinen Versuchsergebnissen, dass es verschiedene Blutgruppen geben müsse. Die Blutgruppe wird durch das Vorhandensein oder Fehlen bestimmter Strukturen auf der Membranoberfläche der Roten Blutkörperchen bestimmt. Diese Struktur ist ein **Antigen.** Alle körperfremden Strukturen können als Antigene wirken, das heißt, Zellen des Immunsystems dazu anregen, spezifische **Antikörper** herzustellen. Diese Proteinmoleküle sind im Serum löslich und verbinden sich spezifisch nach dem Schlüssel-Schloss-Prinzip mit den zugehörigen Antigenen. Jeder Antikörper bindet zwei Antigen-Strukturen und jedes Antigen mehrere Antikörper. So kommt es zu größeren Verklumpungen oder Präzipitaten: Diese sind nicht mehr im Serum löslich und werden von Fresszellen des Immunsystems beseitigt.

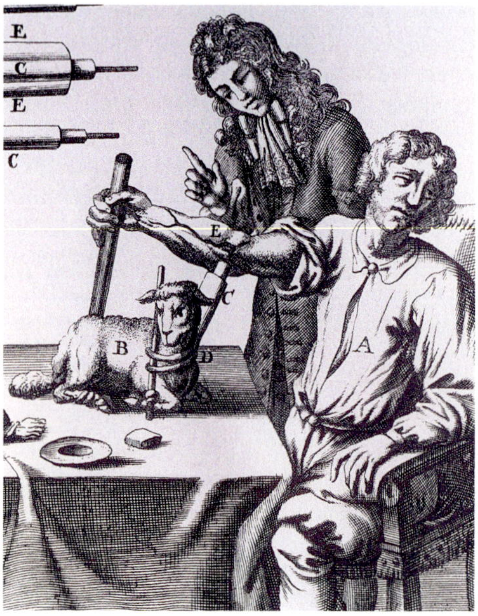

88.2 Bluttransfusion von einem Schaf auf einen Menschen

Die Antikörper-Antigen-Verklumpung oder **Serum-Präzipitin-Reaktion** wurde auch zur Bestimmung von Verwandtschaftsverhältnissen eingesetzt. Dabei geht man davon aus, dass nah miteinander verwandte Lebewesen in ihrem Blutserum auch ähnliche Proteine haben. Entsprechend sollte die Intensität der Verklumpungsreaktion Auskunft über den Grad der Verwandtschaft der Testindividuen geben.

Menschliches Blutserum, Human-Serum, wird in ein Kaninchen injiziert. Dieses produziert daraufhin Antikörper gegen die im Serum enthaltenen menschlichen Proteine. Das Kaninchenblut wird nun von allen Blutkörperchen befreit und man erhält Anti-Human-Serum. Mischt man dieses mit menschlichem Blut, ergibt sich eine vollständige Ausfällung. Mischt man es mit dem Blut anderer Tiere, so nimmt der Grad der Ausfällung mit zunehmender Verwandtschaft zu: Beuteltier 0 Prozent, Schaf 10 Prozent, Pavian 29 Prozent, Orang-Utan 42 Prozent, Gorilla 64 Prozent und Schimpanse 86 Prozent. Dieser **immunologische Verwandtschaftsnachweis** wird heute durch genauere Methoden ersetzt.

1 Erläutern Sie die Verteilung der Blutgruppen-Antigene und aller jeweils möglichen Antikörper bei den menschlichen Blutgruppen A, B, AB und 0.

2 Erläutern Sie mithilfe des Serum-Präzipitin-Tests, warum die Menschen bei der Übertragung von Schafblut oft starben.

3 Entwerfen Sie ein Durchführungsschema in Abbildungsform für den beschriebenen Serum-Präzipitin-Test.

8.2 Aminosäuresequenz-Analyse

Der Serum-Präzipitin-Test erlaubte zwar erstmals eine Verwandtschaftsanalyse auf biochemischer Ebene, aber die Raumstruktur der Proteine wurde nur indirekt über die Intensität der Präzipitate verglichen. Viel genauere Aussagen zur Verwandtschaft sollten bei einem direkten Vergleich der Proteine möglich sein. Es gibt 20 verschiedene **Aminosäuren**, aus denen Proteine aufgebaut sind. Von diesen sind einige wenige bis über 1000 zu einer Kette verbunden. Für einen direkten Vergleich müsste die Abfolge der einzelnen Protein-Bausteine bekannt sein.

Es ist möglich, von einer Aminosäurekette jeweils die endständige Aminosäure abzuspalten und zu bestimmen. Dies gelingt allerdings nur bis zu einer Kettenlänge von 20 Aminosäuren. Die meisten Proteine sind aber länger. Der britische Biochemiker Frederick SANGER spaltete die zu untersuchenden Proteine deshalb durch abbauende Enzyme, die Proteasen, in kleinere Abschnitte. Die kürzeren Peptide analysierte er dann. Mithilfe dieser **Sequenzanalyse** entschlüsselte SANGER die Aminosäurekette des Insulins, wofür er den Nobelpreis bekam.

In der Regel spalten Proteasen die Proteine jeweils nur hinter ganz bestimmten Aminosäuren. Das Verdauungsenzym Trypsin beispielsweise trennt immer hinter den Aminosäuren Lysin oder Arginin. Setzt man Trypsin zur Spaltung ein, entspricht die Anzahl der entstandenen Peptide und freien Aminosäuren der Anzahl der Arginin- und Lysin-Moleküle in dem Protein. Das Verdauungsenzym Chymotrypsin spaltet Proteine immer nach den Aminosäuren Phenylalanin, Tryptophan oder Tyrosin. Spaltet man zum Beispiel MET–GLU–ARG–TYR–ALA–MET mit dem Enzym Trypsin, erhält man die beiden Fragmente MET–GLU–ARG und TYR–ALA–MET. Aus diesen Bruchstücken lässt sich das ursprüngliche Peptid nicht rekonstruieren, denn die Fragmente können sowohl zu MET–GLU–ARG–TYR–ALA–MET als auch zu TYR–ALA–MET–MET–GLU–ARG zusammengesetzt werden. Deshalb wird das zu untersuchende Peptid in einem zweiten Versuch mit Chymotrypsin behandelt. Diesmal erhält man die Bruchstücke ALA–MET und MET–GLU–ARG–TYR. Nun schreibt man das längste Fragment auf. Im Beispiel stammt dieses aus dem Chymotrypsin-Experiment. Dann sortiert man die Bruchstücke aus dem Trypsin-Experiment so darunter, dass dieselben Aminosäuren jeweils übereinander stehen:

MET–GLU–ARG–TYR
MET–GLU–ARG TYR–ALA–MET

Anschließend sucht man aus den Chymotrypsin-Fragmenten dasjenige heraus, das mit dem Überstand des Trypsin-Fragmentes übereinstimmt und schreibt dieses wieder über das Bruchstück:

MET–GLU–ARG–TYR ALA–MET
MET–GLU–ARG TYR–ALA–MET

Das Puzzle ist beendet, wenn es keine Überstände mehr gibt und alle Fragmente aus beiden Sätzen verwendet wurden: Dann steht die Sequenz des Proteins in zwei identischen Abfolgen übereinander.

1 Rekonstruieren Sie nach SANGERS Methode das Protein, dessen enzymatische Zerlegung einmal die Fragmente GLU–TYR–ARG; HIS–TRP–CYS–LYS; MET–GLY und LEU–PHE–ARG ergab und mit einem anderen Enzym die Fragmente CYS–LYS–GKU–TYR; LEU–PHE; ARG–HIS–TRP und ARG–MET–GLY.

ALAnin
ARGinin
ASparagiN
ASParaginsäure
CYStein
GLutamiN
GLUtaminsäure
GLYcin
HIStidin
IsoLEucin
LEUcin
LYSin
METhionin
PHEnylalanin
PROlin
SERin
THReonin
TRYptophan
TYRosin
VALin

89.1 Aminosäuren. Abkürzungen und Namen

89.2 Frederick SANGER (*1918)

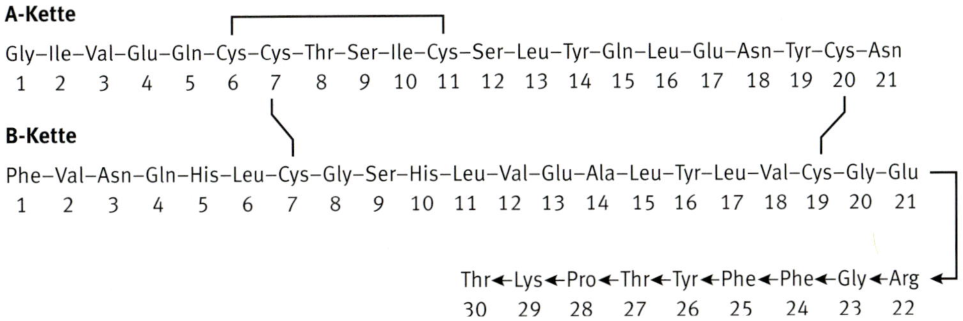

89.3 Aminosäuresequenz des menschlichen Insulins

8.3 Der genetische Code

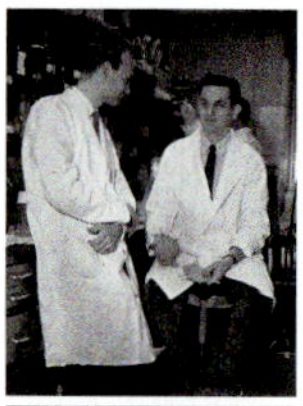

90.1 Marshall Nirenberg und Heinrich Matthaei

Die Biochemiker und Genetiker Marshall Warren NIRENBERG und Heinrich MATTHAEI warteten 1961 mit einer Sensation auf: Es war ihnen gelungen, einen Teil des **genetischen Codes** zu entschlüsseln. Seit den Experimenten von George BEADLE und Edward TATUM, die zur Ein-Gen-ein-Enzym-Hypothese geführt hatten, war man auf der Suche danach gewesen, wie die Desoxyribonukleinsäure DNA in ein Protein übersetzt wird. NIRENBERG und MATTHAEI hielten den Schlüssel hierfür in der Hand. Es war ihnen gelungen, eine messenger-Ribonucleinsäure oder mRNA herzustellen, die nur aus Uracil-Nukleotiden bestand. Diese Poly-U-mRNA wurde an Ribosomen in ein Peptid übersetzt, das nur aus der Aminosäure Phenylalanin bestand. Damit war das erste „Wort" des genetischen Codes gefunden: „UUU" bedeutete Phenylalanin. Fünf Jahre später war durch ähnliche Experimente der gesamte genetische Code entschlüsselt.

Die Nukleinsäuren beinhalten als Träger der genetischen Information jeweils nur vier verschiedene organische Basen: Die DNA enthält Adenin, Cytosin, Guanin und Thymin und bei den RNAs ersetzt Uracil die Base Thymin. Somit können die einzelnen Basen nicht direkt in Aminosäuren übertragen werden, denn es gibt nicht nur vier, sondern zwanzig verschiedene Aminosäuren in den Genprodukten, den Proteinen. Selbst eine Kombination zweier Basen bringt maximal 16 (4^2) verschiedene Variationsmöglichkeiten. Erst wenn drei Basen miteinander kombiniert werden und ein sogenanntes **Codon** oder **Basentriplett** vorliegt, ergibt sich mit $4^3 = 64$ eine ausreichende Zahl von Möglichkeiten, um 20 verschiedene Aminosäuren darzustellen. Nun gibt es sogar ein Überangebot an Varianten, so dass einige Aminosäuren durch bis zu sechs verschiedene Basenkombinationen dargestellt werden. Dadurch ist der genetische Code nur in der Richtung vom Basentriplett zur Aminosäure eindeutig, weil jedem Codon nur eine Aminosäure zugeordnet ist. Umgekehrt ist der Code nicht eindeutig, da bestimmten Aminosäuren auch mehrere Tripletts zugeordnet sein können. Der genetische Code ist *degeneriert.* Neben den einzelnen Aminosäuren werden auch zwei Satzzeichen codiert, nämlich „Start" und „Stop". Die 64 Basentripletts und ihre Übersetzungen werden übersichtlich als Codesonne dargestellt.

90.2 Genetischer Code. Codesonne

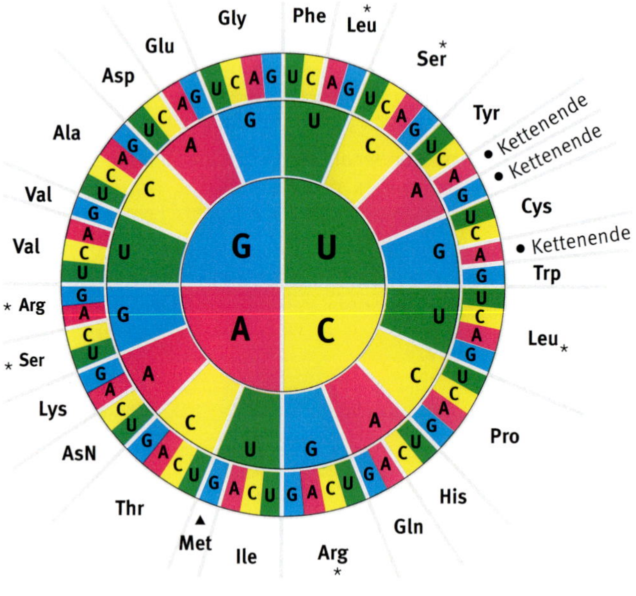

* zweimal auftretende Aminosäuren • Stopp-Codon ▲ Start-Codon

Interessant wurde der genetische Code für die Evolutionsbiologen, als sich herausstellte, dass fast alle Lebewesen die genetischen Informationen nach demselben Code dechiffrieren. Die Unterschiede betreffen nur einzelne Codons. Diese werden bei einigen wenigen Gruppen von Lebewesen oder nur in deren Mitochondrien in eine andere Aminosäure übersetzt. Trotzdem gilt der genetische Code als Universalhomologie und ist somit ein deutlicher Beweis für die gemeinsame Abstammung aller Lebewesen.
Es ist somit möglich, DNA-Abschnitte eines Lebewesens in ein anderes zu übertragen. Die transferierte DNA wird von der Empfängerzelle in der Regel erkannt und in ein Protein umgesetzt.

1. Machen Sie sich mit der Realisierung der genetischen Information über Transkription und Translation vertraut.
2. Beschreiben Sie Vorteile und Nachteile, die sich aus der Universalität des genetischen Codes für den Menschen ergeben.
3. Erklären Sie die Konsequenzen, die sich aus der Universalität des genetischen Codes für den Kreationismus ergeben.

8.4 DNA-Analyse

Die Übersetzung des genetischen Codes in ein Protein eröffnete den Evolutionsbiologen neue Möglichkeiten: War es bisher nur möglich gewesen, die Gen*produkte* zu vergleichen, konnte man nun die Gene selbst miteinander vergleichen. 1953 war James WATSON und Francis CRICK die Strukturaufklärung der DNA als Doppelhelix gelungen. Demnach ähnelt die DNA einer um sich selbst gedrehten Strickleiter. Die beiden Seitenstränge werden durch Zucker-Phosphatketten gebildet und die Sprossen durch Paare der organischen Basen Adenin, Cytosin, Guanin und Thymin. Das Besondere dabei ist die Verknüpfung der jeweiligen Basen, denn Adenin paart sich immer nur mit Thymin und Cytosin immer nur mit Guanin, die Basen verhalten sich zueinander **komplementär** (fr. *complément*, Ergänzungsstück). WATSON und CRICK konnten zeigen, dass zwischen den Basen Wasserstoff-Brücken-Bindungen ausgebildet werden und die Anzahl der Bindungen die Bindungspartner bestimmt: Bei Adenin und Thymin sind es je zwei und bei Guanin und Cytosin jeweils drei Wasserstoff-Brücken-Bindungen.

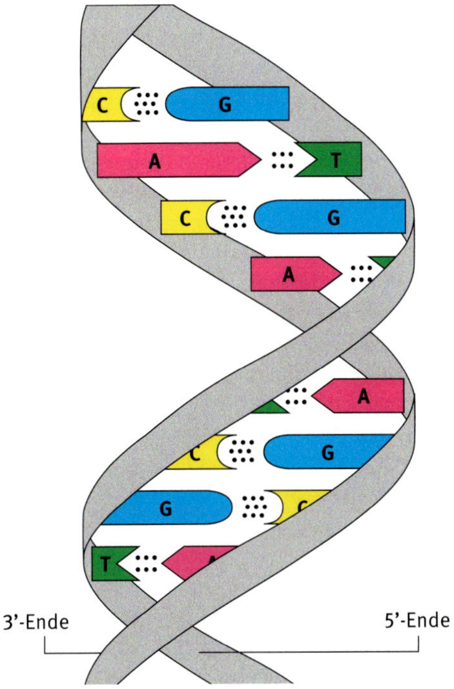

91.1 DNA-Modell nach WATSON und CRICK

WATSON und CRICK schlossen den Aufsatz, in dem sie ihr DNA-Modell vorstellten, mit der lapidaren Bemerkung, dass sich aus diesem Aufbau ganz automatisch auch ein Mechanismus für die Verdoppelung ergäbe. Trennen sich nämlich die beiden Stränge voneinander und somit auch die Wasserstoffbrücken-Bindungen zwischen den Basenpaaren, ergänzen sich neue Stränge jeweils von selbst. An eine Base eines Einzelstranges kann sich aufgrund der möglichen Wasserstoff-Brücken-Bindungen immer nur die komplementäre Base anlagern. Dieses Wissen führte zu der Analysenmethode der **DNA-DNA-Hybridisierung.**

Wenn man DNA langsam auf über 70 Grad Celsius erhitzt, entwindet sich die Doppelhelix und die Wasserstoff-Brücken-Bindungen zwischen den Basenpaaren werden getrennt, die Zucker-Phosphatketten bleiben hingegen noch stabil: Die DNA liegt nach dem Erwärmen in zwei komplementären Einzelsträngen vor, die in einen ungeordneten Knäuelzustand übergehen. Dieser Prozess wird Schmelzen oder **Denaturierung** der DNA genannt. Die Temperatur, bei der 50 Prozent der Wasserstoff-Brücken-Bindungen gespalten sind, wird definitionsgemäß Schmelzpunkt T50 genannt. Dieser ist von Art zu Art verschieden, er ist spezifisch. Menschliche DNA schmilzt beispielsweise bei einer Temperatur von 88,2 Grad Celsius. Lässt man die DNA nach dem Erhitzen langsam wieder abkühlen, lagern sich die Einzelstränge wieder komplementär zu einer Doppelhelix zusammen, was **Renaturierung** genannt wird. Der amerikanische Molekularbiologe Charles SIBLEY nutzte diese Eigenschaft der DNA, um die Verwandtschaftsverhältnisse von Lebewesen zu analysieren.

91.2 Schmelzkurve der DNA

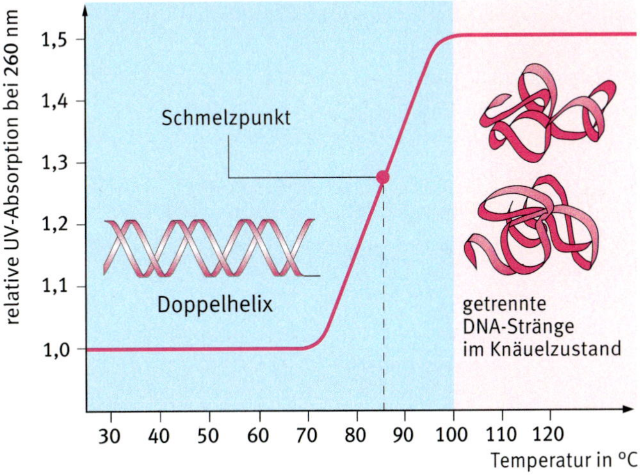

Mischt man geschmolzene DNA zweier verschiedener Arten, so paaren sich beim Abkühlen nicht nur komplementäre DNA-Einzelstränge einer Art. Es finden auch Einzelstränge der beiden verschiedenen Arten zusammen. Dabei handelt es sich dann um eine Hybrid-DNA. Selbstverständlich können bei diesen Hybrid-DNA-Molekülen nur diejenigen Basenpaare Wasserstoff-Brücken-Bindungen ausbilden, die auch komplementär sind. Werden diese Hybrid-DNA-Helices erneut erwärmt, zeigt die Schmelztemperatur, wie viele Basenpaare tatsächlich Wasserstoff-Brücken-Bindungen ausgebildet haben. Je weniger komplementäre Basenpaare es gibt, desto niedriger wird der Schmelzpunkt gegenüber der reinen DNA einer Art ausfallen. Eine Schmelzpunkts-Differenz von einem Kelvin entspricht etwa einem Basensequenzunterschied von einem Prozent. Je größer die komplementäre Übereinstimmung zweier artverschiedener DNA-Einzelstränge ist, desto näher verwandt sind die beiden Arten. Nahe Verwandtschaft senkt demnach den Schmelzpunkt einer Hybrid-DNA gegenüber der reinen DNA nur wenig ab. Somit konnten Verwandtschaftsbeziehungen erstmals auch über DNA-Unterschiede bestimmt werden.

Der nächste Schritt war nun die Sequenzierung der DNA. Hier war erneut Frederick SANGER erfolgreich, der schon die Aminosäuresequenzanalyse entwickelt hatte. Die DNA-Sequenz ermöglicht nicht nur Aussagen über den Verwandtschaftsgrad zweier Lebewesen, sondern sie lässt auch Vermutungen darüber zu, wann sich die Aufspaltung aus einem gemeinsamen Vorfahren vollzog. Somit können die DNA-Moleküle als **molekulare Uhr** genutzt werden. Dieser Begriff war schon in den 60er Jahren des letzten Jahrhunderts unter anderem von Linus PAULING geprägt worden. Er hatte festgestellt, dass sich die Aminosäuren der Hämoglobinmoleküle verschiedener Arten umso mehr unterscheiden, je länger die Arten in ihrer evolutionären Entwicklung voneinander getrennt sind. PAULING verallgemeinerte, dass die Veränderungsrate der Aminosäuren während der Evolution zeitlich konstant sei. Geeicht wurde die molekulare Uhr durch Artenpaare, bei denen der Zeitpunkt der Aufspaltung durch Fossilfunde belegt und datiert war.

92.2 Molekulare Uhr

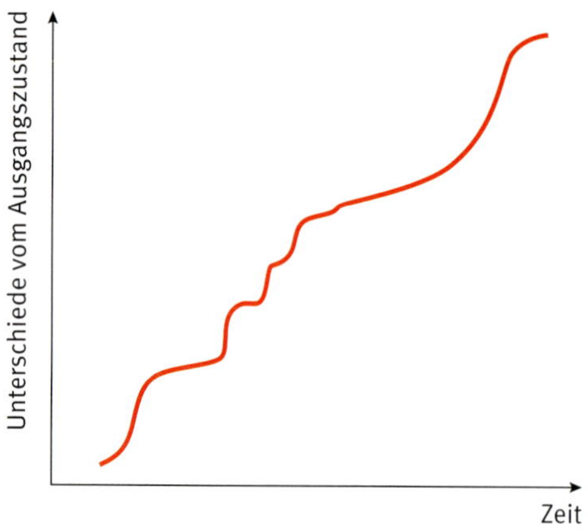

Bald war klar, dass es aufgrund des degenerierten genetischen Codes deutlich mehr Veränderungen gegeben haben musste, als die ausgetauschten Aminosäuren glauben machten. Deshalb bedeutet die DNA-Sequenzierung eine deutliche Verbesserung der Ganggenauigkeit der Uhr, da viel mehr Mutationen erfasst wurden. Nichtsdestotrotz gibt es keine universelle molekulare Uhr, denn die Mutationsraten verschiedener Moleküle können sehr unterschiedlich sein. Von besonderer Bedeutung ist zum Beispiel, wie wichtig die Beibehaltung der Raumstruktur eines Proteins für dessen Funktionalität ist. Je mehr dieser Aspekt Einfluss auf die Fitness der Lebewesen nimmt, desto langsamer werden sich die DNA und das zugehörige Protein evolutiv ändern. Für einzelne Proteine konnte nachgewiesen werden, dass sie molekulare Uhren mit hinreichender Ganggenauigkeit darstellen, zum Beispiel für Hämoglobin oder Cytochrom c. Auch bei den Nukleinsäuren gibt es unterschiedliche Mutationsraten. Gene, die manche RNA codieren, haben eine sehr geringe Mutationsrate und eignen sich deshalb für Untersuchungszeiträume, die mehrere 100 Millionen Jahre umfassen. Mitochondrien-DNA oder mtDNA zeigt hingegen eine sehr hohe Mutationsrate, unter anderem auch deshalb, weil diese Zellorganellen nicht über DNA-Reparaturenzyme verfügen. So lassen sich mit mtDNA schon sehr kurze Zeiträume von einigen 10 000 Jahren untersuchen.

1 Begründen Sie, warum Moleküle mit geringen Mutationsraten nicht zur Untersuchung der letzten 50 000 Jahre geeignet sind.

2 Erläutern Sie, wie Verwandtschaftsbeziehungen mittels der DNA-DNA-Hybridisierung nachgewiesen werden können.

8.5 DNA-Sequenzierung und DNA-Vermehrung durch PCR

Bei der Kettenabbruch-Methode nach SANGER wird die zu bestimmende DNA zuerst denaturiert. Den Einzelsträngen wird ein radioaktiv markierter Primer hinzugefügt, so heißen die Startsequenzen bei der Verdoppelung der DNA. Die komplementäre DNA-Synthese läuft nun parallel in vier verschiedenen Ansätzen. Jeder Ansatz enthält alle für die komplementäre Replikation notwendigen Nukleotide. Außerdem enthält jeder Ansatz eine Sorte eines so genannten Abbruch-Nukleotids (ddA, ddC, ddG oder ddT). An dieses Nukleotid kann kein weiteres Nukleotid angefügt werden. In jedem Ansatz kann die Synthese des komplementären Stranges nur so weit fortschreiten, bis zufällig das entsprechende Abbruch-Nukleotid eingebaut wird. Die entstehende doppelsträngige DNA wird wieder denaturiert und die Einzelstränge werden für jeden Ansatz einzeln durch Gelelektrophorese getrennt. Die kürzesten DNA-Fragmente wandern am weitesten und die Banden werden durch Autoradiographie sichtbar gemacht.

Oftmals sind die zu untersuchenden DNA-Mengen sehr klein, zum Beispiel wenn man DNA-Fragmente ausgestorbener Tiere oder Pflanzen untersuchen will. Durch die Polymerase-Chain-Reaction (PCR) gelingt es, DNA-Abschnitte in kurzer Zeit millionenfach zu vervielfältigen. Im ersten Reaktionsschritt wird die DNA-Probe bei 95 Grad Celsius denaturiert. Nach Abkühlung auf 60 Grad Celsius lagern sich bereits im Reaktionsgemisch enthaltene Primer an die Einzelstränge an. Diese werden nach erneutem Aufheizen auf 72 Grad Celsius komplementär ergänzt. Dabei wird eine hitzebeständige Polymerase eingesetzt, die von einer in heißen Quellen vorkommenden Bakterienart stammt. Dieser Vorgang wird immer wieder durchlaufen und jedes Mal verdoppelt sich die Zahl der DNA-Moleküle. Nach 20 Zyklen liegen bereits mehr als eine Million Kopien vor. Anschließend kann die so vervielfältigte DNA sequenziert werden.

1 Informieren Sie sich in der Fachliteratur und im Internet über die Kettenabbruch-Methode nach SANGER und die Polymerase-Chain-Reaction (PCR) nach MULLIS.

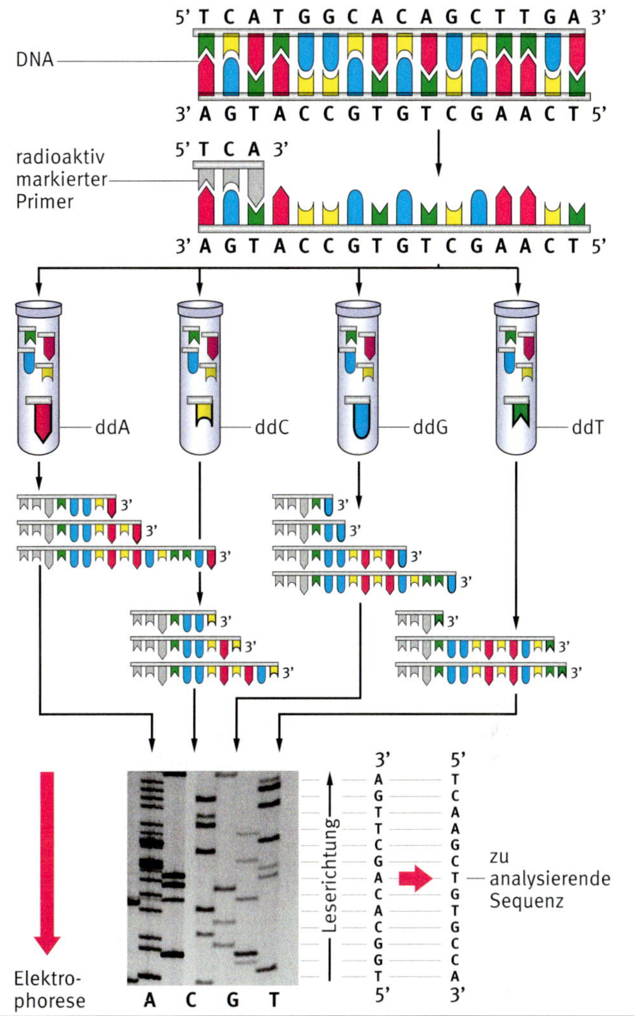

93.1 DNA-Sequenzierung nach SANGER

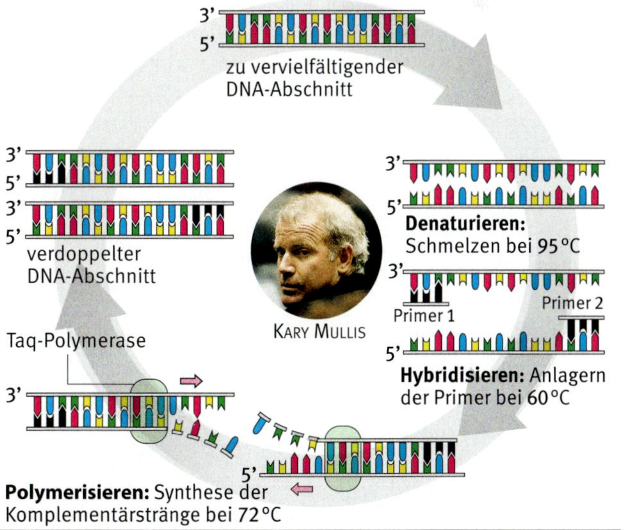

93.2 Polymerase-Chain-Reaction (PCR) nach MULLIS

8.6 Ist der Jurassic Park möglich?

94.1
Apatosaurus

94.2
Tyrannosaurus

94.3
Velociraptor

Der amerikanische Autor Michael CRICHTON schrieb 1990 mit *Jurassic Park* einen internationalen Bestseller. Die Aufmerksamkeit des Publikums wurde nochmals gesteigert, als Steven SPIELBERG das Buch 1993 verfilmte. Die Hauptrolle des Films spielten Dinosaurier wie *Tyrannosaurus, Apatosaurus* oder *Velociraptor.* Die unglaubliche Geschichte wurde recht plausibel entwickelt: Forscher hatten in Bernstein eingeschlossene Mücken entdeckt, die kurz vor ihrem Tod Blut aus Dinosauriern gesaugt hatten. Aus Zellen des Saurierblutes konnte Saurier-DNA isoliert werden. Die in der Saurier-DNA noch enthaltenen Lücken wurden mit der DNA afrikanischer Frösche aufgefüllt und aus der so komplettierten DNA entstanden dann Saurier, die in einem Fossilzoo ausgestellt wurden.

In ihrer Wissenschaftsgläubigkeit hofften viele Zuschauer darauf, dass es in naher Zukunft echte Saurier in einem entsprechenden Dinopark zu besichtigen gäbe. Bestärkt wurden sie durch Aussagen von Wissenschaftlern, dass es tatsächlich Bernsteinfunde mit eingeschlossenen Stechmücken gibt, die Saurierblut beinhalteten. Aus dem Blut ließen sich auch DNA-Fragmente gewinnen und durch Polymerase-Chain-Reaction (PCR) zur Untersuchung vermehren. Allerdings war die DNA durch den Fossilisierungsprozess in viele kleine Fragmente zerfallen. Hier beginnen die Ungereimtheiten in der Filmstory. Aus biologischen Gründen ist es nicht sinnvoll, etwa erkannte Lücken in der DNA mit genetischen Informationen völlig fremder Arten aufzufüllen. Auch wenn vielen Zuschauern Frösche und Saurier hinreichend verwandt scheinen, haben sich deren evolutionäre Wege wahrscheinlich schon vor 300 Millionen Jahren im Perm getrennt. Insofern ist es sehr unwahrscheinlich, dass sich die Lücken von Saurier-DNA mit Informationen aus Frosch-DNA schließen lassen.

94.4 Stegosaurier im Film Jurassic Park 2

Viel einfacher wäre es natürlich, wenn die DNA erst gar keine Lücken enthielte. Insofern stellt sich die Frage, ob man nicht intensiver nach vollständiger DNA suchen sollte, statt lückenhafte DNA mühsam zu reparieren. Aber wie hoch ist die Wahrscheinlichkeit, vollständige DNA zu finden? Wenn ein Lebewesen gestorben ist, zersetzen Mikroorganismen dessen organische Reste. Das betrifft auch die DNA. Deren Nukleotide werden unter dem Einfluss von Sauerstoff leicht oxidiert und können dann über PCR nicht mehr vermehrt werden. Bernstein ist insofern ein wirkungsvoller Schutz, als er Sauerstoff von der DNA fern hält. Außerdem enthält er Terpene, die Mikroorganismen zusätzlich abtöten. Trotzdem bleibt die DNA im Bernstein nicht unbeschränkt erhalten. Ihre fragile Raumstruktur hängt nämlich nicht nur von der Grundstruktur des DNA-Moleküls ab, sondern auch vom Wassergehalt, der sich im Bernstein im Laufe der Zeit verändert. Das hat wiederum auch Auswirkungen auf Stütz-Proteine wie die Histone, die ebenfalls an der Raumstruktur der DNA beteiligt sind. Diese Veränderungen lassen die DNA-Kette im Laufe der Zeit in immer kleinere Stücke aufbrechen.

Aus diesem Grund verlagerte sich die wissenschaftliche Suche nach fossiler DNA in den letzten Jahren von den Dinosauriern weg in die etwas jüngere Vergangenheit. Auch anhaltende Kälte kann die DNA eines Lebewesens brauchbar erhalten. Deshalb rückten ausgestorbene Tiere der Kältesteppen in das Interesse der Forscher. Tatsächlich gibt es Pläne für einen „Pleistocene Park" – in Anlehnung an das Pleistozän, wie das Eiszeitalter auch genannt wird. In Sibirien und Nordamerika werden in Dauerfrost-Böden manchmal Wollhaar-Mammuts gefunden. Diese haben mit dem Asiatischen Elefanten noch einen rezenten nahen Verwandten. Sollte man aus den Keimdrüsen eines männlichen Mammuts Spermienzellen mit intakten Chromosomen gewinnen können, könnte man damit eine Asiatische Elefantenkuh künstlich befruchten und erhielte im Erfolgsfall einen Mammut-Elefanten-Mischling. Durch erneute künstliche Befruchtung mit Mammut-Spermien könnte man dann immer reinere Mammuts züchten.

Eine andere Möglichkeit bietet der Ansatz über Mammut-Körperzellen mit intakten Chromosomen. Diese Chromosomen würden in die entkernte Eizelle einer Asiatischen Elefantenkuh transferiert. Beide Alternativen sind natürlich mit vielen Unwägbarkeiten behaftet. Abgesehen davon, dass man noch keine Mammut-Zellen mit intakten Chromosomen gefunden hat, bliebe abzuwarten, ob Mammut und Asiatischer Elefant überhaupt lebensfähige Hybride produzieren können. Auch ist fraglich, ob der Zellkern eines Mammuts überhaupt mit der entkernten Eizelle einer Asiatischen Elefantenkuh harmoniert, denn schließlich wird hier eine Artgrenze überschritten.

Das gesamte Mammut-Genom besteht aus etwa drei Milliarden Basenpaaren. Bisher ist alle Mammut-DNA, die man gefunden hat, stark fragmentiert, die Stückchen sind nur wenige Dutzend bis einige Hundert Basenpaare lang. Sollte tatsächlich das gesamte Mammutgenom in einer Zelle vorliegen, ist es in schätzungsweise fünf Millionen Teile zerfallen. Diese wieder in die richtige Reihenfolge zu bringen, ist zwar möglich, aber sehr zeitaufwändig. Ende 2005 war das längste zusammenhängend rekonstruierte Stück 13 Millionen Basenpaare lang, was etwa 0,4 % des gesamten Genoms entspricht. Aber selbst wenn man das gesamte Mammut-Genom sequenziert hat, hat man noch kein lebendes Mammut. Denn bisher ist es keinem Gen-Labor der Welt gelungen, entsprechend große DNA-Moleküle stabil herzustellen, geschweige denn, diese in komplette Chromosomen zu verpacken.

Deshalb konzentriert sich die Aufmerksamkeit der Molekularbiologen auf noch jüngere, ausgestorbene Arten, bei denen es Hoffnung auf intakte DNA und Chromosomen gibt. Solch eine Spezies ist der Beutelwolf oder Beuteltiger. Der letzte Vertreter dieser Art starb 1936 in einem Zoo in Hobart, Tasmanien. Von diesen Tieren gibt es einige Gewebeproben, die in Alkohol aufbewahrt werden. Aber auch hier konnten bisher keine intakten Chromosomen gewonnen werden.

Im Jahr 2008 isolierten Genetiker einen nicht kodierenden DNA-Abschnitt des Beutelwolfes

95.1
Rekonstruktion eines Wollhaar-Mammuts

95.2
Rekonstruktion eines Beutelwolfes

und identifizierten in Mäuseembryonen einen ähnlichen DNA-Bereich. Sie kombinierten die beiden Stücke und wiesen nach, dass der DNA-Abschnitt des Beutelwolfes im Mäuseembryo die Bildung von Knorpelgewebe beeinflusste. Es ist also möglich, genetisches Material von ausgestorbenen Tieren in rezente Tiere zu übertragen. Dieses Material übt dort seine ursprüngliche Funktion aus. Dennoch steht man bei der Reanimation ausgestorbener Lebewesen mittels gentechnischer Methoden noch ganz am Anfang und Erfolge sind in naher Zukunft noch nicht zu erwarten.

1 Begründen Sie aus evolutionsbiologischer Sicht, welche Arten herangezogen werden sollten, um eventuelle Lücken in Saurier-DNA aufzufüllen.

2 Recherchieren Sie, welche Bedeutung Transkriptionsfaktoren bei der Realisierung der genetischen Information bei Eukaryoten haben.

3 Erläutern Sie, welche Auswirkungen das Phänomen des differenziellen Spleißens auf die „Wiederbelebung“ fossiler DNA hat.

Belege aus Parasitismus, Biochemie und Molekularbiologie

1

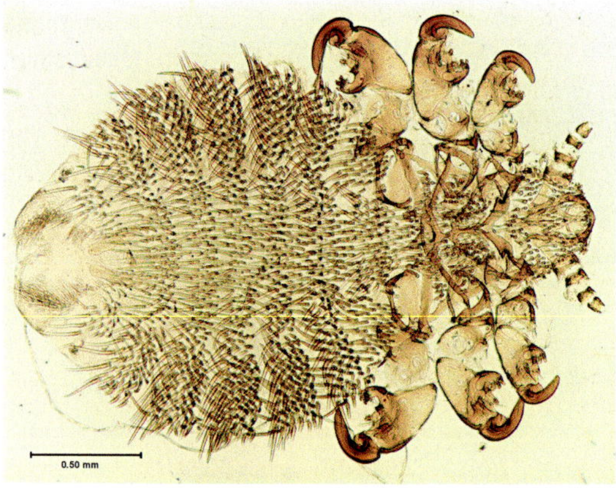

Echte Läuse sind weltweit mit etwa 500 Arten und in Mitteleuropa mit 35 Arten verbreitete Insekten. Sie parasitieren ausnahmslos Säugetiere, von deren Blut sie sich ernähren. Läuse sind nicht größer als sechs Millimeter und haben am Körper viele Borsten. Der Körper ist insgesamt relativ abgeplattet und die Beine sind zu Klammerbeinen umgebildet. Die Mundwerkzeuge sind stechend saugend. Erstaunlicherweise findet man Läuse auch an Robben.

a) Beschreiben Sie die Angepasstheiten der abgebildeten Robbenlaus mit den jeweiligen Selektionsvorteilen.
b) Ziehen Sie Schlussfolgerungen aus der Existenz von Läusen auf Robben.
c) Erläutern Sie, inwiefern die Existenz von Robbenläusen die darwinistische Sichtweise der Evolution unterstützt.

2

Bevölkerungsgruppe	0	A	B	AB
Aborigines	61	39	0	0
Ainu (Japan)	17	32	32	18
Deutsche	41	43	11	5
Inder	37	23	33	7
Indianer (Peru)	100	0	0	0
Kikuyu	60	19	20	1
Norweger	39	49	8	4
Schwarzfuß-Indianer	17	82	0	1
Sudaneser	62	16	21	0
Thais	37	22	33	8
Vietnamesen	42	22	30	5

Bevölkerungsgruppen des Menschen zeigen im Bezug auf das AB0-Blutgruppen-System ganz unterschiedliche Verteilungen. Es gibt Theorien, die die Verteilung der Blutgruppen mit den Einflüssen endemischer Infektionskrankheiten begründen.

Zum Beispiel enthält das Pocken verursachende *Variola*-Virus ein Antigen, das dem Antigen der Blutgruppe A sehr ähnlich ist. Pocken gelten heute auf der Welt in freier Natur zwar als ausgelöscht, waren aber seit Jahrhunderten in Zentralasien und großen Teilen Afrikas verbreitet.
Die Syphilis gehört zu den Krankheiten, die durch Geschlechtsverkehr übertragen werden. Sie wird durch das Bakterium *Treponema pallidum* verursacht. Es ist nachgewiesen, dass diese Infektionskrankheit bei Trägern der Blutgruppe 0 einen günstigeren Verlauf nimmt als bei den Angehörigen der anderen Blutgruppen.
Anfangs war man überzeugt, dass die Schiffsbesatzungen von Christoph KOLUMBUS diese Krankheit aus Mittelamerika nach Europa gebracht hätten. Inzwischen hat man Folgen einer Syphilis-Erkrankung sowohl bei Skeletten einer griechischen Siedlung aus dem sechsten vorchristlichen Jahrhundert als auch aus Pompeji nachgewiesen. Das zeigt, dass die Krankheit schon lange vor den Conquistadoren in Europa heimisch war. Molekulargenetische Untersuchungen geben Hinweise darauf, dass der durch die Spanier eingeschleppte Stamm von *Treponema pallidum* für die europäische Bevölkerung völlig neu war und deshalb eine verheerende Epidemie auslöste.

a) Erläutern Sie, inwiefern die unterschiedliche Blutgruppen-Verteilung kreationistischem Gedankengut widerspricht.
b) Zeigen Sie die möglichen Zusammenhänge zwischen der Verbreitung der Blutgruppen und der Verbreitung endemischer Infektionskrankheiten auf.
c) Stellen Sie eine begründete Vermutung darüber an, mit welchen molekulargenetischen Methoden die unterschiedlichen Stämme von *Treponema pallidum* untersucht wurden.

3

Die Abbildungen zeigen Rauchschwalbe und Mauersegler sowie einen Nektarvogel und einen Kolibri. Die beiden nebeneinander abgebildeten Paare besetzen jeweils ähnliche ökologische Nischen und sehen auch recht ähnlich aus. Auf der Basis des typologischen Artbegriffs würde man für beide Paare eine nahe evolutionäre Verwandtschaft vermuten.

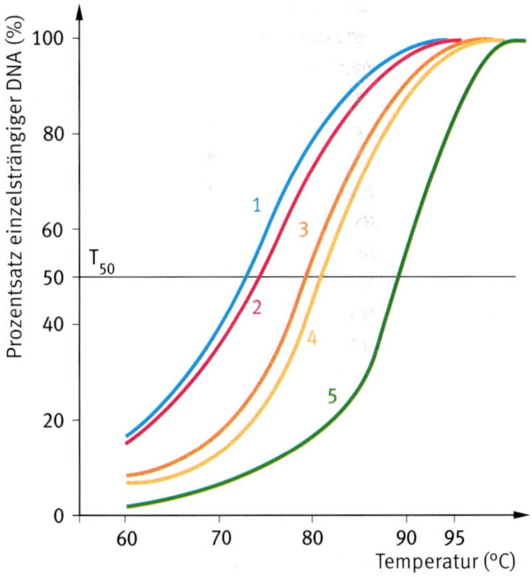

a) Vergleichen Sie die beiden Vogelpaare jeweils phänotypisch miteinander.

b) Recherchieren Sie für die vier Arten ergänzende Informationen zur Lebensweise. Stellen Sie Angepasstheiten an die jeweilige Lebensweise heraus.

c) Erläutern Sie die Methode der DNA-DNA-Hybridisierung kurz und beschreiben Sie die Ergebnisse der oben abgebildeten Schmelzkurven der DNA-Hybriden der vier Vogelarten.

d) Begründen Sie aus den Schmelzkurven die verwandtschaftlichen Verhältnisse zwischen den vier Vogelarten und erläutern Sie abschließend das Zustandekommen der phänotypischen Ähnlichkeiten.

4

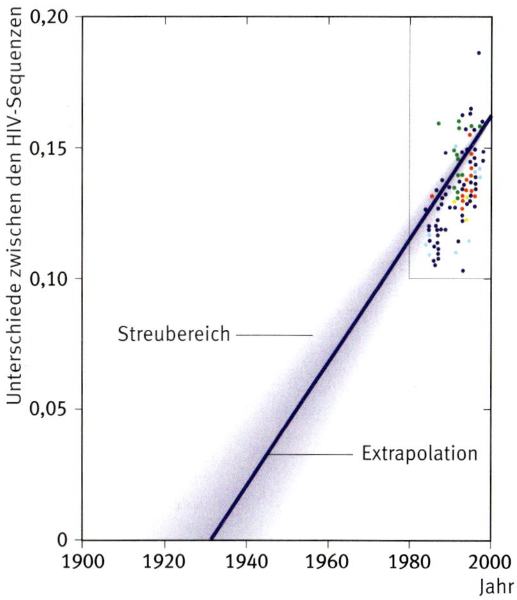

Die Immunkrankheit AIDS hat seit den 1980er Jahren schätzungsweise 25 Millionen Menschen das Leben gekostet. Die Krankheit wird durch das Humane Immundefizienz-Virus HIV ausgelöst. Derzeit sind wahrscheinlich 35 Millionen Menschen mit HIV infiziert. Die hohe Sterblichkeit und die rasante Ausbreitung der Infektionskrankheit über die gesamte Welt haben Spekulationen zur Entstehung des Virus angeregt. Mehrere Wissenschaftler unterstellten, das Virus sei ein misslungenes Experiment amerikanischer Geheimdienste unter anderem mit dem Maedi-Visna-Virus, einem Retrovirus, das Schafe befällt.

Diese Hypothese wurde widerlegt, weil es Nachweise von AIDS-Infektionen aus Blutproben in Afrika gibt, die für gentechnische Experimente viel zu alt sind. Die älteste Probe datiert aus dem Jahr 1959.

Heute geht man davon aus, dass HIV von einem Affenvirus abstammt. Bei Schimpansen gibt es einen ähnlichen Virus, der SIV heißt, Simian Immundefizienz-Virus (lat. *simia*, Affe). Molekulargenetiker verglichen aus verschiedenen Proben des HIV Typ I jeweils die Sequenz eines Gens. Anschließend verglichen sie die Sequenzen zeitgleich entnommener DNA-Abschnitte und stellten die Anzahl der durchschnittlichen Basenunterschiede fest. Die festgestellten Unterschiede finden sich in der Abbildung als Punkte wieder.

a) Beschreiben Sie den in der Abbildung dargestellten Sachverhalt.

b) Erläutern Sie, warum Gene des HIV auch schon bei sehr kurzen Zeitabständen als molekulare Uhr verwendet werden können.

c) Erläutern Sie, warum die dargestellten Ergebnisse auf den Zeitpunkt des Übergangs des SIV auf den Menschen schließen lassen.

Ablauf der Evolution

1 Physikalisch-chemische Evolution

1.1 Entstehung der Erde

In der ersten Hälfte des letzten Jahrhunderts nahm eine für wissenschaftliche Laien kaum begreifliche Hypothese immer konkretere Formen an: Das gesamte Universum war vor etwa 13 bis 15 Milliarden Jahren auf kleinstem Raum konzentriert. Dabei herrschten extreme Werte für Druck, Temperatur und Dichte jenseits unseres Vorstellungsvermögens und der physikalischen Gesetze.
Nach dieser Überlegung expandiert das Universum seit einem **Urknall** oder „Big Bang" genannten Prozess mit zunehmender Geschwindigkeit und kühlt sich dabei immer weiter ab. Dabei breiten sich Materie *und* Raum gleichzeitig aus.

Die kosmischen Prozesse, die während der Expansion abliefen und noch immer ablaufen, lassen sich nach den Gesetzen der Teilchenphysik vorhersagen. Innerhalb der ersten Sekunde entstanden aus fundamentalen Bausteinen der Materie, Quarks genannt, Elementarteilchen wie Protonen und Neutronen. Die Temperatur war gleichzeitig auf etwa 10 Milliarden Grad Celsius gesunken. Nach rund einer Minute haben sich die ersten Wasserstoff- und Heliumatome gebildet. Nach rund drei Minuten war die Temperatur bereits auf eine Milliarde Grad Celsius gesunken und das Weltall bestand zu 24 Prozent aus Helium- und zu 76 Prozent aus Wasserstoff-Atomen. Nach weiteren 100 bis 250 Millionen Jahren verdichteten sich diese Atome unter dem Einfluss der Gravitation zu ersten Sternen kurzer Lebensdauer. Einige von ihnen explodierten als Supernova. Dabei entstanden durch Kernverschmelzung schwerere Elemente wie Metalle, eine wichtige Voraussetzung für die Planetenbildung.

98.1 **Modell der Entstehung unseres Sonnensystems aus einer rotierenden Materiescheibe vor etwa fünf Milliarden Jahren**

Vor rund 5 Milliarden Jahren war die Temperatur im Universum durch die Expansion auf etwa –260 Grad Celsius abgesunken. In diese Zeit fällt die Entstehung unseres Sonnensystems. Eine riesige Gas-Staubwolke verdichtete sich, eventuell ausgelöst durch die Explosion einer Supernova, unter Erhöhung von Temperatur und Druck zu einer rotierenden Materiescheibe. In deren Mitte befand sich die Ursonne. Durch die Zentrifugalkräfte wurden aus der Scheibenmitte Materieströme ins All geschleudert. Kleinste Partikel verklumpten nach und nach zu Planetenvorläufern mit mehreren Metern Durchmesser. Diese kollidierten vor etwa 4,6 Milliarden Jahren zu den vier inneren Planeten mit Metallkernen: Merkur, Venus, Erde und Mars. Weiter entfernt entstanden aus der Teilchenwolke die teilweise riesigen Gasplaneten Jupiter, Saturn, Uranus und Neptun.
Die inneren Planeten verzeichneten durch weitere Kollisionen und radioaktive Zerfallsreaktionen im Kern einen starken Temperaturanstieg. Dadurch schmolz das feste Gestein, was eine Differenzierung des Materials nach der Dichte ermöglichte. So erklärt sich der Schalenaufbau der Erde aus Kern, Mantel und Kruste.
Vor etwa 4,5 Milliarden Jahren prallte ein etwa marsgroßer Himmelskörper auf die Erde und große Teile ihres Mantels verdampften. Sie bildeten zusammen mit Bruchstücken des Einschlagkörpers den Mond, wie Analysen des Mondgesteins bestätigten.

1.2 Chemische Evolution der Erde

Vor 4,4 Milliarden Jahren führte das Abkühlen der Erde zur Verfestigung der Erdkruste. Dieser Prozess wurde häufig unterbrochen durch gewaltige Vulkaneruptionen und Asteroideneinschläge. Durch Ausgasungen entstand eine **erste Atmosphäre** aus Wasserstoff (H_2) und Helium (He), Kohlenstoffmonooxid (CO) und -dioxid (CO_2), Stickstoff (N_2) und Wasser (H_2O). Die beiden leichten Gase Wasserstoff und Helium diffundierten größtenteils in den Weltraum.

Vor 4,2 Milliarden Jahren schlug sich durch weiteres Abkühlen erstmals Wasserdampf als Flüssigkeit nieder, der Wasserkreislauf setzte sich in Gang. Zu dieser Zeit wurde die Erde von der **zweiten Atmosphäre** umhüllt. Auch deren Zusammensetzung ist hypothetisch, da aus dieser Zeit keine eingeschlossenen Luftproben für Analysen gefunden wurden. Es gibt lediglich indirekt Hinweise durch Ausgasungen bei Vulkanausbrüchen, die heute noch immer ähnliche Zusammensetzungen aufweisen sollten.

Alexander OPARIN und Harold UREY gingen in den 50er Jahren des letzten Jahrhunderts von einer stark reduzierend wirkenden **zweiten Atmosphäre** aus, die neben CO, CO_2, H_2, H_2O und N_2 auch Ammoniak (NH_3) und Methan (CH_4) enthalten haben sollte. Mit diesen Gasen simulierte Stanley MILLER die Entstehung einfacher, biologisch bedeutsamer Moleküle. Neuere Untersuchungen deuten jedoch auf eine schwach reduzierende Atmosphäre ohne NH_3 und CH_4 hin.

Vor 2,7 Milliarden Jahren nahm der Sauerstoff-Gehalt (O_2) der Atmosphäre zu. Die Gasverteilung der heutigen **dritten Atmosphäre** liegt bei etwa 78 Prozent N_2 und 21 Prozent O_2. Sauerstoff entsteht durch einen Stoffwechselvorgang, die **Fotosynthese,** also durch Auswirkungen von Leben auf der Erde. Wie ist dieses Leben auf der Erde entstanden? Nach derzeit gültigen Hypothesen erfolgte dieser Prozess in vier Schritten:

1. Synthese einfacher Grundbausteine, Biomonomere (gr. *bios,* Leben; *monos,* allein; *meros,* Teil), in der chemischen Evolution;
2. Verknüpfung der Biomonomere zu Polymeren (gr. *poly,* viel);
3. selbstständige Replikation der Polymere;
4. Entstehung von Zellvorläufern, den *Protobionten* (gr. *protos,* erster).

GESCHICHTE

Modellexperimente von MILLER

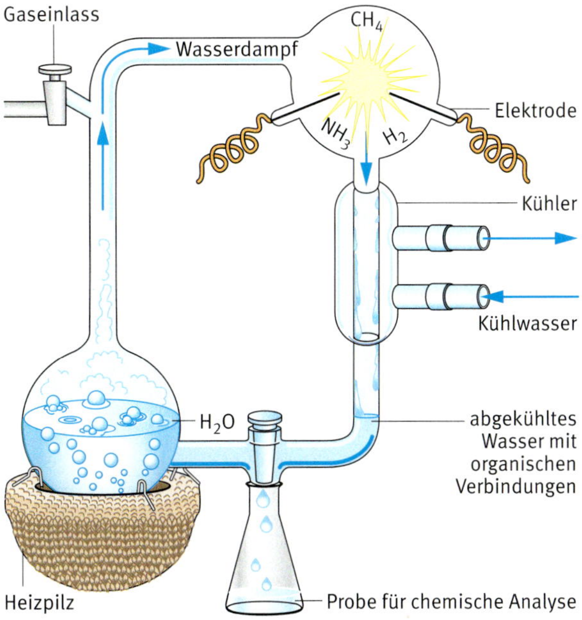

Stanley MILLER erhitzte in einem Kugelkolben Wasser zum Sieden. Der Wasserdampf wurde in einem zweiten Reaktionskolben, ausgehend von einer reduzierenden Uratmosphäre, mit den Gasen Wasserstoff, Ammoniak und Methan elektrischen Entladungen ausgesetzt. Durch einen Kühler wurde das Gasgemisch verflüssigt und in den ersten Kugelkolben zurückgeführt. Über das Sammelrohr wurden Proben zur chemischen Analyse abgenommen. Die einzelnen Versuche mit unterschiedlichen Gasmengen liefen von wenigen Stunden bis zu einer Woche.

Bei seinen ersten Experimenten konnte MILLER Ameisensäure, Glycin, Milchsäure, Alanin und Glutaminsäure nachweisen. Variationen der Versuchsbedingungen führten später auch zu Fetten, Kohlenhydraten sowie Bestandteilen der Nukleinsäuren.

PORTRÄT

Angeregt durch einen Vortrag seines Doktorvaters Harold UREY experimentierte Stanley MILLER 1952 in Chicago. Seine Versuche sollten die Entstehung erster biochemisch wichtiger Moleküle in der Uratmosphäre nachstellen. MILLER war erfolgreich und konnte unterschiedlichste Verbindungen nachweisen. Er wurde Professor in San Diego, Kalifornien.

Stanley MILLER
(1930–2007)

Bausteine des Lebens

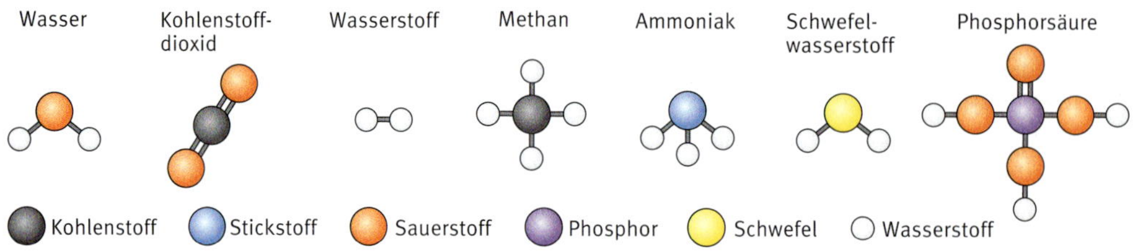

Die oben gezeigten Grundbausteine für die Entstehung biochemisch wichtiger Substanzen dürften auf der jungen Erde in ausreichender Menge vorgekommen sein. Sie waren entweder bereits in den Planetenvorläufern vorhanden, aus denen die Erde gebildet wurde, oder sie entstanden durch vulkanische Tätigkeiten auf der Erde selbst. Auch heute lassen sich diese Substanzen in den Ausgasungen von Vulkanen oder in Meteoriten nachweisen, die auf der Erde niedergehen.

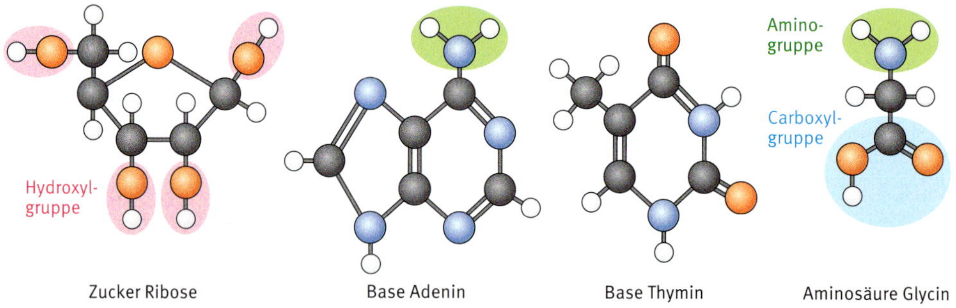

Die Reaktion von Monomeren wie Aminosäuren zu den jeweiligen Polymeren stellt Forscher unter den hypothetischen Bedingungen der Urerde noch immer vor Probleme.
Aminosäuren sind durch zwei funktionelle Gruppen gekennzeichnet, eine Amino- ($-NH_2$) und eine Carboxylgruppe ($-COOH$). Bei der Verknüpfung zweier Aminosäuren durch eine **Peptidbindung** reagiert eine Aminogruppe mit einer Carboxylgruppe. Dabei entstehen ein Dipeptid sowie ein Molekül Wasser. Es handelt sich deshalb um eine **Kondensation** (lat. *condensatio,* Verdichtung).

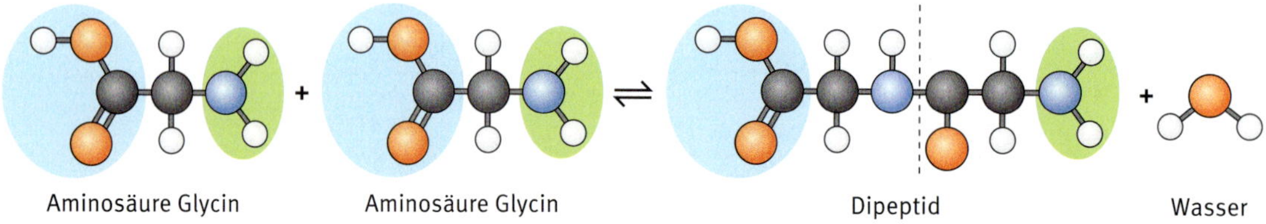

Diese ist auch umkehrbar: Die Peptidbindung wird unter Wasserverbrauch gespalten, hierbei entstehen wieder zwei einzelne Aminosäuren. In einer wässrigen Umgebung läuft die Hydrolyse eines Dipeptides schneller ab als seine Synthese. In einem Organismus werden Reaktionen in wässrigem Milieu von Enzymen katalysiert. Diese gab es auf der Urerde aber noch nicht.
Dasselbe Problem gibt es bei der Bildung anderer biochemischer Stoffklassen wie Kohlenhydraten, Fetten oder Nukleinsäuren. Auch bei diesen Synthesen handelt es sich jeweils um Kondensationen. Zur Bildung eines Kohlenhydrates reagieren zwei Hydroxylgruppen ($-OH$) von Zuckern miteinander unter Ausbildung einer **glykosidischen Bindung.** Bei der **Veresterung** zu einem Fett reagieren die Hydroxylgruppen eines Alkanols mit den Carboxylgruppen von Carbonsäuren. In Nukleinsäuren schließlich ist Phosphorsäure mit einem Zucker verestert. An diesen wiederum wird unter erneutem Wasseraustritt eine organische Base gebunden.

1 Informieren Sie sich in der Literatur über Kondensationsreaktionen.

1.3 Proteinoide, Tonmineral- und Pyrit-Hypothese

Die MILLER-Experimente zeigten, dass Biomonomere auf der Urerde entstehen konnten. Eine Lösung solcher Teilchen im Urozean oder in abgetrennten Lagunen bezeichnet man als **Ursuppe.** Deutlich problematischer wird jedoch die Zusammenlagerung der Monomere zu Makromolekülen.
Diese Reaktionen sind durchweg *Kondensationen*, das heißt Zusammenlagerungen unter Abspaltung von Wasser. Solche Reaktionen laufen in wässrigem Milieu nicht freiwillig ab; denn die Hydrolyse läuft schneller ab als die Synthese. Im wässrigen Zellplasma laufen Kondensationen zwar ab, hier stehen jedoch Katalysatoren in Form von Enzymen zur Verfügung. Solche Biokatalysatoren entstehen aber erst durch Zusammenlagerung einzelner Monomere.

Dieses Dilemma glaubte der Amerikaner Sydney FOX 1958 gelöst zu haben: Er erhielt proteinähnliche Strukturen durch das mehrstündige Verdampfen aminosäurehaltiger Lösungen bei 70 bis 170 Grad Celsius unter Stickstoff-Atmosphäre. Das entstandene **Proteinoid** zeigte sogar eine geringe katalytische Wirksamkeit bei verschiedenen Stoffwechselreaktionen. Es unterscheidet sich jedoch von einem Protein sowohl in der Art der Aminosäureverknüpfung als auch in der Raumstruktur.

Eine andere Hypothese nimmt an, dass polare **Tonmineralien** als Katalysatoroberfläche für die Synthese eines **Polypeptides** dienten. Bei der Austrocknung eines Kleingewässers sollen sich Aminosäuren an die Tonstrukturen angelagert haben. So gelangten die Aminosäuren in enge Nachbarschaft zueinander und bildeten Peptidbindungen aus. Stieg der Wasserspiegel wieder, löste sich das Polypeptid vom Ton und reagierte weiter. Neben Ton werden noch weitere Katalysatoren für die Synthese von Makromolekülen diskutiert.

Der Deutsche Günter WÄCHTERSHÄUSER veröffentlichte 1988 die **Pyrit-Hypothese.** Pyrit war auf der Urerde ein häufiges Mineral. Die auch Katzengold genannte Verbindung entsteht durch die Oxidation von Eisensulfid (FeS) durch Schwefelwasserstoff (H_2S):

$$FeS + H_2S \rightarrow FeS_2 + 2\,H^+ + 2\,e^-$$

Dabei frei werdende Elektronen und Wasserstoff-Ionen (Protonen) liefern die Energie und das Reduktionsmittel, um Kohlenstoffdioxid in verwertbarer Form zu fixieren. WÄCHTERSHÄUSER konnte unter diesen Bedingungen die Synthese einzelner Aminosäuren zwar noch nicht nachstellen. Dafür gelang aber der Nachweis, dass bereits vorhandene Aminosäuren in einem solchen Milieu tatsächlich zu Polypeptiden polymerisieren. Die Voraussetzung für die chemische Evolution, die Bildung entsprechender Biomonomere und -polymere, wäre demnach ein urtümlicher Stoffwechsel.

101.1 Pyrit

101.2 Habitat von Schwefelbakterien

1 Erläutern Sie, warum es sich bei den vorgestellten Modellen zur Entstehung von Biopolymeren um Hypothesen handelt.

2 Vergleichen Sie das Reaktionsschema zur Pyrit-Hypothese mit der Chemosynthese eisenoxidierender, nitrifizierender oder schwefeloxidierender Bakterien.

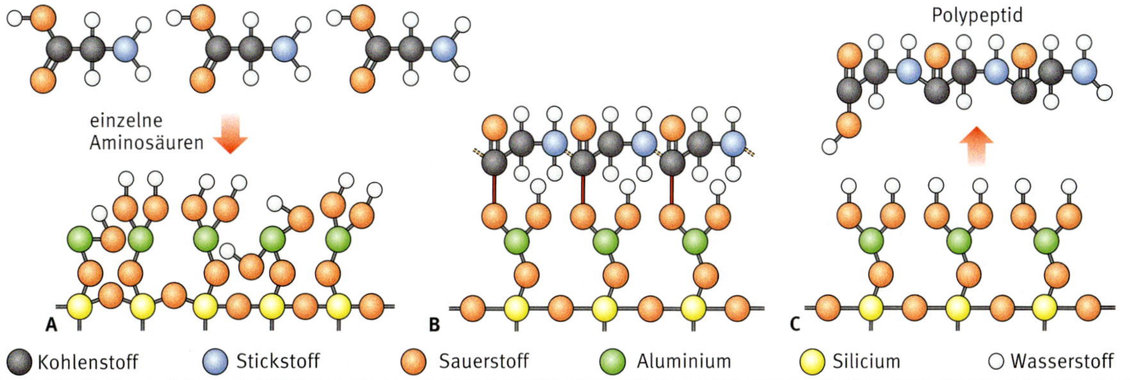

101.3 Entstehung von Polypeptiden an Tonmineralien. A Anlagerung einzelner Aminosäuren (violett); **B** Anheftung der Aminosäuren an das Tonmineral (rot) und Verbindung untereinander (orange); **C** Ablösung des Polypeptids (violett)

1.4 Schwarze Raucher

1977 erwartete amerikanische Forscher eine große Überraschung, als sie mit dem Tauchboot Alvin vor den Galapagos-Inseln in 2600 Meter Tiefe auf den Meeresboden gelangten: Aus Bodenspalten strömt bis zu 350 Grad heißes Wasser. Bei Kontakt mit dem kalten Meerwasser fallen schwarze Metall-Schwefel-Verbindungen aus, die sich zu bis zu 15 Meter hohen Schloten auftürmen können. Sie werden **Schwarze Raucher** oder Black Smokers genannt.

102.1 Schwarzer Raucher in 2600 m Tiefe

Diese findet man, wo zwei Erdplatten aneinander stoßen. Hier steigt heißes Magma auf und erhitzt einsickerndes Meerwasser, in dem sich dann Schwefel-Verbindungen aus dem umliegenden Gestein lösen.
Das erstaunlichste aber waren die Lebensgemeinschaften, die sich an den Hydrothermalquellen (gr. *hydor,* Wasser; *thermos,* warm) etabliert haben. Nicht lichtabhängige Pflanzen, sondern lichtunabhängige Schwefelbakterien sind in diesem Ökosystem die Primärproduzenten. Blinde Schlot-Garnelen konsumieren beispielsweise deren Biomasse.
Manche Forscher sehen in den thermophilen (gr. *philos,* liebend) Bakterien der Black Smoker im Zusammenhang mit der Pyrit-Hypothese Überbleibsel der ersten Lebensformen. Sie nehmen an, dass diese in der Tiefsee entstanden. Dem wird aber entgegengehalten, dass die Schwarzen Raucher nur in geologisch sehr aktiven Zonen vorkommen. Einzelne Quellen haben nur eine relativ kurze Lebensdauer, weil sich Bruchzonen verschieben. Außerdem wäre die Temperatur an den Quellen für die Entstehung erster Biopolymere teilweise zu hoch.
Letztlich gibt es bisher nur Hypothesen zur ersten Entstehung der Biopolymere, von denen sich noch keine entscheidend durchsetzen konnte.

ASTRONOMIE

Panspermie-Hypothese

Im Jahre 1906 formulierte der schwedische Chemiker Svante ARRHENIUS (1859–1927) die **Panspermie-Hypothese.** Derzufolge ist das Leben nicht auf der Erde entstanden, sondern gelangte durch Meteoriten zu ihr. ARRHENIUS übernahm dabei Gedanken des griechischen Philosophen ANAXAGORAS (ca. 500–428 v. Chr.), der die Meinung vertrat, dass Lebenskeime überall im Weltall verteilt wären und dann Wurzeln schlügen, wenn die Bedingungen dafür günstig seien.
1984 verhalf der britische Astronom Fred HOYLE der Panspermie-Hypothese zu neuer Aufmerksamkeit. Er bezog sich dabei auf zwei moderne Erkenntnisse: Erstens konnten organische Moleküle im Weltall nachgewiesen werden und zweitens wurden aus vielen Meteoriten, die auf der Erde niedergingen, biochemisch wichtige organische Moleküle isoliert. Zudem gibt es Diskussionen darüber, ob manche Strukturen aus Meteoriten nicht als Zellvorläufer, so genannte Protobionten, interpretiert werden können. Sicher ist, dass im Laufe der Jahre viele organische Stoffe in Meteoriten die Erde erreicht haben. Trotzdem bleibt fraglich, ob dies die einzige Quelle solcher Verbindungen für die Erde war, oder ob diese Stoffe nicht auch auf der Erde selbst entstanden sind. Manche Verfechter dieser Theorie glauben sogar, dass nicht nur die organischen Vorläufermoleküle aus dem Weltall gekommen sind, sondern auch die ersten lebenden Zellen.

1 Erläutern Sie, welchen Belastungen Mikroorganismen während ihres Transportes durch das All ausgesetzt sind. Schätzen Sie den Erfolg eines solchen Transportes ab.

2 Begründen Sie, warum die Panspermie-Hypothese das Rätsel der Entstehung des Lebens nicht lösen kann.

2 Entstehung von Leben

2.1 Bedeutung von Membranen

Viele Hypothesen zur Entstehung von Biopolymeren leiden unter den wahrscheinlich zu niedrigen Konzentrationen der beteiligten Stoffe. Deshalb ist es von Vorteil, wenn Reaktionsräume gegen die Umwelt abgetrennt werden, sodass innen ein anderes Milieu herrscht als außen. Daher ist die Entstehung von Membranen besonders wichtig. Im vorigen Jahrhundert wurden in diesem Sinne zwei Modelle entwickelt.

Sidney FOX beobachtete beim Abkühlen von Proteinoiden in wässrigen Lösungen die Entstehung kugelförmiger Partikel, der **Mikrosphären** (gr. *sphaira*, Kugel). Viele entwickelten eine Abgrenzung gegen die Lösung, die einer Membran ähnelte und semipermeabel sein konnte. In Proteinoid-Lösungen vergrößerten sich Mikrosphären sogar durch Aufnahme weiteren Proteinoid-Materials und schnürten Tochtergebilde ab. Manche zeigten sogar enzymatische Fähigkeiten und konnten zum Beispiel Glucose abbauen.

Auch der Russe Alexander OPARIN (1894–1980) verfolgte die Idee abgetrennter Reaktionsräume. Er mischte verschiedene Makromoleküle, die sich spontan zu blasenförmigen Gebilden, den **Koazervaten** (lat. *coacervatus*, zusammengehäuft) zusammenlagerten. OPARIN mischte Gelatine, ein Abbauprodukt des Proteins Kollagen, und Gummiarabicum, ein Polysaccharid aus Akazien-Rinde. Dann brachte er in die Koazervate Enzyme ein: Phosphorylase und Amylase. Erstere spaltet von Glucose-1-phosphat den Phosphatrest ab und verknüpft die Glucose glykosidisch zu Stärke. Amylase spaltet die Stärke in das Disaccharid Maltose. OPARIN gelang also die „Installation“ eines Stoffwechsels. Auch Koazervate können sich vermehren: Wenn sie eine gewisse Größe erreicht haben, zerfallen sie in Tochtergebilde.

In beiden Modellen fehlt jedoch die Möglichkeit zur Reproduktion: Die Tochtergebilde haben nicht die gleichen Eigenschaften wie die Ausgangsgebilde. Außerdem bestehen die Begrenzungen nicht aus dem gleichen Material wie die heutigen **Lipid-Doppel-Membranen.**

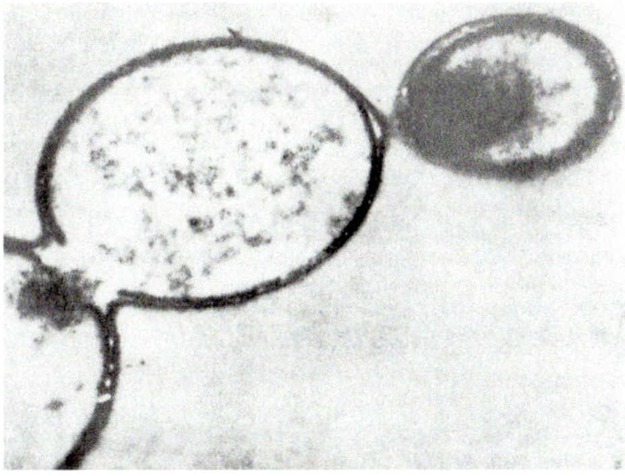

103.1 Knospende Proteinoid-Mikrosphäre

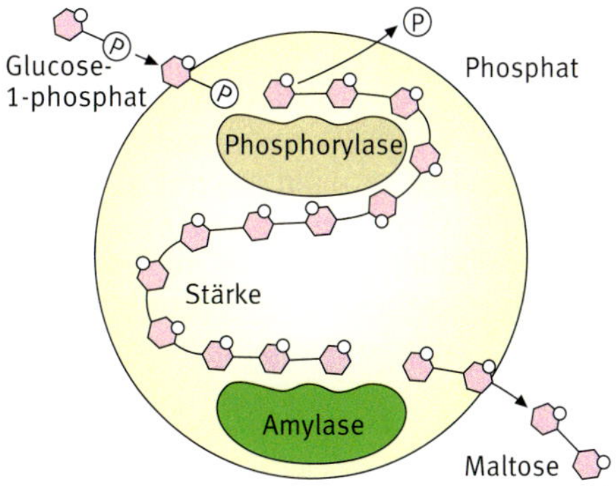

103.2 Koazervat-Tröpfchen mit Stoffwechsel

Die Lipid-Doppel-Membran rezenter Zellen besteht aus Einzelmolekülen mit einem polaren, hydrophilen und einem unpolaren, hydrophoben Molekülteil. Solche Teilchen ordnen sich auf Wasser in einer Schicht an, wobei der hydrophile Teil jeweils ins Wasser, der hydrophobe aus dem Wasser herausragt.

Unter diesen Bedingungen können auch einschichtige **Micellen** (lat. Krümchen) entstehen: Die hydrophoben Molekülteile zeigen nach innen, die hydrophilen nach außen.
Es können sich auch zwei Schichten zu einer Lipid-Doppelschicht zusammenlagern. Enthält diese in ihrem Inneren eine wässrige Phase, ist ein **Liposom** (gr. *lipos*, Fett; *soma*, Körper) entstanden, das genauso wie Koazervate experimentell mit Enzymen ausgestattet werden kann. Aber auch dem Liposom fehlt die Möglichkeit der Replikation.

1 Vergleichen Sie Mikrosphären, Koazervate und Liposomen tabellarisch miteinander.

2 Beurteilen Sie die Bedeutung der drei Modelle als Vorläuferzelle.

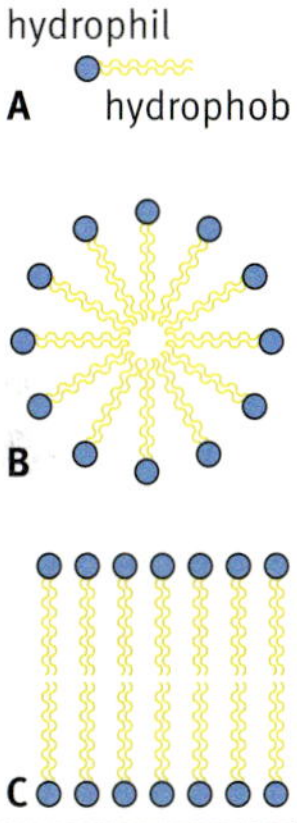

103.3 Lipidstrukturen; A Molekül; **B** Micelle; **C** Doppelschicht

2.2 Entstehung der Replikation

Nach der Synthese von Biomonomeren und deren Verknüpfung zu Biopolymeren ist die Fähigkeit zur **Replikation** oder Selbstverdoppelung die dritte Stufe auf dem Weg zum Leben. Die Zellvermehrung wird durch die Verdoppelung des genetischen Materials eingeleitet. Diese Replikation erfordert ein komplexes Zusammenspiel der Desoxyribonucleinsäure, DNA, mit verschiedenen Proteinen und Enzymen. Letztere entstehen durch die Proteinbiosynthese. Dabei wird die DNA in der *Transkription* in eine messenger-Ribonucleinsäure, mRNA, umgeschrieben und diese anschließend in der *Translation* an den Ribosomen in eine Aminosäuresequenz übersetzt. Daraus ergibt sich dieselbe Frage wie beim „Henne-Ei-Problem": Was gab es zuerst? Die DNA kann ohne die Proteine nicht verdoppelt werden, aber in ihr sind die Bauanleitungen für die Proteine kodiert.

Die 1989 mit dem Nobelpreis ausgezeichneten Biochemiker Thomas CECH und Sydney ALTMAN entdeckten 1983, dass RNA bei der identischen Replikation der DNA auch katalytische Eigenschaften aufweist. Solche RNAs wurden **Ribozyme** genannt. Sie sind in rezenten Zellen weit verbreitet und zum Beispiel beim Spleißen eukaryotischer prä-mRNA beteiligt.

104.1 Verknüpfung von RNA-Ribozymen mit Polypeptiden zu einem Hyperzyklus

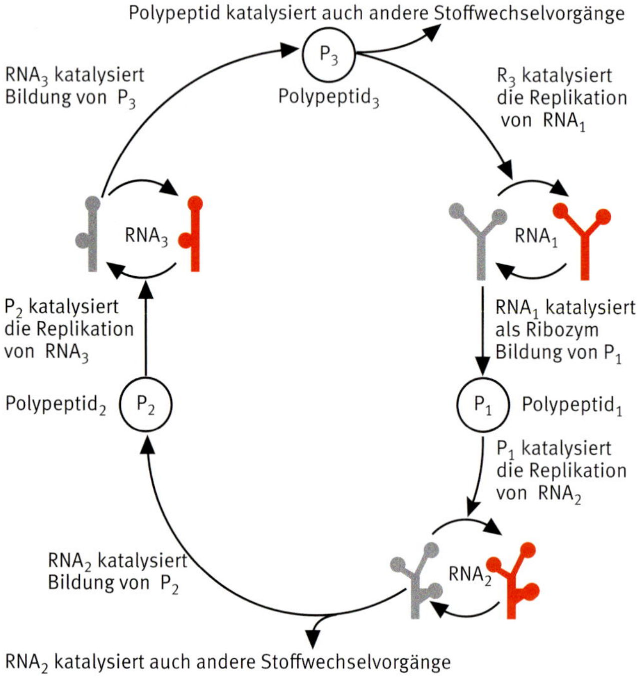

Diese Entdeckung führte zur Hypothese einer **RNA-Welt.** Demnach ist die Vermehrung von RNA in wässriger Umgebung ohne lebende Zellen möglich. Gelegentlich auftretende Kopierfehler lassen Veränderungen entstehen, wodurch eine Evolution möglich wäre. Weiterhin könnten RNA-Stränge wie Matrizen gewirkt haben, an denen sich Aminosäuren anlagerten. Diese könnten wie bei der Translation zu Polypeptiden verknüpft worden sein. Der deutsche Biochemiker und Nobelpreisträger Manfred EIGEN (*1927) formulierte ergänzend die **Hyperzyklus**-Hypothese, um die Selbstorganisation solcher Makromoleküle zu erklären.

Wie im nebenstehenden Beispiel zu sehen, katalysiert die als Ribozym wirkende RNA$_1$ die Synthese des Polypeptids P$_1$. Dieses wiederum katalysiert die Replikation der RNA$_2$. Auch die RNA$_2$ wirkt als Ribozym und katalysiert neben anderen Stoffwechselprozessen die Bildung des P$_2$. Jenes katalysiert die Replikation der RNA$_3$, die ihrerseits als Ribozym die Synthese des P$_3$ katalysiert. P$_3$ katalysiert nun neben anderen Stoffwechselwegen auch die Replikation von RNA$_1$. Weil RNA$_2$ und P$_3$ auch in anderen Stoffwechselvorgängen wirksam sind, entsteht ein Netz von ineinander greifenden Hyperzyklen.

Die Effizienz dieses Prozesses könnte weiter gesteigert werden, wenn Energie liefernde Prozesse eingebunden würden und einzelne Teilreaktionen dann nach dem Prinzip der Kompartimentierung in durch Membranen abgetrennten Räumen abliefen. Dies könnte der entscheidende Schritt zur **Procyte,** einer zellähnlichen Vorläuferstruktur mit Stoffwechsel und Reproduktionspotenzial gewesen sein. Später kam es dann noch zur Arbeitsteilung: Die Replikation wurde allein Sache der RNA und die kodierten Polypeptide übernahmen die katalytischen Funktionen. Im nächsten Evolutionsschritt erfolgte dann die Übertragung der Polypeptidcodierung auf die chemisch stabilere DNA.

1 Geben Sie eine tabellarische Übersicht der verschiedenen RNA-Sorten einer eukaryotischen Zelle.

2 Leiten Sie aus den Funktionen dieser RNA-Sorten Argumente für oder gegen die Hypothese der RNA-Welt ab.

Modellexperimente zu Hyperzyklen

1 BELOUSOV-ZHABOTINSKII-Reaktion – ein Demonstrationsexperiment

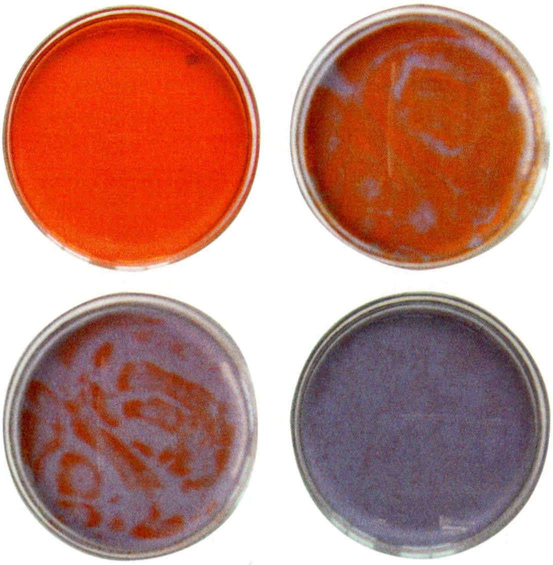

Zeit: 20 min

Material: Overhead Projektor, Petrischale aus Glas, 2 Bechergläser (100 ml), Glasstäbe, Schwefelsäure (C, 10 %), destilliertes Wasser, Ferroinlösung (Xn, 0,025 m), Kaliumbromid, Kaliumbromat (O), Malonsäure (Xi)

Durchführung:

1. In einem Becherglas wird 1 g Kaliumbromat in 25 ml destilliertem Wasser gelöst.
2. In einem zweiten Becherglas werden 2 g Malonsäure in 35 ml frisch hergestellter 10%iger Schwefelsäure gelöst. Anschließend werden noch 0,2 g Kaliumbromid hinzugegeben und ebenfalls gelöst. Beide Lösungen müssen etwa eine Stunde stehen bleiben, bevor man sie weiter verwendet.
3. Die zwei Lösungen werden zusammengegeben und umgerührt, bis die Braunfärbung verschwindet. Dann werden 20 Tropfen Ferroinlösung zugefügt.
4. Nun wird die Lösung vorsichtig in die Petrischale umgefüllt und diese auf den Overhead-Projektor gestellt.

Aufgaben:

a) Notieren Sie alle Versuchsbeobachtungen.

b) Der Verlauf dieser Reaktion kann als Modell für Abläufe der chemischen Evolution verstanden werden. Begründen Sie Ihre Aussage.

c) Erläutern Sie, inwiefern diese Reaktion zur Veranschaulichung eines Hyperzyklus nach EIGEN dienen kann.

2 Modellspiel Hyperzyklus

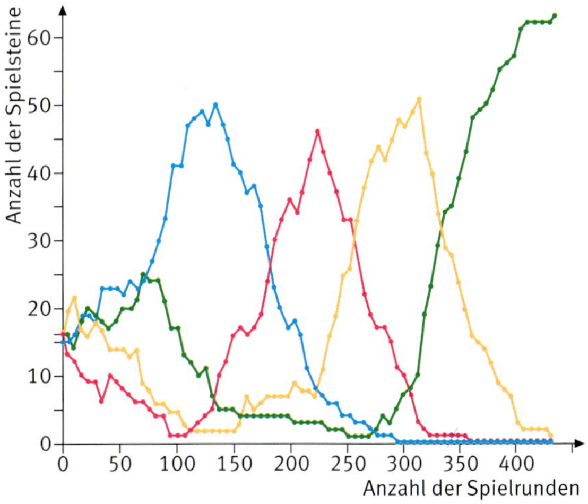

Zeit: 20 min

Material: Spielbrett mit 64 Feldern (Schachbrett), zwei Oktaeder-Würfel, je 64 Spielsteine in den Farben rot, gelb, grün und blau

Durchführung:

1. Je 16 Spielsteine der vier Farben werden willkürlich auf dem Spielbrett verteilt. Jede Spielrunde besteht aus zwei Würfen mit jeweils zwei Oktaeder-Würfeln. Ein Wurf bestimmt jeweils die Position eines Spielsteins auf dem Spielbrett.
2. Der erste Wurf einer Spielrunde bestimmt einen Spielstein, der vom Spielbrett entfernt wird.
3. Der zweite Wurf der Spielrunde bestimmt einen zweiten Spielstein. Befindet sich auf einem seiner vier Nachbarfelder mit gemeinsamer Kante ein Spielstein, der die im Spektrum vorangegangene Farbe des erwürfelten Spielsteins hat (Rot für Gelb, Gelb für Grün, Grün für Blau und Blau für Rot), dann wird das leere Feld mit einem Spielstein derselben Farbe wie der des zweiten erwürfelten Spielsteins ersetzt. Ist dies nicht der Fall, bleibt das Feld leer und die nächste Würfelrunde beginnt.

Aufgaben:

a) Führen Sie das Modellspiel in Gruppen entsprechend den Anweisungen durch.

b) Notieren Sie nach jeder Spielrunde die Anzahl der verschiedenen Spielsteine.

c) Werten Sie Ihre Ergebnisse entsprechend der obigen Abbildung grafisch aus.

d) Erläutern Sie den Modellcharakter der Ergebnisse, indem Sie Ihr Diagramm entsprechend interpretieren. Gehen Sie anschließend auf das abgebildete Diagramm ein.

2.3 Entwicklung der Fotosynthese

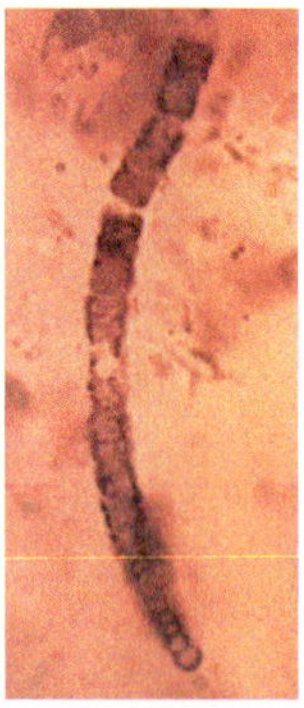

106.1 Kohlenstoffabdruck aus Nordwest Australien, eventuell Mikrofossil

Bis vor einigen Jahren glaubte man, die ersten Fotosynthese betreibenden Prokaryoten seien etwa 3,5 Milliarden Jahre alt. Einzeller-Funde dazu stammten aus dem Nordwesten Australiens. Heute ist man unsicher, ob diese Spuren nicht auch durch geologische Reaktionen entstanden sein könnten. Heute gelten *Stromatolithen* (gr. *stroma,* Teppich; *lithos,* Stein) mit 3,8 Milliarden Jahren als älteste fossile Zeugnisse fotosynthetisch aktiver Bakterien. Dabei handelt es sich nicht um Skelettreste, sondern um Kalkablagerungen durch Stoffwechselprozesse von Cyanobakterien. Ähnliche Ablagerungen sind zwar auch durch anorganische Prozesse möglich, jedoch gibt es tatsächlich auch rezente Stromatolithen mit einem Biofilm aus Cyanobakterien wie *Entophysalis.*

Die ersten Vorstufen zu einer lebenden Zelle wurden bisher noch nicht gefunden. Diese Gebilde waren sehr wahrscheinlich heterotroph, das heißt, sie verbrauchten organische Stoffe.

106.2 Stromatolithen in der Shark-Bay in West-Australien

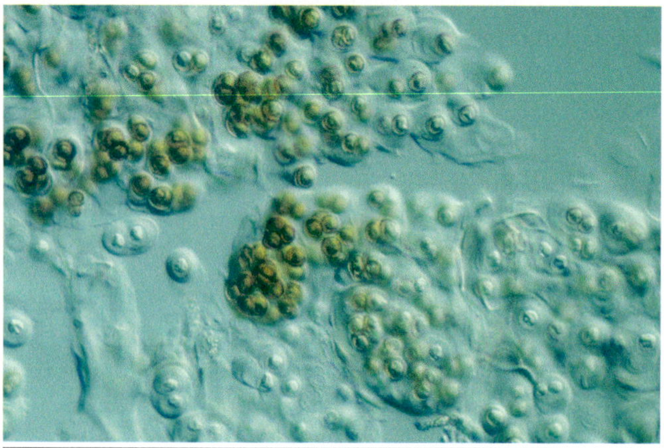

106.3 Cyanobakterium *Entophysalis* baut Stromatolithen

Unter den damaligen anaeroben Bedingungen dürfte die **Gärung** einer der ersten Stoffwechselprozesse gewesen sein, denn sie läuft auch heute noch in fast jeder Gruppe rezenter Lebewesen ab. Die dafür benötigten energiereichen Stoffe gab es damals wahrscheinlich nur in geringen Konzentrationen, sodass ein starker Selektionsdruck auf eine autotrophe Lebensweise hingewirkt haben dürfte. Dabei synthetisieren die Lebewesen aus den reichlich vorhandenen anorganischen Stoffen selbst komplexere organische Stoffe. Dazu brauchen sie jedoch Energie sowie einen Stoff, der das Kohlenstoffdioxid, CO_2, reduziert.

Die Energie dazu kann aus der Oxidation anorganischer Stoffe wie Schwefelwasserstoff, H_2S, oder zweiwertigem Eisen, Fe^{2+}, gewonnen werden. Die Energiespeicherung könnte in Form von Adenosintriphosphat, ATP, erfolgen. Eine solche **Chemosynthese** wird heute noch von verschiedenen Bakterien praktiziert. Alternativ dazu wird bei der **Fotosynthese** das Licht als Energiequelle genutzt. Auch dieser Stoffwechselweg muss relativ früh entstanden sein, denn seit 2,7 Milliarden Jahren nimmt der Sauerstoffgehalt in der Atmosphäre zu. Urtümliche Halobakterien, die im Salzwasser leben, haben als Pigment zur Lichtabsorption Bakteriorhodopsin, das vom Aufbau dem menschlichen Sehfarbstoff Rhodopsin nahe kommt. Purpurbakterien hingegen besitzen als Farbstoff Bakteriochlorophyll, das in seinem Aufbau bereits dem Chlorophyll grüner Pflanzen ähnelt. Das Reduktionsmittel für CO_2 dürfte Wasserstoff gewesen sein, der auf einen Akzeptor übertragen wurde. Die Wasserstoffquelle könnte zu Beginn H_2S gewesen sein. So entstehen im ersten Reaktionsschritt also ATP und mit Wasserstoff beladene Akzeptormoleküle. Als besonders effizient wurde offensichtlich die Fotosynthese rezenter grüner Pflanzen positiv selektiert: H_2O wird durch Lichtaufnahme von Chlorophyll gespalten.

In einer nachgelagerten Reaktion, die heute als **Sekundärreaktion** oder CALVIN-Zyklus bekannt ist, wird das CO_2 unter Verwendung der Wasserstoffakzeptoren und ATP zu energiereichen Kohlenhydraten umgewandelt.

1 Erläutern Sie, welches neue Problem für den Stoffwechsel der Bakterien entstand, nachdem der Sauerstoffgehalt der Atmosphäre stark zunahm.

2.4 Die Endosymbionten-Theorie

Der Botaniker Andreas SCHIMPER (1856–1901) formulierte 1883 als erster für Chloroplasten die These, dass diese Zellbestandteile wahrscheinlich früher eigenständige, prokaryotische Zellen waren. Diese sollten von Wirtszellen als Endosymbiosepartner (gr. *endon,* innen; *sym-,* zusammen; *bios,* Leben) zum gegenseitigen Nutzen aufgenommen worden sein. 1971 wurde die Endosymbionten-Hypothese von Lynn MARGULIS (*1938) wiederentdeckt und erneut eingeführt. Heute hat die Hypothese aufgrund der Vielzahl der Beweise den Status einer Theorie und wurde auch auf Mitochondrien erweitert.

Endosymbiosen sind auch heute noch in der Natur häufig, ein solcher Mechanismus ist also prinzipiell denkbar: In den Wurzeln einiger Pflanzen, vorzugsweise Schmetterlingsblütler wie der Lupine, leben Stickstoff fixierende Knöllchen-Bakterien. Ein weiteres Beispiel sind Korallen, die in ihrem Inneren fotosynthetisch aktive, einzellige Algen, Zooxanthellen, beherbergen. Es gibt viele Aspekte, die die Endosymbionten-Theorie bestätigen:

- Die Größe von Chloroplasten und Mitochondrien entspricht in etwa der von Bakterien.
- Beide Zellbestandteile ähneln in ihrem Aufbau Prokaryoten: Sie haben beide eine ringförmige DNA ohne Stützproteine (Histone). Ihre Gene haben keine Introns (nicht kodierende Abschnitte).
- Beide Zellorganellen haben eigene Ribosomen: Es sind bakterienähnliche 70S-Ribosomen und keine 80S-Ribosomen, wie sie Eukaryoten haben.
- Mit eigener DNA und eigenen Ribosomen haben die beiden Zellorganellen auch eine eigenständige Proteinbiosynthese. Erstaunlicherweise sind manche der dafür notwendigen Gene inzwischen in den Zellkern der Wirtszelle verlagert.
- Chloroplasten und Mitochondrien können nicht de novo entstehen: Die eukaryotische Wirtszelle kann sie nicht aus einzelnen Bestandteilen neu entstehen lassen, sie entstehen nur durch Teilung aus sich selbst.
- Beide Zellorganellen sind von einer doppelten Membran umgeben. Die äußere Lipid-Doppelschicht hat große Ähnlichkeit mit der Zellmembran der aufnehmenden Zelle. Diese Membran geht wohl auf die Umhüllung der Organellen bei der Aufnahme in die Zelle zurück. Die inneren Membranen sind mit Enzymen und Transportsystemen bestückt, die denen rezenter Prokaryoten ähneln.
- Genetische Analysen deuten darauf hin, dass Chloroplasten wahrscheinlich von Cyanobakterien und Mitochondrien von aeroben **Purpurbakterien** abstammen.

1 Beschreiben Sie die Entstehung moderner Eukaryoten nach der Endosymbionten-Theorie.

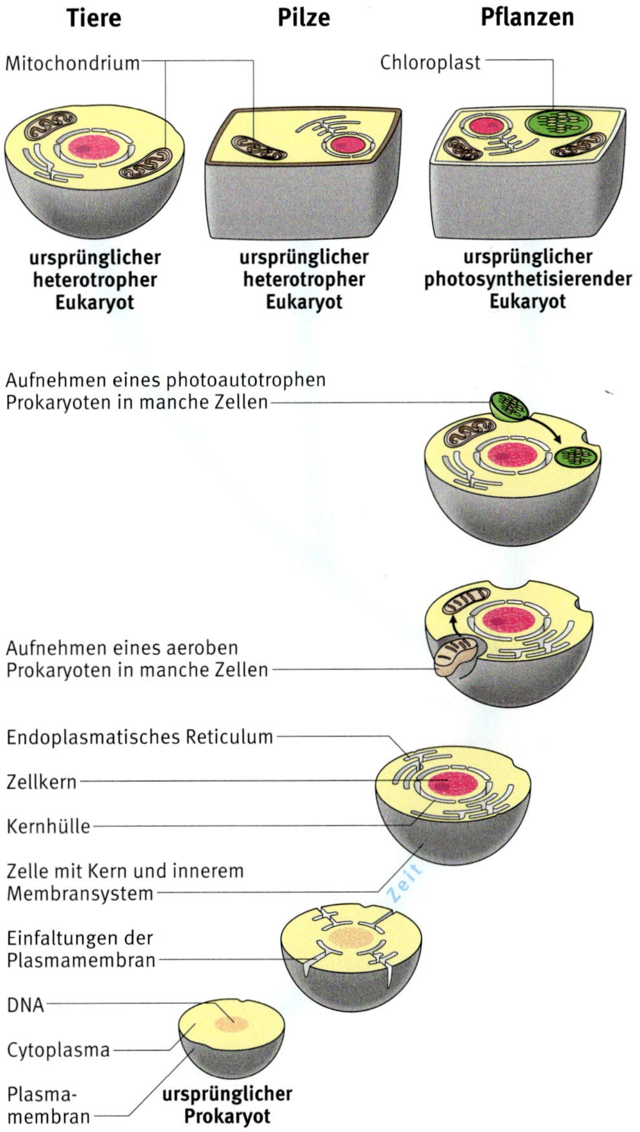

107.1 Entstehung der modernen Eukaryoten nach der Endosymbionten-Theorie

2.5 Sind Viren lebendig?

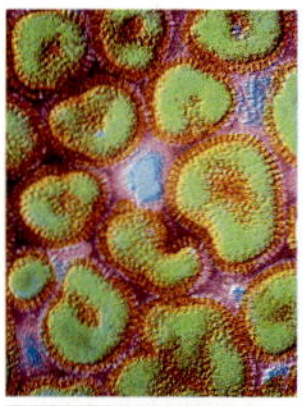

108.1 Grippe-Viren. Elektronenmikroskopisches Bild

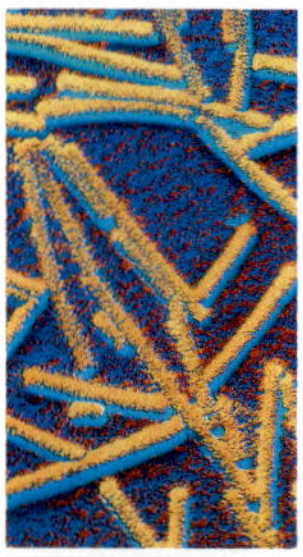

108.2 Tabakmosaik-Virus. Elektronenmikroskopisches Bild

In den Jahren 1918 und 1919 zog eine Grippe-Pandemie in drei Wellen um die Erde, die 20 bis 50 Millionen Opfer forderte. Die Krankheit tauchte wahrscheinlich erstmals im März 1918 in einem Militärcamp in Kansas auf und wurde von den amerikanischen Truppen nach Europa gebracht. Von dort verbreitete sie sich dann über die ganze Welt. Viele europäische Regierungen unterdrückten die Berichterstattung über die Grippe, um Truppen und Zivilbevölkerung nicht unnötig zu demoralisieren. Lediglich die am Krieg nicht beteiligten Spanier ließen Nachrichten zu, sodass die Krankheit den irreführenden Namen „Spanische Grippe" bekam.

Erst Ende der 1920er Jahre entdeckte man den Erreger der Krankheit, ein Virus. Dieses Partikel ist mit 0,1 Mikrometer (µm) Durchmesser deutlich kleiner als ein Bakterium. Das **Grippe-Virus** wird außen von einer Lipid-Doppelschicht und einer darunter liegenden Proteinhülle umgeben. Im Inneren befinden sich acht unterschiedlich lange RNA-Stücke. Die Oberfläche des Virus ist dicht besetzt mit zwei Sorten von Proteinmolekülen: Hämagglutinin und Neuraminidase. Ersteres ermöglicht den Viren die Bindung an ihre Zielzellen, letzteres ist ein Enzym, das neu gebildeten Viren das Verlassen der Wirtszellen ermöglicht. Von den beiden Oberflächenproteinen gibt es verschiedene Varianten. Grippe-Viren werden unter anderem nach den Oberflächenproteinen klassifiziert, indem man diese jeweils durchnummeriert. Inzwischen konnte das Virus, das die Spanische Grippe auslöste, aus exhumierten Körpern damals Verstorbener isoliert und als Typ H_1N_1 bestimmt werden. Der Erreger der Asiatischen Grippe von 1957 wurde als H_2N_2 und der der Hongkong Grippe von 1968 als H_3N_2 identifiziert. Alle diese Typen stammen sehr wahrscheinlich jeweils von einem Vogelgrippe-Virus ab.

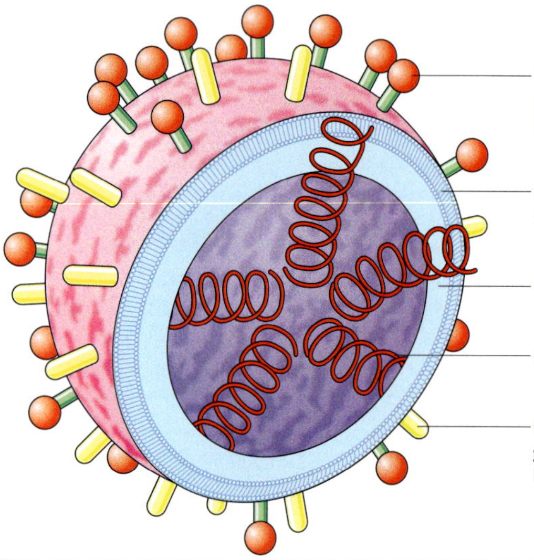

108.3 Aufbau Grippevirus. Schema

Die Viren sind dann für Menschen gefährlich, wenn sie so mutieren, dass eine Ansteckung nicht nur von Tier zu Mensch, sondern auch von Mensch zu Mensch erfolgen kann. Dies wird auch für das Vogelgrippe-Virus H_5N_1 befürchtet, das sich zu Beginn des neuen Jahrtausends weltweit verbreitete. Neben Grippe können Viren beim Menschen noch viele weitere Krankheiten auslösen wie zum Beispiel Windpocken, Masern, Röteln, Kinderlähmung oder AIDS.

Von Virenerkrankungen sind nicht nur Tiere und Menschen betroffen, sondern auch Pflanzen und sogar Bakterien. Entdeckt wurden Viren gegen Ende des 19. Jahrhunderts als Erreger der Mosaik-Krankheit bei Tabakpflanzen. Viren haben keinen eigenen Stoffwechsel und können sich auch nicht selbstständig vermehren. Sie sind dazu auf eine Wirtszelle angewiesen. In diese dringen sie ein und übernehmen mit ihrer Nukleinsäure, das kann sowohl DNA als auch RNA sein, die Kontrolle. Daraufhin produziert die Zelle nur noch Virusbestandteile, die zu neuen Erregern zusammengesetzt werden.

Viren sind, was ihre Vermehrung betrifft, also obligatorische Parasiten. Sie haben auch keinen eigenen Stoffwechsel. Ihnen fehlen demnach wichtigen Kennzeichen des Lebens. Können Viren dann überhaupt noch als lebendig bezeichnet werden?

1 Stellen Sie aus den vorigen Kapiteln zusammen, welche Eigenschaften ein lebendes System aufweisen sollte.

2 Vergleichen Sie diese Eigenschaften mit den „Kennzeichen des Lebendigen", die Sie in der Sekundarstufe I kennen gelernt haben.

3 Diskutieren Sie, ob Viren ursprüngliche Zellvorläufer sein können.

Evolution zum Zuschauen und Energiegewinn

1

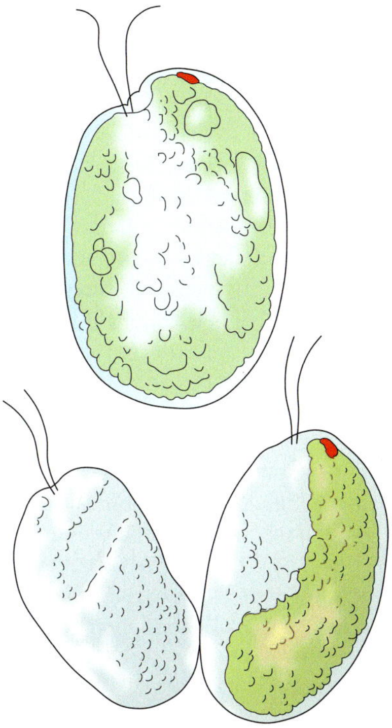

„*Hatena* – Evolution zum Zuschauen“. So überschrieb ein Wissenschaftsredakteur der Frankfurter Allgemeinen Zeitung einen Artikel über ein neu entdecktes Geißeltierchen aus Japan. Forscher hatten herausgefunden, dass *Hatena* (jap. die Rätselhafte) ein wahres Doppelleben führt: Einmal ist sie grün und einmal ist sie farblos. In seinem grünen Zustand entdeckte man im Cytoplasma des Geißeltierchens eine Grünalge der Gattung *Nephroselmis,* im farblosen Zustand fehlte die Alge. Aber nicht nur im Aussehen unterscheiden sich die beiden Formen. Ist die grüne „friedfertig“, geht die farblose Form auf Jagd – nach Grünalgen.
Dabei erbeutet *Hatena* gelegentlich auch eine *Nephroselmis.* Diese Alge wird dann nicht verdaut, sondern wächst in dem Geißeltierchen so lange heran, bis sie fast die ganze *Hatena* ausfüllt. Die Alge verliert dabei unter anderem ihre eigenen Geißeln. Hatena zeigt sich von nun an lichthungrig. Außerdem verschwindet der komplizierte Apparat zur Nahrungsaufnahme und stattdessen entsteht in der Nähe der Geißeln ein lichtempfindlicher, rötlicher Fleck, wie er vom Augentierchen *Euglena* bekannt ist.
Spannend wird es, wenn *Hatena* sich zur Zellteilung anschickt, denn nur eine der beiden Tochterzellen erhält die Grünalge, während die andere leer ausgeht. Diese entwickelt wieder einen Fressapparat und begibt sich umgehend auf die Jagd nach Grünalgen – und einem neuen Lebenspartner.

a) Erläutern Sie, warum *Hatena* „Evolution zum Zuschauen“ bietet. Berücksichtigen Sie dabei die Endosymbionten-Theorie.

b) Interpretieren Sie die Veränderungen, die mit *Hatena* und *Nephroselmis* nach der Vereinigung vor sich gehen, als Angepasstheiten an die neue Situation.

c) Beschreiben Sie das Teilungsverhalten von *Hatena* und formulieren Sie eine begründete Hypothese, wie sich das Teilungsverhalten in Zukunft im Zuge der Fitnessmaximierung noch verändern könnte.

2

Lebewesen	Energiequelle		
Purpurbakterien	Bakterienfotosynthese	Licht	Bakterienchlorophyll
Thiorhodaceen	Bakterienfotosynthese	Licht	Bakterienchlorophyll
Schwefelbakterien	Chemosynthese	Schwefelwasserstoff H_2S → Sulfat SO_4^{2-}	
Nitritbakterien	Chemosynthese	Ammonium NH_4^+ → Nitrit NO_2^-	
Eisenbakterien	Chemosynthese	Eisen-II-salz Fe^{2+} → Eisen-III-salz Fe^{3+}	
Pflanzen	Phytofotosynthese	Licht	Chlorophyll

Lebewesen	Kohlenhydratsynthese	Wasserstoffquelle
Purpurbakterien	Kohlenstoffdioxid CO_2 → Zucker $C_6H_{12}O_6$ + Wasser H_2O (ADP ⇄ ATP; NAD^+ ⇄ $NADH + H^+$)	H_2-R → R
Thiorhodaceen		H_2S → S
Schwefelbakterien		H_2O → O_2
Nitritbakterien		H_2O → O_2
Eisenbakterien		H_2O → O_2
Pflanzen		H_2O → O_2

Die obigen Tabellen zeigen eine Übersicht verschiedener Möglichkeiten der Kohlenhydratsynthese. Alle Wege sind in rezenten Lebewesen verwirklicht.

a) Erläutern Sie unter Zuhilfenahme weiterer Informationsquellen die Begriffe „Chemosynthese“, „Bakterienfotosynthese“ und „Phytofotosynthese“.

b) Informieren Sie sich über die Lebensumstände der beteiligten Bakterien.

c) Zeigen Sie auf, inwiefern einzelne Wege modellhaften Charakter für die Entstehung des Stoffwechsels während der Evolution haben.

3 Stammbaumrekonstruktionen

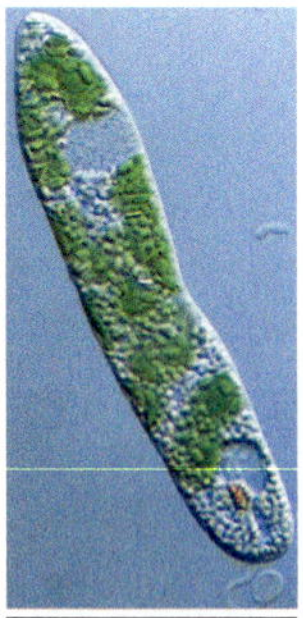

110.1 Euglena

3.1 Domänen

Carl von LINNÉ schuf 1758 mit der *Systema naturae* eine erste biologische Systematik. Er postulierte die Existenz der drei Naturreiche Tiere, Pflanzen und Mineralien. Ein Jahrhundert später formulierte DARWIN bereits, dass alle Arten auf einen Ursprung zurückgehen. Somit war die Idee eines einzigen Stammbaums geboren. Nichtsdestotrotz schien das LINNÉsche Konzept der **Reiche** tragfähig, auch wenn man bald die Pilze als weiteres Reich abtrennte. Weiterhin gab es noch Unstimmigkeiten in der Zuordnung einiger Einzeller. Das Augentierchen *Euglena* ernährt sich zum Beispiel in nährstoffreicher Umgebung heterotroph, betreibt aber in nährstoffarmem Milieu Fotosynthese. Deshalb wurden eukaryotische Einzeller als viertes Reich Protista und prokaryotische Bakterien als fünftes Reich Monera abgetrennt.

Mitte der 60er Jahre des letzten Jahrhunderts schlug unter anderem der Nobelpreisträger Linus PAULING vor, Stammbäume anhand molekularer Unterschiede ausgewählter Gene oder Proteine zu erstellen. So wurde die **molekulare Phylogenie** auf der Basis von Sequenzunterschieden begründet. Anfangs gelang aufgrund experimenteller Probleme nur die Analyse der Aminosäuresequenzen. Deren Ergebnisse unterstützten die bisherigen Stammbäume.

Einen anderen Ansatz verfolgte gegen Ende der 60er Jahre der amerikanische Mikrobiologe Carl WOESE: Er untersuchte die Sequenz der ribosomalen RNA der kleineren Ribosomen-Untereinheit. Sein Ergebnis war, dass die Prokaryoten keine einheitliche Gruppe darstellen, sondern zwei Linien zuzuordnen sind. WOESE schlussfolgerte daraus, dass die Lebewesen zuerst in drei große Domänen aufzuteilen seien: die prokaryotischen Archaeen und Bakterien sowie die Eukaryoten.

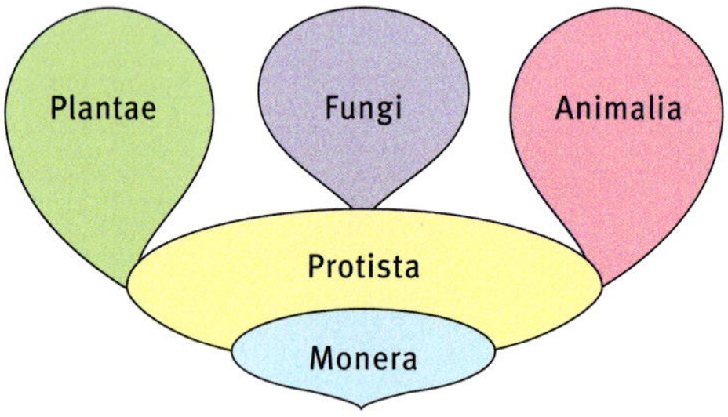

110.2 Fünf Reiche der Lebewesen

1 Erläutern Sie anhand der beiden Abbildungen, warum sich das Konzept der fünf Reiche und das modernere der drei Domänen nicht gegenseitig ausschließen.

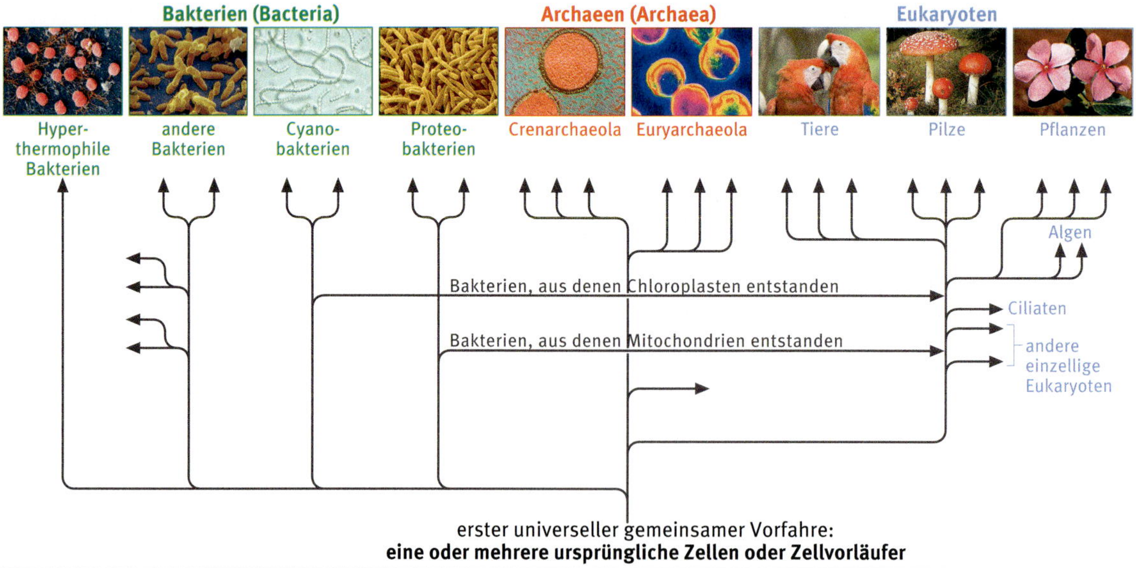

110.3 Drei Domänen der Lebewesen

3.2 Phylogenetische Systematik

LINNÉ hatte noch geglaubt, mit seiner Systematik den göttlichen Schöpfungsplan aufdecken zu können. Nach der Akzeptanz der DARWINschen Abstammungslehre sollte eine evolutionäre Systematik aber die tatsächlichen Verwandtschaftsbeziehungen widerspiegeln.

Nach solch einer Systematik dürfen in jeder systematischen Gruppe jeweils nur Lebewesen mit einem direkten gemeinsamen Vorfahren ein Taxon bilden. Die Lebewesen müssen nach einem Prinzip geordnet werden, das der deutsche Zoologe Willi HENNIG (1913–1976) entwickelt hat. Solch ein **Kladogramm** (gr. *klados,* Zweig; *gramma,* Aufzeichnung) ist gekennzeichnet durch eine Aufeinanderfolge gabelartiger, dichotomer (gr. *dicha,* zweifach; *tome,* Schnitt) Verzweigungen. Sind alle Arten richtig eingeordnet, ist eine systematische Gruppe eines Kladogramms jeweils monophyletisch (gr. *phylon,* Stamm). Haben Mitglieder einer solchen Gruppe verschiedene Vorfahren, ist die Gruppe polyphyletisch und damit keine natürliche systematische Gruppe.

Fossilbelege sind zur Erstellung eines Stammbaumes natürlich hilfreich, aber nicht immer vorhanden. Deshalb müssen oft aus rezenten Arten entsprechende Rückschlüsse gezogen werden. Anfangs wurden nur morphologisch-anatomische Merkmale genutzt. Dabei ist es schwierig, Ähnlichkeiten richtig zu bewerten: Handelt es sich um homologe Entwicklungen oder liegt eine Konvergenz vor, die durch ähnliche Selektionsdrücke ausgelöst wurde?
Für die phylogenetische Systematik sind selbstverständlich nur homologe Merkmale von Interesse. Aber auch Homologien selbst müssen kritisch bewertet werden: Handelt es sich um ein ursprüngliches, für eine große Gruppe von Arten charakteristisches und weit verbreitetes Merkmal, ist es **plesiomorph** (gr. *plesios,* nahe am Ursprung; *morphe,* Gestalt). Ist das Merkmal jedoch nur bei einzelnen Arten vorhanden, ist es **apomorph** (gr. *apo,* weg vom Ursprung oder abgeleitet). Das Vorhandensein einer Wirbelsäule ist sicher ein plesiomorphes Merkmal, jedoch nicht nur für Säugetiere, sondern auch für Kriechtiere, Lurche, Fische und Vögel. Deshalb ist es kein bezeichnendes Merkmal für Säugetiere.

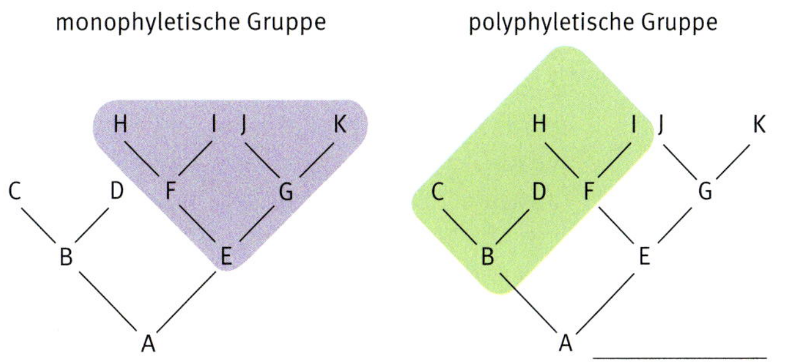

111.1 Monophyletische und polyphyletische Gruppe

Haare hingegen sind ein Merkmal aller Säugetiere, das auch nur diese besitzen. Deshalb ist es plesiomorph für Säugetiere. Im Vergleich zu den anderen Wirbeltieren ist es hingegen apomorph. Da es für alle Säugetiere gültig ist, ist es ein **synapomorphes** (gr. *syn,* zusammen) Merkmal. Synapomorphien kennzeichnen wichtige Verzweigungsstellen eines Kladogrammes: Zum Beispiel ist das Raubtiergebiss ein Merkmal für die Ordnung der Raubtiere innerhalb der Klasse der Säugetiere.

In solch einer systematischen Ordnung werden verschiedene Arten als jeweils unterste Kategorie zu einer höheren Kategorie, der Gattung, zusammengefasst. Gattungen werden wiederum zu Familien, diese zu Ordnungen und weiter zu Klassen, Stämmen, Reichen und Domänen angeordnet.

1 Erläutern Sie, warum es in der heutigen Systematik zu Ungereimtheiten kommen kann, wenn man Kladogramme auf sie anwendet.

111.2 Kladogramm für Säugetiere

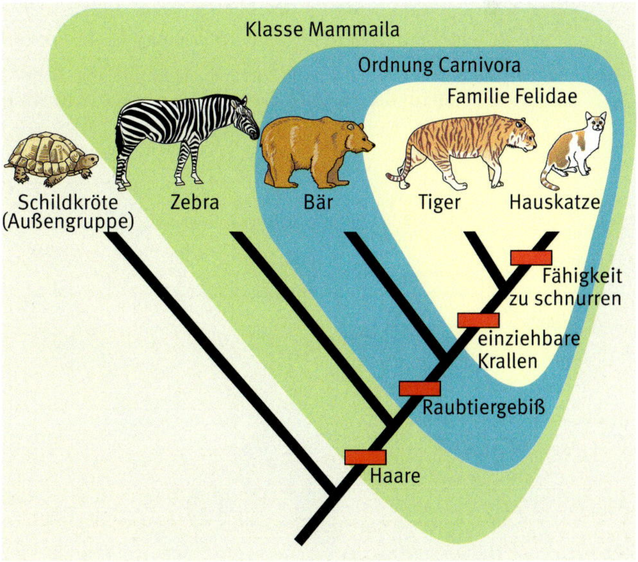

3.3 Cytochrom-c-Stammbaum

Ein erster Schritt zur Erstellung von Stammbäumen auf molekularbiologischer Grundlage ist die Analyse von Aminosäuresequenzen bestimmter Proteine. Dazu vergleicht man zuerst die Abfolge der Aminosäuren.

112.1 Aminosäuresequenz des Cyto-Chrom-c bei Wirbeltieren. Konstante Sequenzabschnitte farbig unterlegt.

5 10
Gly–Asp–Val–Glu–Lys–Gly–Lys–Lys–Ile–Phe–Val–Gln–
15 20
–Lys–Cys–Ala–Glu–Cys–His–Thr–Val–Glu–Lys–Gly–Gly–
25 30 35
–Lys–His–Lys–Tyr–Gly–Pro–Asn–Leu–His–Gly–Leu–Phe–
40 45
–Gly–Arg–Lys–Thr–Gly–Glu–Ala–Pro–Gly–Phe–Thr–Tyr–
50 55 60
–Thr–Asp–Ala–Asn–Lys–Asn–Lys–Gly–Ile–Thr–Trp–Lys–
65 70
–Glu–Glu–Thr–Leu–Met–Glu–Tyr–Leu–Glu–Asn–Pro–Lys
75 80
–Lys–Tyr–Ile–Pro–Gly–Thr–Lys–Met–Ile–Phe–Ala–Gly–
85 90 95
–Ile–Lys–Lys–Lys–Thr–Glu–Arg–Glu–Asp–Leu–Ile–Ala–
100
–Tyr–Leu–Lys–Lys–Ala–Thr–Asn–Glu

Für diesen Zweck besonders geeignet ist ein Enzym, welches in einem weit verbreiteten Stoffwechselweg vorkommt: Cytochrom-c ist in der Endoxidation, die in den Miochondrien abläuft, an der Herstellung des Energieträgers **A**denosin**tri**phosphat, ATP, beteiligt. Alle Arten, die dieses Enzym besitzen, können miteinander verglichen werden.

Cytochrom-c ist bei Wirbeltieren immer aus 104 Aminosäuren aufgebaut, bei Insekten sind es 108, bei Pilzen 108 bis 110 und bei vielen Pflanzen sogar 112 Aminosäuren. Die im Vergleich zu den Wirbeltieren zusätzlichen Aminosäuren sind jeweils am Anfang des Moleküls lokalisiert. Offensichtlich wurde das Startsignal für die Proteinbiosynthese des Cytochrom-c in der Evolution nach hinten verschoben.

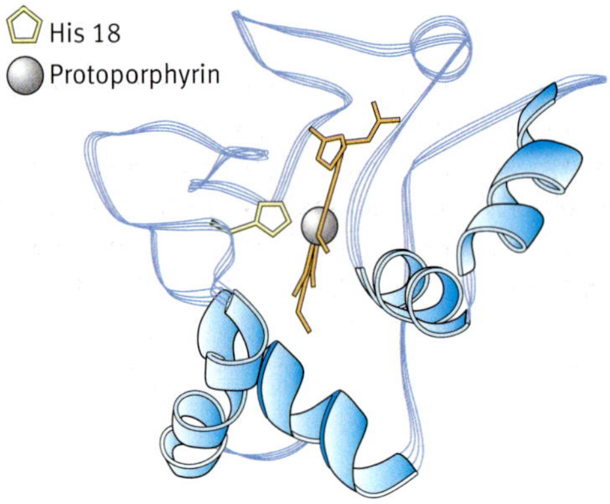

112.2 Raumstruktur des Cytochrom-c eines Purpurbakteriums. Modell

Erste Analysen zeigten, dass es innerhalb der Aminosäuresequenz der verschiedenen Cytochrom-c-Moleküle Bereiche gibt, die konstant sind und andere, in denen große Unterschiede auftreten. Das Verständnis für die Wirkungsweise von Enzymen legte eine Erklärung nahe: Bei den konstanten Bereichen musste es sich um das aktive Zentrum des Enzyms handeln, die Stelle, die für die spezifische Reaktion des Enzyms verantwortlich ist.

Der Vergleich verschiedener Sequenzen von Wirbeltier-Cytochrom-c zeigt einen konstanten Bereich von Position 71 bis 80. Dieser ist für die Raumstruktur des Enzyms unerlässlich: An dieser Stelle wird eine hydrophile Tasche gebildet. Auch das Glycin wird häufig nicht verändert. Diese Aminosäure liegt im Cytochrom-c an Positionen, die für die allgemeine Raumstruktur von großer Bedeutung sind.

Für einen heterotrophen eukaryotischen Organismus gibt es in der Regel keine Alternative zu einem funktionierenden Cytochrom-c für die Bildung von Adenosintriphosphat in der Endoxidation. Deshalb dürften sich in den letzten zwei Milliarden Jahren die Aminosäuresequenz und die räumliche Anordnung des Enzyms nur wenig verändert haben. Die Anzahl der aufgetretenen Veränderungen sollte somit verhältnismäßig übersichtlich, also leicht auszuwerten sein. Diese Hypothese wird durch den Umstand gestützt, dass die meisten aufgetretenen Veränderungen aus biochemischer Sicht konservativ sind: Aminosäuren wurden durch Aminosäuren mit sehr ähnlichen Lösungseigenschaften ersetzt: zum Beispiel Aminosäuren mit hydrophilen Seiten durch Aminosäuren, die ebenfalls hydrophile Seitenketten tragen. So wurde die Raumstruktur nicht stark verändert.

Durch den Vergleich von Cytochrom-c-Molekülen lassen sich auch Arten auf ihre Verwandtschaft hin untersuchen, für die es nach morphologisch-anatomischen Merkmalen keine Vergleichsmöglichkeiten gibt: zum Beispiel Hefepilze und Schildkröten oder Weizen und Kaninchen. Man geht davon aus, dass – über einen längeren Zeitraum gesehen – die Geschwindigkeit der Veränderungen konstant ist. Je höher die Zahl der Unterschiede zwischen den Cytochrom-c-Molekülen zweier Arten ist, desto länger sollte die Auftrennung der beiden Arten demnach auch zurückliegen.

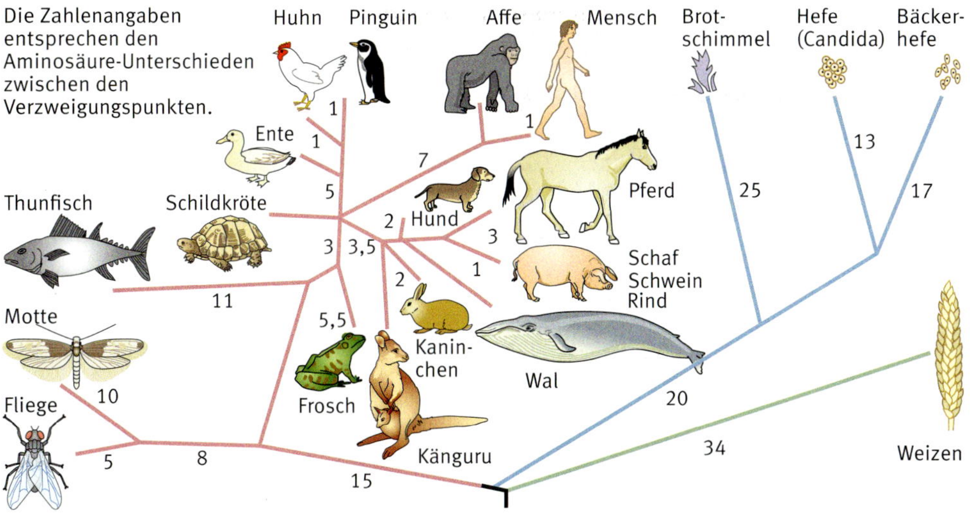

113.1 **Cytochrom-c-Stammbaum.** Zahlen geben an, wie viele Aminosäuren seit der letzten Verzweigungsstelle bis zur rezenten Art verändert wurden

Damit sollte es möglich sein, die dichotomen Verzweigungsstellen eines Stammbaumes auf Basis der Aminosäuresequenz von Cytochrom-c zeitlich ungefähr zu bestimmen. Man benutzt die Anzahl der Unterschiede sozusagen als **molekulare Uhr.**

Das Cytochrom-c von Säugetieren unterscheidet sich von dem der Vögel in elf bis zwölf Aminosäuren (AS). Fossil belegt stammt der letzte gemeinsame Vorfahre dieser beiden Wirbeltierklassen aus dem Perm vor etwa 280 Millionen Jahren. Statistisch gesehen hat sich also alle 23,3 bis 25,5 Millionen Jahre ein AS-Austausch ereignet. Zwischen Säugern und Amphibien bestehen im Mittel 17 AS-Unterschiede. Die Entwicklungslinien der beiden Klassen trennten sich bereits im Devon vor etwa 400 Millionen Jahren. Demnach hätte es etwa alle 23,5 Millionen Jahre einen AS-Austausch gegeben. Die Berechnungen aus weiteren Beispielen führen zu einem relativ konstanten Wert von 23 bis 26 Millionen Jahren pro Austausch einer AS. Diese **Evolutionsrate** ist spezifisch für jedes Protein und abhängig unter anderem vom Selektionsdruck, der auf der Erhaltung der ursprünglichen Abfolge liegt, damit die Funktionsfähigkeit erhalten bleibt.

Die Cytochrom-c-Proteine von Brotschimmel (X) und Bäckerhefe (Z) unterscheiden sich beispielsweise in 42 AS, die von Brotschimmel (X) und Hefe (Y) in 38 AS und die von Hefe (Y) und Bäckerhefe (Z) in 30 AS.

◄------------------------42------------------------►
X ◄---------38---------► Y ◄---------30--------► Z

Gesucht ist nun die Anzahl der Änderungen, die Brotschimmel (a), Hefe (b) und Bäckerhefe (c) seit einem angenommenen, gemeinsamen Verzweigungspunkt V erfahren haben.

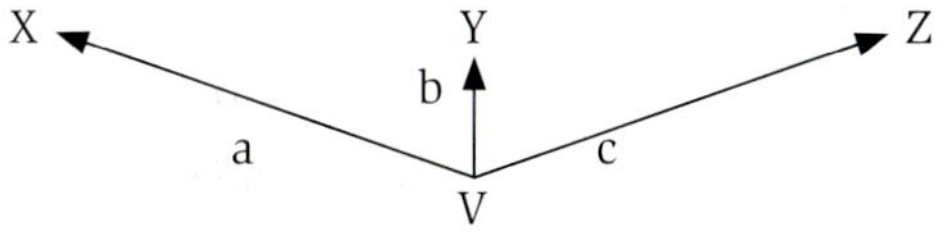

Zur Lösung des Problems werden drei Gleichungen mit je zwei Unbekannten gebildet:

$38 = a + b \qquad 42 = a + c \qquad 30 = b + c$

Durch Umformung erhält man:

$a = 38 - b \qquad a = 42 - c \qquad b = 30 - c$

Durch Gleichsetzen erhält man:

$$38 - b = 42 - c$$

Durch Einsetzen erhält man:

$$38 - (30 - c) = 42 - c$$
$$8 + c = 42 - c$$
$$2c = 34$$
$$c = 17$$

Durch Einsetzen lassen sich dann auch die beiden anderen Werte bestimmen, nämlich $a = 25$ und $b = 13$. Es ist offensichtlich, dass sich Bäckerhefe und Hefe erst später getrennt haben, da der Brotschimmel einen höheren Austauschwert aufweist. Entsprechend muss noch ein zweiter Verzweigungspunkt angenommen werden:

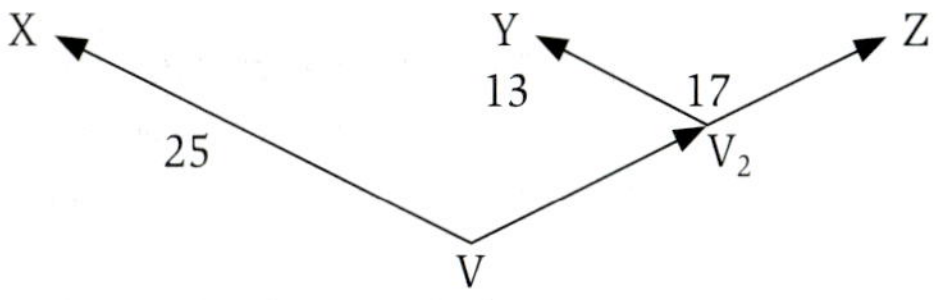

1 Erläutern Sie, warum die Evolutionsrate von Hämoglobin geringer ist als die von Kollagen.

3.4 RNA- und DNA-Stammbäume

Ende der 60er Jahre begann Carl WOESE mit der Sequenzanalyse von Ribonucleinsäuren, RNA. Er wählte dazu die RNA der kleineren Untereinheit der Ribosomen. Ribosomen betreiben in den Zellen die Translation einer messenger-RNA, mRNA, in ein Polypeptid. Sie sind somit seit vielen hundert Millionen Jahren obligater Bestandteil der Proteinbiosynthese. Für sie gelten also ähnliche Voraussetzungen wie für Cytochrom-c. Variationen in der Basensequenz dieser RNA sollten demnach Verwandtschaftsbeziehungen ebenso sicher aufzeigen. Tatsächlich unterstützt der von WOESE erstellte RNA-Stammbaum die Ergebnisse bisheriger Stammbäume in großen Teilen.

Gleichzeitig legten WOESES RNA-Analysen aber den Grundstein für die Abtrennung der Archaebakterien oder Archaeen als eigenständige Domäne von den Bakterien und Eukaryoten. Sie belegten sogar, dass sich Bakterien und Archaeen zuerst getrennt haben und dann erst die Eukaryoten aus den Archaeen entstanden sind. Aber die Überraschungen gehen noch weiter: Offensichtlich hat es zwischen den drei Domänen immer wieder Austausch von genetischem Material gegeben: So finden sich in Eukaryoten Gene von Archaeen und in Archaeen Gene von Bakterien, so zum Beispiel auch in *Archaeoglobus fulgidus*. Dieses Archaebakterium lebt an heißen Quellen am Meeresgrund. Es stellt mit einem von Bakterien stammenden Enzym – HMG-CoA-Reductase – bestimmte Membranlipide her. Nach WOESE konnten unterschiedliche Organismen zu Beginn des Lebens genetisches Material untereinander austauschen. Solch ein **horizontaler Gentransfer** findet unter Prokaryoten auch heute noch statt. Dies könnte eine treibende Kraft der frühen Zellevolution gewesen sein. Mit wachsender Komplexität der Organismen wurde der horizontale Gentransfer immer schwieriger und die Gene wurden nur noch vertikal an eigene Nachkommen weitergegeben.

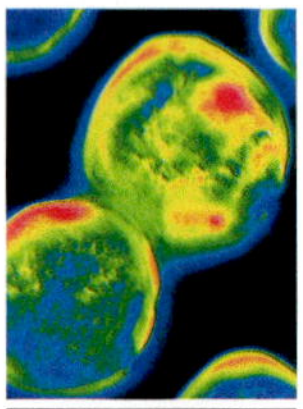
114.1 ***Archaeoglobus fulgidus***

Der Vergleich der Desoxyribonucleinsäure, DNA, zweier Arten gibt ebenfalls Auskunft über die evolutionäre Verwandtschaft. Die Methode der Wahl war anfangs die DNA-DNA-Hybridisierung, heute ist man zum direkten Sequenzvergleich übergegangen. In der Regel bestätigen deren Ergebnisse die Stammbäume, die mit anderen Methoden erhalten wurden. Mancher systematische Problemfall konnte so in den letzten Jahren geklärt werden, beispielsweise die Zugehörigkeit des Großen Pandas zu den Großbären oder zu den Kleinbären. Nach der molekularen Uhr der für die Erstellung des Stammbaums herangezogenen DNA-Fragmente haben sich die Pandas im Neogen vor etwa 22 Millionen Jahren von den Großbären getrennt.

1 Informieren Sie sich im Internet oder in der Literatur über die Probleme bei der systematischen Einordnung der Pandas.

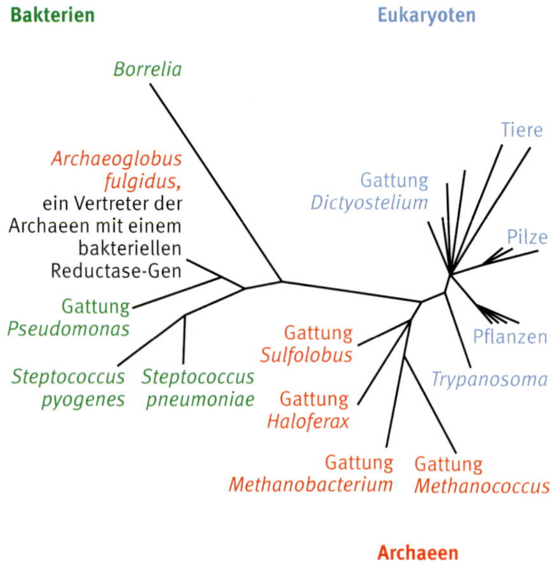

114.2 DNA-Stammbaum nach HMG-CoA-Reductase

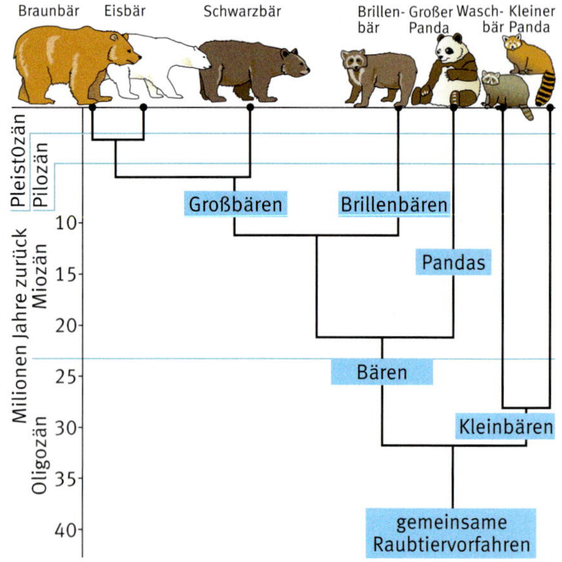

114.3 DNA-Stammbaum der Bären

4 Verlauf der Stammesgeschichte

4.1 Massenaussterben

Am Ende der Kreidezeit vor 65 Millionen Jahren raste ein Meteorit von zehn Kilometern Durchmesser auf die Erde zu. Am Rande der mexikanischen Halbinsel Yucatan schlug er mit einer Geschwindigkeit von 90 000 Kilometern pro Stunde auf. Heute liegt der Krater mit 200 Kilometern Durchmesser unter 800 Meter dicken Sedimentschichten begraben. Er wurde erst 1991 entdeckt. Was nach dem Einschlag passierte, haben Wissenschaftler rekonstruiert.

Ob das Aussterben vieler Tier- und Pflanzenarten am Ende der Kreidezeit tatsächlich durch diesen Meteoriten verursacht wurde, ist bis heute nicht unumstritten. Manche Wissenschaftler nehmen an, dass der Einschlag 300 000 Jahre zu früh erfolgte. Dass Meteoriten häufiger auf die Erde treffen, belegen deutlich sichtbare Einschlagkrater wie der 50 000 Jahre alte BARRINGER Crater in Arizona, USA. Dieser Meteorit hatte wohl eine Masse von 300 000 Tonnen, die mit 40 000 Kilometern pro Stunde aufschlug.

Sicher ist auch, dass es im Verlauf der Erdgeschichte mehrfach zu **Massenaussterben** kam. Darunter versteht man das Aussterben einer großen Zahl von Arten innerhalb eines geologisch kurzen Zeitraums. Das erste große Massenausterben ereignete sich vor 440 Millionen Jahren am Ende des Ordoviziums, gefolgt von vier weiteren im Spätdevon und jeweils am Ende des Perm, der Trias und der Kreide. Diese fünf Ereignisse werden zusammenfassend als „Big Five" bezeichnet.

Solche Massenaussterben haben vielleicht einen stärkeren Einfluss auf den Verlauf der Evolution als alle anderen Evolutionsmechanismen. Dies kann man gut am Beispiel der Säugetiere zeigen: Es gab sie am Ende der Kreide bereits rund 150 Millionen Jahre, ohne dass sie besonders in Erscheinung getreten wären. Erst nach dem Aussterben der Saurier setzt ihre adaptive Radiation ein und die Säuger wurden zu einer bestimmenden Lebensform auf der Erde. Diesen Aufstieg verdanken sie aber nicht einer besseren Angepasstheit an die Umwelt oder einer wie auch immer gearteten Überlegenheit gegenüber den Sauriern, sondern nur dem Umstand, dass sie das letzte Massensterben mehr oder minder zufällig überlebt haben.

1 s	totale Zerstörung in einem Umkreis von 3 000 km
1 min	Beben der Stärke 10 auf der Richter-Skala erschüttern die Erde
10 min	Nordamerikas Wälder gehen in Flammen auf
10 h	Tsunamis überfluten die Küsten
7 d	durch Staub verursachte Verdunkelung und Kälte führen zu einem weltweiten Artensterben; die Hälfte aller Tier- und Pflanzengattungen sterben aus
10 J	der „atomare Winter" endet
1000 J	die Vegetation auf den Kontinenten beginnt sich zu erholen
100 000 J	Aussterben der letzten Dinosaurier
500 000 J	neues Leben in den Ozeanen
2,5 Mio J	die Biosphäre hat sich erholt

115.1 Rekonstruierte Ereignisabfolge nach dem Einschlag des Meteorits am Ende der Kreide

115.2 BARRINGER Krater, Arizona, USA. Durchmesser 1200 m, Tiefe 170 m

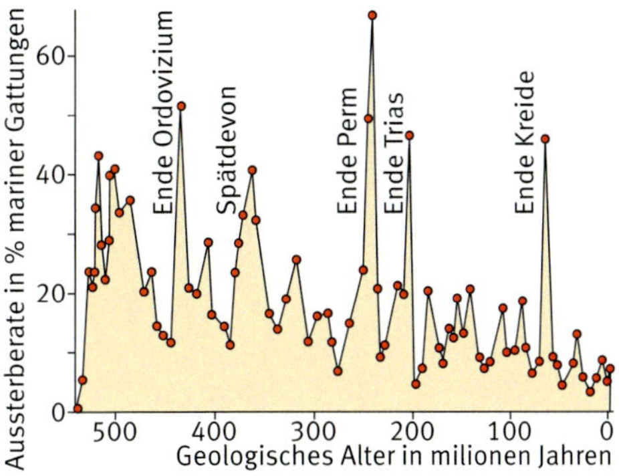

115.3 Massenaussterben auf der Erde

1 Erläutern Sie, inwieweit das Phänomen des Massenaussterbens mit CUVIERS Katastrophentheorie in Einklang steht.

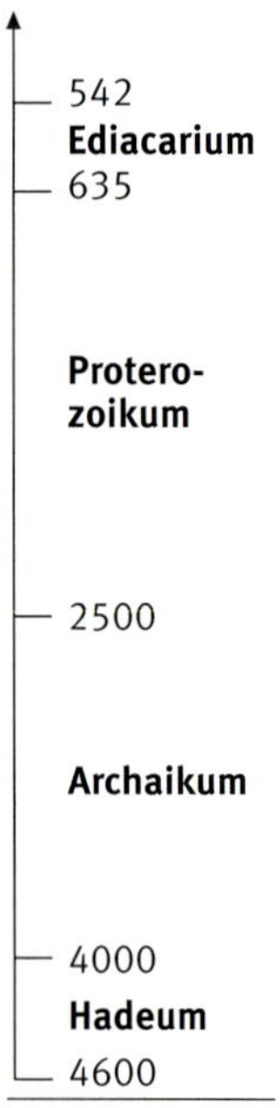

116.1 Erdzeitalter in Millionen Jahren

4.2 Leben im Präkambrium

Wie bekannt, ist die Erde etwa 4,6 Milliarden Jahre alt. Erste, noch unsichere Lebensspuren gibt es seit etwa 3,8 Milliarden Jahren. Prokaryotische Einzeller gibt es wahrscheinlich seit etwa drei Milliarden Jahren auf der Erde.

Das Präkambrium galt ursprünglich als das Erdzeitalter von der Entstehung der Erde bis zum ersten Auftauchen der heutigen Tierstämme vor etwa 543 Millionen Jahren. Bis in die Mitte des letzten Jahrhunderts galt es als weitgehend fossilienlos. Dann tauchten 1947 völlig überraschend Fossilien offenbar mehrzelliger Lebewesen auf, die mit bloßem Auge sichtbar waren. Es handelt sich um die **Ediacara**-Fauna, die nach ihrem Fundort, einer Hügelkette in den Flinders Ranges in Südaustralien, benannt wurde. Die wahre Bedeutung der Fundstücke wurde erst zwanzig Jahre später klar, als ihr Alter auf etwa 580 Millionen Jahre datiert wurde. Entsprechend wurde für diese Fossilien ein neues Erdzeitalter innerhalb des alten Proterozoikums eingerichtet, das *Vendium.* Der Name wurde nach einer russischen Stadt gewählt, bei der die Schichtenfolge aus dieser Zeit am vollständigsten erhalten geblieben ist. Seit Mai 2004 heißt das Zeitalter offiziell **Ediacarium.**

So interessant die Fossilien für die Evolutionsbiologen sind, so problematisch sind sie auch. Einige lassen sich nicht ohne Weiteres den bekannten Tierstämmen zuordnen. Sicher ist, dass die Lebewesen ein Flachmeer besiedelten. Bei den bekannten Arten handelt es sich häufig um Vertreter der Hohltiere, zu denen beispielsweise Quallen gehören. Weiterhin finden sich Arten, die den Ringelwürmern oder Gliedertieren zugerechnet werden könnten. Meist besaßen die Lebewesen kein festes Skelett und eine deutliche zweiseitige Symmetrie mit Vorder- und Rückseite. Sie erinnern an geriffelte Blätter oder flache Würmer. Einige der Formen waren sehr groß und erreichten bis zu einem Meter Länge. Die Frage ist, warum solche Weichkörper-Lebewesen in recht grobkörnigem Sand als Fossilien überhaupt erhalten geblieben sind. Offensichtlich handelt es sich nicht nur um anders aufgebaute Lebewesen, sondern auch um andere ökologische Beziehungen. In der Jetztzeit würden Weichtiere sicher von Aasfressern oder Raubtieren erbeutet und somit für eine Fossilisation weitgehend unbrauchbar. Fossilien des Ediacariums hingegen sind in der Regel unbeschädigt erhalten.

Nachdem anfangs die Zuordnung der größeren Formen der Ediacara-Fauna zu den vielzelligen Lebewesen unstrittig war, stellte der deutsche Paläontologe Adolf SEILACHER aus Tübingen eine neue Theorie vor. Viele Formen der Ediacara-Fauna gehörten demnach den **Vendobionten** an, einem eigenständigen, ausgestorbenen Stamm. Ihre erstaunliche Größe erzielten sie vielleicht durch einen gekammerten, matratzenartigen Aufbau. Die einzelnen Segmente waren wohl flüssigkeitsgefüllt. In diesem Fall könnte es sich bei den Vendobionten sogar um riesige Einzeller gehandelt haben. Unterstützt wird diese Theorie dadurch, dass im Körper trotz der guten Erhaltung der Fossilien keine Organe zu erkennen sind, weder für die Atmung noch für die Nahrungsaufnahme.

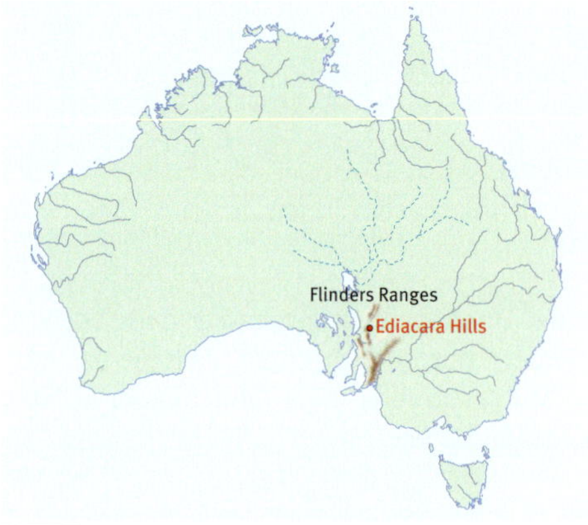

116.2 Ediacacara Hills in Süd-Australien

116.3 Vendobionten. Rekonstruktion nach Ediacara-Fossilien

Auch für das besondere Ökosystem hat SEILACHER einen Erklärungsvorschlag: Das Sediment des Flachwassers war während des Ediacariums von Biomatten überzogen, die aus Bakterien, Pilzen und Cyanobakterien bestanden. Auf diesen Biomatten lebten die Vendobionten, eventuell als Filtrierer. Unter Umständen waren sie auch durch symbiontische Algen zur Fotosynthese befähigt. Unter den Matten lebten winzige wurmartige Tiere, welche die Zerfallsprodukte der Biomatten aufnahmen.

Eine andere Theorie sieht in den Vendobionten keinen eigenständigen Stamm, sondern entfernte Verwandte der Hohltiere, wie zum Beispiel Seefedern. Demnach könnten unter Ihnen auch Vorfahren heutiger Tierstämme gewesen sein.

Inzwischen weiß man, dass die Ediacara-Fauna kein auf Australien begrenztes Phänomen ist. Über die gesamte Erde verteilt finden sich Fundstellen, die ähnliche Artenzusammensetzungen aufweisen. In Funden aus China, die 550 bis 590 Millionen Jahre alt sind, wurden auch Mikrofossilien entdeckt. Darunter befanden sich begeißelte Schwammlarven, Cyanobakterien, Überreste flächiger, offensichtlich mehrzelliger Algen sowie Gebilde, die als Teilungsstadien von Embryonen interpretiert werden.

Die Ediacara-Fauna endet nach derzeitigem Kenntnisstand wahrscheinlich mit dem Aussterben ihrer ursprünglichen Mitglieder. Es handelt sich bei diesen Lebewesen somit wohl eher nicht um Vorläufer bekannter Tierstämme, sondern um einen blind endenden Zweig im Stammbaum der Lebewesen. Im Kambrium tauchten die ersten Räuber auf, gegen die sich die Vendobionten wahrscheinlich nicht behaupten konnten. Ihr Verschwinden ermöglichte jedoch die Entstehung neuer Lebensformen im folgenden Erdzeitalter.

Auch wenn die Mitglieder der Ediacara-Fauna bis heute nicht eindeutig beurteilt werden können, haben sie den Evolutionsbiologen dennoch einen großen Dienst erwiesen. Durch sie wurde das erste Auftreten größerer tierischer oder pflanzlicher Fossilien weit in das frühere Proterozoikum (gr. *proteros*, vor dem; *zoikos*, Tier), das tierlose Zeitalter, geschoben.
So kann das Auftreten der neuartigen, vielfältigen kambrischen Fauna im Sinne DARWINS besser erklärt werden.

1 Begründen Sie, warum sich Vendobionten wohl nicht gegen neu auftretende Räuber zur Wehr setzen konnten.

2 Erläutern Sie die Bedeutung der Vendobionten für DARWINS Evolutionstheorie.

117.1 Ediacara-Fossil *Charniodiscus*

117.2 Seefeder

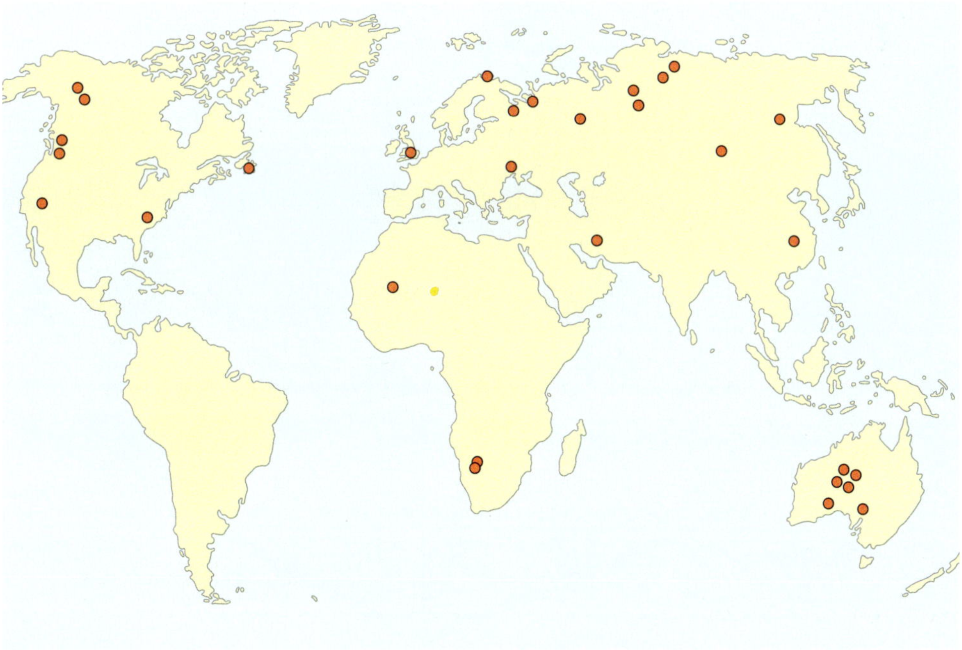

117.3 Fundstellen der Ediacara-Fauna

4.3 Die kambrische Explosion

118.1 Burgess Schiefer in den kanadischen Rocky Mountains

Der amerikanische Geologe Charles WALCOTT entdeckte 1909 anlässlich eines Ausrittes mit seiner Familie in den kanadischen Rocky Mountains im Staat Britisch Kolumbien eine beeindruckende Fossilien-Lagerstätte. Diese wurde später nach einem in der Nähe liegenden Gebirgspass Burgess-Schiefer (engl. Burgess shale) genannt. Die fossilisierten Lebewesen stammen aus dem Kambrium vor ungefähr 520 Millionen Jahren und lebten in einem warmen, flachen Meeresarm am Rande eines großen Riffes.

Damals lag der Fundort auf Höhe des Äquators und nicht so weit nördlich wie heute. Leben gab es nur im Meer. Die Tiere hielten sich in oder über einer weichen Bodenschicht auf, die sich am Meeresgrund ablagerte. Von Zeit zu Zeit rutschten Teile des Sediments über die Riffkante und rissen Tiere mit in die Tiefe.

Am unteren Ende des Riffs lagerte sich der Schlamm mit den Tieren in sehr feinkörnigen Schiefern ab. Oft sind bei den Fossilien selbst Weichteile gut zu erkennen. Als sich die Rocky Mountains vor ungefähr 175 Millionen Jahren auffalteten, wurden die Fossilien in die heutige Position transportiert.
Inzwischen bestätigen zwei weitere Fundorte die Faunenzusammensetzung des Burgess-Schiefers für das Kambrium. Einer ist der Sirius Passet im äußersten Norden Grönlands und der andere, Chengjiang, liegt in China. Die beiden Fundorte wurden noch 10 Millionen Jahre älter datiert als der Burgess-Schiefer.

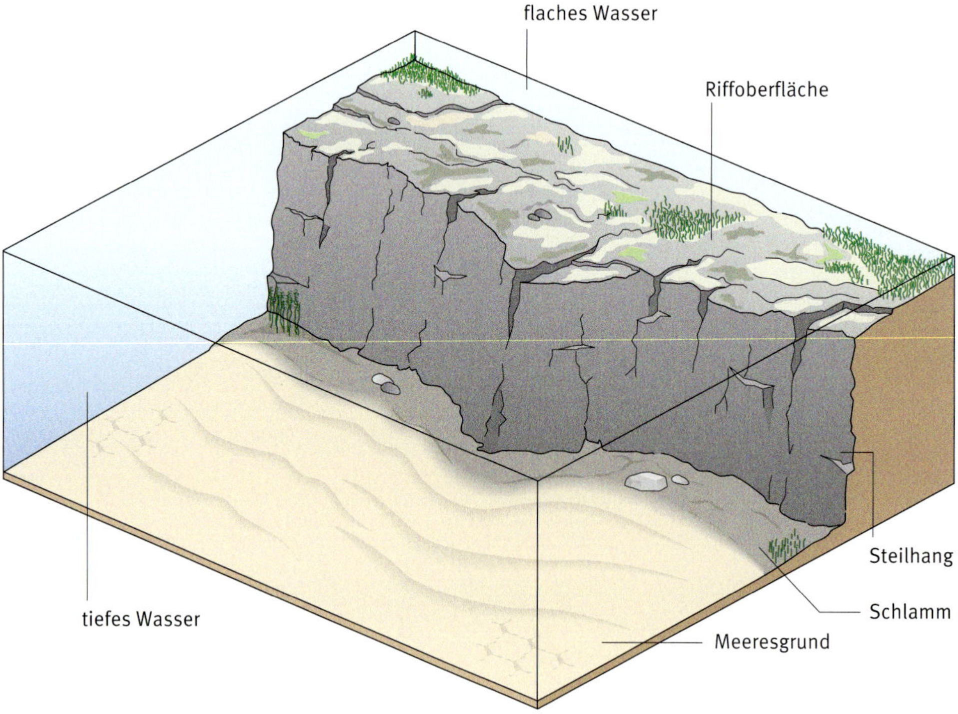

118.2 Burgess Schiefer vor 520 Millionen Jahren

Im Unterschied zu den älteren Fossilien aus dem Ediacarium zeigen viele Fossilien des Kambriums tragende oder stützende Strukturen in Form eines Innen- oder Außenskeletts. Wie im Burgess-Schiefer bilden die Gliedertiere auch in Sirius Passet den Hauptanteil der fossilen Formen.

Das am häufigsten gefundene Fossil im Burgess-Schiefer ist *Marella splendens:* Diese Tiere waren nur selten größer als zwei Zentimeter. *Marella* ernährte sich wahrscheinlich von organischem Material im Schlamm. Es stellt wohl einen ursprünglichen Vertreter der Gliederfüßer oder Arthropoden (gr. *arthron,* Körperglied; *podos,* Fuß) dar. Es könnte sich dabei um einen Vorfahren der Krebse oder Spinnentiere handeln. Ein anderes bekanntes Fossil, *Hallucigenia,* war ein wurmartiges Wesen mit paarweise angeordneten Stacheln sowie einer Reihe tentakelähnlicher Fortsätze. Eine dritte Form, *Pikaia,* wurde von WALCOTT als Ringelwurm beschrieben. Heute erkennt man in ihr ein ursprüngliches Chordatier (lat. *chorda,* Strang). Somit wären auch Vorfahren der Wirbeltiere bereits im Kambrium vertreten gewesen.

Insgesamt gesehen vergrößert sich die Biodiversität gegenüber dem Ediacarium deutlich. Der Zuwachs ist so beträchtlich, dass man von der kambrischen Explosion oder besser **kambrischen Radiation** spricht. Eine wichtige Ursache dafür sind die deutlich komplexer gewordenen Ökosysteme: Das Leben spielt sich wohl weiterhin ausschließlich in marinen Flachmeeren ab, aber es gibt nun auch Sedimentwühler und Räuber.

Die vielgestaltigen Lebewesen des Burgess-Schiefers schienen bis zur Entdeckung der Ediacara-Fauna aus dem Nichts zu kommen. Auch jetzt ist dieses Problem noch nicht ganz gelöst, denn die *Ediacara*-Fauna beinhaltet kaum Vorläuferstufen des Burgess-Schiefer der Burgess-Fauna. Entweder ist die Ediacara-Fauna größtenteils ausgestorben und machte so Platz für die Entstehung neuer Formen oder man hat die Vorläufer der Burgess-Fauna einfach noch nicht gefunden.

Neue Funde aus Chengjiang bargen die bislang größte Überraschung: zwei fossile Fische, die an heutige kieferlose Fische erinnern. Ihr Alter wird auf etwa 530 Millionen Jahre geschätzt. Die Vielzahl der neu auftretenden Lebewesen ist einzigartig in der Erdgeschichte. Nahezu alle rezenten Tierstämme sind bereits vertreten. Seitdem hat es praktisch keine neuen, anders aufgebauten Tierstämme mehr gegeben.

1 Erläutern Sie die Bedeutung der Lebewesen des Burgess-Schiefers aus evolutionsbiologischer Sicht.

2 Erläutern Sie die Konsequenzen für die Biodiversität, wenn alle heutigen Tierstämme bereits im Kambrium präsent waren.

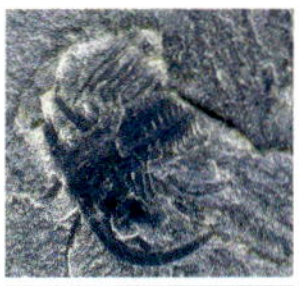

119.1 ***Marella***

119.2 ***Hallucigenia***

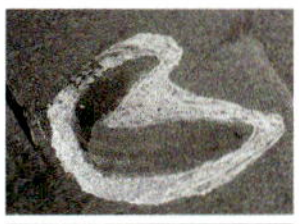

119.3 ***Pikaia***

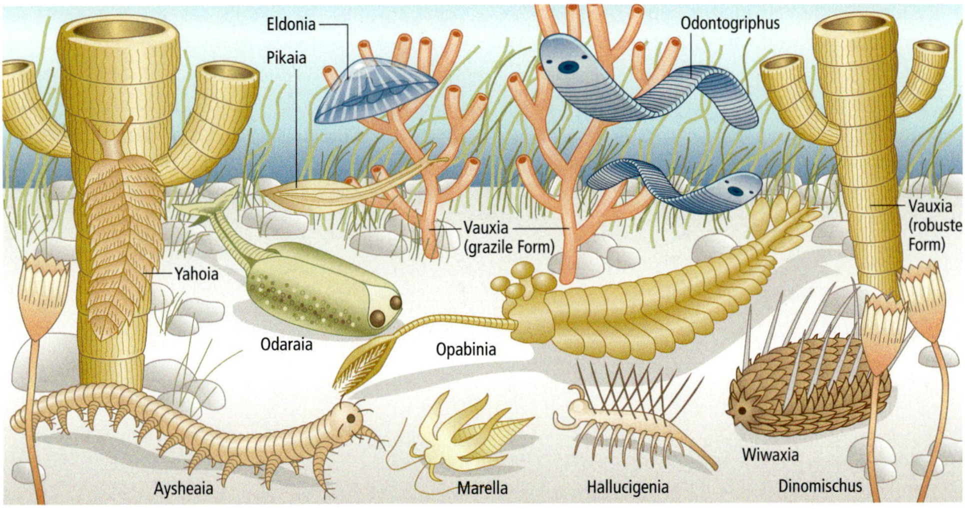

119.4 Fossilien des Burgess-Schiefers

4.4 Vom Wasser zum Land

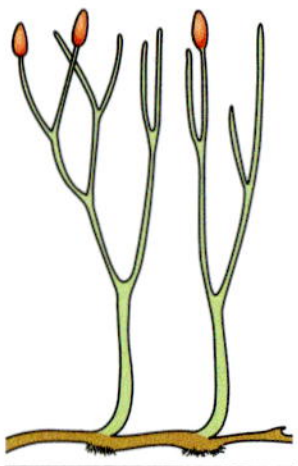

120.1 Rhynia

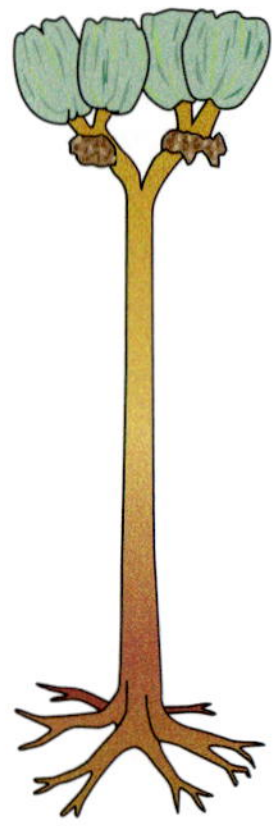

120.2 Siegelbaum

120.3 Schuppenbaum

Die ersten Lebewesen entstanden im Meer und waren in ihrer zellulären Struktur den heutigen Blaugrünen Bakterien nicht unähnlich. Solche kernlosen Zellen sind relativ sicher seit drei Milliarden Jahren nachgewiesen. Einige Zellen gelangten mit Spritzwasser wahrscheinlich immer wieder ans Ufer und blieben in feuchter Umgebung lebensfähig. Dabei erwies sich ein Verdunstungsschutz durch eine lipophile Kutikula, wie sie heute fast alle Landpflanzen haben, als Selektionsvorteil. Noch heute finden sich Algen der Gattung *Chlorella* in beiden Habitaten.

Vor etwa 420 Millionen Jahren, an der Grenze vom Silur zum Devon, erlangten einige Algen durch Mutation die Möglichkeit Lignin zu bilden. Diese Verbindung ermöglichte es festere Zellwände aufzubauen. Das war eine wichtige Voraussetzung für die Entwicklung der ersten echten Landpflanzen. Es sind gabelig verzweigte Sprosse mit Sporenkapseln an den Enden und blattähnlichen Strukturen. Der Erstfund aus dem östlichen Kanada wurde deshalb *Psilophyton* (gr. *psilos*, kahl; *phyton*, Pflanze) genannt. Ähnliche Funde aus dem unteren Devon stammen aus der Nähe der schottischen Ortschaft Rhynie und wurden deshalb als *Rhynia* beschrieben.

Beim Übergang vom Wasser- zum Landleben müssen einige Probleme gelöst werden:

- Wasser und Stoffwechselprodukte müssen in der Pflanze verteilt werden;
- Wachstum gegen die Erdanziehungskraft benötigt verstärkte Zellwände;
- der Gasaustausch für die Fotosynthese muss geregelt werden;
- Landpflanzen droht zu hoher Wasserverlust durch Verdunstung.

Die Nacktpflanzen sterben im Devon vor etwa 380 Millionen Jahren wieder aus. An ihre Stelle treten Schachtelhalme und teilweise baumförmige Farn- und Bärlapp-Gewächse. Zu letzteren zählen die bekannten Familien der Siegel- und Schuppenbäume, die bei manchen Arten bereits das Phänomen des sekundären Dickenwachstums zeigen: Ein Teilungsgewebe unter der Rinde des Stammes scheidet nach innen und außen neue Zellen ab. Dadurch nimmt der Stammdurchmesser kontinuierlich zu. Dies erhöht die Festigkeit und gleichzeitig die mögliche Anzahl der Leitungsbahnen im Inneren des Stammes.

Bei den **Sporenpflanzen,** die als Farne und Moose die Erde bevölkern, wechseln sich zwei deutlich unterscheidbare Generationen ab: Der Sporophyt bringt ungeschlechtliche Sporen hervor, aus denen männliche und weibliche Gametophyten entstehen, die entsprechende Geschlechtszellen produzieren. Männliche Spermatozoide bewegen sich aktiv in einem Feuchtigkeitsfilm zu den Eizellen, die sie befruchten. Aus diesen entwickelt sich wieder ein Sporophyt: Der **Generationswechsel** der Pflanze ist abgeschlossen.

Vor 360 Millionen Jahren tauchten im Devon die ersten Pflanzen mit deutlich reduziertem Gametophyten auf. Die grüne Pflanze ist der Sporophyt. Der männliche Gametophyt entwickelt sich im Pollen beim Auskeimen. Der weibliche Gametophyt entsteht in der Samenanlage und ist in den Sporophyt integriert. Die Befruchtung der Eizelle ist somit von Wasser im Außenmedium unabhängig. Dies ist an Land ein bedeutender Selektionsvorteil. Wegen des aus der Eizelle entstehenden Samens heißt dieser Pflanzentyp **Samenpflanze.** Ab dem Karbon sind Samenpflanzen die vorherrschenden Landpflanzen.

120.4 Vegetationsbilder. **A** aus dem Devon; **B** aus dem Karbon

In Afrika südlich der Sahara leben Fische mit besonderen Fähigkeiten: Sobald mit dem Einsetzen der Trockenheit der Wasserstand sinkt, graben sich diese in den schlammigen Untergrund ein. Dabei sondern sie eine Art Schleim ab, der sich zu einem harten Kokon verfestigt. In diesem überleben die Fische sogar das völlige Austrocknen des Gewässers bis zu zwei Jahre. Untersuchungen ergaben, dass die Kiemen weitgehend reduziert sind und der Sauerstoffbedarf stattdessen zu rund 95 Prozent über Lungen gedeckt wird. Deshalb spricht man von **Lungenfischen.** Weil es Lungenfische fossil bereits seit 380 Millionen Jahren aus dem Devon gibt, erhofft man sich von ihnen Erkenntnisse über den Übergang vom Leben im Wasser zum Leben an Land.

In die Verwandtschaft der Lungenfische gehören auch die **Quastenflosser.** Wegen der typischen Ausgestaltung ihrer Flossen werden beide innerhalb der Klasse der Knochenfische zur Gruppe der Fleischflosser gerechnet. Quastenflosser sind fossil seit dem Devon bekannt, galten aber seit rund 60 Millionen Jahren als ausgestorben. Es war deshalb eine Sensation, als 1938 vor der Küste Südafrikas ein lebender Quastenflosser gefangen wurde. Heute weiß man, dass diese in größeren Tiefen im Indischen Ozean vor der gesamten ostafrikanischen Küste sowie in Indonesien leben.
Latimeria gilt trotz seiner gestielten Flossen aber nicht mehr als das „missing link" zwischen Fischen und Amphibien. Beispielsweise läuft *Latimeria* nicht auf seinen gestielten Flossen, obwohl sie deren Schlag nach dem Kreuzgangschema von Landwirbeltieren koordiniert.

121.1 Afrikanischer Lungenfisch

121.2 Quastenflosser *Latimeria*

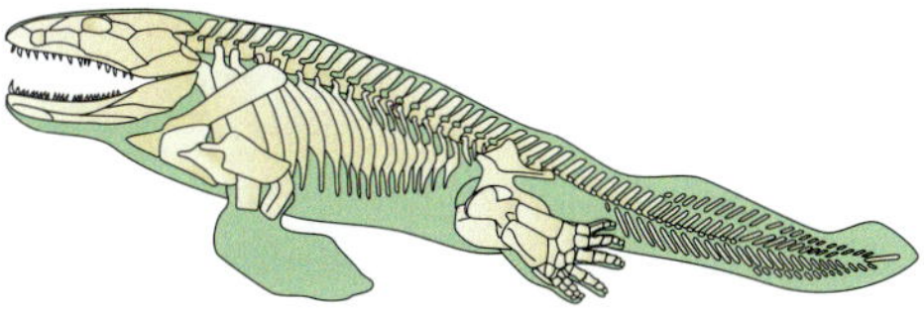

121.3 Skelett-Rekonstruktion *Ichthyostega* aus dem Devon

121.4 Rekonstruktion *Tiktaalik* aus dem Devon

Lange galt ***Ichthyostega*** aus dem Devon vor rund 360 Millionen Jahren von der Ostküste Grönlands als erster Lurch. Er zeigte tatsächlich Angepasstheiten an eine Fortbewegung an Land: So ist seine Wirbelsäule nicht gleichförmig aufgebaut, sondern in unterschiedliche Abschnitte gegliedert. Dies ermöglichte an Land wohl auch eine Vorwärtsbewegung wie bei einem Seehund, statt nur seitliches Schlängeln. *Ichthyostega* selbst gilt heute jedoch nicht mehr als Vorfahre der Landtiere, denn er starb in einem Seitenzweig der Entwicklung ohne Nachkommen aus.

Wie der Weg vom Wasser zum Land möglicherweise begonnen hat, zeigt ein 380 Millionen Jahre altes Fossil, das 2004 in Kanada entdeckt wurde. ***Tiktaalik*** *rosae,* der zur Verwandtschaft der Lungenfische und Quastenflosser gehörende „große Flachwasserfisch", besaß Brustflossen mit deutlich ausgebildeten Arm- und Handwurzelknochen. Vermutlich benutzte er sie, um sich im Sediment des sauerstoffarmen flachen Wassers abzustützen und nach Luft zu schnappen.

1 Erläutern Sie, durch welche Angepasstheiten Landpflanzen die im Text skizzierten Probleme beim Übergang vom Wasser an Land gelöst haben.

2 Erläutern Sie an Hand der obigen Beispiele Angepasstheiten der Tiere beim Übergang vom Wasser zum Land.

4.5 Entwicklung des Lebens auf der Erde

Nach Abschluss der physikalischen Evolution, das heißt der Entstehung unseres Sonnensystems mit der Erde vor 4,6 Milliarden Jahren, traten nun während der chemischen Evolution die ersten Makromoleküle auf. Wie aus diesen im Meer letztlich die ersten Zellvorläufer und Zellen entstanden sind, ist bis heute noch ungeklärt. Sicher scheint nur, dass es sich dabei um Lebensformen gehandelt haben muss, die heutigen Bakterien stark ähnelten.

Die *heterotrophen* Stoffwechselprozesse dieser ursprünglichen Zellen veränderten die Umgebung: Zuerst wurden wohl vor allem kohlenstoffhaltige Verbindungen zur Energiegewinnung abgebaut. Durch die Verknappung dieser Stoffe waren die Lebensformen bevorteilt, die durch Fotosynthese selbst kohlenstoffhaltige Verbindungen herstellen konnten. Der bei diesem *autotrophen* Prozess frei werdende Sauerstoff ermöglichte den *oxidativen* Abbau von Kohlenstoffverbindungen, der sehr viel mehr Energie nutzbar machte. So entstand die Atmung.

Neben den Stoffwechselprozessen gab es auch Veränderungen in der Organisationsform der Zellen. Durch die Konzentration der genetischen Informationen im Zellkern entstanden *eukaryotische Zellen.* Mit der endosymbiontischen Aufnahme von *prokaryotischen Zellen* verbesserten die Eukaryoten ihre Leistungsfähigkeit enorm. Die Zusammenlagerung mehrerer eukaryotischer Zellen führte schließlich zu ersten Vielzellern. In diesen erfüllen die einzelnen Zellen nicht mehr alle Aufgaben: Es kommt zur Arbeitsteilung und Spezialisierung. Dabei liegt auf der Hand, dass spezialisierte Zellen Funktionen effizienter erfüllen können. Im Meer entstanden erste, wahrscheinlich wurmähnliche Lebewesen.

Im Ediacarium tritt erstmals vor 580 Millionen Jahren eine vielgestaltete Lebensgemeinschaft auf. Von nun an beschleunigt sich die Geschwindigkeit der evolutionären Entwicklungen enorm. Bereits im Kambrium vor 520 Millionen Jahren sind alle heute noch lebenden Tierstämme im Meer vorhanden. Damit einher geht eine deutlich komplexere ökologische Organisation. Nachdem bisher Produzenten und pflanzenfressende Konsumenten im Vordergrund standen, traten nun vermehrt auch Räuber auf. Womöglich war dies der bestimmende Selektionsdruck, der Tieren mit Schalen und Panzern einen Selektionsvorteil brachte, sodass solche Formen in der Artenvielfalt stark zunahmen.

An der Grenze von Silur und Devon vor etwa 420 Millionen Jahren gelang den ersten Pflanzen der Übergang vom Wasser zum Land. Aus einfach gebauten Nacktfarnen entstanden im Devon vor 360 Millionen Jahren die ersten Blütenpflanzen. Im Silur vor etwa 400 Millionen Jahren besiedelten erste Gliederfüßer das Land, vornehmlich Vorfahren der heutigen Insekten, Spinnen und Krebse.

Gliederfüßer haben ein Außenskelett, das meist aus Chitin besteht. Dieses wirkt sich begrenzend auf die Größe aus: Mit zunehmender Körpermasse kann solch ein Chitinpanzer den Körper nicht mehr tragen. Deshalb waren schon im Meer Lebewesen mit einem stützenden Innenskelett bevorteilt. In dieser Gruppe entstanden Fische, die zwar auch noch einen Panzer trugen, aber dank ihres beweglichen Innenskelettes wendiger und schneller schwimmen konnten.

Aus der Gruppe der Fische entstanden Amphibien, die auch das Festland besiedeln konnten. Weitere Entwicklungen führten zu Reptilien, die als Dinosaurier die Erdzeitalter vom Perm bis zur Kreide dominierten. Erst deren Auslöschung, vermutlich durch einen Meteoriteneinschlag, hat anscheinend die Voraussetzung für die adaptive Radiation der größeren Säugetiere geschaffen, von denen die Menschen eine der jüngsten Entwicklungen darstellen.

Bei der beschriebenen Entwicklung ist unbedingt zu beachten, dass es sich nicht um einen gerichteten Vorgang hin zu einem höher organisierten Lebewesen handelt. Landwirbeltiere haben keine prinzipiellen Selektionsvorteile gegenüber meeresbewohnenden Fischen. Schließlich hat das Leben das Meer beim Übergang auf das Land auch nicht endgültig verlassen. Die Fische sind bis heute die erfolgreichste Gruppe der Wirbeltiere, gibt es von ihnen doch mehr Arten als von allen anderen Wirbeltierklassen zusammen.

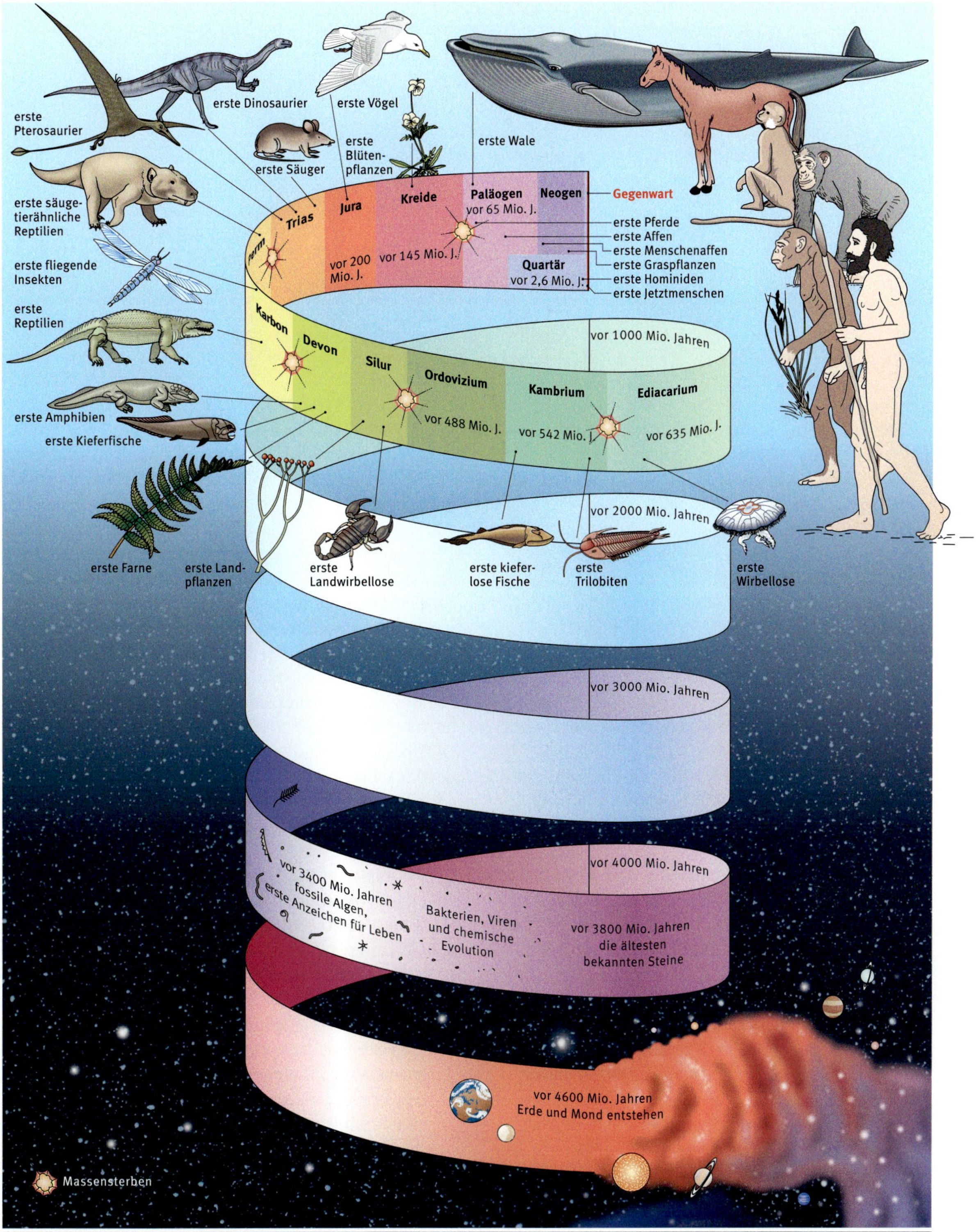

123.1 Verlauf der Stammesgeschichte

1 Erläutern Sie, welche evolutionäre Bedeutung Zufallsereignisse für die Entwicklung des Lebens haben.

2 Diskutieren Sie, inwiefern die Entwicklung des Lebens eine „Höherentwicklung“ repräsentiert.

Stammbäume und Verlauf der Stammesgeschichte

1

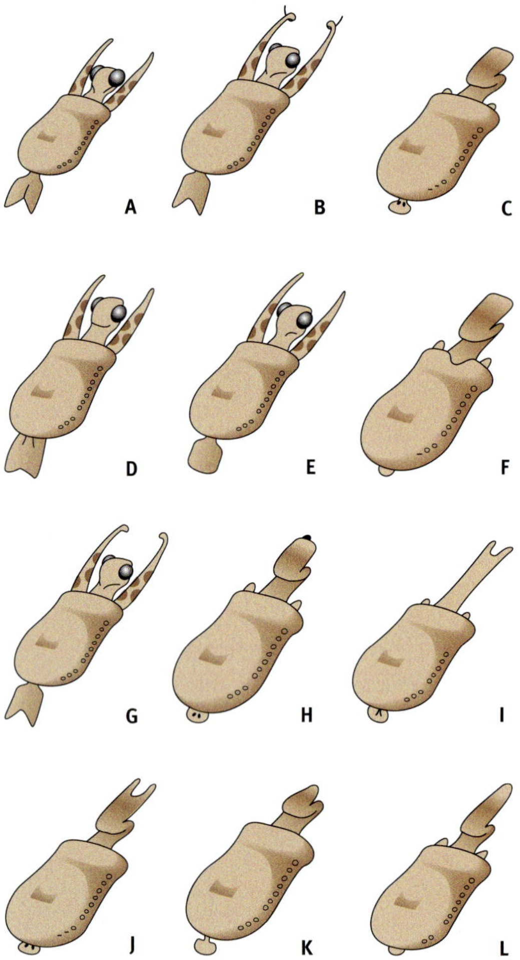

Der amerikanische Systematiker und Evolutionsbiologe Joseph CAMIN (1922–1979) entwickelte Fantasietiere, die nach ihm *Caminalcules* genannt wurden. Die Abbildung zeigt eine Auswahl von CAMINS Tieren, die allesamt rezent sein sollen.

a) Kopieren Sie die abgebildeten *Caminalcules* vergrößert auf dünnen Karton und schneiden Sie diese in Kartenform aus.

b) Legen Sie nun alle zwölf Kärtchen horizontal auf eine Linie. Dabei sollen nähere Verwandtschaftsbeziehungen durch geringere Abstände und entferntere Beziehungen durch größere Abstände symbolisiert werden.

c) Entwickeln Sie ausgehend von dieser Linie nun ein dichotomes Verzweigungsmuster (Kladogramm) nach HENNIG bis zum letzten gemeinsamen Vorfahren dieser monophyletischen Gruppe.

d) Begründen Sie Ihre Anordnung und legen Sie anschließend mögliche plesiomorphe, apomorphe und synapomorphe Merkmale fest.

2

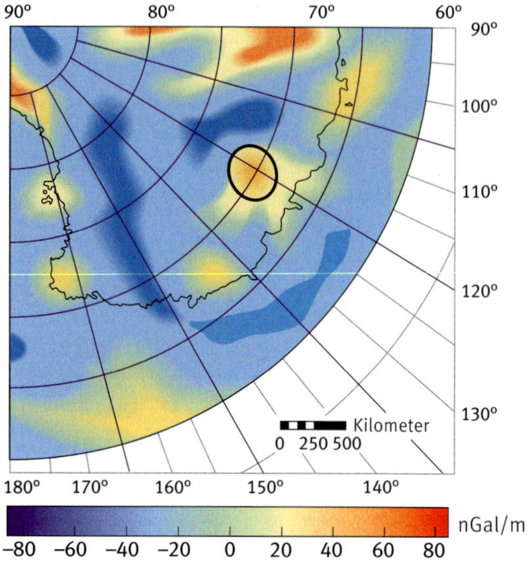

Der amerikanische Geologe Ralph VON FRESE wertete Bilder des NASA-Satelliten „Grace" aus, der das Schwerefeld der Erde vermisst. Auf einem Kongress im Jahre 2006 berichtete er von Hinweisen auf einen riesigen Einschlagkrater in der Antarktis. Die Abbildung zeigt diese Schwereanomalien. Bereiche mit hoher Dichte erscheinen dunkelrot, Bereiche mit niedriger Dichte blau (die Einheit „Gal", benannt nach Gallileo GALLILEI, gibt die Schwerebeschleunigung auf der Erde in cm/s^2 an). Die Anomalien können Überbleibsel von Eisenkernen aus Meteoriten oder Reste von Lavablasen sein, die in Folge eines Meteoriteneinschlags aufstiegen.
Der vermutete Krater liegt in einer Gegend namens Wilkesland im Osten der Antarktis, und ist in der Abbildung mit einem schwarzen Kreis gekennzeichnet. Er hat einen Durchmesser von etwa 480 Kilometern. Außerdem ist die Erdkruste just an dieser Stelle einige Kilometer dünner als in der direkten Umgebung, ein weiterer Hinweis für einen Einschlag.
Schließlich bestätigen Höhenradaraufnahmen, dass es etwa einen Kilometer unter dem Eis einen gut erhaltenen Kraterwall gibt, der stellenweise mehrere hundert Meter höher ist als das Gebiet in der Mitte des vermuteten Auftreffgebiets. VON FRESE schätzt, dass sich der Einschlag vor etwa 250 Millionen Jahren ereignete.

a) Beschreiben und erläutern Sie, welche Konsequenzen der Einschlag eines derart großen Meteoriten auf die Erde haben würde.

b) Erläutern Sie, warum eine dünnere Erdkruste ein Hinweis auf einen Meteoriteneinschlag ist.

c) Zeigen Sie, inwieweit dieser Meteoriteneinschlag ein bedeutendes Phänomen der Erdgeschichte klären könnte.

3

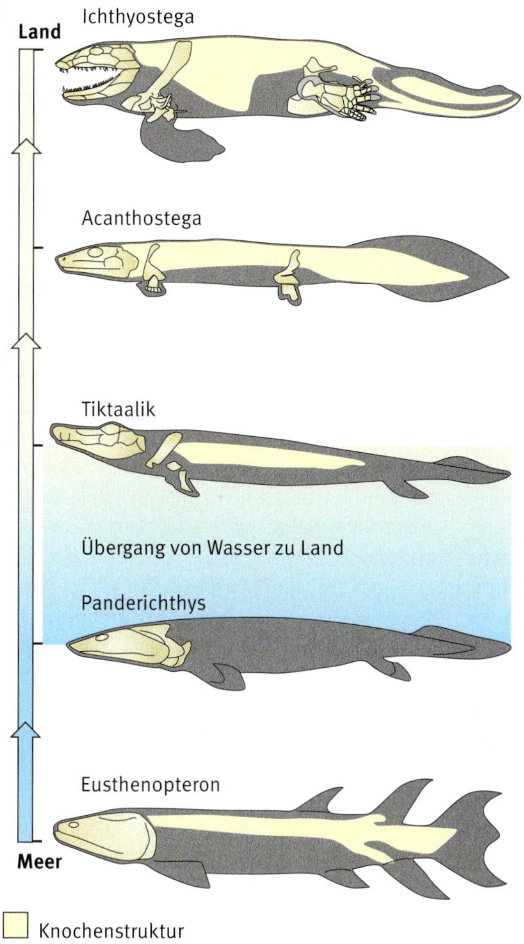

Die Abbildung zeigt verschiedene fossile Tierarten, aus der Zeit des Devons vor 400 bis 360 Millionen Jahren. Nach derzeitigem Wissensstand kennzeichnen diese Lebewesen den Übergang vom Wasserleben zum Landleben.

Darunter befinden sich die Quastenflosser *Eusthenopteron* und *Panderichthys*, die Übergangsform *Tiktaalik* und die ursprünglichen amphibischen Vierfüßer *Acanthostega* und *Ichthyostega*.

a) Informieren Sie sich in der Literatur oder im Internet über die fünf genannten Fossilien. Recherchieren Sie zum Beispiel typische Fundorte der Fossilien sowie die angenommenen Lebensumstände

b) Beschreiben Sie die fünf Fossilformen und erläutern Sie, warum *Tiktaalik* als Übergangsform oder echtes missing-link bezeichnet wird.

c) Stellen Sie die allgemeine Bedeutung der missing-links für die Evolution heraus.

d) Ordnen Sie die fünf Fossilformen nach dem HENNIGschen Prinzip zu einem Kladogramm. Begründen Sie Ihre Anordnung, indem Sie die von Ihnen herangezogenen Merkmale erläutern.

4

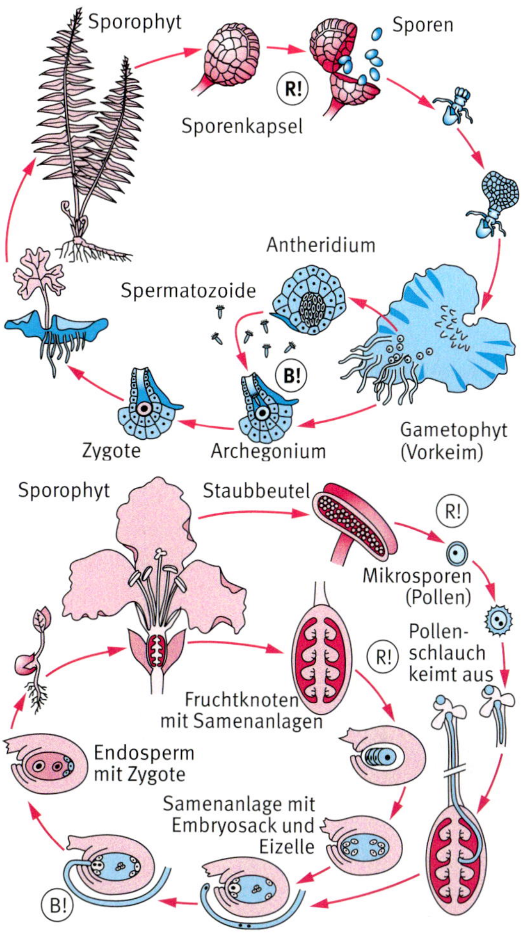

Die Abbildungen zeigen die Fortpflanzung von Farnen und Bedecktsamigen Pflanzen. Bei beiden gibt es einen Generationswechsel: Auf eine sich geschlechtlich fortpflanzende Generation, den Gametophyten, folgt jeweils eine sich ungeschlechtlich fortpflanzende, der Sporophyt. Während des Zyklus kommt es zum alternierenden Wechsel der Kernphasen haploid und diploid. „R!" bedeutet jeweils Reduktionsteilung und „B!" steht für Befruchtung.

a) Beschreiben Sie den Generationswechsel der Farne. Erläutern Sie dabei, welche Stadien haploid und welche diploid sind.

b) Beschreiben Sie vergleichend den Generationswechsel der Bedecktsamigen. Erläutern Sie ebenfalls, welche Stadien haploid und welche diploid sind.

c) Begründen Sie, inwiefern der Generationswechsel der Bedecktsamigen Pflanzen eine Angepasstheit an das Landleben darstellt.

d) Beim Ginkgo-Baum erfolgt die Befruchtung der Eizelle durch bewegliche Spermatozoiden, die aus einer Pollenkammer auskeimen. Beurteilen Sie diese Form der Befruchtung aus evolutionärer Sicht.

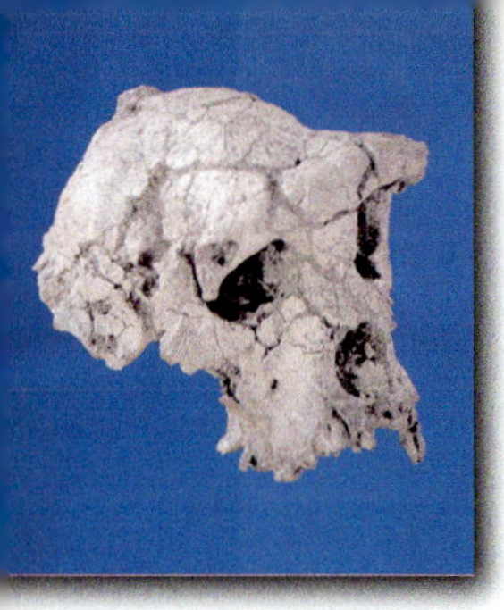

Die Evolution des Menschen

1 Die Stellung des Menschen im natürlichen System

1.1 Systematik und Verwandtschaft der Primaten

126.1 Feuchtnasenprimaten. **A** Lemur; **B** Galago; **C** Plumplori

Was ist der Mensch? Diese Frage bewegt Philosophen seit Jahrtausenden. Eine mögliche Antwort aus naturwissenschaftlicher Sicht gab Carl von LINNÉ im Jahr 1758: Menschen sind **Primaten.** So bezeichnete LINNÉ Säugetiere, die sich durch eine Kombination ganz bestimmter Merkmale auszeichnen: Primaten haben zwei Schlüsselbeine, zwei brustständige Milchdrüsen, jeweils vier Schneidezähne in Ober- und Unterkiefer sowie Hände und Füße mit jeweils fünf Fingern beziehungsweise Zehen, an deren Ende nicht Krallen, sondern Nägel wachsen.
Vier Gattungen ordnete LINNÉ, dessen Artenkenntnis noch äußerst bescheiden war, der von ihm geschaffenen Säugetierordnung zu: *Vespertilio* (Fledermaus), *Lemur* (Halbaffe), *Simias* (Affe) und *Homo* (Mensch). Fledermäuse werden heute in eine eigene Ordnung gestellt. Aber davon abgesehen hat LINNÉS Systematik, in der Menschen zusammen mit Affen und Halbaffen als Primaten zu klassifizieren sind, bis heute Bestand.

Primaten eindeutig zu definieren ist angesichts der Vielfalt der heute mehr als 300 bekannten Arten nicht einfach. Typischerweise handelt es sich um Bewohner der Tropen und Subtropen, die an das Baumleben angepasst sind. Angepasstheiten an das Baumleben sind beispielsweise die fünfstrahligen Greifhände und -füße mit ihren abspreizbaren Daumen und Großzehen sowie die nach vorne gerichteten Augen, die räumliches Sehen und damit das Abschätzen von Entfernungen ermöglichen. Andere Primatenmerkmale sind relativ große Gehirne, langsames Wachstum, späte Geschlechtsreife und komplexe Sozialstrukturen.

Nicht jedes dieser Merkmale kennzeichnet alle Primaten: Menschen haben keine Greiffüße, Krallenaffen keine Fingernägel und das Gehirn der meisten „Halbaffen" ist nicht größer als das anderer Säugetiere. Der Grund für solche Unterschiede sind verschiedene Evolutionswege: Menschen wurden im Laufe ihrer Evolution beispielsweise mehr als andere Primaten zu Bodenbewohnern – womit der Greiffuß nicht mehr von Vorteil war. Dennoch lassen sich Menschen aufgrund ihrer anderen Merkmale eindeutig den Primaten zuordnen.

Die Ordnung der Primaten, die der Zoologe Ernst HAECKEL „Herrentiere" nannte, wird heute in zwei Unterordnungen aufgeteilt. Zu den *Feuchtnasenprimaten* gehören die auf Madagaskar lebenden Lemuren und die auf dem afrikanischen Kontinent und in Südasien heimischen Loris und Galagos. Feuchtnasenprimaten heißen diese Tiere, weil sie –

126.2 Trockennasenprimaten. **A** Koboldmaki; **B** Neuweltaffe (Brüllaffe); **C** Altweltaffe (Berberaffe); **D** Menschenaffe (Schimpanse)

wie die meisten anderen mit einem guten Geruchssinn ausgestatteten Säugetiere – einen feuchten Schleimhautbezirk um die Nasenöffnungen, einen so genannten Nasenspiegel besitzen. *Trockennasenprimaten* sind die südostasiatischen Koboldmakis, die Neuwelt- oder Breitnasenaffen und die Altwelt- oder Schmalnasenaffen, zu denen auch die Menschenaffen und der Mensch gehören.

Lemuren, Loris, Galagos und Koboldmakis werden aufgrund einiger ursprünglicher Merkmale oft auch als „Halbaffen“ bezeichnet und den eigentlichen Affen gegenübergestellt; eine natürliche Verwandtschaftsgruppe bilden die Halbaffen jedoch nicht: Koboldmakis sind mit den eigentlichen Affen näher verwandt als mit den übrigen Halbaffen.

Primaten entstanden vermutlich in der von Sauriern beherrschten Kreidezeit, vor 80 oder 90 Millionen Jahren. Ihre erste Blüte erlebte diese Tiergruppe jedoch erst nach dem Aussterben der Saurier im Eozän, vor etwa 50 Millionen Jahren. Fossilfunde aus jener Zeit finden sich auch in Deutschland: In der Grube Messel bei Darmstadt und im Geiseltal bei Halle wurden Skelettreste ausgestorbener Halbaffen entdeckt. Sehr viel jünger sind 300 000 Jahre alte Knochen von Berberaffen, die in der Heppenloch-Höhle auf der schwäbischen Alb gefunden wurden.

Ordnung: Primaten (Primates)
Unterordnung: Feuchtnasenprimaten (Strepsirhini)
Teilordnung: Lemuren (Lemuriformes)
Familie: Maus- und Katzenmakis (Cheirogaleidae)
Familie: Fingertier (Daubentoniidae)
Familie: Indriartige (Indriidae)
Familie: eigentliche Lemuren (Lemuridae)
Familie: Wieselmakis (Lepilemuridae)
Teilordnung: Loris und Galagos (Loriformes)
Familie: Galagos (Galagidae)
Familie: Loris (Lorisidae)
Unterordnung: Trockennasenprimaten (Haplorhini)
Teilordnung: Koboldmakis (Tarsiiformes)
Familie: Koboldmakis (Tarsiidae)
Teilordnung: Neuweltaffen (Platyrrhini)
Familie: Kapuzinerartige (Cebidae)
Familie: Klammerschwanzaffen (Atelidae)
Familie: Sakiartige (Pitheciidae)
Teilordnung: Altweltaffen (Catarrhini)
Überfamilie: Hundsaffen (Cercopithecoidea)
Familie: Meerkatzenverwandte (Cercopithecidae)
Überfamilie: Menschenartige (Hominoidea)
Familie: Gibbons (Hylobatidae)
Familie: Große Menschenaffen und Mensch (Hominidae)
Gattung: Orang-Utan (*Pongo*)
Gattung: Gorilla (*Gorilla*)
Gattung: Schimpansen (*Pan*)
Gattung: Mensch (*Homo*)

127.1 Klassifikation der Primaten

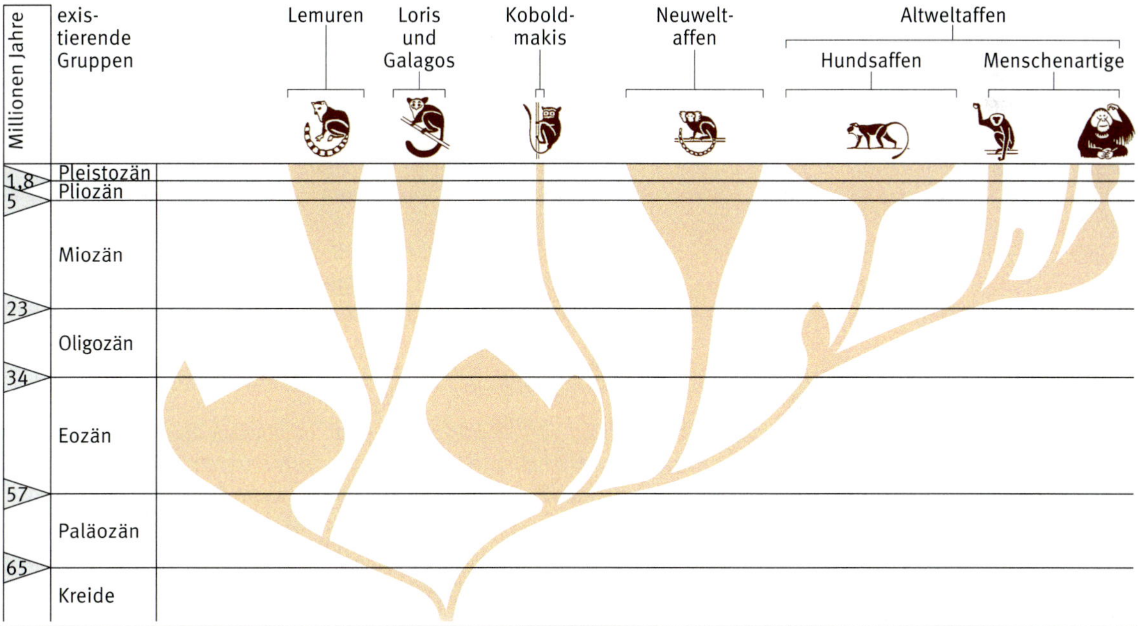

127.2 Stammesgeschichte der Primaten (Schema)

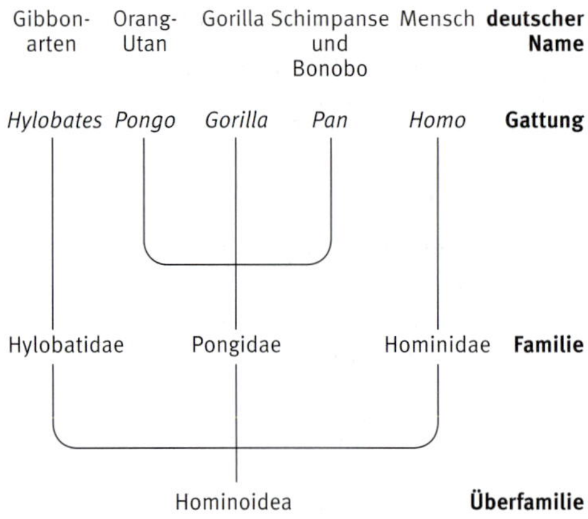

128.1 Traditionelle Systematik der Hominoidea

128.2 Genetische Distanz (prozentuale Differenz der DNA) zwischen Menschenaffen und Mensch

Art	M	Sch	B	Go	O	Si	Gi
Mensch	0	–	–	–	–	–	–
Schimpanse	1,6	0	–	–	–	–	–
Bonobo	1,6	0,7	0	–	–	–	–
Gorilla	2,3	2,2	2,4	0	–	–	–
Orang-Utan	3,6	3,6	3,6	3,6	0	–	–
Siamang	4,7	5,1	4,2	4,5	4,9	0	–
Gibbon	4,8	4,8	5,0	4,8	4,7	2,0	0

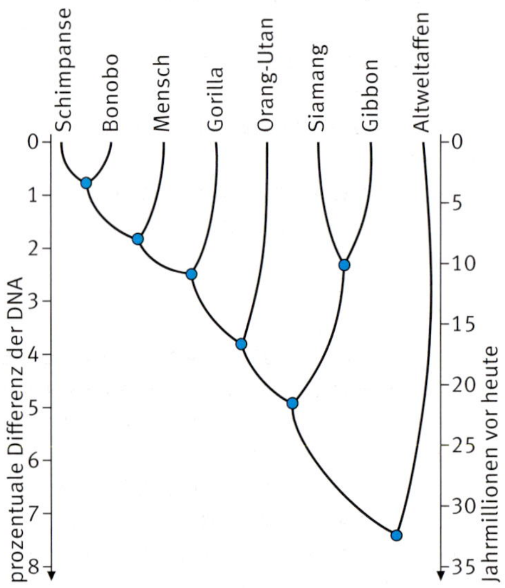

128.3 Stammbaumschema (Kladogramm) der Hominoidea

1 Erläutern Sie, durch welche Merkmalskombination Primaten sich von anderen Säugetieren abgrenzen lassen.

2 Begründen Sie anhand von Abbildung 128.2 ausführlich, inwiefern die in Abbildung 128.1 wiedergegebene Systematik überholt ist.

Die Zugehörigkeit des Menschen zu den Primaten ist unter Biologen seit langem unstrittig. Die genauen verwandtschaftlichen Beziehungen – Grundlage jedes natürlichen Systems – waren jedoch lange unklar. Traditionell unterteilten die Systematiker die Überfamilie der **Hominoidea** (Menschenartigen) in drei Familien:

- die südostasiatischen Gibbons oder Kleinen Menschenaffen (Hylobatidae);
- die Großen Menschenaffen (Pongidae) mit dem auf Borneo und Sumatra lebenden Orang-Utan sowie den afrikanischen Schimpansen, Bonobos und Gorillas;
- und die Menschen (Hominidae) mit dem anatomisch modernen Menschen als einziger rezenter Art.

Grundlage dieser Systematik war, dass sich die Kleinen ebenso wie die Großen Menschenaffen einerseits in vieler Hinsicht sehr ähnlich sind und andererseits genauso deutlich vom Menschen unterscheiden. Wichtigstes Unterscheidungskriterium war die Fortbewegungsweise: Gibbons hangeln sich mit ihren langen, beweglichen Armen schwingend von Baum zu Baum, Große Menschenaffen stützen sich beim Laufen auf dem Boden mit ihren Handknöcheln auf, und nur Menschen bewegen sich im aufrechten Gang fort.

Erst durch die Anwendung neuer molekulargenetischer Analysemethoden wurde klar, dass die traditionelle Systematik die Verwandtschaftsverhältnisse der Hominoidea nicht richtig wiedergibt. Eine dieser Methoden ist die *DNA-DNA-Hybridisierung*: Indem man einzelsträngige DNA-Moleküle verschiedener Arten zunächst miteinander verbindet und dann unter Hitzeeinwirkung wieder voneinander trennt („schmilzt"), lassen sich die Unterschiede in den DNA-Sequenzen quantifizieren. Je höher die Schmelztemperatur ist, desto größer sind die Übereinstimmungen in den Nukleotid-Sequenzen und desto näher sind die untersuchten Arten miteinander verwandt. Die Experimente zeigten, dass der nächste Verwandte von Schimpanse und Bonobo (der auch unter dem irreführenden Namen „Zwergschimpanse" bekannt ist) nicht der Gorilla ist, sondern der Mensch.
Zusätzliche Informationen kommen von Fossilien: Sie geben Aufschluss darüber, wann der letzte gemeinsame Vorfahre der untersuchten Arten lebte, sodass sich auf Grundlage dieser Daten ein Stammbaum rekonstruieren lässt.

Der Streit um die „Affenabstammung“

GESCHICHTE

„Licht wird auch fallen auf den Ursprung des Menschen und seine Geschichte.“ Das war alles, was Charles DARWIN in *On the Origin of Species* zur Evolution des Menschen geschrieben hatte. Dem Übersetzer der ersten deutschen Auflage schien der Satz dennoch so heikel, dass er ihn einfach wegließ. Und das Thema war brisant: „Vom Affen sollen wir abstammen?“, soll die Frau des Bischofs von Worcester ausgerufen haben. „Mein Lieber, wir wollen hoffen, dass das nicht wahr ist. Aber wenn es wahr ist, wollen wir beten, dass es sich nicht herumspricht!“

Wie sehr die „Affenabstammung“ die Gemüter erhitzte, zeigte sich am 30. Juni 1860 auf einer Tagung der *British Association for the Advancement of Science* in Oxford. DARWIN selbst nahm nicht teil, aber seine besten Freunde waren da – und seine schärfsten Gegner ebenfalls.
Am Ende eines langatmigen Vortrages ergriff Samuel WILBERFORCE, der Bischof von Oxford, das Wort. Vor 700 Zuhörern fragte er den wegen seiner bissigen Rhetorik als „Darwins Bulldogge“ bekannten Anatomen Thomas Henry HUXLEY, ob er großväterlicherseits oder großmütterlicherseits vom Affen abstamme. „Der Herr hat ihn in meine Hände gegeben“, flüsterte HUXLEY und entgegnete laut, lieber würde er von einem „erbärmlichen Affen abstammen als von einem Mann, der eine ernsthafte wissenschaftliche Diskussion ins Lächerliche zieht!“ In dem darauf folgenden Tumult fiel eine Dame in Ohnmacht und Robert FITZROY, der Kapitän der Beagle, beschwor das Publikum mit emporgehaltener Bibel, „Gott mehr zu glauben als den Menschen!“

129.1 Thomas Henry HUXLEY (1857)

Ob sich die Geschichte so zugetragen hat, wie HUXLEY sie erzählte, bezweifeln manche Historiker. Andere Zeitzeugen erinnerten sich anders. Aber der Konflikt zwischen kirchlicher Lehre und DARWINS Theorie war offensichtlich. Welche Position vertreten die Kirchen heute? Papst JOHANNES PAUL II. verkündete 1996 in einer Botschaft an die Mitglieder der päpstlichen Akademie der Wissenschaften, dass die Kirche „unmittelbar von der Frage der Evolution betroffen“ sei, „denn sie betrifft das Menschenbild.“ Die Evolutionstheorie, fuhr der Papst fort, sei „mehr als eine Hypothese“: Sie werde „nach einer Reihe von Entdeckungen in unterschiedlichsten Wissensgebieten immer mehr von der Forschung akzeptiert.“ Und auch zum Menschen äußerte sich JOHANNES PAUL:

129.2 JOHANNES PAUL II. (1993)

„Der menschliche Körper hat seinen Ursprung in der belebten Materie, die vor ihm existiert. Die Geistseele hingegen ist unmittelbar von Gott geschaffen.“

Nach der Wahl von BENEDIKT XVI. zum Papst setzte der Wiener Kardinal SCHÖNBORN einen etwas anderen Akzent. Unter dem Titel „Finding Design in Nature“ schrieb er 2005 in der New York Times: „Die Evolution im Sinn einer gemeinsamen Abstammung kann wahr sein, aber die Evolution im neodarwinistischen Sinn – ein zielloser, ungeplanter Vorgang zufälliger Veränderung und natürlicher Selektion – ist es nicht. Jedes Denksystem, das die überwältigende Evidenz für einen Plan in der Biologie leugnet oder wegzuerklären versucht, ist Ideologie, nicht Wissenschaft.“ Und er zitierte BENEDIKT XVI.: „Wir sind nicht das zufällige und sinnlose Produkt der Evolution. Jeder von uns ist Frucht eines Gedankens Gottes.“

1 Erläutern Sie die Positionen der genannten Kirchenführer.

1.2 Menschen und Menschenaffen im Vergleich

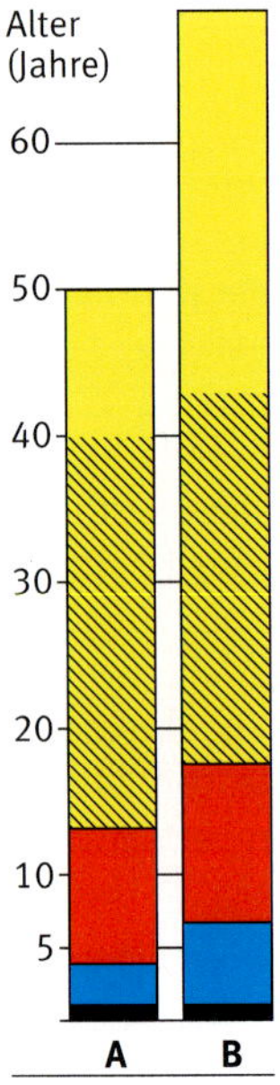

130.1 Lebensphasen.
A Schimpanse;
B Mensch
■: Schwangerschaft
■: Kindheit
■: Jugend
■: Erwachsenenphase
■: Dauer der weiblichen Fruchtbarkeit

Was unterscheidet Menschen von Schimpansen? Betrachtet man nur ihre Erbanlagen, sind sich beide Arten erstaunlich nah. Sequenzanalysen der DNA zeigen je nach Berechnungsgrundlage eine Übereinstimmung zwischen 96 und 99 Prozent. Die Chromosomensätze der beiden Arten unterscheiden sich allerdings: Schimpansen haben wie alle Großen Menschenaffen 48 Chromosomen, Menschen durch die Fusion zweier Chromosomenpaare nur 46.

Betrachtet man den Phänotyp von Menschenaffen und Menschen, fallen deutlichere Unterschiede auf. Menschen besitzen kein Fell. Sie haben zwar insgesamt nicht weniger Haare auf ihrem Körper als Schimpansen, aber in den meisten Körperregionen sind menschliche Haare sehr viel kürzer und dünner als die von Menschenaffen.
Auch die Körperproportionen unterscheiden sich: Menschenaffen haben längere Arme und kürzere Beine als Menschen.
Viele Unterschiede im Körperbau hängen mit den unterschiedlichen Fortbewegungsweisen zusammen. Menschenaffen können nicht nur ihre Hände zum Greifen benutzen, sondern auch ihre Füße, da der Große Zeh opponierbar ist: Er kann wie ein Daumen den anderen Zehen gegenüber gestellt werden.

Der Schädel der Großen Menschenaffen zeichnet sich durch einen relativ kleinen *Hirnschädel*, kräftige *Überaugenwülste* und einen großen *Gesichtsschädel* mit einem vorspringenden Gebiss aus. Vor allem die Männchen haben sehr lange und scharfe Eckzähne. Von den benachbarten Schneidezähnen sind sie durch die *„Affenlücke"* (Diastema) getrennt, die den notwendigen Platz für die Eckzähne beim Schließen der Kiefer schafft.

Das menschliche Gehirn ist mit einem Volumen von etwa 1300 Kubikzentimetern gut dreimal größer als das Großer Menschenaffen. Dies hat nicht nur Folgen für die Intelligenz oder kulturelle Leistungen. Es führt auch dazu, dass der Kopf eines menschlichen Neugeborenen nur mit Mühe durch den Geburtskanal passt, obwohl sein Gehirn noch vergleichsweise klein und unausgereift ist. Dies wiederum bedingt, dass menschliche Babys extrem hilflos zur Welt kommen. Man bezeichnet sie daher als *physiologische Frühgeburten*.

Ein weiterer Unterschied ist das Leben nach der *Menopause* (gr. *menes*, Monatsblutung; *pausis*, Aufhören), dem Ende der weiblichen Fruchtbarkeit. Bei den meisten Tieren bedeutet das Ende der Fruchtbarkeit auch das Ende des Lebens. Beim Menschen ist dies anders: Eine Frau, die mit 45 oder 50 Jahren in die Menopause kommt, hat noch eine durchschnittliche Lebenserwartung von 35 Jahren.

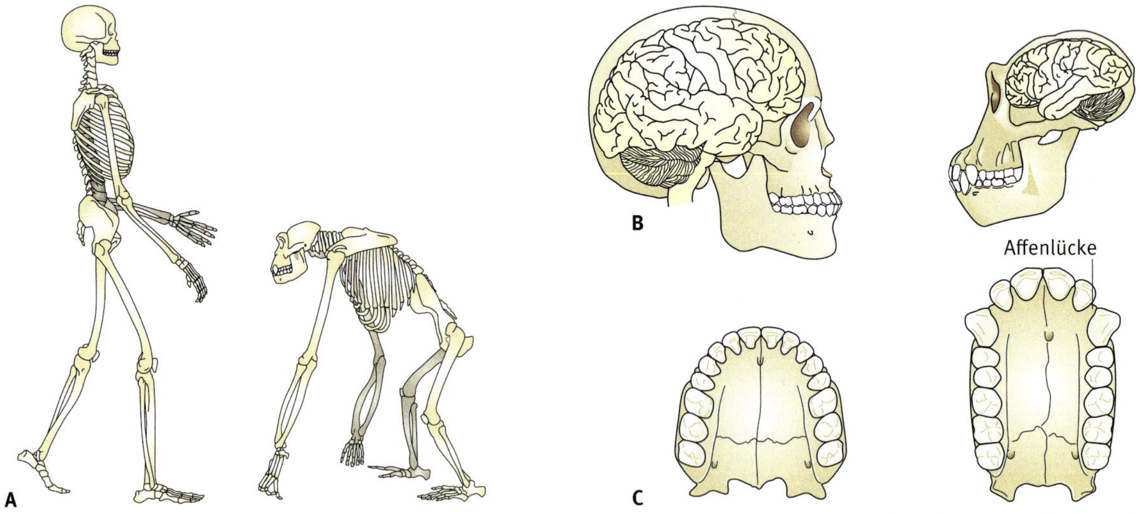

130.2 Anatomische Merkmale von Schimpansen und Menschen. **A** Skelett; **B** Schädel und Gehirn; **C** Oberkiefer

Unterschiede gibt es auch im Verhalten und in den für die jeweilige Art typischen **Sozialsystemen.**

Gibbons leben in Familienverbänden, die die Jungen, sobald sie geschlechtsreif werden, verlassen.

Orang-Utans führen als Erwachsene ein solitäres Leben als Einzelgänger.

Gorillas leben meist in Ein-Männchen-Gruppen: Ein ausgewachsenes Männchen, wegen seines silbergrauen Fells auf dem Rücken auch Silberrücken genannt, lebt mit mehreren Weibchen und deren Jungen zusammen.

Schimpansen und Bonobos leben in Mehr-Männchen-Mehr-Weibchen-Gruppen, die aus kleineren Untergruppen mit wechselnder Zusammensetzung bestehen. Da sich die Tiere ständig trennen und wieder vereinigen, nennt man ein solches Sozialsystem auch ein *fission-fusion-System.* Bei beiden Arten verlassen die Weibchen ihre Geburtsgruppe, sobald sie geschlechtsreif werden, und schließen sich einer anderen Gruppe an. Dies führt dazu, dass die Männchen einer Gruppe miteinander verwandt sind, die Weibchen dagegen nicht.

Das basale menschliche Sozialsystem ist die Familie – auch wenn in modernen westlichen Staaten immer mehr Menschen als Singles leben. Menschliche Familien leben allerdings nicht isoliert voneinander wie Gibbonfamilien, sondern sind Teil größerer Gemeinschaften: eines Familienclans, eines Dorfes, eines Stammes oder einer Nation.

Warum sind sich Schimpansen und Menschen in ihrem Genotyp so ähnlich, in ihrem Phänotyp aber so verschieden? Genetiker nennen dafür im Wesentlichen zwei Gründe: kleine Unterschiede in funktionell wichtigen Genen und Unterschiede in der Aktivität von Genen – vor allem im Gehirn.

1 Beschreiben Sie die Lebensphasen von Schimpansen und Menschen vergleichend nach Abbildung 130.1.

2 Erstellen Sie die Zahnformeln von Schimpansen und Menschen. Informieren Sie sich über die Zahnformeln anderer Primaten und leiten Sie daraus die ursprüngliche Zahnformel der Primaten ab.

3 Vergleichen Sie die Sozialsysteme von Schimpansen und Menschen.

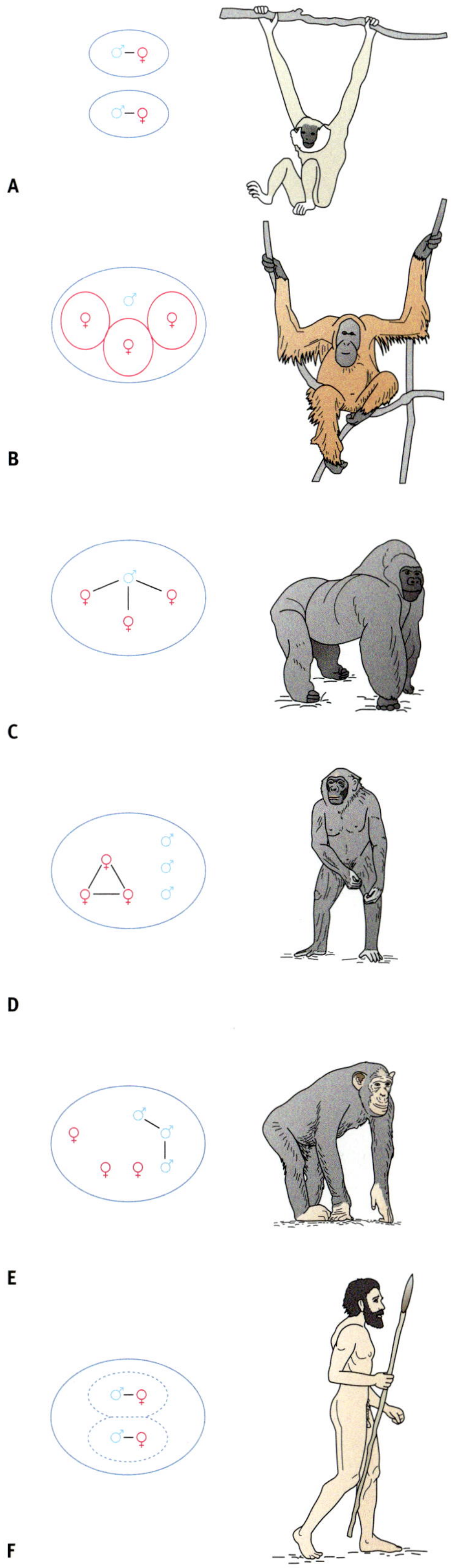

131.1 Sozialsysteme der Hominoidea (Schemata, Jungtiere sind nicht eingezeichnet; ♂: Männchen, ♀: Weibchen; —: soziale Bindungen zwischen Erwachsenen; O: Reviergrenzen). **A** Gibbons; **B** Orang-Utan; **C** Gorilla; **D** Bonobo; **E** Schimpanse; **F** Mensch

Die Stellung des Menschen im natürlichen System

1

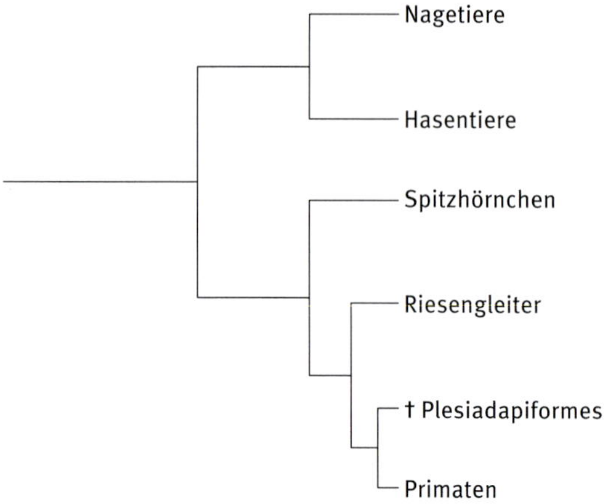

In älteren Lehrbüchern liest man oft, das südostasiatische Spitzhörnchen sei einer der ursprünglichsten Primaten. Spitzhörnchen oder Tupajas sind Kleinsäuger, die den madagassischen Mausmakis ähnlich sehen. In den Biowissenschaften spielen sie eine wichtige Rolle als Tiermodell in der Stressforschung. Aufgrund bestimmter Merkmale wurden sie eine Zeit lang als Bindeglied zwischen Insektenfressern wie den Spitzmäusen und Primaten angesehen. Zum Beispiel ähnelt ihr Gebiss dem einer Spitzmaus, ihr Schädel eher dem eines ursprünglichen Primaten. Außerdem besitzen sie wie diese – aber anders als Insektenfresser – einen Blinddarm. Seit 1969 werden die Spitzhörnchen in der biologischen Systematik als eigene Ordnung geführt, die seit 1972 als Scandentia bezeichnet wird.

a) Vergleichen Sie anhand der Tabelle Mausmakis und Spitzhörnchen miteinander.

b) Informieren Sie sich über das Vorkommen eines Blinddarmes bei Säugetieren. Erläutern Sie, welche Bedeutung dieses Merkmal für die phylogenetische Systematik hat.

c) Begründen Sie, warum Spitzhörnchen heute nicht mehr zu den Primaten gezählt werden.

d) Informieren Sie sich über die Ordnungen der Riesengleiter (Dermoptera) und der ausgestorbenen Plesiadapiformes. Erläutern Sie anhand des oben abgebildeten, auf molekulargenetischen Daten basierenden Stammbaumschemas die verwandtschaftlichen Beziehungen zwischen Insektenfressern, Riesengleitern, Spitzhörnchen und Primaten.

Name	Gewöhnliches Spitzhörnchen	Grauer Mausmaki
wiss. Name	*Tupaia glis*	*Microcebus murinus*
Verbreitung	Südostasien	Madagaskar
Lebensweise	vorwiegend am Boden	vorwiegend auf Bäumen
Nahrung	Früchte, Insekten	Früchte, Insekten
Extremitäten	fünfgliedrig, mit Krallen; Daumen und Großzehe nicht opponierbar	fünfgliedrig, mit Nägeln (am 2. Zeh: Putzkralle); Daumen und Großzehe opponierbar
Blinddarm	vorhanden	vorhanden
Sozialsystem	paarlebend	einzelgängerisch
Tragzeit	45–50 Tage	54–69 Tage
Jungenzahl	1–3	2–3
Jungentyp	Nesthocker	Nestflüchter
Brutpflege	gering: Jungen werden von der Mutter nur alle 2 Tage für jeweils 5–10 Minuten mit sehr protein- und fettreicher Milch versorgt	intensiv: Jungen werden von der Mutter mehrfach täglich gesäugt
Entwöhnungsalter	5 Wochen	2 Monate
Geschlechtsreife	3–4 Monate	1 Jahr

2

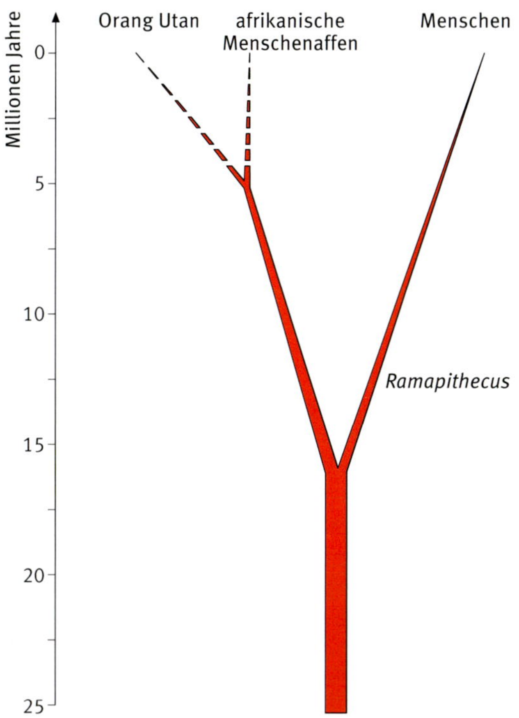

„Mit der Gattung Ramapithecus begann die eigentliche Evolution des Menschen", heißt es auf einer speziell für Schüler gestalteten Seite im Internet. Mitte der sechziger Jahre des 20. Jahrhunderts waren viele Fachleute tatsächlich dieser Meinung. Das kam so: 1932 hatte ein amerikanischer Student in den Bergen Nepals Kieferbruchstücke eines fossilen Menschenaffen gefunden, den er *Ramapithecus brevirostris* nannte (lat. *brevis,* kurz; *rostrum,* Schnauze). Das Alter der Funde schätzte man damals auf 14 bis 15 Millionen Jahre. 30 Jahre später schien eine Rekonstruktion des Oberkiefers zu zeigen, dass diese Art tatsächlich ein direkter Vorfahre des Menschen ist: Der rekonstruierte Kiefer sah menschlich aus. Damit schien auch klar, dass *Ramapithecus* – anders als die rezenten Menschenaffen – den aufrechten Gang beherrschte. Aus diesen Überlegungen entstand das oben gezeigte Stammbaumschema.

Einige Anthropologen hielten die Rekonstruktion des Oberkiefers allerdings für falsch. Diese Zweifel erhielten 1967 weitere Nahrung durch immunbiologische Untersuchungen: Präzipitintests hatten ergeben, dass die afrikanischen Menschenaffen mit dem Menschen näher verwandt sind, als man bisher geglaubt hatte. Anhand dieser Daten ließ sich eine „molekulare Uhr" berechnen, die auch eine ungefähre Datierung ermöglichte. Danach hatten sich die Entwicklungslinien der afrikanischen Menschenaffen und des Menschen erst vor vier Millionen Jahren getrennt.

Präzipitintest (Gattung)	Prozent Ausfällung
Mensch (*Homo*)	100
Schimpanse (*Pan*)	95
Gorilla (*Gorilla*)	95
Orang-Utan (*Pongo*)	85
Gibbon (*Hylobates*)	82
Pavian (*Papio*)	73
Neuweltaffe (*Ateles*)	60
Lemur (*Varecia*)	35
Hund (*Canis*)	25
Känguru (*Macropus*)	8

Der Fund eines vollständigen Unterkiefers von *Ramapithecus* aus dem Jahr 1976 wiederlegte die Hypothese, dass dieser ein direkter Vorfahre des Menschen war, endgültig. Heute stellt man die *„Ramapithecus"* genannten Funde zur Gattung *Sivapithecus.* Durch den Vergleich einer viel größeren Anzahl von Funden ist man sich heute sicher, dass *Sivapithecus* ein fossiler Verwandter des Orang-Utans ist.

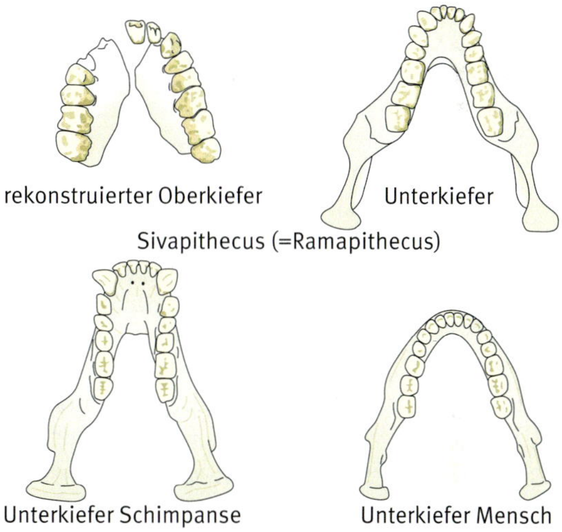

a) Vergleichen Sie die Unterkiefer von Sivapithecus, Schimpanse und Mensch und deuten Sie Ihre Ergebnisse.

b) Erläutern Sie Methode und Ergebnisse der Präzipitintests. Begründen Sie, warum diese Daten der Hypothese, der Mensch stamme von *Ramapithecus* ab, widersprechen.

c) Zeichnen Sie den abgebildeten Stammbaum so um, dass er heutigen Erkenntnissen entspricht.

d) Zahlreiche Internetseiten versuchen den Eindruck zu erwecken, wissenschaftliche Irrtümer wie der „Fall Ramapithecus" würden die Evolutionstheorie als solche oder die Abstammung des Menschen von ursprünglicheren Primaten in Frage stellen. Bewerten Sie solche Aussagen.

2 Die Fossilgeschichte des Menschen

2.1 Die Australopithecinen

Vor 3,6 Millionen Jahren bedeckte ein Vulkanausbruch im ostafrikanischen Tansania die Gegend von Laetoli mit einem Ascheteppich. In der vom Regen aufgeweichten und später erstarrenden Asche hinterließen Antilopen, Giraffen und Perlhühner ihre Spuren. Es fanden sich aber auch Spuren, die menschlichen Fußabdrücken zum Verwechseln ähnlich sehen.

Die 1978 entdeckten Fußspuren von Laetoli waren der erste sichere Nachweis, dass es vor über drei Millionen Jahren in Afrika aufrecht gehende Hominiden gegeben haben musste. Hinweise dafür gab es bereits: 1974 hatte der amerikanische Anthropologe Donald JOHANSON in Äthiopien die Reste eines 3,2 Millionen Jahre alten Hominidenskeletts gefunden, das er „Lucy" nannte. Der wissenschaftliche Artname von Lucy lautet *Australopithecus afarensis* – der „Südaffe aus dem Afar-Gebiet". Lucy war nur einen Meter groß und zeigte ein Mosaik aus Merkmalen von Menschenaffen und Menschen. Die Anatomie ihrer Becken- und Extremitätenknochen ließ darauf schließen, dass sie aufrecht gehen konnte. Allerdings hatte sie verhältnismäßig lange Arme und ihr Gehirn war kaum größer als das eines Schimpansen: Messungen von Schädeln ergaben ein Hirnvolumen von 400 bis 500 Kubikzentimetern. So große Eckzähne wie ein Schimpanse hatten die männlichen Artgenossen von Lucy dagegen nicht: Kiefer und Gebiss waren eher menschenähnlich.

Dass die Fußspuren von Laetoli von Artgenossen Lucys stammen, ist natürlich nicht zwingend. Aber sie waren bislang die einzigen, von denen man auch bei Laetoli Knochenreste gefunden hat.
Wissenschaftler vom American Museum of Natural History in New York haben die Szene, die sich in Laetoli abgespielt hat, rekonstruiert. Rekonstruktionen sind immer mit Unsicherheiten verbunden. Knochenfunde geben Aufschluss über Größe, Körperproportionen und Gesichtsform – aber verraten sie auch etwas über das Verhalten? Sicher ist, dass die Fußabdrücke von mindestens zwei unterschiedlich großen Individuen stammen, die nahe nebeneinander hergegangen waren. Waren es ein Männchen und ein Weibchen? Lebten Lucy und ihre Artgenossen ähnlich wie Gibbons und heutige Menschen in Familien?

Tatsächlich können Knochenfunde auch etwas über die Beziehungen zwischen den Geschlechtern aussagen. Bei Arten wie den Gibbons, die in monogamen Paarbeziehungen leben, ist der *Sexualdimorphismus* gering: Männchen und Weibchen sind meist gleich groß. Bei Arten wie dem Gorilla, bei denen ein Männchen mit mehreren Weibchen zusammen lebt, sind die Männchen dagegen meist wesentlich größer als die Weibchen.
Bei *Australopithecus afarensis* gab es erhebliche Größenunterschiede. Lebten Lucy und ihre Artgenossen also in Wirklichkeit wie Gorillas – in Gruppen mit einem Männchen und mehreren Weibchen? Der Schluss schien

134.1 Die Fußspuren von Laetoli.
A Fundstelle;
B Rekonstruktion

nahe liegend, ist aber nicht zwingend, denn bei Fossilfunden lassen sich einzelne Knochen meist nicht eindeutig einem Männchen oder einem Weibchen zuordnen. Außerdem können Funde aus verschiedenen Zeiten und geographischen Regionen das Bild beeinflussen: Beispielsweise weiß man, dass die Menschen im Mittelalter kleiner waren als heute. Ähnlich könnte es mit *Australopithecus afarensis* gewesen sein: Die Funde stammen aus einem Zeitraum von vor 3,9 bis 3,0 Millionen Jahren. Neue Untersuchungen an Knochen, die aus demselben Zeitraum und demselben geografischen Gebiet stammen, deuten darauf hin, dass der Sexualdimorphismus bei *Australopithecus* eher gering war und in dem Bereich liegt, den man bei heutigen menschlichen Populationen findet. Dies würde bedeuten, dass die Rekonstruktion im New Yorker Museum of Natural History wissenschaftlich korrekt ist: Paarbindungen und Familien wären das für *Australopithecus* typische Sozialsystem.

Außer *Australopithecus afarensis* lebte in Afrika noch eine Vielzahl weiterer Arten und Gattungen, die man zur Gruppe der **Australopithecinen** zusammenfasst. Einer der spektakulärsten Funde stammt aus dem Tschad. Mit einem Alter von etwa sieben Millionen Jahren ist der 2001 entdeckte *Sahelanthropus tchadensis* das bislang älteste Mitglied dieser Gruppe. Ebenso wie zwei andere Arten aus Ostafrika, dem sechs Millionen Jahre alten *Orrorin tugenensis* und dem über vier Millionen Jahre alten *Ardipithecus ramidus*, lebte er damit zu jener Zeit, in der sich den genetischen Daten zufolge die Entwicklungslinien von Schimpansen und Menschen getrennt haben.
Auch in Südafrika gab es Australopithecinen. Dort hatte der Anatom Raymond DART 1924 den Schädel eines etwa dreijährigen *Australopithecus africanus* entdeckt. Das „Kind von Taung" wurde zum Namengeber für die gesamte Gruppe (lat. *australis*, südlich; gr. *pithekos*, Affe).
Wegen ihres zierlichen Körperbaus werden die Angehörigen der Gattung *Australopithecus* auch grazile Australopithecinen genannt. Deutlich stämmiger waren die robusten Australopithecinen der Gattung *Paranthropus*, die wegen ihres mächtigen Gebisses auch „Nussknackermenschen" genannt wurden.
Die Australopithecinen lebten in Afrika bis vor etwa einer Million Jahren. Warum sie schließlich ausstarben, ist unklar.

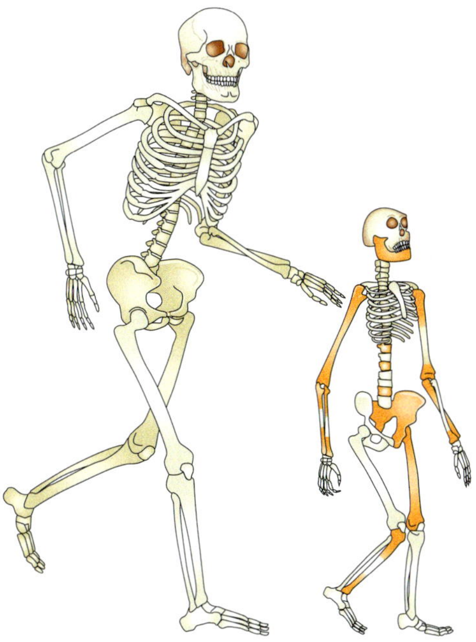

135.1 Vergleich des Skeletts von Lucy und eines anatomisch modernen Menschen (erhaltene Teile des rekonstruierten Skeletts von Lucy sind dunkel markiert)

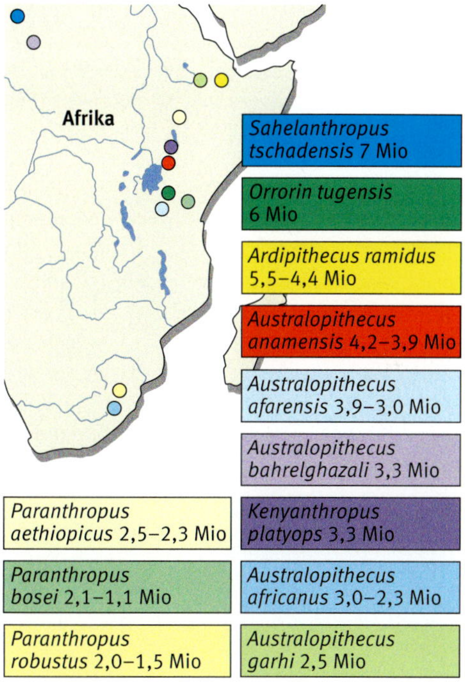

135.2 Fundorte von Australopithecinen

1 Australopithecinen werden von manchen Forschern als „Vormenschen", von anderen als „aufrecht gehende Menschenaffen" bezeichnet. Begründen Sie diese Zuordnungen.

2 Ziehen Sie Schlussfolgerungen daraus, dass Reste von Australopithecinen bislang nur auf dem afrikanischen Kontinent gefunden wurden.

2.2 Die Evolution des aufrechten Ganges

Die Evolution des aufrechten Ganges erforderte zahlreiche Umstrukturierungen am Skelett. Daher kann man auch an Knochenfragmenten nachweisen, dass die Australopithecinen aufrecht gingen und sich nicht wie die rezenten Affen und Menschenaffen vierfüßig auf dem Boden bewegten.

Ein wichtiges Merkmal ist die Lage des **Hinterhauptsloches** – der Verbindungsstelle zwischen Wirbelsäule und Schädel. Bei Menschenaffen liegt das Hinterhauptsloch weit hinten am Schädel, sodass dieser nach vorne gerichtet ist. Eine starke Nackenmuskulatur verhindert, dass er nach unten kippt. Bei den Australopithecinen ist das Hinterhauptsloch dagegen ebenso wie beim Menschen nach vorne verlagert, sodass der Schädel aufrecht auf der Wirbelsäule sitzt. Daher hatte schon Raymond DART vermutet, dass das „Kind von Taung" aufrecht gegangen war.

Das **Becken** ist bei Australopithecinen und Menschen breiter und kürzer als bei Menschenaffen. Dadurch wird die Hebelwirkung von Muskeln verstärkt, die den Rumpf beim aufrechten Gang stabilisieren.

Auch die Stellung des **Oberschenkelknochens** ist an den aufrechten Gang angepasst: Er ist bei Australopithecinen und Menschen nach innen eingewinkelt, sodass die Füße unter den im Beckenbereich liegenden Körperschwerpunkt gesetzt werden.

Das auffälligste Merkmal am **Fußskelett** der Menschenaffen ist der weit abgespreizte, opponierbare Große Zeh. Beim Sohlengänger Mensch hat der Große Zeh diese Funktion verloren, sodass der Greiffuß zum Lauf- und Standfuß wurde. Die Fußspuren von Laetoli zeigen, dass auch die Füße der Australopithecinen an den aufrechten Gang angepasst waren. Ein 2,2 Millionen Jahre alter Fund aus Südafrika, der „Little Foot" genannt wurde, deutet jedoch darauf hin, dass die Anpassung noch nicht vollständig war: Im Bereich der Ferse ähnelte „Little Foots" Fuß dem eines Menschen, sein großer Zeh glich aber eher dem eines Menschenaffen.

Mit seinen zum Greifen geeigneten großen Zehen war „Little Foot" auch noch gut an das Klettern angepasst. Man kann daher vermuten, dass er zumindest einen Teil seiner Zeit auf Bäumen verbrachte. Dasselbe gilt für andere Australopithecinen, die relativ lange, gekrümmte Finger- und Zehenglieder sowie verhältnismäßig lange Arme besaßen. Auch diese Merkmale lassen sich als Angepasstheiten an das Klettern deuten.

Obwohl die Australopithecinen aufrecht gehen konnten, lebten sie in mancher Hinsicht also offenbar noch ähnlich wie die heutigen Menschenaffen. Ebenso wie diese kletterten sie vermutlich auf Bäume, um sich von deren Früchten zu ernähren. Wahrscheinlich verbrachten sie auch die Nächte auf Bäumen, um sich vor Hyänen, Säbelzahnkatzen und anderen Raubtieren zu schützen.

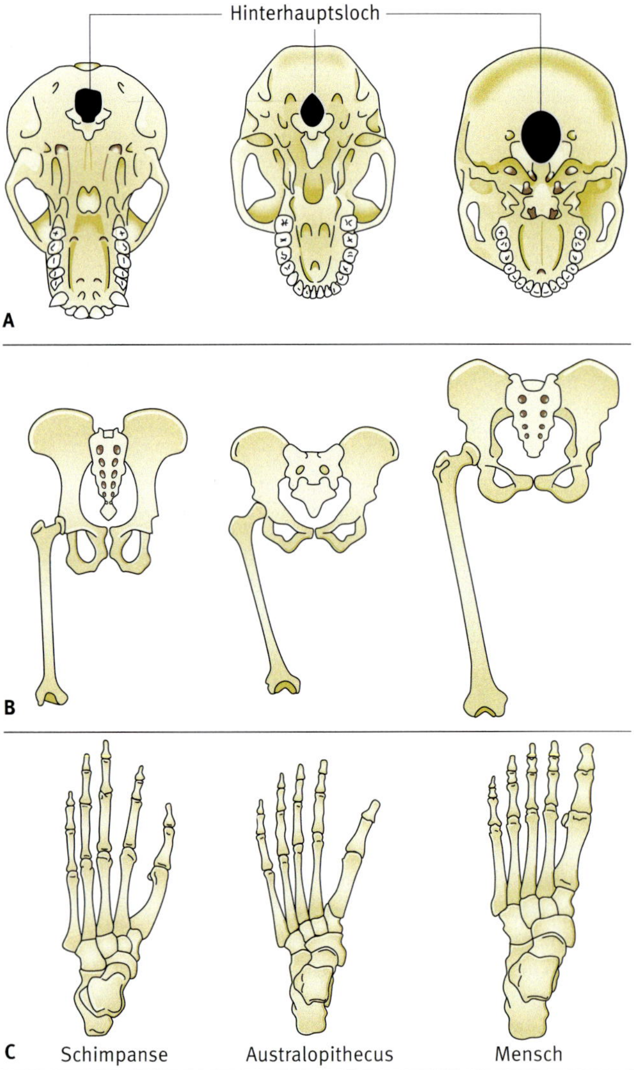

136.1 Die Anatomie des aufrechten Ganges. A Lage des Hinterhauptsloches; **B** Becken und Oberschenkel; **C** Fußskelett

Viel schwieriger zu klären und entsprechend umstritten ist die Frage, weshalb der aufrechte Gang entstanden ist.
Der aufrechte Gang entstand vor vier oder sogar sieben Millionen Jahren – falls auch *Sahelanthropus tchadensis* schon aufrecht ging, was seine Entdecker vermuten. Zur selben Zeit, am Ende des Miozäns, kam es zu einer weltweiten Temperaturabkühlung. In Afrika wurde es trockener und die dichten Regenwälder wichen zunehmend offeneren Savannenlandschaften. In dieser Landschaft, so meinen die Vertreter der *Savannentheorie*, hätte der aufrechte Gang Früchte fressenden Primaten zu zwei entscheidenden Selektionsvorteilen verholfen.
In der Savanne müssen Tiere vorrangig zwei Probleme lösen: die starke Sonneneinstrahlung und die Ernährung. Die starke Sonneneinstrahlung birgt die Gefahr der Überhitzung – vor allem um die Mittagszeit, wenn die Sonne im Zenit steht. Die meisten Tiere machen in dieser Zeit Siesta – vorzugsweise im Schatten. Eine andere Lösung bietet der aufrechte Gang. Wer sich sonnt, weiß, dass man dies im Liegen tut – im Stehen wird die der Sonne ausgesetzte Körperoberfläche minimiert. Hinzu kommt, dass auch die vom Boden abgestrahlte Hitze verringert ist und der Körper durch Wind zusätzlich Kühlung erfährt.
Das zweite Problem ist vorrangig eines für Fruchtfresser: Savannen sind im Gegensatz zu tropischen Regenwäldern saisonale Lebensräume, in denen Früchte tragende Bäume nur vereinzelt zu finden sind. Fruchtfresser müssen daher oft weite Strecken zurücklegen um satt zu werden. Auch hierfür ist der aufrechte Gang bestens geeignet: Mit dieser Fortbewegungsart waren die Australopithecinen zwar nicht so schnell wie ein Vierfüßer, aber Berechnungen ergaben, dass sie mit dem gleichen Energieaufwand eine doppelt so weite Strecke zurücklegen konnten wie ein Schimpanse.
Noch ein weiteres Merkmal des Menschen kann die Savannentheorie erklären: seine Nacktheit. Durch den Verlust des Fells und den Besitz zahlreicher Schweißdrüsen ist der Mensch in der Lage, seinen Körper sehr effektiv durch Schwitzen zu kühlen.

Kritiker der Savannentheorie wenden ein, dass den Fossilfunden zufolge der aufrechte Gang nicht in der offenen Savanne entstanden ist, sondern in dichter bewaldeten Gebieten. Daher werden noch andere Hypothesen zur Evolution des aufrechten Ganges diskutiert:

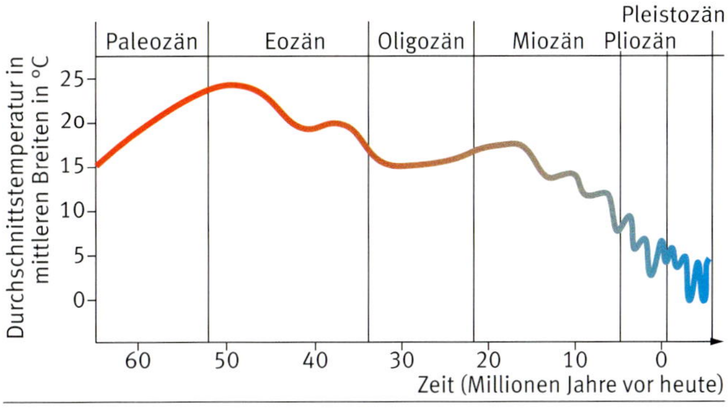

137.1 Globale Temperaturentwicklung in der Erdneuzeit

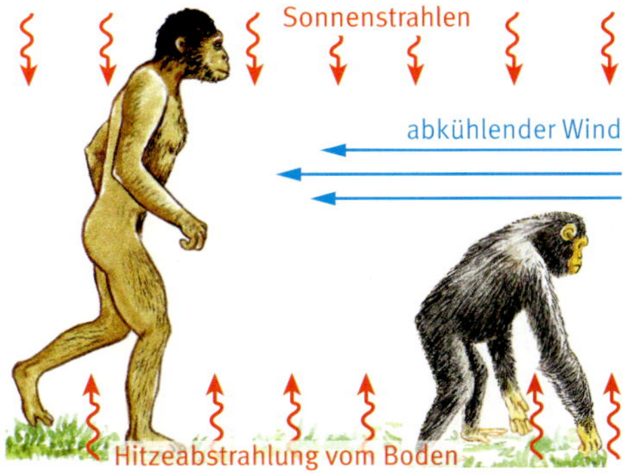

137.2 Die „Kühlerhypothese" des aufrechten Ganges

- Der aufrechte Gang ermöglichte durch das Freiwerden der Hände den Beginn einer Werkzeugkultur.

Gegen diese Hypothese spricht, dass auch Menschenaffen einfache Werkzeuge benutzen und herstellen und die Werkzeugkultur der Australopithecinen offenbar nicht komplexer war als die der heutigen Schimpansen. Außerdem benutzen normalerweise weder Affen noch Menschen Werkzeuge, wenn sie sich fortbewegen.

- Das Freiwerden der Hände ermöglichte das Tragen von Nahrung, Werkzeugen oder Kleinkindern.
- Durch das Aufrichten konnten Raubfeinde aus größerer Entfernung entdeckt werden.
- Der aufrechte Gang entstand ebenso wie die Nacktheit als Angepasstheit an eine Lebensweise am oder im Wasser.

Welche der genannten Hypothesen am ehesten zutrifft, ist noch nicht entschieden. Sicher ist nur, dass der aufrechte Gang eine Schlüsselanpassung darstellte, die die adaptive Radiation der Australopithecinen zur Folge hatte.

1 Diskutieren Sie mögliche Vor- und Nachteile des aufrechten Ganges.

2.3 Die ersten Menschen?

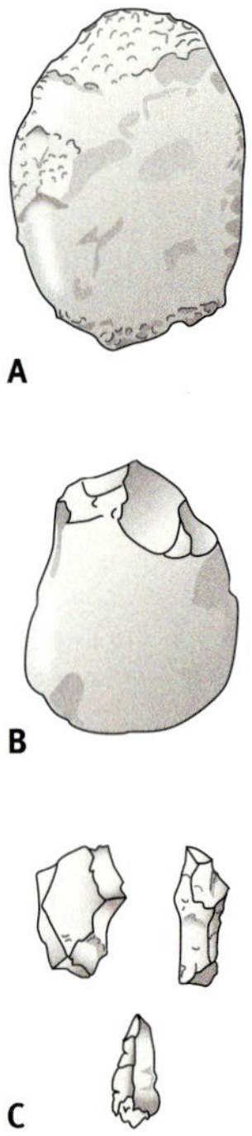

138.1 Frühe Steinwerkzeuge. **A** Hammerstein; **B** behauener Geröllstein; **C** Abschläge

Für den Laien sehen die zahlreichen Steine, die Louis LEAKEY und seine Frau Mary in jahrelanger, mühseliger Arbeit in der Olduvai-Schlucht in Tansania gefunden hatten, ganz unscheinbar aus. Für die LEAKEYS war jedoch klar: Dies waren primitive Werkzeuge, die nur von einem Vorfahren des Menschen hergestellt worden sein konnten. Mit Hammersteinen hatten die Werkzeugmacher der so genannten **Oldowan-Industrie** schon vor mehr als zwei Millionen Jahren andere Steine behauen und so Steine mit scharfen Kanten und ebenso scharfkantige Abschläge erzeugt, mit denen sich sogar Elefantenkadaver zerlegen ließen.
Wer die Hersteller der Steinwerkzeuge gewesen waren, blieb lange im Dunkeln. Die Australopithecinen schienen nicht in Frage zu kommen – ihr Gehirn hielt man für zu klein. Im Jahr 1960 fand LEAKEYS Sohn Jonathan in Olduvai jedoch zufällig einen geeignet erscheinenden Kandidaten: Fragmente eines Schädels, der mit einem Gehirnvolumen von knapp 650 Kubikzentimetern deutlich größer war als der Gehirnschädel der Australopithecinen. Weitere Fundstücke führten 1964 zur Beschreibung einer neuen Art: *Homo habilis* – der geschickte Mensch.

Die *Homo habilis* zugeordneten Funde haben ein Alter von 2,1 bis 1,4 Millionen Jahren, sodass diese Art durchaus als Hersteller der Steinwerkzeuge in Betracht kommt. Allerdings haben die ältesten, in Äthiopien gefundenen Steinwerkzeuge ein Alter von 2,6 Millionen Jahren. Gab es also noch andere potenzielle Werkzeugmacher?

In Frage kommen aus heutiger Sicht wenigstens zwei weitere Kandidaten:

- *Homo rudolfensis* wurde nach einem 1972 am Turkanasee (früher Rudolfsee) gefundenen Schädel benannt. Diese Art lebte schon vor 2,5 Millionen Jahren in Ostafrika und hatte ein Gehirnvolumen von 750 Kubikzentimetern.
- Der ebenfalls 2,5 Millionen Jahre alte *Australopithecus garhi* wurde erst 1999 in Äthiopien entdeckt; sein Gehirn war mit einem Volumen von 450 Kubikzentimetern zwar relativ klein, aber zusammen mit seinen Skelettfragmenten wurden auch Knochenreste anderer Säugetiere gefunden, die charakteristische Schnittspuren von Steinwerkzeugen aufweisen.

„Garhi" ist ein Wort aus der in Äthiopien gesprochenen Afar-Sprache und bedeutet soviel wie Überraschung. Und eine Überraschung war dieser Fund durchaus, denn bislang hatte man den Australopithecinen die Herstellung von Steinwerkzeugen nicht zugetraut. Dieser Meinung war auch Louis LEAKEY gewesen und sie könnte sich als falsch erweisen.

Auch die Zuordnung der Art *habilis* zur Gattung *Homo* könnte sich als voreilig erweisen. Hinsichtlich seiner Schädelmerkmale war *habilis* zwar eindeutig „moderner" als die Australopithecinen. Aber mit maximal 1,5 Metern war er kaum größer als „Lucy" und 1986 gefundene Skelettreste belegen, dass er kopfabwärts noch affenähnlicher war als sie: Mit seinen unverhältnismäßig langen Armen und kurzen Beinen glich er in seinen Körperproportionen eher den heutigen Menschenaffen.

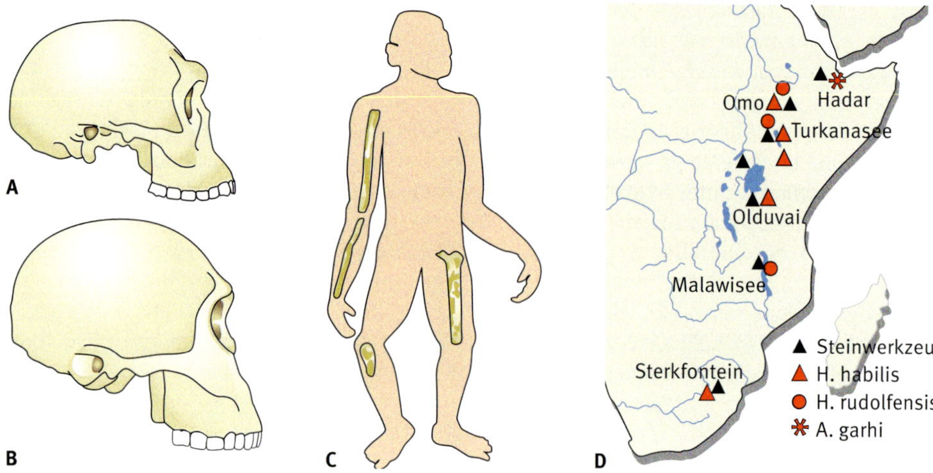

138.2 „Urmenschen". **A** Schädel von *Homo habilis* (Rekonstruktion); **B** Schädel von *Homo rudolfensis* (Rekonstruktion); **C** Körperbau von *H. habilis* (Rekonstruktion); **D** Fundorte

Ob dies auch für *Homo rudolfensis* gilt, ist bislang noch unklar, dennoch plädieren manche Forscher dafür, beide Arten zur Gattung *Australopithecus* zu stellen.

Einigkeit besteht aber nach wie vor darüber, dass sich *Homo habilis* und *Homo rudolfensis* – und offenbar auch *Australopithecus garhi* – eine neue Nahrungsnische erschlossen hatten: Sie ernährten sich zunehmend vom Fleisch und Knochenmark größerer Tiere wie Antilopen oder Wildpferden. Haben sie diese Tiere selbst gejagt oder ernährten sie sich eher von bereits toten Tieren? Das gleichzeitige Vorkommen von Biss-Spuren großer Raubtiere und Schnittspuren von Steinwerkzeugen an den Knochen von Huftieren sind ein recht zuverlässiges Indiz dafür, dass sie sich auch von Aas ernährt haben. Ungefährlich war dies sicher nicht, und daher dürften die frühen „Urmenschen" jede Gelegenheit benutzt haben, um an Nahrung zu kommen – auch durch Jagd auf kleinere Tiere und das Sammeln energiereicher Pflanzennahrung.

1 Erklären Sie, inwiefern und aus welchen Gründen die systematische Stellung von *Homo habilis* und *Homo rudolfensis* umstritten ist.

Die LEAKEY-Familie

PORTRÄT

Louis S.B. LEAKEY (1903–1972)

Louis LEAKEY, geboren in Kenia als Sohn eines britischen Missionars, und seine Frau Mary gründeten die erfolgreichste Anthropologen-Dynastie des 20. Jahrhunderts. Beide wurden ebenso wie ihr Sohn Richard und in jüngerer Zeit dessen Ehefrau Meave durch zahlreiche bedeutende Hominidenfunde in Ostafrika bekannt.

Mary D. LEAKEY (1913–1996)

Louis LEAKEY machte sich aber nicht nur einen Namen als „Fossilienjäger"; er war auch überzeugt davon, dass Forschungen über das Verhalten von Menschenaffen viel zum Verständnis der Evolution des Menschen beitragen würden. Und da er meinte, Frauen könnten besser beobachten als Männer, förderte er maßgeblich die Langzeitstudien von Jane GOODALL, Dian FOSSEY und Biruté GALDIKAS an frei lebenden Schimpansen, Gorillas und Orang-Utans.

Was ist ein Mensch?

PHILOSOPHIE

„Jetzt müssen wir entweder Werkzeuge neu definieren oder Mensch neu definieren oder wir müssen Schimpansen zu Menschen erklären!", rief Louis LEAKEY aus, als er 1970 von Jane GOODALL erfuhr, dass Schimpansen einfache Werkzeuge aus Zweigen herstellen, um mit ihnen Termiten zu „angeln". Der Ausspruch zeigt, wie schwierig die Frage zu beantworten ist: Was ist das eigentlich – ein Mensch? Und ab wann ist ein ausgestorbener Vorfahre des Menschen ein Mensch?
Menschen sind die einzigen Lebewesen, die Werkzeuge herstellen, hatte LEAKEY geglaubt – und musste nun erkennen, dass dies falsch ist. Natürlich gehören Schimpansen nicht zur Art *Homo sapiens*, aber wäre die Herstellung von Werkzeugen das entscheidende Kriterium, müssten sie zur Gattung *Homo* (lat., Mensch) gestellt werden.
Ist die Gehirngröße ein besseres Kriterium? Bis 1964 hatte die gängige Lehrmeinung gelautet, ein Angehöriger der Gattung *Homo* müsse ein Gehirnvolumen von mindestens 900 Kubikzentimetern haben. LEAKEY sah dies nicht ein und erklärte einen Hominiden mit einem deutlich geringeren Gehirnvolumen zum Menschen. Menschen, so argumentierte er, zeichneten sich durch eine Kombination von Merkmalen aus; ein einziges würde nicht reichen, um die Zuordnung zur Gattung *Homo* zu rechtfertigen.

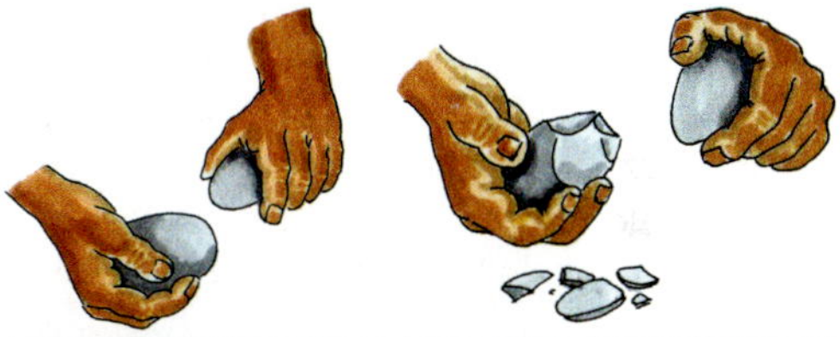

Werkzeugherstellung – ein Kriterium für das Menschsein?

1 Stellen Sie einen Katalog möglicher Kriterien zusammen, anhand derer man die Zuordnung auch fossiler Arten zur Gattung *Homo* begründen könnte und erläutern Sie am Beispiel von *Homo habilis*, welche Schwierigkeiten damit verbunden sind.

2.4 Die Frühmenschen Afrikas und Asiens

Für einen Neun- bis Zwölfjährigen war der Junge, der vor 1,6 Millionen Jahren am Ufer des heutigen Turkana-Sees im Norden Kenias gestorben war, groß: Er maß 1,60 Meter.

Gestorben war der „Junge vom Turkana-See", dessen bemerkenswert gut erhaltenes Skelett ein Mitarbeiter von Richard LEAKEY 1984 gefunden hatte, offenbar an einer Blutvergiftung. Aufsehen erregte allerdings weniger die Ermittlung der Todesursache – nach immerhin mehr als einer Million Jahren – als seine Größe: Als Erwachsener hätte er mühelos eine Köperhöhe von 1,85 Metern erreicht und sich damit nicht von heutigen Bewohnern Nordkenias unterschieden. Auch von einer „affenähnlichen" Gestalt – langen Armen und kurzen Beinen – konnte keine Rede sein: Seine Körperproportionen waren ausgesprochen modern. Sein Schädel wies allerdings deutliche Unterschiede zu dem heute lebender Menschen auf: Er hatte eine fliehende Stirn, kräftige Überaugenwülste und er besaß kein Kinn. Vor allem aber war sein Gehirn mit einem Volumen von 880 Kubikzentimetern deutlich kleiner als das heutiger Menschen. Auch ausgewachsen wäre es kaum größer geworden.

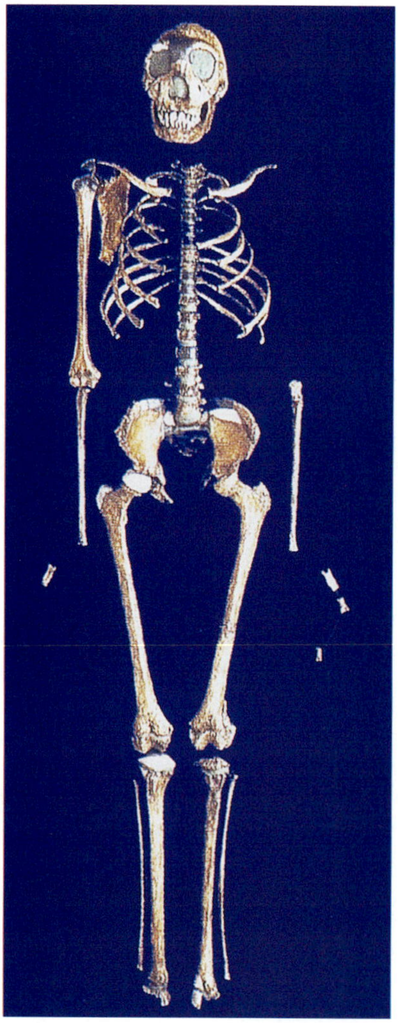

140.1 Der Junge vom Turkana-See

LEAKEY identifizierte den Jungen als einen Angehörigen der Art *Homo erectus*. Fossile Reste dieser Art hatte man bereits früher auf einem anderen Erdteil gesucht und gefunden. 1863 hatte nämlich der deutsche Zoologe Ernst HAECKEL verkündet, es müsse eine Übergangsform zwischen Affen und Menschen gegeben haben – und zwar in Asien. Auch einen Namen hatte HAECKEL für diese ausgestorbene Art schon parat: *Pithecanthropus alalus* (gr. *pithecos*, Affe; *anthropos*, Mensch; *alalos*, sprachunfähig). Als der holländische Militärarzt Eugène DUBOIS 1891 tatsächlich Reste dieser später in *Homo erectus* umbenannten Art auf Java entdeckte, war dies eine Sensation. „Die Abstammung des Menschen von einer ausgestorbenen tertiären Primatenkette ist keine vage Hypothese mehr, sondern eine historische Tatsache", triumphierte HAECKEL.

Anders als HAECKEL hatte DARWIN vermutet, die Vorfahren des Menschen hätten in Afrika gelebt, und die heutigen Funde stützen diese Sicht. Der Junge vom Turkana-See wird seit einigen Jahren von vielen Forschern der Art *Homo ergaster* zugeordnet, die vor etwa zwei Millionen Jahren in Afrika entstanden ist. Nur wenig später muss sich *Homo ergaster* oder ein noch unbekannter Vorfahre dieser Art auf den Weg von Afrika nach Asien gemacht haben. Belegt ist dies durch 1,8 Millionen Jahre alte Fossilien aus dem kleinen Ort Dmanisi in Georgien, die von manchen Forschern als eigene Art, *Homo georgicus*, betrachtet werden. Ebenso alt sind Funde von *Homo erectus* aus Java und China.

Datierungen aus Java deuten darauf hin, dass *Homo erectus* dort noch vor 40 000 Jahren gelebt hat und mit einer anderen Menschenart zusammengetroffen sein könnte, die diese Region etwa um dieselbe Zeit eroberte. Diese andere Art war *Homo sapiens* – der anatomisch moderne Mensch.

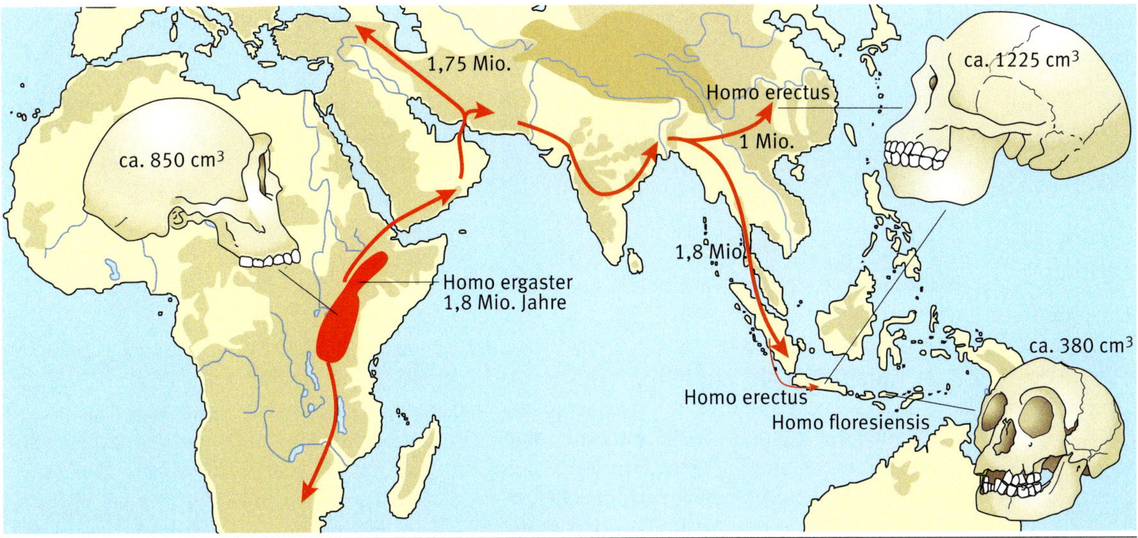

141.1 Die Ausbreitung von *Homo ergaster* und seinen Nachkommen

Auch für Fachleute war die Möglichkeit, dass sich *Homo erectus* und *Homo sapiens* in Südostasien begegnet sein könnten, eine Überraschung – denn bis vor kurzem hatte man angenommen, *Homo erectus* sei dort viel früher ausgestorben. Noch größer war die Überraschung, als Anthropologen im Jahr 2003 auf der kleinen Insel Flores – 300 Kilometer östlich von Java – eine fossile Menschenart entdeckten, deren Existenz auch ein Ernst HAECKEL nicht vorausgesagt hätte: den „Hobbit".

Den Spitznamen „Hobbit" erhielten diese Menschen, deren wissenschaftlicher Name *Homo floresiensis* lautet, wegen ihres Zwergwuchses: Sie wurden nur etwa einen Meter groß.
Die zweite Überraschung war das Alter des ersten gefundenen Skeletts: Es war nur 18 000 Jahre alt. Da es noch heute kleinwüchsige Menschen auf Flores gibt, kam sofort der Verdacht auf, es könne sich um einen solchen modernen, kleinwüchsigen Menschen handeln. Dieser Verdacht wurde jedoch schnell entkräftet, denn mehrere Merkmale wiesen unmissverständlich darauf hin, dass es sich nicht um einen modernen Menschen handelte:

- Die „Hobbits" besaßen – ebenso wie *Homo ergaster* und *Homo erectus*, aber im Gegensatz zu *Homo sapiens* – eine fliehende Stirn, deutlich ausgeprägte Überaugenwülste und kein Kinn.
- Vor allem aber war ihr Gehirn mit einem Volumen von 380 Kubikzentimetern erheblich kleiner als das anderer Menschen.

Die geringe Körperhöhe teilten die „Hobbits" mit einer anderen Art, die auf Flores lebte: dem *Stegodon* – einer nur 1,20 Meter großen, ausgestorbenen Elefantenart. Zwergwüchsigkeit ist ein Merkmal, das auf Inseln mit einem begrenzten Nahrungsangebot häufig ist. Insofern war dies nicht das Merkmal, das die Anthropologen an den „Hobbits" am meisten überraschte. Bemerkenswerter war ihr kleines Gehirn, denn bisher war man davon ausgegangen, dass es in der Evolution des Menschen eine stetige Tendenz zur Vergrößerung des Gehirns gegeben habe. Mit ihrer Zwergwüchsigkeit allein ist die geringe Gehirngröße der „Hobbits" nicht zu erklären: Auch das Gehirn kleinwüchsiger moderner Menschen, wie etwa das der im zentralafrikanischen Regenwald lebenden Pygmäen, ist kaum kleiner als das eines normal großen Menschen.

Und noch etwas ist merkwürdig: Naheliegenderweise hatte man zunächst vermutet, die „Hobbits" seien Nachfahren von *Homo erectus*. Anders als dieser besaßen die „Hobbits" aber verhältnismäßig lange Arme und kurze Beine – ähnlich wie *Homo habilis* und die Australopithecinen. Von wem die „Hobbits" wirklich abstammen, ist damit völlig offen.

1 Fossilfunde lassen darauf schließen, dass *Homo floresiensis* trotz seines kleinen Gehirns das Feuer beherrschte und über Steinwerkzeuge verfügte, die zur Jagd auf *Stegodons* benutzt wurden. Interpretieren Sie diesen Befund.

142.1 Neandertal-Museum

2.5 Die ersten Europäer

Am Rande der kleinen Stadt Mettmann, zwischen Düsseldorf und Wuppertal, findet sich ein futuristischer Museumsbau, der dem berühmtesten Nordrhein-Westfalen aller Zeiten gewidmet ist: dem **Neandertaler.**

Der Mensch, dessen Knochen Steinbrucharbeiter vor 150 Jahren im August 1856 in einer Höhle im Neandertal gefunden und zunächst für einen Höhlenbären gehalten hatten, sorgt seit seiner Entdeckung für Kontroversen.
Dem Elberfelder Lehrer und Hobbyarchäologen Johann Carl FUHLROTT war sofort klar, was er vor sich hatte, als er die Knochen sah: Trotz der am länglichen Schädeldach erkennbaren Überaugenwülste und der massiven, leicht gebogenen Oberschenkel waren dies nicht die Gebeine eines Tieres, sondern die eines offenbar „unvorstellbar primitiven" fossilen Menschen.

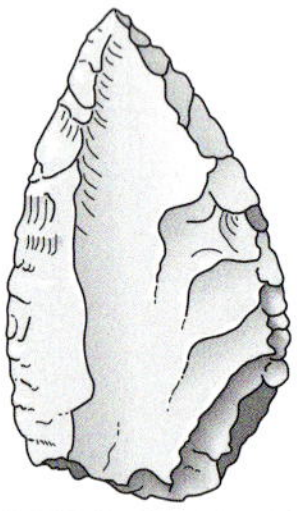

142.2 Von Neandertalern hergestelltes Steinwerkzeug

Anhänger des französischen Paläontologen Georges CUVIER, der kategorisch behauptet hatte, „l'homme fossile n'existe pas", widersprachen. Sie argumentierten, dass es sich in Wirklichkeit um einen 1814 auf dem Feldzug gegen Napoleon verletzten Kosaken der russischen Kavallerie handele, der zum Sterben in die Höhle gekrochen sei. Seine massiven Überaugenwülste rührten daher, dass er wegen seiner Schmerzen dauernd die Stirn gerunzelt habe!

Moderne Datierungsmethoden und weitere Funde setzten solchen Spekulationen ein Ende. Die Neandertaler lebten in der Zeit von vor 200 000 bis vor etwa 30 000 Jahren in Mitteleuropa und im Nahen Osten. Sie waren stämmig und untersetzt gebaut, knapp 1,70 Meter groß, hatten massive Knochen und besaßen Muskelpakete, die selbst Arnold SCHWARZENEGGER vor Neid erblassen lassen würden.

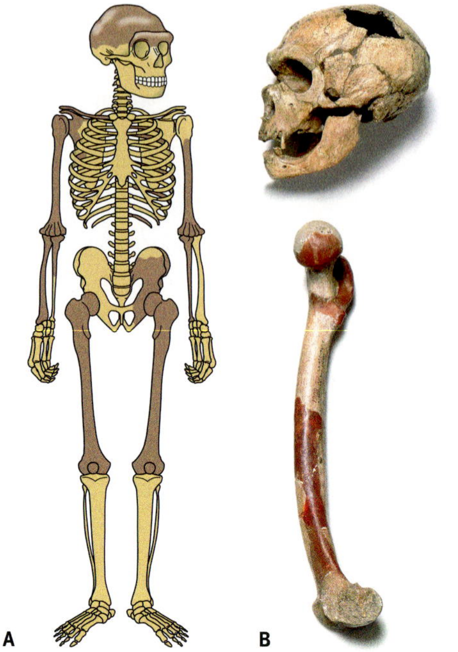

142.3 Der Fund aus dem Neandertal. A Rekonstruktion; **B** Oberschenkelknochen und Schädel

So „primitiv" wie FUHLROTT und viele andere gedacht hatten, waren die Neandertaler aber offensichtlich nicht: Ihr Gehirn war mit einem Volumen von 1500 Kubikzentimetern im Durchschnitt sogar noch etwas größer als das Gehirn heutiger Europäer. Dies muss nicht bedeuten, dass die Neandertaler heutigen Menschen geistig überlegen gewesen wären – dumm waren sie aber sicher nicht. Steinwerkzeuge belegen ihre handwerklichen Fähigkeiten, verheilte Verletzungen deuten darauf hin, dass sie für Kranke sorgten, und Gräber belegen, dass sie Tote bestatteten. Ob dies auf religiöse Vorstellungen deutet, ist aber unklar. Pollen von Wildrosen, Lichtnelken und Traubenhyazinthen auf einem Grab im heutigen Irak wurden so interpretiert, aber der Fund blieb ein Einzelfall – vielleicht waren die Pollen durch Zufall dorthin geraten. Da es kaum Hinweise auf kultische Handlungen gibt, sind heute auch Funde von Höhlenbärenknochen, die man früher als „Bärenkult" deutete, umstritten.

Umstritten ist auch die systematische Zuordnung der Neandertaler. Lange Zeit hielt man sie für eine Unterart von *Homo sapiens* – des anatomisch modernen Menschen. Heute betrachten die meisten Forscher sie aber als eigene Art: *Homo neanderthalensis.*

Woher kamen die Neandertaler? Funde aus verschiedenen Teilen Europas belegen, dass Vorfahren der Neandertaler schon vor 900 000 Jahren hierher eingewandert waren und vor 700 000 Jahren den damals noch mit dem Festland verbundenen Süden Englands erreicht hatten. Die ältesten Funde stammen aus Spanien und Italien und weisen Ähnlichkeiten mit noch älteren Funden aus Afrika auf. Daher liegt die Vermutung nahe, dass diese Menschen aus Afrika über die Straße von Gibraltar oder die Straße von Messina nach Europa eingewandert sind. Eine andere mögliche Route, auf der Europa trockenen Fußes hätte erreicht werden können, führte über Kleinasien.

Auch in Deutschland wurden Fossilien dieser Menschen entdeckt: ein 600 000 Jahre alter Unterkiefer, der 1907 bei Mauer in der Nähe von Heidelberg gefunden worden war, und über 30 Skelettfragmente, die seit 1970 in einem Kalksteinbruch bei Bilzingsleben im Norden Thüringens ausgegraben wurden.
Die Fundstelle von Bilzingsleben gilt heute als eine der bedeutendsten in ganz Europa, denn hier konnte man über die Analyse von Pollen, Tierknochen, Werkzeugen und anderen Hinterlassenschaften auch einiges über die Umwelt und Kultur der Menschen erfahren, die dort vor 350 000–400 000 Jahren ihren Lagerplatz hatten. Das Klima war wärmer als heute, Eichen und Hainbuchen beherrschten die Landschaft, und in den Wäldern gab es neben Hirschen und Rehen auch Waldelefanten, Nashörner und andere Großsäuger. Einfache Steinwerkzeuge, Schnittspuren und am Harzrand gefundene Wurfspeere aus Holz belegen, dass diese Säuger gejagt wurden. In Höhlen lebten die Frühmenschen von Bilzingsleben nicht: Die Spuren aus Tierknochen und Steinen deuten auf drei zeltartige Behausungen hin.
Nur wer die Menschen von Bilzingsleben waren, ist nicht ganz klar. Die dort arbeitenden Forscher halten sie für eine europäische Unterart von *Homo erectus*, doch nach Ansicht der meisten Forscher gehörten die Frühmenschen Europas zu einer eigenen Art, die nach dem Unterkiefer von Mauer benannt wurde: *Homo heidelbergensis*.

Als sicher gilt, dass aus den Frühmenschen von Bilzingsleben und ihren Artgenossen die Neandertaler hervorgingen, die mit ihrem untersetzten Körperbau gut an das zunehmend kälter werdende Klima angepasst waren.

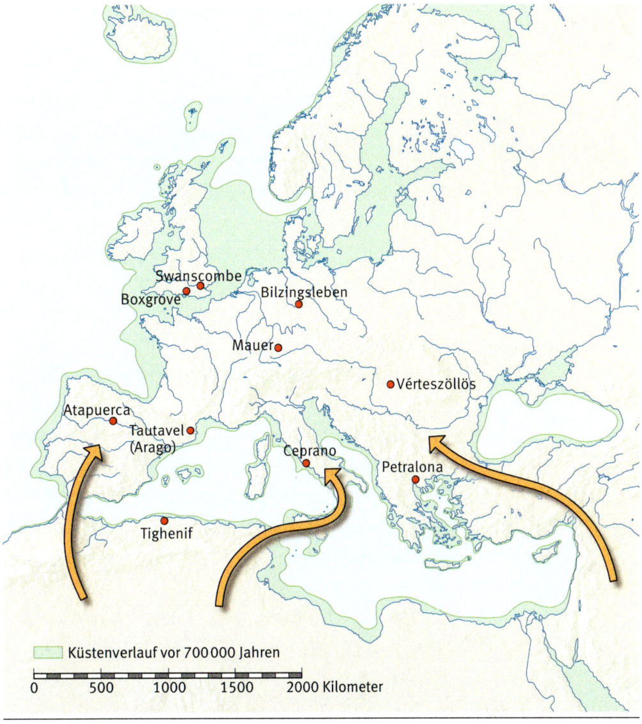

143.1 Fundorte und vermutliche Wanderungsrouten von *Homo heidelbergensis*

Wenige tausend Jahre nach dem Erscheinen des anatomisch modernen Menschen in Europa starben die Neandertaler aus. Die meisten Forscher nehmen an, dass es zwischen beiden Ereignissen einen Zusammenhang gibt: Auf irgendeine Weise war *Homo sapiens* verantwortlich für das Verschwinden der Neandertaler. Nur – auf welche?
Ausgrabungen in Israel und Frankreich zeigen, dass Neandertaler und moderne Menschen dort über mehrere Jahrtausende abwechselnd dieselben Höhlen genutzt haben. Manche Wissenschaftler werten dies als Hinweis für eine friedliche Koexistenz. Andere sind skeptisch und verweisen auf die blutige Geschichte menschlicher Eroberungen. Belege für einen Völkermord fehlen jedoch. Wieder andere meinen, dass die Neandertaler in der Konkurrenz um knappe Ressourcen unterlegen waren und deshalb ausstarben. Und einige glauben, dass sich Neandertaler und moderne Menschen miteinander fortgepflanzt haben und somit die Gene der Neandertaler im Genpool der heutigen Europäer aufgegangen sind.

1 Erläutern Sie die verschiedenen Hypothesen zur Entstehung und zum Aussterben der Neandertaler.

2.6 Der Ursprung des modernen Menschen

Im März des Jahres 1868 fanden Eisenbahnarbeiter in der Höhle von Cro-Magnon in Südfrankreich die Skelette von fünf Menschen, deren Alter man heute auf etwa 30000 Jahre schätzt. Offenbar waren sie bestattet worden – zusammen mit Steinwerkzeugen, gravierten Rentiergeweihen und Schmuckstücken aus Muscheln und Elfenbein. Um Neandertaler handelt es sich nicht: Mit ihren grazileren Knochen, dem ausgeprägten Kinn, der hohen Stirn und dem rundlicheren Schädel sehen die Menschen von Cro-Magnon nicht anders aus als heutige Menschen. Sie gehören zur Art *Homo sapiens.*

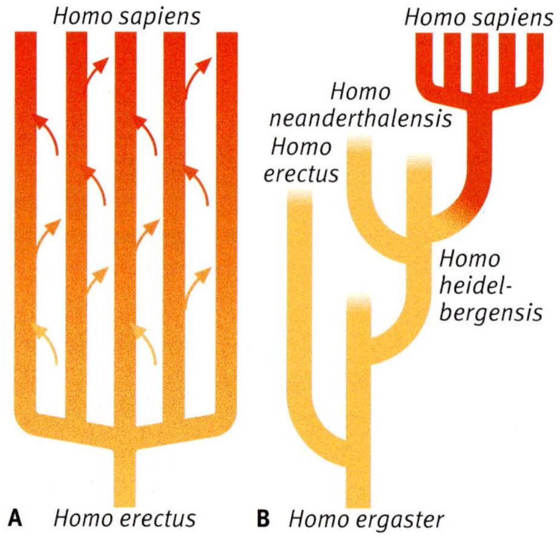

144.1 Hypothesen zum Ursprung des modernen Menschen (Schemata).
A Multiregionale Hypothese;
B Out-of-Africa-Hypothese

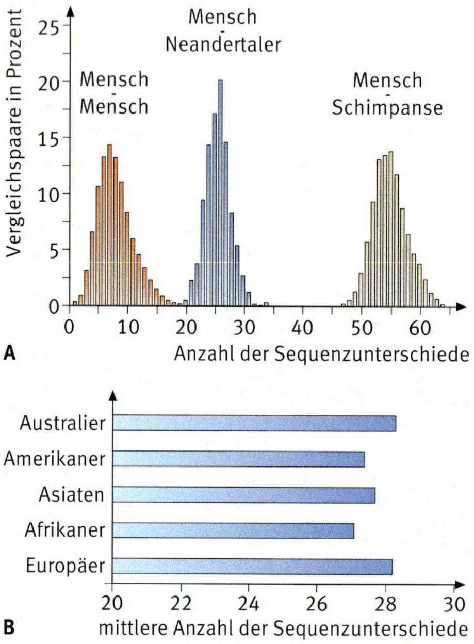

144.2 Vergleich von modernen Menschen, Neandertalern und Schimpansen.
A Sequenzvergleich der mtDNA;
B genetische Distanz zwischen Neandertalern und modernen menschlichen Populationen

Der Ursprung von *Homo sapiens* war lange umstritten. Auffällige Unterschiede zwischen rezenten Menschen unterschiedlicher geografischer Herkunft führten schon zu Beginn des 20. Jahrhunderts zu der Annahme, dass diese das Ergebnis sehr langer, eigenständiger Evolutionsprozesse sein könnten. Aus dieser Annahme entstand die **Hypothese vom multiregionalen Ursprung** des modernen Menschen. Sie besagt, dass sich regionale Populationen von *Homo erectus* auf den verschiedenen Kontinenten unabhängig voneinander zu *Homo sapiens* weiterentwickelt hätten. Nach diesem Szenario wären die Frühmenschen von Bilzingsleben Angehörige einer europäischen Population von *Homo erectus.* Aus dieser seien die Neandertaler hervorgegangen, die ihrerseits die direkten Vorfahren der heutigen Europäer seien. Ein solcher Übergang vom *Homo erectus* zum *Homo sapiens* hat nach diesem Modell auch in Afrika und in Asien stattgefunden. Dass es dabei nicht zur Aufspaltung in verschiedene Arten gekommen ist, erklären die Anhänger der Hypothese damit, dass in den Kontaktzonen der einzelnen Populationen der Genfluss niemals unterbrochen war.

Nach der **Hypothese vom afrikanischen Ursprung** des modernen Menschen – auch „Out-of-Africa-Hypothese" genannt – ist *Homo sapiens* dagegen nur einmal entstanden: in Afrika. Von dort aus besiedelte er nach und nach die übrigen Kontinente und verdrängte die dort lebenden, älteren Menschenformen. Nach dieser Hypothese wären Unterschiede zwischen Menschen unterschiedlicher geografischer Regionen sehr viel jüngeren Datums als nach der multiregionalen Hypothese: Sie wären erst durch Anpassung von *Homo sapiens,* und nicht bereits von *Homo erectus*, an unterschiedliche Umweltbedingungen entstanden.

Lässt sich herausfinden, welche der beiden Hypothesen richtig ist? Trifft die multiregionale Hypothese zu, sollten die Neandertaler heutigen Europäern ähnlicher sein als Afrikanern oder Asiaten. 1997 gelang es Wissenschaftlern diese Vorhersage durch genetische Analysen zu überprüfen. Aus dem Oberarmknochen des 1856 gefundenen Neandertalers extrahierten sie mitochondriale DNA, vervielfältigten sie mithilfe der Polymerase-Kettenreaktion und verglichen sie mit entsprechenden DNA-Sequenzen von Schimpansen und heutigen Menschen. Dabei zeigten sich klare

Unterschiede zwischen Neandertalern und heutigen Menschen und keine besondere genetische Verwandtschaft zwischen Neandertalern und heutigen Europäern. Anhand der Anzahl der gefundenen Unterschiede schätzten die Genetiker, dass sich die Entwicklungslinien von Neandertalern und anatomisch modernen Menschen vor mehr als 500 000 Jahren getrennt haben.
Untersuchungen der mtDNA anderer Neandertalerfossilien und 24 000 Jahre alter anatomisch moderner Menschen aus Italien erbrachten ebenfalls keinen Hinweis dafür, dass die Neandertaler Gene zum Genpool des europäischen *Homo sapiens* beigetragen haben.

Dennoch lässt sich nicht mit absoluter Sicherheit ausschließen, dass es zwischen Neandertalern und zeitgleich lebenden anatomisch modernen Menschen Vermischungen gegeben haben könnte, da mtDNA nur über die mütterliche Linie vererbt wird. Skelettreste eines 1998 in Portugal gefundenen, 24 500 Jahre alten Kindes wurden von manchen Wissenschaftlern als ein solcher Mischling gedeutet. Eine Rekonstruktion des in 150 Teile zerbrochenen Schädels am Computer bestätigte die Interpretation jedoch nicht.

Trifft die Out-of-Africa-Hypothese zu, sollten die ältesten Spuren von *Homo sapiens* aus Afrika stammen. Datierungen zweier Schädelfragmente, die Richard LEAKEY 1967 im Süden Äthiopiens entdeckt hatte, bestätigen die Vorhersage: *Homo sapiens* lebte in Afrika schon vor knapp 200 000 Jahren. Nach Asien, Europa und in die restlichen Teile der Welt gelangten anatomisch moderne Menschen erst vor weniger als 100 000 Jahren.

Weitere Unterstützung erhält die Hypothese durch genetische Analysen. Vergleiche der mtDNA heutiger Menschen aus verschiedenen Teilen der Erde zeigen, dass die Variabilität in der Sequenz der Basenpaare bei Menschen afrikanischer Herkunft doppelt so hoch ist wie bei Menschen aus anderen Erdteilen. Unter der Annahme einer *molekularen Uhr*, also einer über die Zeit konstanten Mutationsrate, kann dies nur bedeuten, dass die afrikanische Entwicklungslinie des modernen Menschen die älteste ist. Alle anderen Entwicklungslinien haben sich erst später von ihr abgezweigt.

1 Beurteilen Sie die gegenwärtige Beweislage zur Herkunft des anatomisch modernen Menschen.

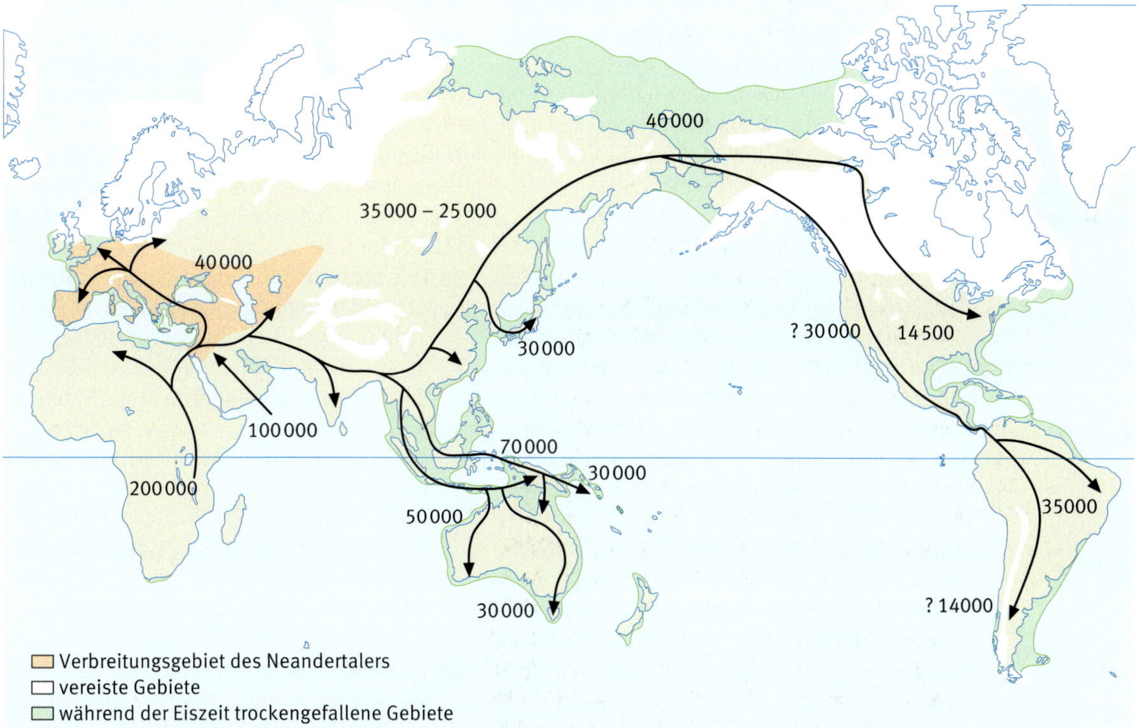

145.1 Ausbreitungsgeschichte des anatomisch modernen Menschen

2.7 Der Stammbaum des Menschen

Noch vor 30 Jahren schien der Stammbaum des Menschen ganz einfach auszusehen: Auf den ersten „Vormenschen" *Australopithecus afarensis* („Lucy") folgte der erste „Urmensch" *Homo habilis;* von diesem stammte der erste „Frühmensch" *Homo erectus* ab, der wiederum ein direkter Vorläufer des *Homo sapiens* war. Nur an der Basis dieses „Baumes" gab es mit den ausgestorbenen robusten Australopithecinen einige blind endende Seitenzweige; aber ansonsten schien die Evolution des Menschen einer Treppe zu gleichen: Es ging stetig aufwärts.

Entspricht dieses Bild der Realität? Stammbäume heute lebender Arten haben stets hypothetischen Charakter: Es handelt sich um Rekonstruktionen, die nicht nur auf bekannten Fakten, sondern ebenso auf Interpretationen beruhen. Von früheren Darstellungen unterscheiden sich heutige Stammbaumrekonstruktionen vor allem in zwei Punkten: Sie sehen wesentlich unübersichtlicher aus als vor 30 Jahren und gleichen nicht mehr einer einfachen, aufsteigenden Reihe, sondern eher einem vielfältig verzweigten Busch. Beides liegt daran, dass eine Vielzahl neuer Fossilien entdeckt wurde, die sich nicht ohne weiteres den damals bekannten Arten zuordnen lassen. Es klingt ein wenig paradox, aber der Wissenszuwachs der letzten Jahrzehnte hat die Aufgabe den Stammbaum des Menschen zu rekonstruieren nicht etwa einfacher, sondern schwieriger gemacht.

Wie viele Arten hat es unter den Vorfahren des heutigen Menschen tatsächlich gegeben? Allein die Gattung *Homo* umfasst nach Ansicht mancher Wissenschaftler, wie in der Abbildung angedeutet, zehn oder mehr Arten. Nach Ansicht anderer Wissenschaftler sind es dagegen nicht mehr als drei: *habilis, erectus* und *sapiens.* Alle anderen wären nach dieser Interpretation regional und zeitlich begrenzte Unterarten dieser drei Arten. Ausdruck findet dieser Streit beispielsweise in der Frage, ob Neandertaler und anatomisch moderne Menschen miteinander fruchtbare Nachkommen zeugen konnten oder nicht. Eindeutige Antworten wird es auf eine solche Frage vielleicht nie geben, sodass auch immer unklar bleiben wird, wie viele Arten es tatsächlich gegeben hat.

Ähnlich umstritten ist die Frage, wer von wem abstammt. Gehören Gattungen wie *Sahelanthropus, Orrorin* oder *Ardipithecus* tatsächlich in die Vorfahrenlinie des Menschen? *Sahelanthropus,* meinen manche Wissenschaftler, existierte zu einer Zeit, als sich die Entwicklungslinien von Schimpanse und modernem Menschen noch gar nicht getrennt hatten – womit er ebenso ein Vorfahre der Schimpansen oder Gorillas sein könnte.
War *Homo habilis* ein Vorfahr des modernen Menschen oder war es *Homo rudolfensis* oder war es keiner von beiden? Jede dieser drei Hypothesen hat Befürworter, eine gesicherte Antwort steht bis heute aus.
Ebenso unklar ist, wo und wie *Homo erectus* entstand – und wer seine Nachkommen waren. Nach Ansicht mancher Wissenschaftler entstand *Homo erectus* in Asien und starb dort auch aus. Sein einziger Nachkomme war nach dieser Interpretation – und auch die steht unter Vorbehalt – *Homo floresiensis.* Andere meinen, dass *Homo erectus* bereits in Afrika entstand und hier wie anderswo Nachkommen hatte, die noch heute existieren: *Homo sapiens.*

Bei all diesen Unsicherheiten sollte man nach Ansicht vorsichtiger Wissenschaftler in Darstellungen zur Evolution des Menschen auf Verbindungslinien, die Abstammungsverhältnisse andeuten, verzichten. Dadurch würde nur ein Wissen vorgetäuscht, das gegenwärtig (noch) nicht vorhanden ist.
Natürlich bedeutet dies nicht, dass über die Evolution des Menschen kein gesichertes Wissen vorhanden wäre. Tatsächlich ist heute klar:

- Der Mensch hat ebenso wie alle anderen Arten eine Evolution durchgemacht.
- Schimpansen und Menschen haben gemeinsame Vorfahren. Ihre Entwicklungslinien haben sich vor etwa sechs Millionen Jahren getrennt.
- Die Evolution des Menschen begann mit den Australopithecinen in Afrika.
- Der aufrechte Gang entstand mehrere Millionen Jahre, bevor das Gehirn deutlich größer wurde.
- Die Gattung *Homo* entstand in Afrika.

1 Überprüfen Sie, welche Vorfahren des Menschen sich anhand welcher Merkmalskombinationen zu Gruppen zusammenfassen lassen.

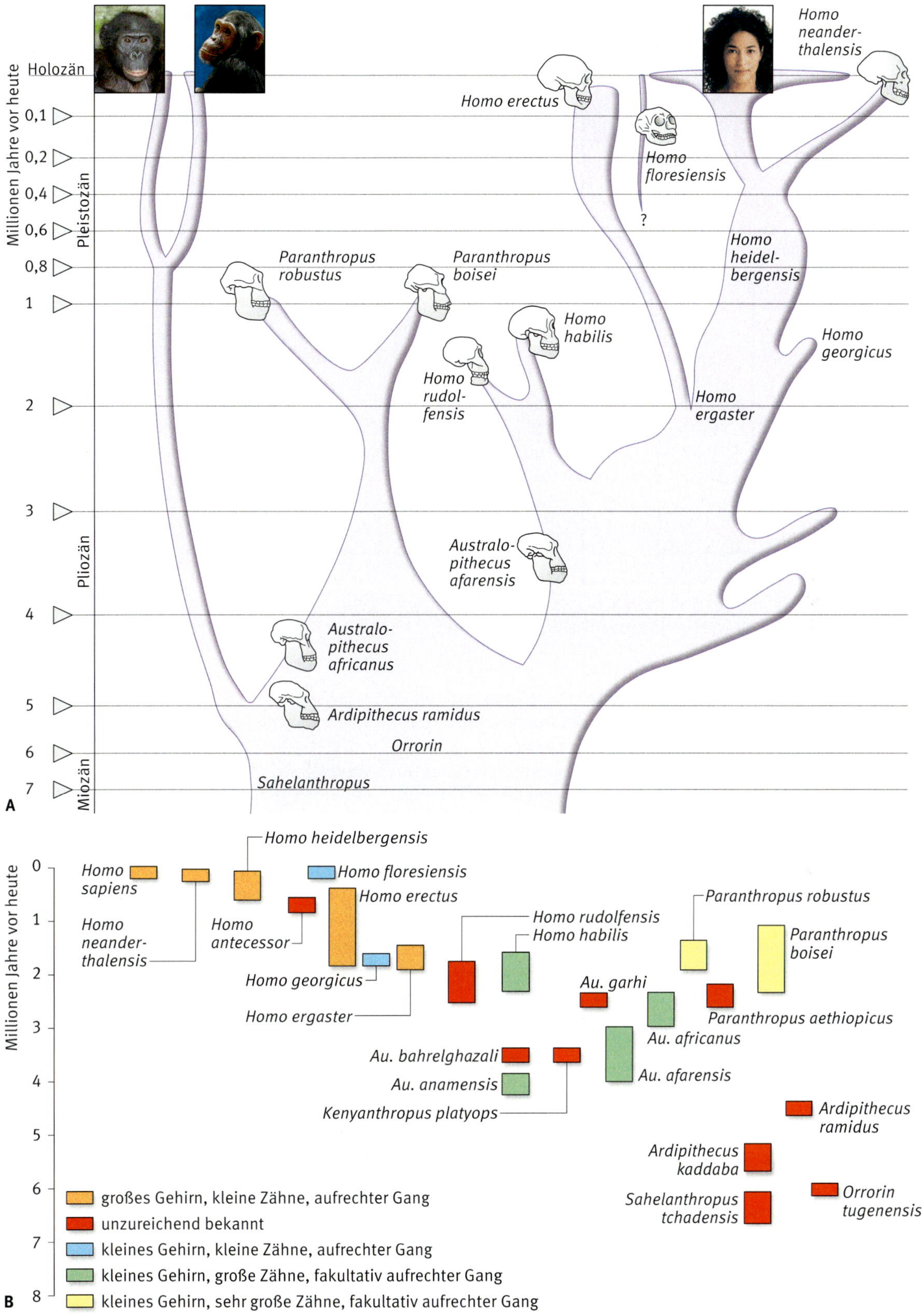

147.1 Rezente und fossile Hominiden. A Vereinfachte Stammbaumrekonstruktion; **B** Überblick über beschriebene Arten

Die Fossilgeschichte des Menschen

1

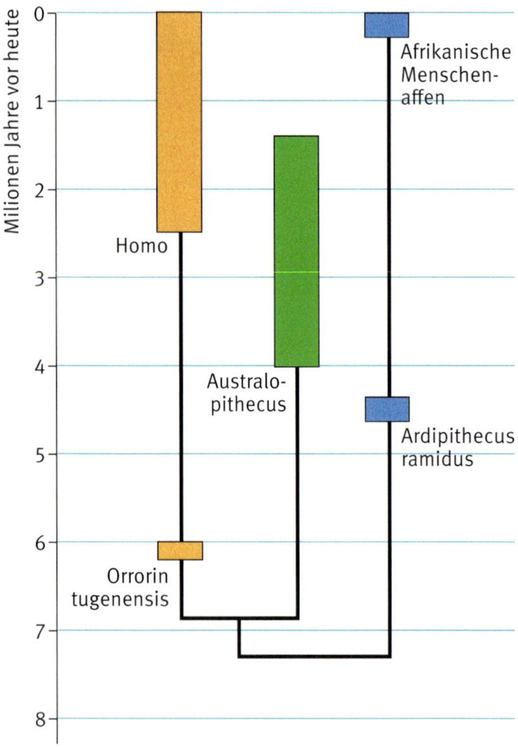

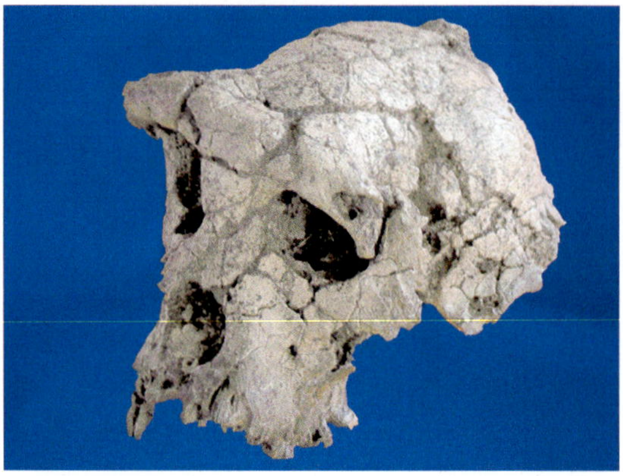

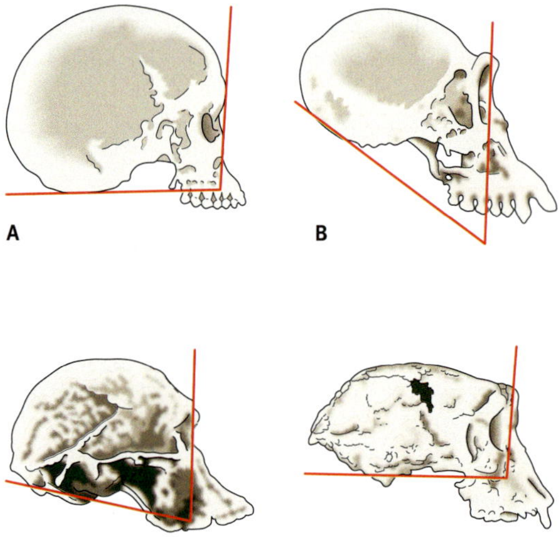

„Muss die Geschichte der Menschwerdung neu geschrieben werden?“ Diese Frage stellten sich Journalisten und Wissenschaftler, als zu Beginn des neuen Jahrtausends zwei spektakuläre Fossilfunde bekannt wurden: der im August des Jahres 2000 entdeckte sechs Millionen Jahre alte „Millenium Man“ und der ein Jahr später in der Sahara gefundene Schädel eines Hominiden, der noch eine Million Jahre älter war. *Orrorin tugenensis,* der „Millenium Man“, war in den Tugen-Bergen in Kenia gefunden worden, *Sahelanthropus tchadensis* dagegen mehr als 2000 Kilometer nordwestlich, in der Djurab-Wüste im Tschad.

Unter den wenigen erhaltenen Knochenfragmenten *Orrorins* befindet sich der Teil eines Oberschenkels, der nach Ansicht der Entdecker dem Oberschenkel eines anatomisch modernen Menschen ähnlicher ist als der Oberschenkel „Lucys“. Die Forscher schließen daraus, dass der aufrechte Gang weitaus früher entstanden sein muss, als man bislang vermutet hatte. Dieser Ansicht sind auch die Entdecker von *Sahelanthropus,* von dem man bisher nur einen durch die Lagerung im Sandstein deformierten Schädel und einige Zahnfragmente kennt. Erkennbar sind starke Überaugenwülste und eine fliehende Stirn. Das Gehirnvolumen liegt bei etwa 360 Kubikzentimetern. Die Eckzähne sind relativ klein, eine „Affenlücke“ ist nicht vorhanden.

Um den Schädel rekonstruieren zu können, ohne ihn zu zerstören, setzten Wissenschaftler in der Schweiz ein neues Verfahren ein, die „computerunterstützte Fossilrekonstruktion“. Mithilfe eines Computertomographen scannten sie den Schädel, zerlegten ihn digital in 100 Einzelteile und setzten diese dann am Bildschirm „virtuell“ wieder zusammen. Auf diese Weise schufen sie die Voraussetzung, den Schädel zu vermessen und ihn mit denen anderer Hominiden zu vergleichen.

a) Die Entdecker von Orrorin veröffentlichten 2001 den oben abgebildeten Stammbaum. Vergleichen Sie diesen Stammbaum mit der Darstellung auf Seite 147 und deuten Sie die Unterschiede.

b) Kurz nach der Entdeckung von *Sahelanthropus* meinten einige Kritiker, dieser müsse eigentlich *Sahelpithecus* heißen (gr. *pithecos,* Affe), da es sich nicht um einen Vorfahren des Menschen, sondern um einen fossilen Gorilla oder Schimpansen handele. Überprüfen Sie diese Aussage. Benutzen Sie hierfür auch die obige Abbildung.

Sie zeigt die Schädel eines anatomisch modernen Menschen (A), eines Schimpansen (B), eines *Australopithecus africanus* (C) und den mithilfe des Computertomographen rekonstruierten Schädel von *Sahelanthropus* (D). Die eingezeichneten Linien verbinden die Ebene des Hinterhauptsloches mit der des knöchernen Ringes um die Augen. Vergleichen und deuten Sie die Darstellungen.

c) Die Entdecker von *Sahelanthropus* glauben, dass auch diese Art bereits aufrecht gegangen ist. Erläutern Sie anhand der Abbildung, welche Hinweise diese Meinung begründen.

d) Begleitfossilien deuten darauf hin, dass *Orrorin* in einem waldreichen Habitat mit ausgeprägten Trockenzeiten lebte. Unter den Begleitfossilien von *Sahelanthropus* fand man dagegen Knochen typischer Savannenbewohner wie Giraffen, Elefanten, Flusspferden und Hyänen sowie viele Knochen von Süßwasserfischen, Amphibien, Wasserschildkröten und Krokodilen. Erläutern Sie die Bedeutung dieser Befunde für die Evolution des aufrechten Ganges.

2 „Das dunkle Zeitalter des Menschen fällt in etwa mit dem Pliozän vor vier bis sieben Millionen Jahren zusammen. Affen gingen ins Pliozän hinein und Affenmenschen kamen heraus", schrieb der bekannte englische Biologe und Autor Desmond MORRIS 1994 in seinem Buch „Das Tier Mensch". Für das, was „dem Menschen während dieser mysteriösen Jahrmillionen widerfahren ist," gibt es seiner Meinung nach „nur eine ernst zu nehmende Theorie": die „Wasseraffen-Theorie" oder „Aquatic-Ape-Hypothese".

Die „Aquatic-Ape-Hypothese" behauptet, dass es in der Evolution des Menschen eine Phase gegeben habe, in der unsere Vorfahren im Wasser gelebt haben. Die überwiegende Mehrheit der Anthropologen hält von dieser Hypothese nichts. Unter Laien erfreut sie sich dagegen großer Beliebtheit, da unorthodoxe Ideen, die der herrschenden „Lehrmeinung" widersprechen, immer Anhänger finden. Außerdem lassen sich mit ihr scheinbar eine ganze Reihe menschlicher Merkmale plausibel erklären:

- Neugeborene halten unter Wasser sofort die Luft an und können so problemlos tauchen;
- Menschen besitzen kein Fell, dafür aber eine relativ dicke Fettschicht unter der Haut;
- Menschen können weinen und vergießen dabei salzige Tränen;
- Menschen besitzen „Reste von Schwimmhäuten" zwischen Fingern und Zehen;
- Menschen zeigen eine ungewöhnliche Affinität zum Wasser; Millionen verbringen ihre Ferien am Meer.

Auch der aufrechte Gang könnte nach dieser Hypothese als Angepasstheit an das Leben im Wasser entstanden sein, da der Körper wegen des Auftriebes weniger Probleme mit der Schwerkraft gehabt hätte und so beispielsweise keine Bandscheibenvorfälle aufgetreten wären.

a) Desmond MORRIS nennt die „Aquatic-Ape-Hypothese" eine Theorie. Erläutern Sie den Unterschied zwischen einer naturwissenschaftlichen Hypothese und einer Theorie.

b) Beurteilen Sie die „Aquatic-Ape-Hypothese".

c) Eine Variante der „Aquatic-Ape-Hypothese" vermutet, dass Vorfahren des Menschen nicht im, sondern am Wasser gelebt haben und sich dort unter anderem von Fischen und Weichtieren ernährt hätten. Danach sei der aufrechte Gang als Angepasstheit an das Waten im Wasser entstanden. Beurteilen Sie auch diese Hypothese aus heutiger Sicht.

3 Die Vielfalt des modernen Menschen

150.1 Variabilität beim Menschen.
A Angolanerin;
B Schwedin;
C Inder;
D Malaiin;
E Aborigine

UNESCO, franz.: *Organisation des Nations unies pour l'éducation, la science et la culture*

3.1 Gibt es menschliche Rassen?

„Es gibt keinen wissenschaftlichen Grund, den Begriff „Rasse" weiterhin zu verwenden," verkündete im Jahr 1995 eine Arbeitsgruppe der UNESCO. Was veranlasst Wissenschaftler zu solch einer Aussage?

Nach dem *biologischen Artkonzept* gehören alle heute lebenden Menschen zur Art *Homo sapiens*, da sie miteinander fruchtbare Nachkommen zeugen. *Unterart* oder *Rasse* sind weniger klar definierte systematische Kategorien. Sie bezeichnen Populationen derselben Art, die sich in der Häufigkeitsverteilung ihrer genetischen Merkmale von anderen Populationen unterscheiden. LINNÉ hatte die heute lebenden Menschen in verschiedene Unterarten, wie *Homo sapiens europaeus*, *H. s. asiaticus* und *H. s. afer*, eingeteilt. Eine solche Untergliederung ist heute unüblich. Von Menschenrassen sprach man jedoch bis in die jüngste Zeit – obwohl der Begriff sonst nur für Haustiere gebräuchlich ist. In die Kritik geraten ist das Rassenkonzept aber aus anderen Gründen.
Bereits DARWIN hatte darauf aufmerksam gemacht, dass völlig unklar sei, wie viele menschliche Rassen es gibt, da „es kaum möglich ist, scharfe Unterscheidungsmerkmale zwischen ihnen aufzufinden." Rassensystematiken des 20. Jahrhunderts unterschieden teilweise bis zu 200 Rassen, die häufig drei, vier, fünf oder auch sechs „Großrassen" oder „Rassenkreisen" zugeordnet wurden. Weitgehende Einigkeit herrschte nur über die Existenz von drei „Großrassen":

- *Europide* („Weiße" = Menschen vorwiegend europäischer Herkunft);
- *Mongolide* („Gelbe" = Menschen asiatischer Herkunft);
- *Negride* („Schwarze" = Menschen afrikanischer Herkunft).

Auch hier blieb jedoch vieles unklar. So stellte man beispielsweise fest, dass Menschen aus Indien rein äußerlich – trotz oft dunkler Hautfarbe – dem „europiden Rassenkreis" zuzuordnen waren, in ihren Blutgruppenmerkmalen aber dem „mongoliden Rassenkreis".

Molekulargenetische Untersuchungen ergaben weitere Unstimmigkeiten.

- Trotz auffälliger phänotypischer Unterschiede sind sich alle heute lebenden Menschen genetisch sehr viel ähnlicher als die letzten 200 000 Schimpansen Zentralafrikas, deren genetische Variabilität zehnmal höher ist.
- Verglichen mit der genetischen Variabilität innerhalb menschlicher Populationen sind die nur auf wenigen Genen beruhenden Unterschiede zwischen Populationen gering.
- Besonders große Unterschiede finden sich in der Bevölkerung Schwarzafrikas, deren genetische Variabilität doppelt so groß ist wie die Summe der genetischen Variabilität aller übrigen menschlichen Populationen.
- Aufgrund dieser Befunde kam die UNESCO zu der Überzeugung, dass traditionelle Rassenkonzepte ungeeignet sind, die menschliche Vielfalt zu charakterisieren.

1 Entwickeln Sie eine Hypothese, die erklären kann, warum die genetische Variabilität bei Schimpansen größer ist als bei heute lebenden Menschen.

2 Erläutern Sie, welche Bedeutung die große genetische Variabilität der Schwarzafrikaner für die verschiedenen Hypothesen zur Herkunft des modernen Menschen hat.

3 Begründen Sie, warum das Rassenkonzept auch aus ethischen Gründen für die Menschen nicht angewendet werden sollte.

Rassismus – wissenschaftlich verbrämt

151.1 Rassistische Propaganda (Deutschland, 1942)

Am 15. September 1935 wurde in Nürnberg das „Gesetz zum Schutze des deutschen Blutes und der deutschen Ehre“ erlassen. Es stellte Geschlechtsverkehr und Eheschließungen zwischen „Juden und Staatsangehörigen deutschen oder artverwandten Blutes“ unter Strafe. Deutsche Anthropologen, die sich fast ganz der damals äußerst populären „Rassenkunde“ verschrieben hatten, begrüßten das Gesetz. Eugen FISCHER (1874–1967), Direktor des Kaiser-Wilhelm-Instituts für „Anthropologie, menschliche Erblehre und Eugenik“, schloss eine Rede an der Berliner Universität mit dem „Dank an den Führer, der es durch die Nürnberger Gesetze den Erbforschern ermöglicht hat, ihre Forschungsergebnisse dem Volksganzen praktisch dienstbar zu machen.“

Welche Forschungsergebnisse hatte FISCHER gemeint? Er selbst hatte 1908 in der damaligen deutschen Kolonie Südwestafrika (heute Namibia) eine Mischlingspopulation untersucht, um zu überprüfen, ob die Mendelschen Regeln auch für den Menschen gelten. Belege dafür, dass „Rassenmischungen“ schädlich sind, konnten aber weder er noch andere „Erbforscher“ vorlegen. Dennoch beharrte FISCHER darauf, dass „Neger, Hottentotten und viele andere minderwertig“ seien und „dass ein Volk, wenn es seine eigene Art bewahren will, fremdes Rassengut [...] ausmerzen“ müsse – „zum Schutze des eigenen Erbgutes“.

Die Wurzeln des wissenschaftlich verbrämten Rassismus reichen tief. Schon Carl von LINNÉ hatte Afrikaner „träge“, „schamlos“ und „von Launen regiert“ genannt. Im 19. Jahrhundert wurde der aufkeimende Evolutionsgedanke zur willkommenen Rechtfertigung für Kolonialismus und Sklaverei, da er eine Begründung für Rassenunterschiede zu liefern schien. Besonders einflussreich wurde der Franzose Joseph Arthur COMTE DE GOBINEAU (1816–1882), der 1853 in einem „Essay über die Ungleichheit der menschlichen Rassen“ den Mythos von der Überlegenheit der angeblich besonders edlen „nordischen Rasse“ begründete.

Ganz anderer Meinung war der deutsche Naturforscher Alexander von HUMBOLDT (1769–1859), der auf seinen Forschungsreisen Angehörige anderer „Rassen“ kennen gelernt hatte: „Während wir auf der Einheit der menschlichen Spezies bestehen, weisen wir zugleich die deprimierende Annahme zurück, es gebe höher stehende und tiefer stehende Menschenrassen“, schrieb er 1849. „Alle Menschen sind gleichermaßen für die Freiheit geschaffen.“ Dieser Ansicht war auch Charles DARWIN, der ein erklärter Gegner der Sklaverei war und die Worte „höher“ oder „niedriger“ im Zusammenhang mit seiner Theorie nicht schätzte.

„Untermenschen“ und „minderwertige Rassen“ gab es nicht nur in den Augen deutscher Politiker. Der US-Bundesstaat Virginia hatte beispielsweise Eheschließungen zwischen „Personen der kaukasischen (= europäischen) Rasse und Personen, die mehr als ein sechzehntel Indianerblut oder eine Spur Negerblut in ihren Adern haben“, schon 1930 verboten. Aber nur in Deutschland kam es zu einer engen Allianz zwischen einer scheinbar wertfreien Wissenschaft und einer Ideologie, die den Rassismus zur Staatsdoktrin erhoben hatte. Anthropologen lieferten der menschenverachtenden Politik der Nationalsozialisten das geistige Rüstzeug und arbeiteten durch massenhaft erstellte „Rassegutachten“ auch aktiv am organisierten Massenmord an Juden, Sinti, Roma und anderen Minderheiten mit.

Nach dem Krieg fühlten die deutschen Anthropologen sich und ihre Wissenschaft von den Nazis missbraucht. FISCHER wurde zum Ehrenmitglied der Deutschen Gesellschaft für Anthropologie gewählt und schrieb seine Memoiren: „Über die Begegnung mit Toten“. Von toten Juden war darin nicht die Rede. Die „nordische Rasse“ geistert immer noch durch manches Lehrbuch. Nur das Adjektiv „edel“ fehlt.

1 Zeigen und bewerten Sie Verflechtungen zwischen Wissenschaft und Rassismus.

POLITIK

3.2 Ursachen geografischer Variabilität

Menschen unterschiedlicher Herkunft unterscheiden sich am deutlichsten voneinander durch ihre Hautfarbe. Mittel- und Nordeuropäer sind hellhäutiger als Menschen aus tropischen Regionen und bekommen auch viel leichter einen Sonnenbrand. Damit liegt die Annahme nahe, dass Hautfarben in der Evolution des Menschen durch Anpassung an unterschiedliche Umweltbedingungen entstanden sind.

Hautfarben werden durch Pigmentzellen, die *Melanocyten,* verursacht. Sie liegen im untersten Teil der *Epidermis* und bilden unter Einwirkung von Sonnenlicht das gelb-braune bis schwarze Pigment **Melanin.** Dieses wirkt wie ein natürliches Sonnenschutzmittel, indem es vor allem die besonders kurzwelligen UV-B-Strahlen des Sonnenlichtes absorbiert. Anzahl und Stoffwechseltätigkeit der Melanocyten sind genetisch bedingt: Bei dunkelhäutigen Menschen sind die Pigmentzellen von Geburt an viel zahlreicher als bei hellhäutigen und enthalten so viel Melanin, dass nur sehr wenig UV-B-Strahlung in die Haut eindringt. Damit ist ein wirksamer Schutz vor Sonnenbrand und anderen Gefahren gegeben. UV-Strahlen verursachen nämlich auch Schäden an der DNA, die zu Hautkrebs führen können. Außerdem begünstigen sie die Bildung der für Alterungsprozesse verantwortlichen freien Radikale, und sie zersetzen die zum Vitamin-B-Komplex gehörende **Folsäure.** Folsäure ist an der DNA-Synthese beteiligt und wird daher bei der Zellteilung benötigt. Damit spielt sie vor allem für die Fortpflanzung eine wichtige Rolle: Folsäuremangel kann in der Schwangerschaft zu schweren Schädigungen des Embryos führen und beim Mann die Spermienproduktion beeinträchtigen.

UV-Strahlung hat aber auch eine positive Wirkung: Sie regt in der Haut die Umwandlung von Cholesterin in Provitamin D an, aus dem in der Niere **Vitamin D** synthetisiert wird. Vitamin-D-Mangel führt dazu, dass der Körper nicht mehr genügend Calcium aufnehmen kann, wodurch nicht nur der Knochenaufbau beeinträchtigt wird, sondern auch das Immunsystem.

In Regionen mit starker UV-Strahlung, wie den Tropen, ist eine dunkle Haut daher biologisch angepasst. Für Menschen, die in Regionen mit geringer UV-Strahlung leben, wäre eine dunkle Haut dagegen nachteilig, da zu wenig Vitamin D den Fortpflanzungserfolg ebenso beeinträchtigt wie zu wenig Folsäure. Die Übereinstimmung zwischen der Intensität der UV-Strahlung und der Verteilung der Hautfarben ist aber nicht vollständig. Dafür gibt es zwei Ursachen: Zum einen sind viele Populationen erst vor relativ kurzer Zeit in die Regionen eingewandert, in denen sie heute leben. Eine Anpassung durch natürliche Selektion ist noch nicht erfolgt. Zum anderen lassen sich manche Mangelerscheinungen kompensieren. Die am Polarkreis lebenden Inuit gleichen ihren Vitamin D-Mangel aus, indem sie traditionell viel Fisch und andere Meerestiere essen, die besonders reich an Vitamin D sind.

1 Manche Menschen mit besonders heller Haut werden selbst im Sommer nicht braun. Erläutern Sie diesen Sachverhalt.

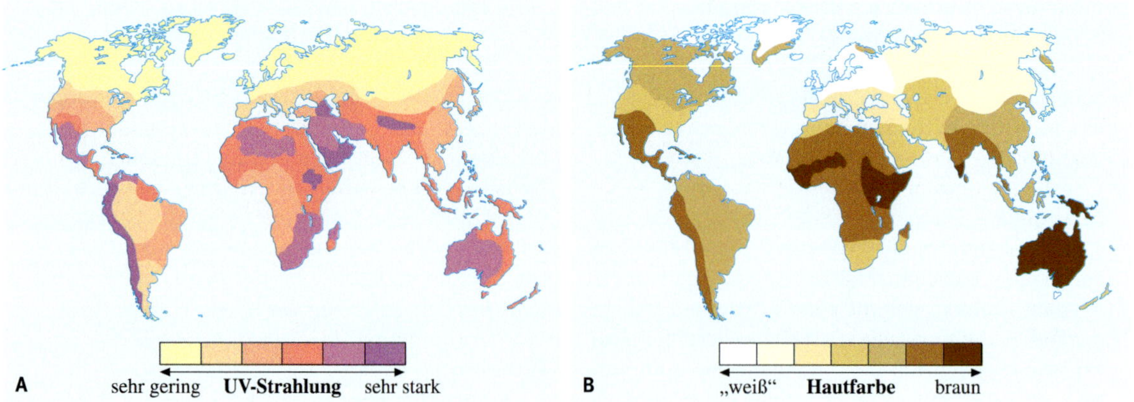

152.1 Evolution der Hautfarben. A Intensität der UV-Strahlung; **B** Grad der Pigmentierung

Variabilität und Angepasstheit des Menschen

1 Der unten abgebildete Stammbaum gibt die genetische Distanz oder Verwandtschaftsnähe zwischen heutigen menschlichen Populationen aus den benannten Regionen wieder. Er beruht auf der Analyse von 110 Genen, wobei die angegebenen Werte die gemittelten prozentualen Unterschiede wiedergeben.

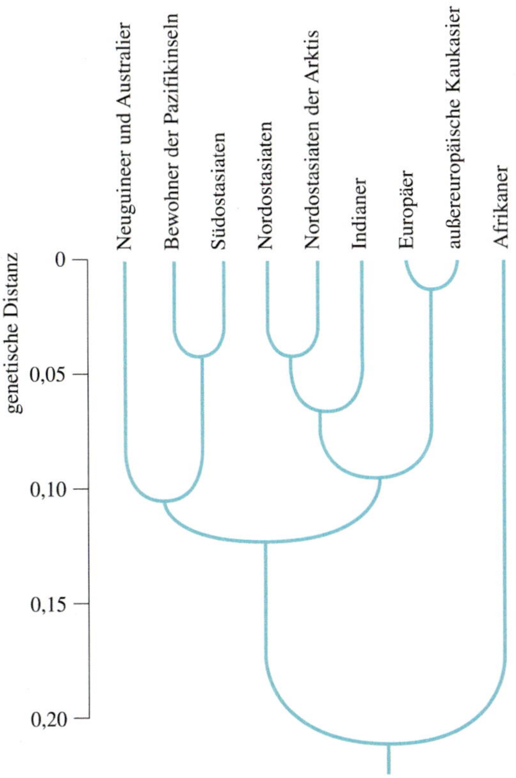

a) Geben Sie die wesentlichen Aussagen der Grafik in Worten wieder.

b) Vergleichen Sie den Stammbaum mit historischen Rassensystematiken und ziehen Sie Schlussfolgerungen.

c) Interpretieren Sie die Ergebnisse in Hinblick auf die verschiedenen Hypothesen zur Entstehung des anatomisch modernen Menschen.

2 Milch ist für Säuglinge lebensnotwendig. Vielen Erwachsenen wird allerdings schlecht, wenn sie mehr als einen halben Liter Milch auf einmal trinken. Ursache ist die Unfähigkeit, den in der Milch gelösten Milchzucker Lactose zu verdauen. Säuglinge haben dieses Problem nicht, weil sie in ausreichendem Maße über das Enzym Lactase verfügen, das den Zweifachzucker Lactose in seine Bestandteile Glucose und Galactose spaltet.

Lactoseverträglichkeit wird durch zwei Allele eines Gens, LAC^P und LAC^R, kontrolliert:

Genotyp	**Phänotyp**
LAC^P/LAC^P	Lactoseverträglichkeit
LAC^P/LAC^R	Lactoseverträglichkeit
LAC^R/LAC^R	Lactoseunverträglichkeit

Nach umfangreichen genetischen Analysen hat sich die Mutation des LAC-Gens und damit die Lactoseverträglichkeit vor 5000 bis 6000 Jahren ausgehend von Hirtenvölkern, die im Ural lebten, verbreitet. In Populationen, in denen Viehzucht und Milchwirtschaft traditionell eine wichtige Rolle spielen, ist das Allel LAC^P heute weit verbreitet, in anderen Populationen dagegen nicht:

Lactoseunverträglichkeit	
Thailand	99 %
Nigeria	99 %
Süd-Sudan	17 %
Spanien	15 %
Deutschland	13 %
Schweden	4 %

a) Lactoseunverträglichkeit wird von Medizinern und Betroffenen oft als Krankheit angesehen. Diskutieren Sie diese Einstufung.

b) Erläutern Sie die Evolution des LAC-Gens.

c) Die hohe Ausbreitungsrate von LAC^P in skandinavischen Ländern beruht vermutlich darauf, dass dieses Allel die Synthese von Vitamin D erleichtert. Erläutern Sie diesen Zusammenhang.

3 Medizinischen Statistiken zufolge wird jeder vierte Deutsche im Verlauf seines Lebens einen Bandscheibenvorfall oder eine andere schmerzhafte Erkrankung seiner Wirbelsäule erleiden.

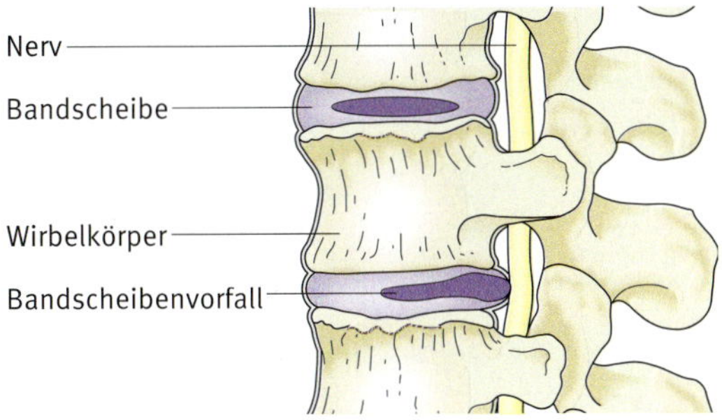

a) Erläutern Sie, wie es zu einem Bandscheibenvorfall kommen kann.

b) Ziehen Sie Schlussfolgerungen hinsichtlich der biologischen Angepasstheit des Menschen.

4 Geistige und kulturelle Evolution

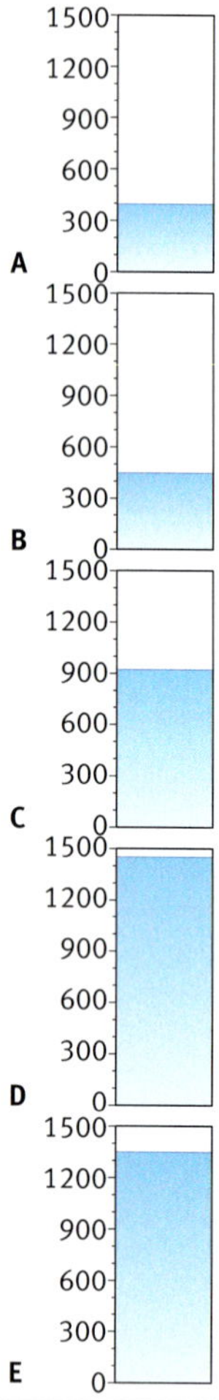

154.1 Gehirnvolumina (Kubikzentimeter).
A Schimpanse;
B *Australopithecus;*
C *Homo erectus;*
D Neandertaler;
E moderner Mensch

4.1 Die Evolution der Intelligenz

Vergleiche mit heute lebenden Menschenaffen belegen ebenso wie Fossilfunde, dass die Gehirngröße in der Evolution des Menschen zugenommen hat. Allerdings war das Gehirn der Neandertaler im Durchschnitt etwas größer als das heute lebender Menschen. Was besagen diese Befunde über die Evolution der menschlichen Intelligenz?

Das Gehirn eines Elefanten ist mit etwa 5000 Kubikzentimetern erheblich größer als das eines Menschen. Obwohl Elefanten sicher intelligente Tiere sind, sagt die *absolute Gehirngröße* einer Art also wenig aus, da sie auch von der Körpergröße abhängt. Ist die *relative Gehirngröße* (Gehirnmasse/Körpermasse × 100) ein besseres Maß für Intelligenz? Offenbar nicht, denn dann wäre eine Spitzmaus, deren Gehirn 3,3 Prozent ihrer Körpermasse ausmacht, intelligenter als ein Mensch, der es nur auf zwei Prozent bringt. Ursache für den überraschenden Befund ist die Tatsache, dass bei einer Vergrößerung der Körpermasse das Gehirn nicht im gleichen Maße mitwächst. Daher haben kleine Tiere bezogen auf ihre Körpermasse relativ größere Gehirne als größere Tiere. Diesen Zusammenhang nennt man **Hirn-Allometrie** (gr. *allos,* anders; *metrein,* messen). Bezieht man die Abweichung von einer linearen Beziehung in die Berechnung der relativen Hirngröße ein, erhält man den so genannten **Enzephalisationsquotienten,** abgekürzt **EQ** (gr. *kephalos,* Schädel).

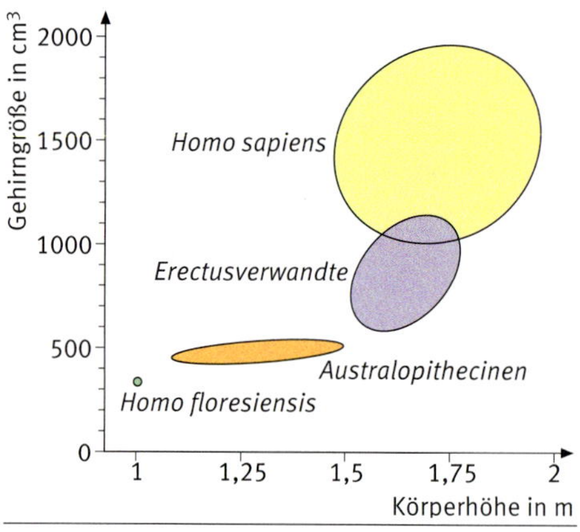

154.2 Körperhöhe und Gehirnvolumen von Hominiden

EQ-Werte fossiler Arten beruhen auf Schätzungen des Gehirngewichts und der Körpermasse. Sie sind daher mit Unsicherheiten behaftet. Dennoch sind sie für einen Vergleich der Gehirne verschiedener Arten am besten geeignet. Ein solcher Vergleich zeigt, dass es im Verlauf der Evolution des Menschen unabhängig von Veränderungen der Körpergröße zu einer überproportionalen Vergrößerung des Gehirns gekommen ist:

Art	EQ
Schimpanse	1,9–2,1
Australopithecus/Paranthrous	2,2–3,1
Homo habilis/rudolfensis	3,6–4,3
Homo ergaster/erectus	3,3–4,4
Homo floresiensis	2,5–4,6
Homo heidelbergensis	3,8–6,8
Homo sapiens	5,8–8,1

Auch das Gehirn von *Homo floresiensis* war nach diesen Berechnungen möglicherweise nicht so klein, wie es zunächst den Anschein hatte: Das untere Ende der geschätzten Schwankungsbreite im EQ liegt bei den „Hobbits“ zwar nur im Variationsbereich der Australopithecinen, das obere – das die Forscher für realistischer halten – aber sogar ein wenig über dem Maximalwert von *Homo erectus.*

Warum es in der Evolution des Menschen überhaupt zu einer Vergrößerung des Gehirns kam, ist noch unklar. Lange Zeit vermutete man, dass ein komplexes Wechselspiel zwischen aufrechtem Gang, dem Freiwerden der Hände und dem Gebrauch von Werkzeugen die Ursache gewesen sein könnte. Nach dieser **Gen-Kultur-Koevolutions-Hypothese** sollte eine immer komplexer werdende Werkzeugkultur einerseits Ergebnis der Gehirnevolution sein, andererseits aber auch einen Selektionsdruck auf eine weitere Steigerung der Intelligenz ausgeübt haben. Überzeugend belegt ist dieser Zusammenhang aber nicht: Der aufrechte Gang entstand mindestens zwei Millionen Jahre vor der Größenzunahme des Gehirns und die spätere Entwicklung der Werkzeugkultur verlief deutlich langsamer als die Gehirnevolution. Daher meinen die meisten Forscher heute, dass technischer Fortschritt eine Konsequenz der Gehirnevolution war, nicht aber ihre Ursache.

Ein anderer Erklärungsansatz berücksichtigt, dass das menschliche Gehirn ein energetisch außerordentlich kostspieliges Organ ist. Obwohl es durchschnittlich nur zwei Prozent der Körpermasse eines heute lebenden Menschen ausmacht, verbraucht es 20 Prozent der von diesem Körper produzierten Energie. Noch aufwendiger ist es, ein großes Gehirn zu produzieren: Das Gehirn eines sich noch in der Entwicklung befindlichen menschlichen Neugeborenen verbraucht 60 Prozent der im Ruhestoffwechsel erzeugten Energie.

Um diesen hohen Energiebedarf zu decken, mussten die Vorfahren des Menschen ihre Ernährungsgewohnheiten ändern. Der erste Schritt bestand vermutlich im zunehmenden Verzehr tierischer Nahrung. Fleisch, Fett und Knochenmark sind nicht nur energiereich, sondern auch leichter verdaulich als die faserreiche pflanzliche Kost, von der sich die Australopithecinen hauptsächlich ernährten. Eine Folge dieser Umstellung war die Verkürzung des Darmes, der nach dem Gehirn das Organ ist, das am meisten Energie verbraucht. Die dadurch eingesparte Energie konnte dem Gehirn zugeführt werden. Dies würde erklären, warum *Homo habilis* ein deutlich größeres Gehirn besaß als die Arten der Gattung *Australopithecus.*

Der zweite Schritt könnte in der *Verwendung des Feuers* zum Zubereiten von Nahrung bestanden haben. Durch den Vorgang des Garens werden zum Beispiel durch die Eiweißdenaturierung viele Speisen leichter verdaulich, sodass der energetische Aufwand für die Produktion und Versorgung eines großen Gehirns wesentlich leichter aufzubringen ist. Die ältesten Spuren von Lagerfeuern stammen aus Südafrika und sind mit 1,5 Millionen Jahren etwa so alt wie *Homo ergaster.* Mithin könnte diese Hypothese erklären, warum das Gehirn von *Homo ergaster* deutlich größer war als das von *Homo habilis.* Ob *Homo ergaster* das Feuer allerdings benutzte, um Fleisch oder Gemüse zu garen, ist noch unbekannt.

Eine andere wichtige Frage lautet: Welchen Selektionsvorteil hatte *Homo ergaster* von seinem großen Gehirn? Auf den ersten Blick scheint es grundsätzlich vorteilhaft, intelligent zu sein. Aber steigert ein großes Gehirn auch den Fortpflanzungserfolg seines Trägers? Untersuchungen zum Zusammenhang zwischen Intelligenz und Kinderzahl heutiger Menschen lassen hier eher Zweifel aufkommen. In der Vergangenheit könnte dies jedoch anders gewesen sein.

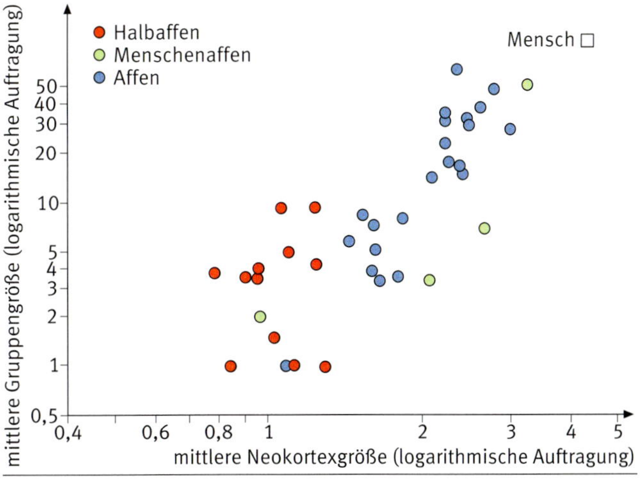

155.1 Durchschnittliche Gruppengröße und relative Neokortexgröße bei Primaten

Der für intelligente Problemlösungen wichtigste Gehirnteil ist ein Bereich der Großhirnrinde, der *Neokortex.* Über die Größe dieses Gehirnteiles im Verhältnis zum restlichen Gehirn sagen Fossilfunde wenig aus. Messen kann man dies allerdings bei rezenten Arten. Solche Messungen zeigen, dass bei Primaten der Neokortex umso größer ist, je größer die sozialen Gruppen sind, in denen die jeweiligen Arten leben. Schimpansen beispielsweise leben in Gruppen mit durchschnittlich 50 Mitgliedern und haben einen größeren Neokortex als Primaten, die in kleineren Gruppen leben. Nur Menschen haben einen noch größeren Neokortex und leben auch in größeren Gemeinschaften: Als repräsentative menschliche Gruppengröße gilt eine Anzahl von etwa 150 Personen – so viele Menschen umfassen beispielsweise traditionelle Jäger/Sammler-Gruppen.

Evolutionsbiologen schließen aus diesen Befunden, dass die eigentliche intellektuelle Herausforderung, mit der die Vorfahren des Menschen konfrontiert waren, nicht im technischen, sondern im sozialen Bereich lag. Individuen, die aufgrund ihrer Intelligenz beispielsweise das Verhalten ihrer Artgenossen vorhersagen konnten, hatten einen Selektionsvorteil und pflanzten sich erfolgreicher fort als sozial weniger kompetente Individuen.

1 Erläutern Sie anhand von Beispielen, inwiefern soziale Intelligenz einen Selektionsvorteil bringt.

4.2 Die Evolution der Sprache

Ende der vierziger Jahre des vorigen Jahrhunderts zog das amerikanische Psychologenehepaar Cathy und Keith HAYES ein neugeborenes Schimpansenkind bei sich zu Hause auf, das sie Viki nannten. Viki sollte sprechen lernen. Übermäßig erfolgreich war der Versuch nicht. Nach sechs Jahren mühevollen Trainings beherrschte Viki gerade mal vier recht ähnlich klingende Worte: mama, papa, cup und up – und auch diese waren eher unverständlich hingehaucht als gesprochen.
In ihrer natürlichen Umgebung benutzen Schimpansen – ebenso wie viele andere Tierarten – durchaus Laute zur Verständigung. Menschliche Wortsprache aber lernen sie nicht. Viele Wissenschaftler zogen daraus noch Mitte des 20. Jahrhunderts den Schluss, dass sich der Mensch von anderen Tieren in geistiger Hinsicht grundsätzlich unterscheidet – zumal sie annahmen, dass es keine anatomischen Gründe gäbe, die Affen das Sprechen unmöglich machen könnten.

Heute weiß man, dass diese Ansicht falsch war: Es gibt sehr wohl anatomische Gründe dafür, dass Menschenaffen nicht in der Lage sind, eine artikulierte Wortsprache hervorzubringen. Anders als die Schimpansin Viki sprechen menschliche Kinder ihr erstes richtiges Wort schon mit ungefähr eineinhalb Jahren und vergrößern ihren Wortschatz danach sehr schnell. Woran liegt das?

Der Stimmapparat des Menschen besteht aus Kehlkopf, Rachen, Stimmbändern, Zunge und Lippen. Beim Säugling liegt der Kehlkopf – wie bei anderen Primaten – weit oben im Hals. Dadurch kann der obere Teil des Kehlkopfs, der Kehldeckel, die Verbindung zwischen Mund- und Nasenhöhle schließen. An die Bedürfnisse eines Säuglings ist dies angepasst: Er kann so gleichzeitig schlucken und atmen – ohne sich zu verschlucken. Nur sprechen kann der Säugling mit dieser Konstruktion nicht, da der für die Lautbildung wichtige Rachenraum zu eng ist. Dies ändert sich im zweiten Lebensjahr: Der Kehlkopf beginnt nach unten zu wandern. Dadurch erweitert sich der Rachen und es entsteht ein Resonanzraum, der den von Kehlkopf und Stimmbändern gebildeten Lauten Klangfarbe und Nuancierung verleiht.

Schon im 19. Jahrhundert hatten der französische Anatom Paul BROCA und der deutsche Arzt Karl WERNICKE in der linken Hemisphäre des menschlichen Gehirns zwei „Sprachzentren" entdeckt: das für das Sprechen zuständige motorische **BROCA-Zentrum** und das für das Verstehen von Sprache zuständige sensorische **WERNICKE-Zentrum.** Durch Bild gebende Verfahren, die Hirnaktivitäten sichtbar machen, weiß man heute, dass beim Sprechen und beim Verstehen von Sprache noch weitere Hirnregionen mitwirken.

Die genetischen Grundlagen der Sprachfähigkeit waren lange unklar. Da jedes Kind seine

156.1 Anatomie und Neurobiologie der Sprache

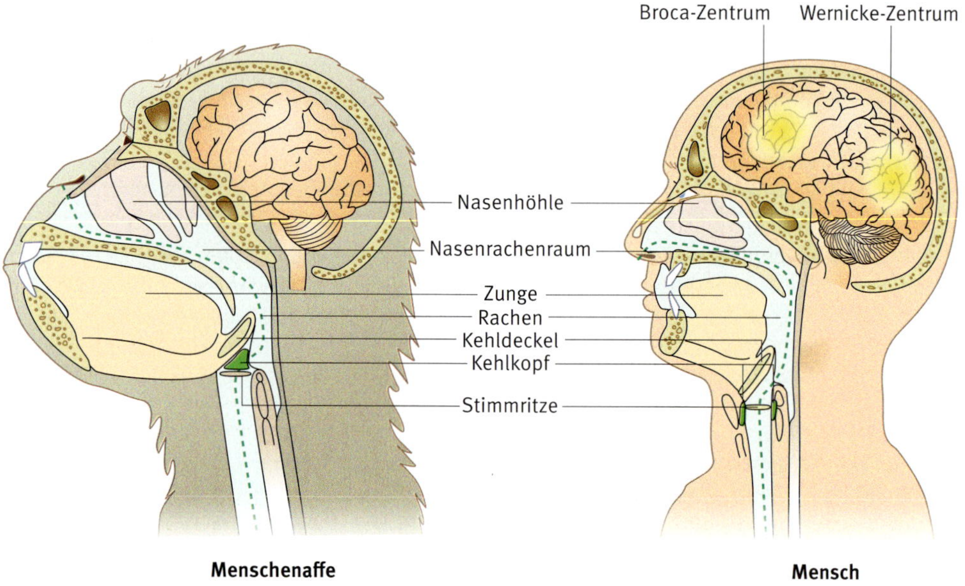

Muttersprache lernen muss, hatten viele Wissenschaftler lange angenommen, dass Sprache ein ausschließlich erworbenes Merkmal ist. Sprache, so meinten sie, sei ein Nebenprodukt der Gehirnevolution, die den Menschen zu einem so außerordentlich lernfähigen Wesen gemacht habe. Tierische Kommunikationsformen seien dagegen ausschließlich genetisch bedingt und unterlägen keiner willkürlichen Kontrolle.
Heute weiß man, dass der Gegensatz *„entweder angeboren oder erworben"* nicht besteht. Es gibt Merkmale, die weitgehend unabhängig von Umwelteinflüssen zustande kommen. Komplexe Merkmale entstehen jedoch in der Regel durch das Zusammenspiel von Genwirkungen und Umwelteinflüssen. Die Sprache ist dafür eines der besten Beispiele: Deutsch, Japanisch oder Kisuaheli müssen Kinder lernen, aber die Fähigkeit dazu ist ihnen angeboren. Man nennt dies eine **angeborene Lerndisposition.** Eine solche Lerndisposition für den Spracherwerb hatte der amerikanische Sprachwissenschaftler Noam CHOMSKY schon 1957 postuliert. Ohne sie sei der Spracherwerb eines Kleinkindes, der ohne Pauken von Vokabeln und Grammatik scheinbar mühelos erfolgt, nicht zu erklären.

Den ersten direkten Beleg dafür, dass Gene an der Sprachproduktion beteiligt sind, fand man 1998. Bei der Untersuchung einer Familie, die unter erheblichen Sprachstörungen litt, stieß man auf ein Gen, das durch eine Punktmutation verändert war und dadurch die Sprachstörungen verursachte. Dieses Gen liegt auf dem Chromosom 7 und trägt den Namen **FoxP2.** Weitere Untersuchungen ergaben, dass es in seiner heutigen, menschlichen Form seit etwa 200 000 Jahren existiert und damit ebenso alt ist wie die Menschheit selbst. Dies lässt darauf schließen, dass auch die Sprache in ihrer heutigen Form erst mit der Art *Homo sapiens* entstanden ist. Allerdings kann man nicht ausschließen, dass auch frühere Menschenformen schon über einfachere Sprachen verfügten. Dass Viki nicht sprechen lernte, hatte also anatomische, neurobiologische und genetische Gründe. Daran, dass sie den Sinn von Worten oder Sätzen nicht begriff, lag es nicht. Dies ergaben spätere Versuche mit Menschenaffen, denen man die amerikanische Gebärdensprache ASL („American Sign Language") oder andere Kunstsprachen beibrachte. Berühmt wurde der Bonobo Kanzi. Er hatte als Jungtier

157.1 Der Bonobo Kanzi kommuniziert über die Symbole einer Computertastatur

zugesehen, wie seine Mutter trainiert wurde, eine mit Symbolen besetzte Computertastatur als Sprachinstrument zu benutzen und es selbst viel schneller begriffen. Damit bewies Kanzi, dass es auch Menschenaffen – ebenso wie Menschen – leichter fällt, eine Fremdsprache zu lernen, so lange sie noch jung sind. Allerdings zeigte Kanzis weitere Entwicklung, dass dieser Lerndisposition deutlichere Grenzen gesetzt sind, als es beim menschlichen Spracherwerb der Fall ist: Heute ist Kanzi über 20 Jahre alt und benutzt etwa 250 „Wörter". Über Zwei- bis Drei-Wort-Sätze wie „Gib mir Banane" kommt er freilich selten hinaus. Zum Vergleich: Ein dreijähriges menschliches Kind hat einen aktiven Wortschatz von etwa 1000 Wörtern und eine recht ausgefeilte Grammatik. Menschenaffen erreichen hinsichtlich ihrer „Sprachkompetenz" etwa das Stadium eines zweieinhalbjährigen Kindes, entwickeln sich aber nicht weiter. Wissenschaftler sprechen daher von einer „Protosprache". Insofern ist die Sprache ein Merkmal, das Menschen von anderen Tieren unterscheidet.

Als Mittel der Verständigung ist Sprache allen tierischen Kommunikationsformen weit überlegen. Ob dies der einzige Selektionsvorteil war, der die Evolution der Sprache verursacht hat, ist allerdings umstritten. Sprache hat nämlich auch die Funktion, zwischenmenschliche Beziehungen zu knüpfen und zu festigen. Affen und Menschenaffen tun dies über eine Verhaltensweise, die man umgangssprachlich „Lausen" nennt. „Lausen" erfordert jedoch Zeit und ist wenig geeignet, den sozialen Zusammenhalt größerer Gruppen zu festigen. Manche Wissenschaftler nehmen daher an, dass die Sprache in der Evolution des Menschen als Ersatz für das „Lausen" entstand.

1 Diskutieren Sie mögliche Selektionsvorteile der menschlichen Sprache.

158.1 Höhlenmalerei in der Grotte Chauvet

Oldowan
2,5–1,0 Mio J.
Einfache Steinwerkzeuge

Acheuléen
1,5–0,2 Mio J.
Faustkeile, Holzspeere

Moustérien
0,2–0,04 Mio J.
Kleinere, feiner gefertigte Steinwerkzeuge

Aurignacien
40–28 000 J.
Gravettien
28–22 000 J.
Solutréen
22–19 000 J.
Magdalénien
19–12 000 J.
neue Materialien (Knochen, Geweih), feinere Ausgestaltung

158.2 Kulturstufen der Altsteinzeit (Name, Dauer, Werkzeuge)

4.3 Die Evolution der Kultur

Im Dezember 1994 entdeckten Forscher in Südfrankreich eine Höhle, in der sich mehr als 400 Zeichnungen eiszeitlicher Tiere befinden. Datierungen mit der Radiokarbonmethode ergaben ein Alter von 36 000 Jahren. Damit sind die Bilder in der *Grotte Chauvet* die ältesten Höhlenmalereien der Welt.

Kunstwerke wie die Höhlenmalereien von Chauvet, Lascaux oder Altamira gelten vielen Archäologen als Beleg dafür, dass sich vor etwa 40 000 Jahren eine „kreative Explosion" ereignete. In den zwei Millionen Jahren zuvor war die kulturelle Entwicklung eher schleppend verlaufen. Die Menschen der Altsteinzeit hatten ihre intellektuellen Fähigkeiten offenbar in erster Linie zur Bewältigung des Alltagslebens genutzt. Nun aber setzte mit dem Erscheinen des aus Afrika eingewanderten *Homo sapiens* ein merklicher kultureller Wandel ein. War also *Homo sapiens* der erste „Kulturschaffende"?

Kultur (lat. *cultura,* Anbau, Pflege, Veredelung) ist nach Meinung der meisten Geistes- und Sozialwissenschaftler ein auf den Menschen beschränktes Phänomen, das der amerikanische Ethnologe Edward TYLER 1871 so definierte: *„Kultur ist jenes komplexe Ganze, das Wissen, Glauben, Kunst, Moral, Recht, Sitte, Brauch und alle anderen Fähigkeiten und Gewohnheiten umfasst, die der Mensch als Mitglied einer Gesellschaft erworben hat."*

Mitte des 20. Jahrhunderts geriet dieser Kulturbegriff jedoch ins Wanken. Japanische Biologen hatten beobachtet, dass es auch bei Affen Sitten und Gebräuche gibt, die der Einzelne als Mitglied seiner Gemeinschaft erwirbt: Auf der kleinen Insel Koshima im Süden Japans hatte 1953 ein junger Rotgesichtsmakak, dem die Forscher den Namen *Imo* (jap., Kartoffel) gaben, das Waschen sandiger Süßkartoffeln im Wasser eines Baches erfunden. Wenige Jahre später wuschen mit Ausnahme der älteren Männchen fast alle Affen der Insel ihre Kartoffeln, und sie taten es nun nicht mehr im Bach, sondern im Meer – die Affen hatten das Würzen erfunden. Im Laufe der Jahre gaben die Mütter die neue Gewohnheit an ihre Kinder weiter. Aus einer Erfindung war so eine **Tradition** (lat. *traditio,* Überlieferung) geworden.

158.3 Rotgesichtsmakak beim Waschen einer Süßkartoffel

Die Affen von Koshima haben dazu beigetragen, den Kulturbegriff neu zu überdenken: Kultur ist nach einer Definition des amerikanischen Biologen John BONNER aus dem Jahre 1980 *„die Weitergabe von Informationen durch Verhalten, insbesondere durch den Vorgang von Lehren und Lernen."*

Von der TYLERschen Kulturdefinition unterscheidet sich diese biologische Definition in zwei wesentlichen Punkten:

- Sie betrachtet Kultur nicht von vornherein als spezifisch menschlich;
- sie legt den Schwerpunkt nicht auf Kulturinhalte wie Kunst, Religion oder Moral, sondern auf die Art, wie kulturelle Entwicklung funktioniert.

Biologische Evolution basiert darauf, dass im Erbmaterial codierte Informationen, die Gene, zufälligen Veränderungen unterliegen und von einer Generation an die nächste weitergegeben werden.

Kulturelle Entwicklung basiert ebenfalls auf der Weitergabe und Veränderung von Informationen. Allerdings werden diese in Analogie zu den Genen auch **Meme** genannten Informationen nicht im Erbmaterial gespeichert, sondern in Gehirnen oder – wie heute üblich – auf künstlichen Datenträgern, etwa einem Speicherstick. Neue Meme entstehen durch Entdeckungen oder Ideen und können nach dem Prinzip der „stillen Post" durch Zufall verändert, aber auch gezielt weiterentwickelt werden.

Auch der Weitergabemechanismus ist ein anderer: Gene können nur durch Vererbung an die eigenen Nachkommen weitergegeben werden, Meme dagegen ständig und an alle Individuen, die lernfähig sind und über geeignete Informationsspeicher verfügen. Aus diesem Grunde können sich Meme sogar über Populationsgrenzen ausbreiten und nahezu beliebig viele Individuen „infizieren". Sprache, Schrift und moderne Informationstechnologien haben diese Ausbreitungsmöglichkeiten noch erweitert und dafür gesorgt, dass kulturelle Entwicklung erheblich schneller erfolgen kann als biologische Evolution.

1 Erläutern Sie die biologischen Grundlagen der menschlichen Kultur.

2 Begründen Sie, warum kulturelle Entwicklung anders als biologische Evolution nach dem Lamarck zugeschriebenen Prinzip „Vererbung erworbener Eigenschaften" erfolgt.

	Evolution	**Kultur**
Prinzip	darwinisch	lamarckisch
Informationseinheit	Gen	Mem
Informationsspeicher	DNA	Gehirn, technische Datenträger
Ursprung der Variabilität	Mutationen, Rekombination	neue Ideen, Erfindungen, Entdeckungen, Einstellungen
Informationsübertragung	Vererbung	Tradierung durch Nachahmung, Sprache, Schrift etc.
besondere Kennzeichen	obligatorisch einmalig (Befruchtung) an genetische Verwandtschaft gebunden	faktultativ ständig nicht an genetische Verwandtschaft gebunden
Informationsausbreitung	nur vertikal, also von Elter(n) zu Kind(ern); in der Regel an Artgrenzen gebunden	vertikal und horizontal; nicht an Artgrenzen gebunden
Selektionsmechanismus	unterschiedlicher Fortpflanzungserfolg der Organismen	unterschiedliche Akzeptanz neuer Meme
Anpassungsmechanismen	natürliche Selektion	Lernen am Erfolg bzw. Misserfolg, Nachahmen der Erfolgreichen
Geschwindigkeit	langsam	schnell
Auswirkungen	Anpassung der Lebewesen an ihre Umwelt, Artbildung, Stammesgeschichte	Anpassung der Umwelt an die Bedürfnisse des Menschen, Kulturgeschichte

159.1 Evolution und kulturelle Entwicklung im Vergleich

PSYCHOLOGIE

Evolutionäre Psychologie

160.1 Ostafrikanische Baumsavanne

Fragt man Menschen, in welcher Art von Landschaft sie am liebsten leben würden, antworten die meisten: auf einer Anhöhe in der Nähe eines Gewässers mit Ausblick auf eine Parklandschaft. Der bevorzugte Wohnort moderner Zivilisationsmenschen gleicht auffallend jener Landschaft, in der die Evolution des Menschen vor gut zwei Millionen Jahren begann: den Baumsavannen Ostafrikas. Wissenschaftler betrachten dies als Indiz dafür, dass unsere Psyche ebenso wie unser Körper einen evolutionären Ursprung hat und an die Umwelt angepasst ist, in der der Mensch entstanden ist. Warum essen Menschen gerne Süßigkeiten? Warum stopfen sie sich mit Chips und Hamburgern voll? Sicher nicht, weil sie wissen, dass dies die gesündeste Form der Ernährung ist. Das Gegenteil ist der Fall – und alle wissen es. Aber in einer Umwelt, in der Zucker, Salz und Fett rare Güter waren, war es „sicher eine gute Strategie“, möglichst viel davon zu essen, wie der Verhaltensforscher Konrad LORENZ 1978 bemerkte. Damit knüpfte Lorenz an eine Idee an, die der englische Psychiater John BOWLBY (1907–1990) bereits einige Jahre zuvor entwickelt hatte: Angepasstheiten kann man nur verstehen, wenn man die Umwelt berücksichtigt, in der sie entstanden sind. Diese Umwelt nannte BOWLBY die *Umwelt der evolutionären Angepasstheit.*

Wie das Beispiel der menschlichen Nahrungsvorlieben zeigt, ist die Umwelt der evolutionären Angepasstheit nicht zwangsläufig identisch mit der Umwelt, in der ein Organismus heute lebt. Dies liegt daran, dass sich Umweltbedingungen schneller ändern können als die genetische Ausstattung einer Art, in der die Informationen für Angepasstheiten gespeichert sind. Aus einer Angepasstheit, die früher einen Selektionsvorteil hatte, kann so ein Merkmal werden, das für seinen Träger nutzlos wird oder ihm sogar schadet. Damit haben auch Merkmale wie das ungesunde Ernährungsverhalten heutiger Wohlstandsmenschen ihren Ursprung in der Evolution. John BOWLBY wurde mit seinen Erkenntnissen zum Begründer der **evolutionären Psychologie** – einer Forschungsrichtung, die menschliches Fühlen, Denken und Handeln mit Hilfe der Evolutionstheorie zu erklären versucht. Obwohl Menschen extrem lernfähig sind, gleicht das menschliche Gehirn nach der Überzeugung von Evolutionspsychologen keinem Allzweckcomputer, der jede Aufgabe gleich gut lösen kann. Vielmehr handelt es sich um ein Organ, das speziell an die Lösung von Problemen angepasst ist, mit denen Menschen im Verlauf ihrer Evolution immer wieder konfrontiert waren und die ihr Überleben und ihren Fortpflanzungserfolg gefährdeten. Gestützt wird diese Sicht beispielsweise durch kindliche Ängste.

Kinder haben vor vielen Dingen Angst: vor der Dunkelheit, vor dem Alleinsein und sogar vor eingebildeten Monstern, die womöglich unter ihrem Bett lauern. Diese Ängste mögen heute unbegründet sein, aber in der evolutionären Vergangenheit des Menschen waren sie es nicht: Allein in der Dunkelheit wäre jedes Kleinkind mit hoher Wahrscheinlichkeit Opfer von Raubtieren geworden. Heute sollten sich Kinder eher vor Autos, Streichhölzern oder Steckdosen fürchten – aber Angst vor solchen, im evolutionären Maßstab neuen und höchst realen Gefahren entwickeln Kinder nicht.

1 Psyche und Verhalten des Menschen entsprechen nicht den Annahmen der Anhänger des „Intelligenten Designs“. Begründen Sie diese These.

Sonderstellung des Menschen?

„Niemand ist fester als ich von dem gewaltigen Ausmaß der Kluft zwischen dem Menschen und dem Vieh überzeugt", verkündete der unter dem Spitznamen „DARWINS Bulldogge" bekannt gewordene Thomas Henry HUXLEY im Jahre 1863. Allein durch seine Sprache erhebe sich der Mensch, „als stünde er auf dem Gipfel eines Berges, weit über die Ebene seiner bescheidenen Gefährten und entschlüpft seiner primitiven Natur, indem er – hie und da – einen Schimmer wahrnimmt aus der unerschöpflichen Quelle der Wahrheit."

Die Frage, was den Menschen auszeichnet und ob ihm eine Sonderstellung in der Natur gebührt, bewegt Philosophen und Naturforscher seit Jahrtausenden. Für Anhänger der großen monotheistischen Weltreligionen (Judentum, Islam und Christentum) war es von jeher selbstverständlich, dass der „Krone der Schöpfung" eine Sonderstellung zukommt. In der „großen Stufenleiter des Seins" stand der Mensch nach dem Verständnis von Thomas VON AQUIN (1225–1274) zwar noch unter den Engeln und Erzengeln, aber „von den sonstigen unvernünftigen Geschöpfen" unterscheide er sich darin, „dass er Herr seiner Handlungen ist".
Auch für René DESCARTES (1596–1650) verfügten nur Menschen über Vernunft und Bewusstsein, Tiere waren geistlose, instinktgesteuerte Automaten. In Deutschland besonders populär wurde Arnold GEHLEN (1904–1976) mit seiner These, in Hinblick auf seine „Instinktarmut" sei der Mensch ein „Mängelwesen".

Sigmund FREUD (1856–1939) erinnerte dagegen an die „Abstammung des Menschen aus dem Tierreich" und „die Untilgbarkeit seiner animalischen Natur". Für ihn war DARWINS Theorie die zweite „große Kränkung, die die Menschheit in ihrer naiven Eigenliebe von den Wissenschaften hat erdulden müssen," nachdem KOPERNIKUS gezeigt habe, „dass unsere Erde nicht der Mittelpunkt des Weltalls ist". Die dritte und „empfindlichste Kränkung für die menschliche Größensucht", fügte FREUD hinzu, sei jene, „welche dem Ich nachweisen will, dass es nicht einmal Herr ist im eigenen Hause, sondern auf kärgliche Nachrichten angewiesen bleibt von dem, was unbewusst in seinem Seelenleben vorgeht."

Auch DARWIN war von dem „gewaltigen Ausmaß der Kluft", das sein Freund HUXLEY zu erkennen glaubte, nicht überzeugt. „So groß [..] die Verschiedenheit an Geist zwischen dem Menschen und den höheren Tieren sein mag," schrieb er 1871 in seiner „Abstammung des Menschen", „so ist sie doch sicher nur eine Verschiedenheit des Grads und nicht der Art." Damit stellte DARWIN klar, dass es nicht um die Frage geht, *ob* es Unterschiede zwischen Menschen und anderen Primaten gibt, sondern wie man diese zweifellos vorhandenen Unterschiede bewertet.

161.1 „... als stünde er auf dem Gipfel eines Berges"
(Gemälde von Caspar David Friedrich, 1817)

Verhaltensforschung und Genetik haben der alten Frage nach der „Sonderstellung" in den letzten Jahren eine völlig neue Richtung gegeben. Manche Genetiker argumentieren, die genetischen Unterschiede zwischen Schimpansen und Menschen seien so gering, dass sie in die gleiche Gattung gestellt werden müssten. Noch weiter geht eine Gruppe von Philosophen und Biologen, die Menschenrechte für Menschenaffen fordern. Neuseeland war daraufhin 1999 das erste Land, das Tierversuche mit Menschenaffen weitgehend verbot.

1 Informieren Sie sich über die Forderung Menschenaffen Menschenrechte zuzugestehen und bewerten Sie sie.

2 Begründen Sie, ob und wie die Naturwissenschaft Biologie die Frage nach der Sonderstellung des Menschen in der Natur beantworten kann.

Geistige und kulturelle Evolution

1

„Es ist oft gesagt worden, dass kein Tier irgendein Werkzeug gebrauche. Der Schimpanse knackt aber im Naturzustande eine wilde Frucht, einer Walnuss ähnlich, mit einem Steine.“ Mit diesen beiden Sätzen widerlegte Charles DARWIN im Jahr 1871 eine zu seiner Zeit gängige Lehrmeinung. Durch langjährige Freilandbeobachtungen weiß man heute mehr über den Werkzeuggebrauch von Schimpansen:

- In Westafrika benutzen Schimpansen Steine als Hammer, um mehrere Arten hartschaliger Nüsse zu knacken. Als Amboss dienen ihnen dabei andere Steine oder Baumwurzeln. Die Steine sind bis zu 15 Kilogramm schwer und werden oft über mehrere hundert Meter zu den ergiebigsten Bäumen transportiert. Weibliche Tiere verbringen mit bis zu zwei Stunden pro Tag deutlich mehr Zeit als Männchen damit, Nüsse zu knacken. Jungtiere benötigen bis zu sieben Jahre, um die Technik des Knackens zu lernen. Zumindest gelegentlich werden sie dabei von ihren Müttern angeleitet. Ausgrabungen im Taï-Nationalpark an der Elfenbeinküste belegen, dass Schimpansen dort schon seit mehr als 4000 Jahren Nüsse mit Steinen knacken. Heute stellt der Sassandra-Fluss die östliche Verbreitungsgrenze dieses Verhaltens dar. Schimpansen, die jenseits dieses Flusses leben, knacken keine Nüsse, obwohl sie zur selben Unterart gehören und auch auf ihrer Seite des Flusses weder an den benötigten Werkzeugen noch an den begehrten Nüssen Mangel herrscht. Auch bei den Schimpansen Ostafrikas ist dieses Verhalten trotz langjähriger Studien nicht beobachtet worden.
- Im Gombe-Nationalpark in Tansania „angeln“ Schimpansen mithilfe biegsamer Zweige oder Grashalme Termiten aus ihren Bauten, die sie dann fressen. Jungtiere lernen die Technik, indem sie ihren Müttern bei der „Arbeit“ zuschauen und dann selbst üben. Weibchen beherrschen die Technik im Durchschnitt zwei Jahre früher als Männchen. Im Taï-Nationalpark an der Elfenbeinküste ist diese Technik unbekannt.
- Im Senegal in Westafrika erlegen Schimpansen in Baumhöhlen schlafende, nachtaktive Galagos, mit 60 Zentimeter langen, zugespitzten Ästen. Obwohl Schimpansen auch anderswo kleinere Primatenarten jagen und fressen, ist dieses Verhalten bislang nur im Senegal beobachtet worden.

a) Sozialwissenschaftler definieren Kultur meist als ein auf den Menschen beschränktes und für ihn typisches Phänomen. Evolutionsbiologen sind dagegen der Ansicht, dass auch manche Tiere „Kulturwesen“ sind. Begründen Sie diese Auffassung anhand der oben dargestellten Befunde.

b) Erläutern Sie, welche Mechanismen die Entstehung und Weitergabe von Sitten und Gebräuchen ermöglichen und wie die Unterschiede zwischen den einzelnen Schimpansenpopulationen erklärt werden können.

c) Vergleichen Sie die menschliche Kultur mit der „Kultur“ von Schimpansen. Berücksichtigen Sie dabei, dass sowohl die jungsteinzeitliche als auch die industrielle Revolution relativ jungen Datums sind.

d) Bewerten Sie die Begriffe „Naturvolk“ und „Kulturnation“.

2

Menschen zeichnen sich durch eine große kulturelle Vielfalt aus. Auf der ganzen Welt gibt es beispielsweise etwa 7000 unterschiedliche Sprachen. Auch in ihren Religionen, Wirtschaftsformen, Kleidermoden, Wertvorstellungen und vielen anderen Aspekten unterscheiden sich Menschen. Gleichzeitig gibt es jedoch auch zahlreiche Merkmale, die in allen menschlichen Kulturen anzutreffen sind. Diese nennt man **transkulturelle Universalien** (lat. *trans,* über ... hinaus). Überall auf der Welt trifft man beispielsweise auf religiöse Vorstellungen – auch wenn nicht jeder Mensch religiös sein muss. In allen menschlichen Kulturen ist es auch üblich, dass sich Menschen auf die eine oder andere Weise schmücken. Andere transkulturelle Universalien sind Inzesttabus, also die Tabuisierung oder das Verbot von Geschlechtsverkehr zwischen Verwandten und vieles mehr. Auch viele Formen des menschlichen Ausdrucksverhaltens, wie beispielsweise der Ausdruck Trauer, Ekel, Zorn oder Freude, sind universell und werden von Angehörigen aller Kulturen verstanden. Zur Erklärung von Universalien gibt es unterschiedliche Ansätze:

- „kulturelle Diffusion“: erfolgreiche Ideen breiten sich durch soziales Lernen weltweit aus;
- gleiche Lebensumstände: da Menschen überall auf der Welt mit ähnlichen Problemen konfrontiert sind, entstehen unabhängig voneinander auch ähnliche Lösungsansätze;
- Selektion: transkulturelle Universalien sind im Verlauf der Evolution des Menschen entstandene Angepasstheiten. Dabei ist nicht das Merkmal selbst genetisch determiniert, sondern die ihm zugrunde liegenden neuronalen Mechanismen.

a) Informieren Sie sich über die in den Fotos dargestellten Traditionen der im thailändisch-birmanischen Grenzgebiet lebenden Padaung und der neuseeländischen Maori. Erläutern Sie, inwiefern es sich hier um transkulturelle Universalien handelt.

b) Musik, Tanz und andere Formen künstlerischen Schaffens gelten vielfach als „zweckfrei“, da sie weder dem Überleben dienen noch einen Beitrag „zur Arterhaltung“ leisten. Damit scheint sich das Phänomen Kunst grundsätzlich dem Erklärungsrahmen der Evolutionsbiologie zu entziehen. Evolutionsbiologen sind allerdings längst nicht mehr der Meinung, dass die Evolution nur Merkmale hervorbringt, die für das Überleben nützlich sind oder der Arterhaltung dienen. Begründen Sie diese Ansicht.

c) Aus der Sicht der Biologie könnte Kunst als evolutionäre Angepasstheit oder als nutzloses Nebenprodukt der Evolution eines großen Gehirns gedeutet werden. Erläutern Sie diese beiden Auffassungen.

d) Tattoos und Body Piercings sind Formen des Körperschmucks, die mit schmerzhaften Erfahrungen und gesundheitlichen Risiken verbunden sind. In westlichen Kulturen waren derartige Verzierungen lange Zeit eher ein Randgruppenphänomen. Entwickeln Sie Hypothesen, die erklären können, warum sich Menschen auf diese Weise verzieren. Erläutern Sie, wie sich Ihre Hypothesen überprüfen ließen.

e) Informieren Sie sich über die biologischen, sozialen und kulturellen Grundlagen von Inzest. Erläutern Sie an diesem Beispiel und am Beispiel der Kunst, in welcher Beziehung die scheinbar gegensätzlichen Begriffe „Natur“ und „Kultur“ stehen.

5 Evolution und die Zukunft der Menschheit

5.1 Ende der biologischen Vielfalt?

IUCN: International Union for the Conservation of Nature and Natural Resources

Im September 2007 veröffentlichte die Weltnaturschutzunion IUCN eine aktualisierte Version der **Roten Liste** bedrohter Tier- und Pflanzenarten. Vollständig ist diese Liste nicht, denn nur für knapp drei Prozent der insgesamt über 1,5 Millionen beschriebenen Arten liegen überhaupt Daten zur Bedrohung vor. Von diesen sind allerdings 39 Prozent akut vom Aussterben bedroht. Ohne wirksame Gegenmaßnahmen, so die Einschätzung der IUCN, werden in nur hundert Jahren mehr als 16 000 Tier- und Pflanzenarten von der Erde verschwunden sein – darunter jede dritte Amphibien- und jede vierte Säugetierart.

Die Ursachen des Artensterbens sind bekannt: Durch die Vernichtung natürlicher Lebensräume, die Übernutzung von Ressourcen und das Einschleppen fremder Arten greift der Mensch massiv in das Evolutionsgeschehen ein. Weniger klar ist, welche Folgen dies für die Zukunft des Lebens hat. Massenaussterben, denen mehr als 50 Prozent aller Tier- und Pflanzenarten zum Opfer fielen, hat es schon mehrfach in der Erdgeschichte gegeben. Nutznießer waren Arten, die die Katastrophe überlebt hatten und sich erfolgreich an drastisch veränderte Lebensumstände anpassen konnten. Schädlingen und Kulturfolgern gelingt dies bereits heute recht gut.

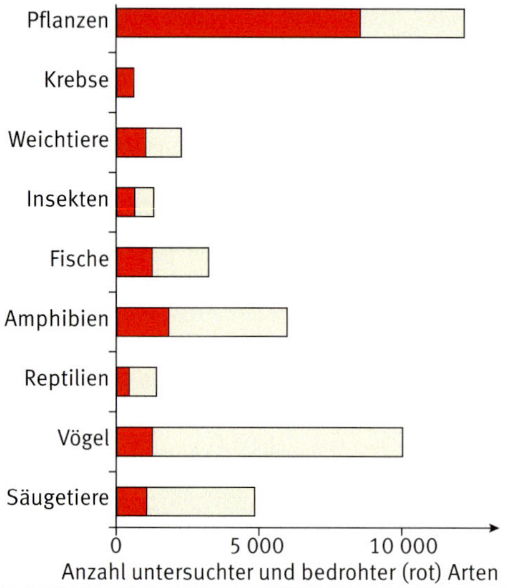

164.1 Rote Liste 2007 der IUCN

Auch für viele Arten, die bislang noch nicht als bedroht gelten, ändern sich die Lebensumstände drastisch. Kurz nachdem die IUCN ihren Bericht veröffentlicht hatte, wurde bekannt, dass Tausende von Walrossen ihren Lebensraum am Rande des arktischen Packeises verlassen hatten und an die Küsten Nordwestalaskas gewandert waren. Die Ursache war rasch gefunden: Infolge der globalen Erwärmung war das Packeis im Nordpolarmeer viel schneller geschmolzen als von sämtlichen Experten erwartet. Im Sommer 2007 hatte es sich vom flachen Kontinentalschelf so weit in tiefere Gewässer zurückgezogen, dass die Walrosse zu verhungern drohten. Um Nahrung zu finden, müssen die Tiere nämlich tauchen – erreichen dabei aber nur Tiefen bis 190 Meter.

Hinweise dafür, dass der zu beobachtende Klimawandel Lebensgemeinschaften verändert und damit langfristig auch die Evolution der Arten beeinflusst, gibt es auch aus Mitteleuropa. Viele aus dem Mittelmeerraum stammende Arten wie der Distelfalter oder der zu den Eisvögeln gehörende Bienenfresser breiten sich heute in Deutschland aus.

1 Im Zusammenhang mit dem Verlust an biologischer Vielfalt ist auch von der „sechsten Auslöschung" die Rede. Erläutern Sie diese Wortwahl.

2 Diskutieren Sie mögliche Folgen des Klimawandels für die Evolution.

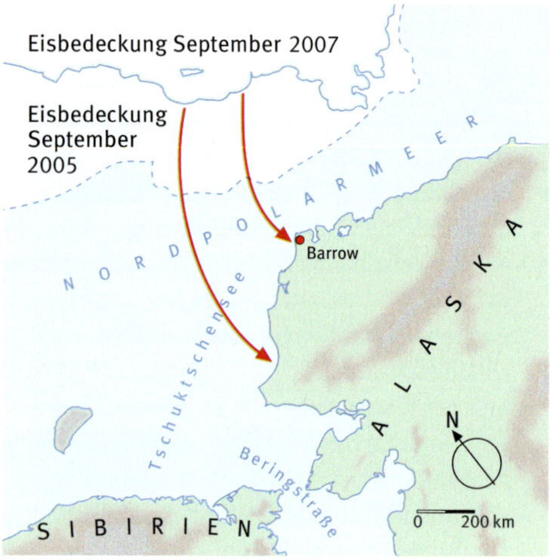

164.2 Wanderung der Walrosse

Bevölkerungsentwicklung

Vor 100 000 Jahren lebten auf der Erde vermutlich nicht mehr als 10 000 Menschen. Heute sind es 6,7 Milliarden, und jeden Tag kommen mehr als 200 000 Menschen dazu. Bis zum Jahr 2050 wird die Weltbevölkerung nach einer 2007 veröffentlichten Prognose der Vereinten Nationen auf 9,2 Milliarden Menschen ansteigen. Was bedeutet dies für die Zukunft des nicht-menschlichen Lebens auf der Erde?

Die Vernichtung von Lebensräumen und der Verlust biologischer Vielfalt sind eine unausweichliche Folge des menschlichen Bevölkerungswachstums. Immer mehr Menschen benötigen immer mehr Energie, Boden, Wasser und andere Ressourcen.
Das gegenwärtig zu beobachtende Bevölkerungswachstum ist allerdings regional sehr unterschiedlich. Theoretisch bleibt eine Bevölkerung konstant, wenn jede Frau im Durchschnitt 2,1 Kinder zur Welt bringt. In Deutschland waren es im Jahr 2006 aber nur 1,33 Kinder pro Frau, und in einigen anderen Ländern wie Spanien oder Italien sind die Geburtenraten noch niedriger. Die Folge ist, dass die Bevölkerung nicht mehr wächst, sondern schrumpft. Bis zum Jahr 2050 werden nach der Prognose der UNO in Europa 67 Millionen Menschen weniger leben. Gleichzeitig wird die Bevölkerung Europas immer älter.

Obwohl die Kinderzahlen inzwischen weltweit sinken, wird Europa der einzige Kontinent sein, dessen Bevölkerung abnimmt. Hohe Wachstumsraten sind immer noch in Mittel- und Südamerika zu finden, vor allem aber in Afrika und im südlichen Asien. Indien, bereits heute eines der Länder mit der höchsten Bevölkerungsdichte, wächst jährlich um 19 Millionen Menschen. Damit wird es in etwa 20 Jahren China als bevölkerungsreichstes Land der Erde abgelöst haben.
Die Bevölkerung Afrikas wird sich bis 2050 verdoppeln. Allein auf diesem Kontinent werden dann zwei Milliarden Menschen leben. In manchen afrikanischen Staaten wie Uganda oder Kongo wird sogar erwartet, dass die Bevölkerungszahl um das Drei- bis Vierfache steigt.

Viele der Regionen mit dem größten Bevölkerungswachstum sind gleichzeitig Regionen, in denen die Artenvielfalt noch am größten ist: Zentralafrika, Madagaskar und Indonesien gelten neben Mexiko, Kolumbien und Brasilien als *Megadiversitätsgebiete.* So werden Regionen bezeichnet, die sich durch eine besonders große Anzahl endemischer, also nur dort vorkommender Arten auszeichnen. Wie groß der Verlust an biologischer Vielfalt in diesen Regionen bereits heute ist, lässt sich nur erahnen, da die meisten in den Tropen lebenden Arten noch gar nicht wissenschaftlich erfasst sind. Nach Schätzungen von Ökologen sterben derzeit weltweit mehrere Arten pro Stunde aus.

1 Im 20. Jahrhundert hat sich die Weltbevölkerung nahezu vervierfacht. Nennen Sie Ursachen und Folgen dieser Entwicklung.

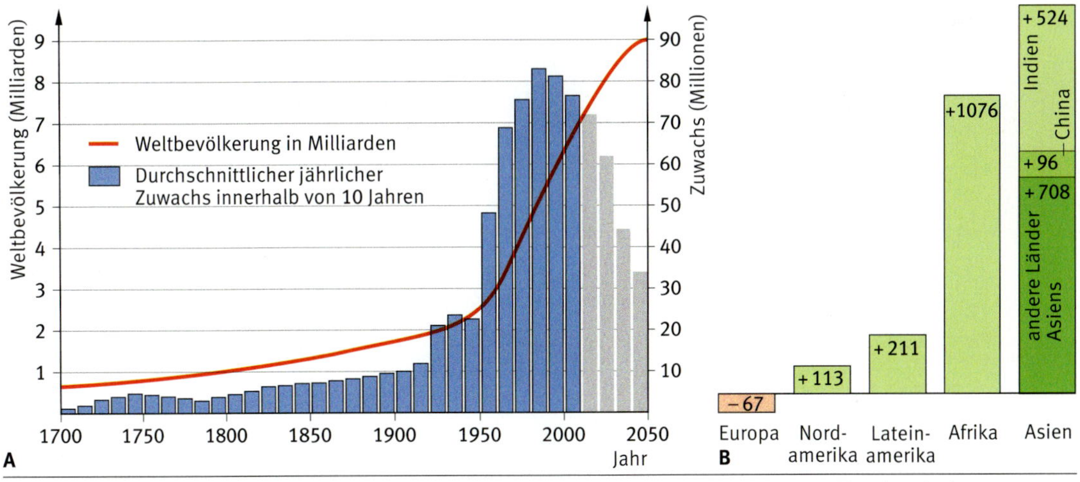

165.1 Entwicklung der Weltbevölkerung. A Wachstumskurve von 1700 bis 2050; **B** Zu- und Abnahme in den Weltregionen zwischen 2005 und 2050

POLITIK

5.2 Die evolutionäre Zukunft des Menschen

Wie wird der Mensch der Zukunft aussehen? Etwa so wie der hyperintelligente, spitzohrige und äußerst rational denkende Mr. Spock aus der Fernseh-Serie *Star Trek?* Oder wird es in zwei Millionen Jahren Menschen geben, deren Gehirn doppelt so groß wie das unsere ist?

Wissenschaftler sind bei der Beantwortung solcher Fragen gewöhnlich sehr zurückhaltend. Der Grund dafür ist einfach. Da die Evolution kein zielgerichteter Prozess ist, lässt sich ihr zukünftiger Verlauf auch nicht vorhersagen. Mutationen und Rekombination werden zwar dafür sorgen, dass sich Menschen auch in der Zukunft genetisch voneinander unterscheiden, aber welche genetischen Varianten unter zukünftigen Umweltbedingungen einen Selektionsvorteil haben werden, weiß niemand.

Viele Wissenschaftler vermuten allerdings, dass die natürliche Selektion durch die kulturelle Entwicklung und den technologischen Fortschritt weitgehend außer Kraft gesetzt wurde. Fortschritte in der Medizin sorgen schon heute dafür, dass genetische Unterschiede kaum noch Einfluss auf die Lebenserwartung von Menschen haben. Früher geäußerte Befürchtungen, dies könne zu einer Anhäufung schädlicher Mutationen und damit zur „Degeneration" der zivilisierten Menschheit führen, werden von heutigen Humangenetikern nicht geteilt.

Die Furcht vor einer zunehmenden Verdummung der Menschheit erscheint auf der Basis der heute verfügbaren Befunde ebenfalls unbegründet. Seit gut hundert Jahren durchgeführte Messungen des *Intelligenzquotienten* deuten eher darauf hin, dass die Menschen im Laufe der letzten Generationen nicht dümmer, sondern klüger geworden sind. Noch ist nicht völlig klar, worauf dieser, nach seinem Entdecker genannte *FLYNN-Effekt* beruht. Anzeichen dafür, dass die Gehirngröße der Menschen in den letzten Jahrzehnten zugenommen haben könnte, gibt es nicht. Tatsächlich zeigen Knochenfunde, dass das Gehirn des *Homo sapiens* seit der Steinzeit kleiner geworden ist. Nicht zuletzt aufgrund dieser Tatsache halten Evolutionsbiologen es auch für unwahrscheinlich, dass der Mensch der Zukunft eine Art „Superhirn" haben könnte.

Ebenfalls hochgradig unwahrscheinlich ist die Möglichkeit, dass sich die Art *Homo sapiens* in mehrere verschiedene Arten aufspalten wird. Ursache hierfür ist das Fehlen von Fortpflanzungsschranken zwischen verschiedenen menschlichen Populationen, die zu einer wirkungsvollen genetischen Isolation führen könnten.

1 Informieren Sie sich über den FLYNN-Effekt.

2 Laut der nebenstehenden Grafik haben Männer ein größeres Gehirn als Frauen. Erklären Sie diesen Befund.

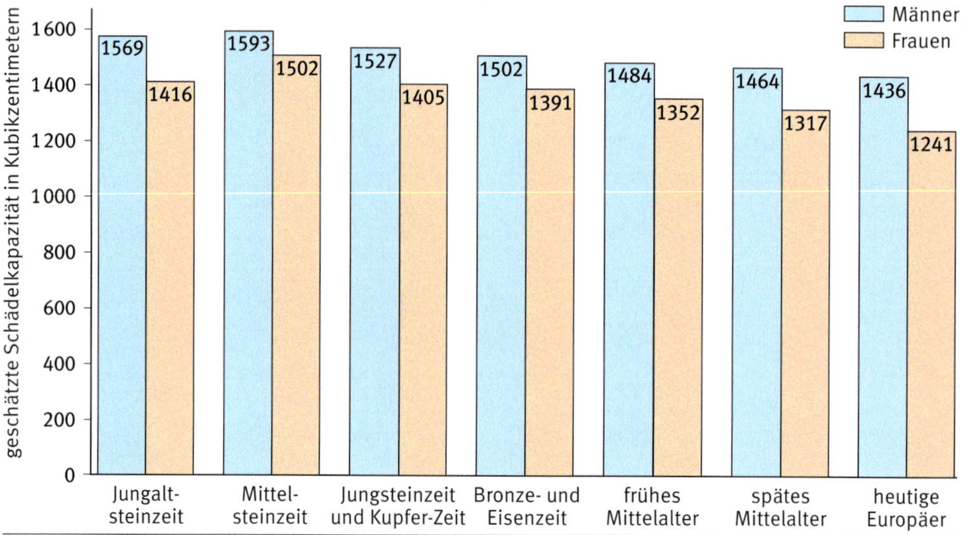

166.1 Entwicklung der menschlichen Gehirngröße seit dem Neolithikum

Eugenik

Genie, lautet ein Bonmot des Erfinders Thomas Alva EDISON, sei zu 99 Prozent Transpiration und zu einem Prozent Inspiration. Zumindest dieses eine Prozent sei aber erblich, meinte der britische Gelehrte Sir Francis GALTON (1822 bis 1911), der zu diesem Thema Stammbaumanalysen durchgeführt hatte. Beeinflusst von den Erkenntnissen seines Vetters Charles DARWIN und in Sorge wegen der geringen Fortpflanzungsraten der englischen Oberschicht rief GALTON dazu auf, die geistige Elite Englands durch staatliche Fördermaßnahmen zu früher Heirat und zur Zeugung möglichst vieler Kinder zu ermuntern. Diese Maßnahme zur gezielten Förderung erwünschter Erbanlagen nannte er **Eugenik.**

DARWIN hielt nicht viel von den Vorschlägen seines Vetters, konnte aber nicht verhindern, dass andere seiner Anhänger noch erheblich weiter gingen. Um die angeblich drohende „Degeneration der Kulturmenschheit" zu stoppen, erließen zu Beginn des 20. Jahrhunderts zahlreiche Staaten in den USA und Europa Gesetze, die die Zwangssterilisierung körperlich und geistig Behinderter vorsahen. In Deutschland, wo sich anstelle von Eugenik der Begriff „Rassenhygiene" durchsetzte, trat im Januar 1934 das „Gesetz zur Verhütung erbkranken Nachwuchses" in Kraft. Auf der Grundlage dieses Gesetzes wurden allein innerhalb der folgenden drei Jahre mindestens 400 000 Menschen zwangssterilisiert. Gleichzeitig begann man unter dem Schlagwort „Vernichtung lebensunwerten Lebens" und der beschönigenden Bezeichnung „Euthanasie" Hunderttausende von Menschen zu ermorden.

Vor allem die Verbrechen der Nazis führten dazu, dass staatlich verordnete Eugenik nach 1945 weltweit geächtet wurde – obwohl manche Länder ihre Gesetze zur Zwangssterilisierung erst in der zweiten Hälfte des 20. Jahrhunderts abschafften.

Dennoch ist das Thema Eugenik nicht komplett aus der öffentlichen Diskussion verschwunden. Dafür gibt es im Wesentlichen zwei Ursachen:
(1) Fortschritte in der *pränatalen Diagnostik* ermöglichen es, Missbildungen bei einem Embryo frühzeitig zu erkennen. Schwangere haben in diesem Fall das Recht, eine Abtreibung vornehmen zu lassen. Besonders umstritten ist die *Präimplantationsdiagnostik* PID, (lat. *prä,* vor; *plantare,* pflanzen). Die PID ist eine Methode, außerhalb des weiblichen Körpers befruchtete Eizellen vor der Einnistung in die Gebärmutter auf genetische Defekte hin zu testen. Damit ermöglicht es die PID nach Meinung ihrer Kritiker, „Menschen im frühesten Stadium ihrer Entwicklung nach gewünschten und unerwünschten Merkmalen zu selektieren und nur solche am Leben zu lassen, die die gewünschten Merkmale aufweisen." Im Gegensatz zu vielen anderen Ländern ist die PID in Deutschland bislang verboten.
(2) Im Dezember 2006 berichtete die Deutsche Forschungsgemeinschaft über erste erfolgreiche klinische Anwendungen der *somatischen Gentherapie* bei monogen bedingten Immunschwächekrankheiten. Damit rückt auch die *Keimbahntherapie,* bei der veränderte Gene an die Nachkommen weitergegeben werden, in den Bereich des Möglichen. Bislang ist die Keimbahntherapie in Deutschland und den meisten anderen Ländern der Welt gesetzlich verboten.

1 Diskutieren Sie die Menschenrechtsproblematik eugenischer Maßnahmen.

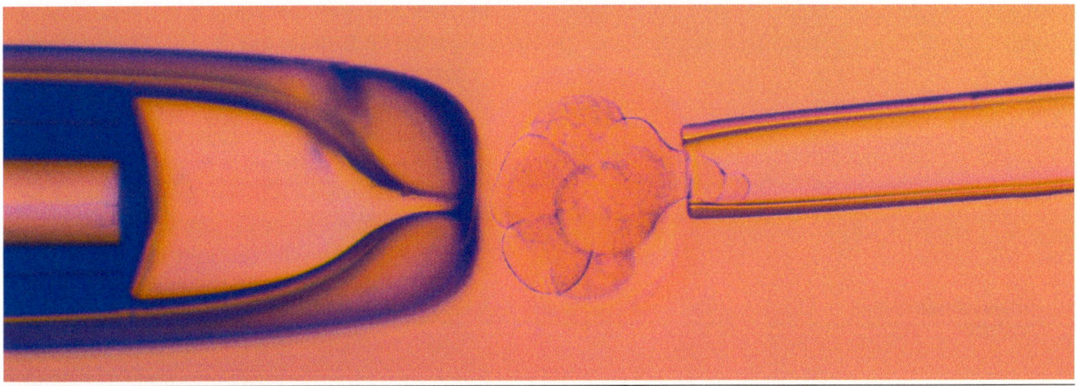

167.1 Zellentnahme für die PID

AUFGABEN

Evolution und die Zukunft der Menschheit

1 „Wo die Götter Urlaub machen" – mit diesem Slogan wirbt die Mittelmeerinsel Zypern um Urlauber. Gleichzeitig wehren sich die Zyprioten gegen etwas, das früher oft als „gottgegeben" hingenommen wurde: die Thalassämie. An dieser Blutkrankheit starben auf Zypern noch Mitte des vorigen Jahrhunderts tausende von Kindern. Heute gibt es Behandlungsmethoden, die die Lebenserwartung erhöhen, aber auch schwere Nebenwirkungen haben.

Die besonders im Mittelmeerraum verbreitete β-Thalassämie ist eine autosomal-rezessive Erbkrankheit, die durch verschiedene Mutationen des Hämoglobin-Gens verursacht wird. Jeder siebte Einwohner Zyperns ist Träger wenigstens eines mutierten Allels. Die Folge war, dass Mitte der 1970er Jahre pro Jahr durchschnittlich 70 Babys zur Welt kamen, die nur durch ständige Bluttransfusionen am Leben erhalten werden konnten. Heute sind es nur noch zwei Babys pro Jahr. Ursache für den Rückgang ist ein Programm, das genetisches Screening der Bevölkerung, vorgeburtliche Diagnostik und in letzter Konsequenz auch Schwangerschaftsabbrüche beinhaltet. Auch die in Deutschland nicht genehmigte Methode der Präimplantationsdiagnostik, mit der sich eine Abtreibung vermeiden lässt, kommt zum Einsatz.

Bis in die erste Hälfte des 20. Jahrhunderts hatten die Zyprioten zusätzlich zur Thalassämie auch mit der Malaria zu kämpfen. An dieser Infektionskrankheit sterben bis heute jährlich weltweit etwa drei Millionen Menschen. Erst durch den Einsatz von DDT konnte die Malaria auf Zypern ausgerottet werden.

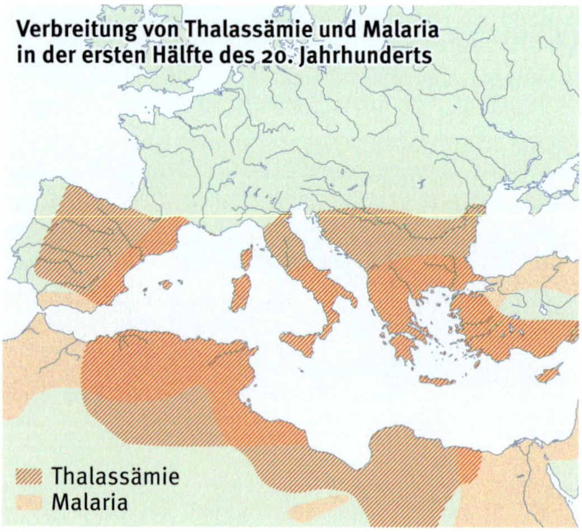

„Die Verbesserung der genetischen Qualität des Menschen durch eugenische Verfahren würde eine große Last an Leiden und Qual von den Schultern der Menschheit nehmen und zur Steigerung der Lebensfreude und Tüchtigkeit beitragen." Sir Julian HUXLEY, Evolutionsbiologe und UNESCO-Generaldirektor (1962)

„Im Sinne der Evolutionstheorie ist die aktuelle Zusammensetzung des menschlichen Genoms nichts Heiliges, sondern ein historisches Durchgangsstadium. Auch die Menschen sind eine biologische Art, deren Genpool sich im Laufe vieler Millionen Jahre durch Mutationen, Selektion und verschiedene Zufallsereignisse herausgebildet hat. Durch diesen ungesteuerten Naturprozess sind faszinierende Anpassungen und Fähigkeiten entstanden, es haben sich aber auch eine ganze Reihe von Eigenschaften erhalten, auf die die meisten Menschen wohl gerne verzichten würden". Sabine PAUL, Molekularbiologin, und Thomas JUNCKER, Wissenschaftshistoriker (2000)

„Der Wunsch von Eltern nach einem gesunden Kind ist nur zu verständlich. Einen Anspruch auf ein gesundes Kind gibt es aber nach unserer Rechtsauffassung und besonders nach unserer christlichen Auffassung nicht. Andernfalls hieße dies ja, dass ein Mensch im Falle von Krankheit und Behinderung weniger liebenswert wäre und weniger Recht auf Leben habe. Eine solche Haltung lehnen wir ab, da sie zutiefst inhuman ist." Karl Kardinal LEHMANN (2002)

a) Informieren Sie sich über Ursachen, Folgen und Behandlungsmöglichkeiten der β-Thalassämie.

b) 1949 gelang es dem schottischen Populationsgenetiker J.B.S. HALDANE (1892 bis 1964) zu zeigen, warum Thalassämie auf Zypern so verbreitet ist. Entwickeln Sie eine Hypothese unter Einbeziehung der Malaria, die diesen Zusammenhang erklärt.

c) Während das Vorgehen in Zypern zeigt, dass man Krankheiten wie die Thalassämie erfolgreich bekämpfen kann, bergen solche Maßnahmen aus der Sicht vieler Menschen auch ein ethisches Dilemma. Erläutern Sie dieses und stellen Sie dar, welche Gründe für und welche gegen eugenische Maßnahmen sprechen.

Glossar

Adaptation: → Anpassung

adaptive Radiation: Aufspaltung einer → Art in mehrere Tochterarten unter → Anpassung an unterschiedliche Lebensbedingungen

Aktualismus: Grundsatz, nach dem in der Vergangenheit nur Kräfte gewirkt haben, die auch in der Gegenwart zu beobachten sind

Allel: eine von mehreren Zustandsformen eines Gens

Allometrie: Bezeichnung für nichtlineare Beziehungen zwischen den Größenverhältnissen von Organen oder Organteilen

allopatrische Artbildung: durch geografische Trennung von → Populationen geförderte Artbildung

Altruismus: „selbstloses" Verhalten; verringert die direkte → Fitness des Ausführenden zu Gunsten der eines Empfängers

Analogie: Ähnlichkeit von Merkmalen aufgrund ähnlicher → Angepasstheit

Angepasstheit: Fähigkeit eines Lebewesens aufgrund seiner genetischen Anlagen in einer gegebenen Umwelt zu überleben und sich fortzupflanzen

Anpassung: Prozess, der in der Evolution durch → Selektion zur → Angepasstheit von Populationen führt

Antigen: körperfremder Stoff, der die Bildung von → Antikörpern auslöst

Antikörper: vom Immunsystem gebildete Proteine, die spezifische Oberflächenstrukturen von → Antigenen erkennen und mit diesen reagieren

apomorph: abgeleitet; Bezeichnung der → phylogenetischen Systematik für neu in der → Evolution auftretende Merkmale

Archaeen: Gruppe sehr ursprünglicher, an extreme Lebensräume angepasster → Prokaryoten, die den → Eukaryoten stammesgeschichtlich näher stehen als die Bakterien

Archetyp: historische Bezeichnung für ein ideelles Wesen, das einen Grundbauplan repräsentiert

Art: Gruppe von Individuen, die durch gemeinsame Abstammung miteinander verbunden sind und bei sexueller Fortpflanzung fruchtbare Nachkommen miteinander zeugen können (→ biologischer Artbegriff)

Atavismus: Wiederauftreten eines im Laufe der → Evolution verschwundenen Merkmals

binäre Nomenklatur: von LINNÉ eingeführte Regel, nach der → Arten durch einen lateinischen Gattungs- und einen Artnamen gekennzeichnet werden

biogenetische Grundregel: Wiederauftreten phylogenetisch älterer Embryonalstadien in der → Ontogenese

Biogeografie: Teildisziplin der Biologie, die die Verbreitung der Lebewesen auf der Erde untersucht

biologischer Artbegriff: Definition der → Art anhand der Zugehörigkeit zu einer natürlichen Fortpflanzungsgemeinschaft

Biostratigraphie: relative Altersbestimmung von Gesteinsschichten anhand der in ihnen enthaltenen → Leitfossilien

Brückenform: → Art, die Merkmale verschiedener systematischer → Taxa in sich vereinigt und damit ein hypothetisches Bindeglied zwischen diesen Taxa darstellt

Codon: Grundeinheit des → genetischen Codes, einer DNA- oder RNA-Sequenz aus drei Nucleotiden

Cytochrom-c: Enzym, das eine wichtige Rolle im Stoffwechsel spielt und für die Stammbaumerstellung genutzt wurde

Darwinismus: → Theorie der → Evolution durch natürliche und sexuelle → Selektion

DNA-DNA-Hybridisierung: Methode zur Bestimmung des Verwandtschaftsgrades zweier Arten, die auf der Bildung von Wasserstoff-Brücken-Bindungen beruht

Domäne: → Taxon der biologischen → Systematik; unterschieden werden drei Domänen (Bakterien, → Archaeen und → Eukaryoten)

Ediacara-Fauna: aus dem → Präkambrium stammende mehrzellige → Fossilien unklarer systematischer Stellung

Egoismus: „eigennütziges" Verhalten; erhöht die direkte → Fitness des Ausführenden

Endosymbionten-Theorie: → Theorie, nach der Mitochondrien und Plastiden von ursprünglich freilebenden Bakterien abstammen

Epigenetik: Teilgebiet der Genetik, das Veränderungen der Genomfunktion untersucht

Eukaryot: Lebewesen, dessen Erbmaterial membranumhüllt ist

Eusozialität: Sozialsystem, das durch das Zusammenleben mehrerer Generationen, gemeinschaftliche Brutfürsorge und sterile Kasten gekennzeichnet ist

Evolution: stammesgeschichtliche Entwicklung und Veränderung der Lebewesen von ihrer Entstehung bis zur heutigen Vielfalt

Evolutionsrate: Maß für die Veränderung von Molekülen im Laufe der Zeit

evolutionäre Systematik: Schule der → Systematik, die Lebewesen anhand ihrer Abstammungsverhältnisse und ihrer äußeren Ähnlichkeit klassifiziert

Fitness: Maß für die relative Anzahl der Gene, die ein Individuum durch eigene Fortpflanzung (direkte Fitness) oder durch Unterstützung der Fortpflanzung Verwandter (indirekte Fitness) in den → Genpool der nächsten Generation einbringt; die Summe aus direkter und indirekter Fitness ist die Gesamtfitness

Fossilien: erhaltene Reste oder Spuren ausgestorbener Lebewesen vergangener Erdzeitalter

Gendrift: Veränderung des → Genpools einer → Population durch Zufallsprozesse

Generationswechsel: regelmäßiger Wechsel zwischen einer geschlechtlichen und einer ungeschlechtlichen Generation

genetischer Code: Schlüssel für die Übertragung der genetischen Information zwischen den → Codons in DNA oder RNA und Aminosäuren in Proteinen

Genfluss: ungehinderter Austausch von Genen zwischen → Populationen

Genotyp: Gesamtheit aller Erbanlagen eines Organismus

Genpool: Gesamtheit der Gene in einer → Population

Gentransfer: natürliche oder künstliche Übertragung von Genen von einem Individuum auf ein anderes (auch über Artgrenzen hinweg)

Gradualismus: → Theorie, nach der → Evolution durch allmähliche Akkumulation kleiner Veränderungen erfolgt

Halbwertszeit: Maß für den Zerfall radioaktiver → Isotope

Hominiden: Familie der → Primaten, zu der neben den → rezenten und → fossilen Menschen und ihren direkten Vorfahren heute auch die Großen Menschenaffen gerechnet werden

Homologie: Ähnlichkeit von Merkmalen aufgrund gemeinsamer Abstammung

Homöobox: DNA-Sequenzen, die auf die Musterbildung während der Embryonalentwicklung einwirken

Homöodomäne: Proteinfragment, das von der → Homöobox codiert wird

homöotische Gene: Entwicklungskontrollgene, die die Ausbildung von Körpersegmenten kontrollieren

horizontaler Gentransfer: unter → Prokaryoten verbreitete Form des Austausches von Genen

Hyperzyklus: Abfolge einer zyklischen Reaktion zwischen einer Nucleinsäure und einem Protein

Hypothese: begründete Vermutung über einen Sachverhalt, die überprüfbar und prinzipiell widerlegbar ist

immunologischer Verwandtschaftsnachweis: Methode zur Bestimmung des Verwandtschaftsgrades zweier Arten durch die → Serum-Präzipitin-Reaktion

Individualselektion: DARWINs Erklärungsmodell für die → Evolution; → Selektion setzt an der Variabilität individueller → Phänotypen an

Intelligent Design: sich wissenschaftlich gebende Form des → Kreationismus, die aber genau wie dieser auf unüberprüfbaren Annahmen beruht

Isolation: Evolutionsfaktor, der den → Genfluss zwischen Individuen oder → Populationen verhindert und so zur Artbildung beiträgt

Isotop: Zustandsform eines Elementes

kambrische Explosion: Bezeichnung für eine zu Beginn des Kambriums erfolgte → adaptive Radiation

Kladogramm: gabelartig verzweigter Stammbaum

Koazervat: zellähnlicher Partikel, der aus Proteinen und Polysacchariden hergestellt werden kann

Koevolution: wechselseitige Beeinflussung der → Evolution verschiedener → Arten

Konvergenz: konvergente → Evolution, Entstehung analoger Merkmale (→ Analogie) aufgrund ähnlicher Lebensweise

Kreationismus: religiös geprägte Vorstellung, nach der Lebewesen nicht durch Evolution, sondern durch Schöpfung entstanden sind

lebendes Fossil: → rezente → Art, die sich über lange geologische Zeiträume kaum verändert hat

Leitfossilien: Fossilien, die für bestimmte Zeitperioden charakteristisch sind und sich daher zur Altersbestimmung von Gesteinsschichten eignen

Mikrosphären: zellähnliche Partikel, die beim Abkühlen von Proteinoid-Lösungen entstehen

Mimikry: täuschende Nachahmung von Signalen; z. B. Nachahmung der Warntracht einer wehrhaften → Art durch eine harmlose Art („Scheinwarntracht")

Modifikation: durch äußere Einflüsse hervorgerufene, nicht erbliche Veränderung im → Phänotyp

molekulare Uhr: Nutzung von Mutationsraten als Zeitmesser

Mutation: vererbbare Veränderung der Nucleotidsequenz der DNA oder ganzer Chromosomen

Mutualismus: für beide Beteiligten vorteilhafte Beziehung zwischen zwei → Arten oder Artgenossen

ökologische Nische: Gesamtheit der Beziehungen einer → Art und ihrer Umwelt

Oldowan-Industrie: Bezeichnung für ursprünglich in der Olduvai-Schlucht in Ostafrika gefundene einfache Steinwerkzeuge

Ontogenese: Individualentwicklung

Paläomagnetismus: Methode der Altersbestimmung von Gesteinen, die auf Veränderungen des Erdmagnetfeldes beruht

Paläontologie: Wissenschaft von den Lebewesen vergangener Erdzeitalter

Panspermie-Hypothese: Hypothese, nach der die Entstehung des Lebens nicht auf der Erde erfolgte

Parasit: Lebewesen, das auf oder in anderen Lebewesen lebt und sich von ihnen ernährt und sie dabei schädigt, aber nicht sofort tötet

PCR: Polymerase-Chain-Reaction, Verfahren zur Vervielfältigung kurzer DNA-Sequenzen

Petrefakten: altertümliche Bezeichnung für → Fossilien

Phänotyp: Gesamtheit der körperlichen und physiologischen Merkmale eines Lebewesens

Phylogenese: Stammesgeschichte

phylogenetische Systematik: Schule der → Systematik, die die Lebewesen nur anhand ihrer Abstammungsverhältnisse klassifiziert (→ evolutionäre Systematik)

PID: Präimplantationsdiagnostik; umstrittenes (in Deutschland verbotenes) Verfahren zum Nachweis genetisch bedingter Krankheiten an künstlich befruchteten Eizellen bzw. Embryonen vor der Einnistung (Implantation) in die Gebärmutter

Plattentektonik: Theorie, nach der die Erdkruste aus beweglichen Platten besteht

plesiomorph: ursprünglich

Population: Gesamtheit der Individuen einer → Art in einem definierten Gebiet

Präkambrium: Bezeichnung für den Zeitraum von der Entstehung der Erde bis zum Beginn des Kambriums; wurde früher für fossilienlos gehalten

Primaten: Ordnung der Säugetiere, zu der Halbaffen, Affen und Menschen gehören

Prokaryot: Lebewesen, dessen Erbmaterial nicht membranumhüllt ist

Punktualismus: → Theorie, nach der → Evolution durch einen Wechsel von Phasen mit raschen Veränderungen und langen Zeiten des Stillstandes gekennzeichnet ist

Pyrit-Hypothese: Hypothese, nach der die Synthese von Pyrit eine wichtige Vorstufe zur Entstehung des Lebens auf der Erde darstellt

Radiokarbonmethode: Methode zur absoluten Altersbestimmung, die auf dem Zerfall des radioaktiven → Isotops ^{14}C beruht

Reich: → Taxon der biologischen → Systematik; unterschieden werden fünf Reiche (→ Prokaryoten, Protisten, Pflanzen, Pilze und Tiere)

Rekombination: Neukombination von Genen während der Bildung und Befruchtung von Geschlechtszellen

rezent: heute lebend

Ribozym: RNA mit katalytischen Eigenschaften

RNA-Welt: Hypothese, nach der die Entstehung des Lebens auf der Replikation von RNA basiert

Rote Liste: offizielle Liste vom Aussterben bedrohter Tier- oder Pflanzenarten

Rudiment: funktionsloser Rest eines Organs oder Organteils

Schwarze Raucher: unterseeische Hydrothermalquellen, an denen Magma aufsteigt

Selektion: „natürliche Auslese"; zentraler Begriff der DARWINschen Evolutionstheorie; unterschiedlicher Fortpflanzungserfolg der

Individuen einer → Population aufgrund unterschiedlicher → Angepasstheit

Sequenzierung: Verfahren zur Bestimmung der Basenabfolge der DNA oder der Aminosäuresequenz von Proteinen

Serum-Präzipitin-Reaktion: Ausfällung von im Blutserum gelösten Proteinen durch → Antikörper; früher zum → immunologischen Verwandtschaftsnachweis genutzt

Sexualdimorphismus: Unterschiede im Aussehen und im Verhalten der Geschlechter einer → Art

sexuelle Selektion: Evolutionsmechanismus, der auf individuell unterschiedlichem Erfolg im Zugang zu Sexualpartnern beruht

Spermienkonkurrenz: Wettbewerb zwischen den Spermien eines oder mehrerer männlicher Individuen um die Befruchtung einer Eizelle

Symbiose: enges Zusammenleben zweier → Arten

sympatrische Artbildung: Artbildungsprozess, der durch reproduktive → Isolation von Individuen innerhalb einer → Population erfolgt

Synthetische Theorie: in den 40er Jahren des 20. Jahrhunderts erfolgte Synthese aus der Evolutionstheorie DARWINs und den Erkenntnissen der Genetik

Systematik: Zweig der Biologie, der sich mit der Beschreibung und Klassifizierung der Lebewesen beschäftigt

Taxon (Plural: Taxa): Gruppe von Lebewesen, die eine systematische Einheit darstellen (z. B. → Art, Gattung, Familie, Ordnung)

Theorie: in sich widerspruchsfreies System von → Hypothesen, das überprüfbare Voraussagen ermöglicht und mit anderen Theorien verträglich ist

transkulturelle Universalien: Merkmale, die in allen menschlichen Kulturen anzutreffen sind

Übergangsform: Lebewesen, das aufgrund seiner Merkmalskombination die Verwandtschaft unterschiedlicher Organismengruppen belegt

Urknall: Theorie, nach der das Universum vor 13 Milliarden Jahren durch Expansion entstand

Ursuppe: Bezeichnung für eine an organischen Stoffen reiche, präbiotische wässrige Lösung, in der die Entstehung des Lebens erfolgt sein könnte

Verwandtenselektion: Förderung der indirekten → Fitness eines Individuums durch die Unterstützung der Fortpflanzung Verwandter

Verwandtschaftskoeffizient: genetischer Verwandtschaftsgrad; Maß für den Anteil identischer Gene, die von einem gemeinsamen Vorfahren stammen

Register

Fette Seitenzahlen weisen auf ausführliche Behandlung im Text hin; ein * hinter den Seitenzahlen verweist auf das Glossar; f. = die folgende Seite; ff. = die folgenden Seiten.

Bildquellen

Umschlag Nikolaj Ullmann / Fotonatur.de; 6.o.l. Nikolaj Ullmann / Fotonatur.de; 6.1 Bridgemanart; 6.3 NPL / Arco Images, Lünen; 7.1 Ulf Erdmann, Bad Sachsa; 7.2 GEOkompakt Nr. 1 Die Geburt der Erde; 7.3 Prof. M. Brunet / Universite de Poitiers; 8 o.l. Bill Sanderson / SPL / Focus, Hamburg; 8.1 Granger Collection / Ullstein, Berlin; 8.2 dpa / picture-alliance, Frankfurt; 9.2 Rex Features Ltd. / die bildstelle, Hamburg; 9.3 SPL / Focus, Hamburg; 10.1 Bridgemanart, Berlin; 10.2 SPL / Focus, Hamburg; 11.1 Dr. Jeremy Burgess / SPL / Focus, Hamburg; 12.1 SPL / Focus, Hamburg; 12.2 Granger Collection / Ullstein, Berlin; 13.1 Getty Images, München; 13.2 akg-images / picture-alliance, Frankfurt; 14.1 Time & Life Pictures / Getty Images, München; 15.1A American Museum of Natural History; 16.1 Archives Charment Archives Charment / Bridgemanart, Berlin; 17.1 AKG, Berlin; 18.1 Bridgemanart, Berlin; 19.1 Bridgemanart, Berlin; 20.A1 Luke Hunter / Lonely Planet Images; 21.A5 Harald Cigler, Affoltern; 22.o.l. NPL / Arco Images, Lünen; 22.1 ESB / A1PIX, Taufkirchen; 24.1A Essling / images.de; 24.1B M. Harvey / Wildlife, Hamburg; 27.1 Peter Frischmuth / argus, Hamburg; 27.2 SciencePictures / KES-online; 28.1A Breck P. Kent / Animals; 30.1A Eye of science / Focus, Hamburg; 30.1C F. Hecker / Blickwinkel, Witten; 33.1 Ulf Erdmann, Bad Sachsa ; 36.1A Dr. A. Paul, Göttingen; 36.1B Schneider; 37.2A Arco Images, Lünen; 38.1A Tierbildarchiv Angermayer, Holzkirchen; 38.1B D.J. Cox / Wildlife, Hamburg; 38.2A Elfner / Tierbildarchiv Angermayer, Holzkirchen; 40.2A Hecker / Okapia, Frankfurt; 40.2B Ronald Wittek / Mauritius, Mittenwald; 41.1A Juniors Bildarchiv, Ruhpolding; 41.1B face to face, Hamburg; 41.1C Geduldig / archivberlin, Berlin; 41.1D W. Layer / Arco Images, Lünen; 42.1A SST / Mauritius, Mittenwald; 42.1B Reinhard Discherl / Bilderberg, Hamburg; 44.1 Löber / TopicMedia Service, Ottobrunn; 45.1A Sean Morris / OSF / Okapia, Frankfurt; 45.3 Focus, Hamburg; 46.1A Dr. A. Paul, Göttingen; 46.1B Dr. Andreas Paul, Hamburg; 47.1 Agentur Focus, Hamburg; 48.1 Tetra Werke Dr. rer. nat. Ulrich Baensch GmbH, Melle; 50.1A Hans Lang / alimdi.net; 50.1B Alfred Schauhuber / alimdi.net; 51.1A Okapia / picture-alliance, Frankfurt; 51.1B Juniors Bildarchiv, Ruhpolding; 53.1 Rex Features Ltd. / die Bildstelle, Hamburg; 53.2A MCPhoto / die Bildstelle, Hamburg; 53.2B O. Machill / Arco Images, Lünen; 55.1 o.l. Prof. Dr. U. Kull, Stuttgart; 55.1 o.r. Prof. Dr. U. Kull, Stuttgart; 55.1 u.l. Prof. Dr. U. Kull, Stuttgart; 55.1 u.r. Prof. Dr. U. Kull, Stuttgart; 56.1 Astrofoto, Sörth; 56.2A Lutz Thilo Wasserthal, Erlangen; 56.2B Lutz Thilo Wasserthal, Erlangen; 57.1 http://www.biologie.uni-hamburg.de; 57.2A SMF, Abteilung Messelforschung / Forschungsinstitut und Naturmuseum Senckenberg, Frankfurt; 59.A3 M. Boulton / Wildlife, Hamburg; 59.4A Gerry Ellis / Getty Images, München; 60.o.l. Ulf Erdmann, Bas Sachsa; 60.2A-D NIEBUHR, B. & GEYER, G. (2005): Beringers Lügensteine – 493 Corpora Delicti zwischen Dichtung und Wahrheit. – Beringeria Sonderheft, 5 (II): 188 S.; Würzburg.; 61.1 http://www.senckenberg.de; 61.2 Ulf Erdmann, Bad Sachsa ; 61.3 Ulf Erdmann, Bad Sachsa ; 61.4 dpa / picture-alliance, Frankfurt; 61.5 John Cancalois / Peter Arnold; 62.1 The Natural History Museum / Dorling Kindersley; 62.2 Ulf Erdmann, Bad Sachsa ; 62.3 The Natural History Museum / Dorling Kindersley; 62.4A DK Images, London; 62.4B DK Images, London; 63.1 Ulf Erdmann, Bad Sachsa; 63.2 Ulf Erdmann, Bad Sachsa; 63.3 Ulf Erdmann, Bad Sachsa; 63.4 Alfred Pasieka / SPL / Focus, Hamburg; 64.1 SPL / Focus, Hamburg; 64.2 Emilio Segre Visual Archives / Amercian Institute of Physics / SPL / Focus, Hamburg; 66.1 Novosti, London; 68.1 Abteilung Messelfoschung / Forschungsinstitut und Naturmuseum Senckenberg, Frankfurt; 69.1 Louie Psihoyos / Getty Images, München; 69.3B HSC / A1PIX, Taufkirchen; 70.1A Kjell B. Sandved / Okapia, Frankfurt; 70.1B Ulf Erdmann, Bad Sachsa; 70.2 H. Fricke / FNH / BIOS / Okapia, Frankfurt; 70.3 Eberhard Grames; 71.V1 Ulf Erdmann, Bad Sachsa; 71.V2 Ulf Erdmann, Bad Sachsa; 72.1 SIP / Arco Images, Lünen; 75.A3 Stephan Schulz / Karlsruhe; 75.A5 Kiwi House, Otorohanga, Neu Seeland; 78.1 Mrkvicka, Perchtoldsdorf; 78.2 Eberhard Grames; 84.3 Meckes / eye of science, Reutlingen; 86.1A Juniors Bildarchiv, Ruhpolding; 86.1B Natural History Museum picture library; 86.1C Danita Delimont / Mauritius, Mittenwald; 86.1D Natural History Museum picture library; 87.2 D. J. Cox / Wildlife, Hamburg; 87.3 W. Layer / Blickwinkel, Witten; 87.4 Okapia, Frankfurt; 88.2 BIS / A1PIX, Taufkirchen; 89.2 Agentur Focus, Hamburg; 93.1 Dr. T. Frischmuth / Universität Stuttgart; 94.4 http://www.filmstarts.de; 95.1 Darkin / SPL / Agentur Focus, Hamburg; 95.2 NPL / Arco Images, Lünen; 96.A1 British Museum Of Natural History, London; 96.A3a http://www.randecker-maar.de; 96.A3b M.Varesvuo / WILDLIFE, Hamburg; 97.A3c Agentur Focus, Hamburg; 97.A3d Jochen Tack, Essen; 98.o.l. GEOkompakt Nr. 1 Die Geburt der Erde; 98.1 GEOkompakt Nr. 1 Die Geburt der Erde; 99.2 SPL / Focus, Hamburg; 101.1 Ulf Erdmann, Bad Sachsa; 101.2 M. Lohmann / Blickwinkel, Witten; 102.1 Prof. Stetter / Universität Regensburg; 103.1 aus: H. Rahmann: Die Entstehung des Lebendigen, 2. Auflage1980 © Spektrum Akademischer Verlag GmbH; 105.1A-D M. Tiffert, Braunschweig; 106.1 J. William Schopf; 106.2 NPL / Arco Images, Lünen; 106.3 Burkhard Büdel; 108.1 CNRI/Phototake / Okapia, Frankfurt; 108.2 Science Source / Okapia, Frankfurt; 110.1 F. Karly, München; 110.2A Meckes / Focus, Hamburg; 110.2B Kage / Okapia, Frankfurt; 110.2C Jürgen Berger/ SPL / Focus, Hamburg; 110.2D Wolfgang Baumeister/SPL / Focus, Hamburg; 110.2E Alfred Pasieka / SPL / Focus, Hamburg; 110.2F eye of science / SPL / Focus, Hamburg; 110.2I Nigel Dennis / NAS / Okapia, Frankfurt; 114.1 Alfred Pasieka / SPL / Focus, Hamburg; 115.2 David Parker / SPL / Focus, Hamburg; 116.3 http://www.ucmp.berkeley.edu; 117.1 DK Images, London; 117.2 F. Graner / Wildlife, Hamburg; 118.1 L. Newman & A. Flowers / Focus, Hamburg; 119.1 Alan Sirulnikoff / SPL / Focus, Hamburg; 119.2 Courtesy of Smithsonian Institution; 119.3 Jean-Pierre Sylvestre / Biosphoto; 121.1 NAS/Tom McHugh / Okapia, Frankfurt; 121.2 Prof. Dr. Hans Fricke/Karen Hissmann, MPI / Seewiesen/Post Starnberg; 126.o.l. Prof. M. Brunet / Universite de Poitiers; 126.1A Dr. Andreas Paul, Hamburg; 126.1B NAS / Mitch Reardon / Okapia, Frankfurt; 126.1C Gerald Cubitt / Okapia, Frankfurt; 126.2A Okapia, Frankfurt; 126.2B Sohns / Okapia, Frankfurt; 126.2C Dr. Andreas Paul, Hamburg; 126.2D Sohns / Okapia, Frankfurt; 129.1 SPL / Focus, Hamburg; 129.2 T. Imo / Photothek.net; 132.A1 Okapia, Frankfurt; 134.1A Reader / Science Photo Library / Focus, Hamburg; 139.1 medicalpicture GmbH, Köln; 139.2 Associated Press; 140.1 Dr. E. Rieber / Bayrische Staatssammlung für Paleonthologie und Geologie, München; 142.1 Laaks / Neanderthal Museum; 142.3B Mensch, Maschinen, Mechanismen Brockhaus 1999, S. 636; 147.1A Tony Camacho / Okapia, Frankfurt; 147.1B VCL / Okapia, Frankfurt; 147.1C Todd Eberle; 148.1 Prof. M. Brunet / Universite de Poitiers; 149.A2A John Cocking / Getty Images, München; 149.A2B Andreas Buck, Dortmund; 150.1A Heine / TopicMedia Service, Ottobrunn; 150.1B Gerard / Explorer / Photo Researchers Inc.; 150.1C D. R. Frazier / Photo Researchers Inc.; 150.1D A. Purcell / Photo Researchers Inc.; 150.1E D. R. Frazier / Photo Researchers Inc.; 151.1 AKG, Berlin; 157.1 Nicholas / Focus, Hamburg; 158.1 Colorphoto Hans Hinz, Basel; 158.3 Dr. Andreas Paul, Hamburg; 160.1 Dr. Andreas Paul, Hamburg; 161.1 Hamburger Kunsthalle / Elke Walford / Bildarchiv Preußischer Kulturbesitz, Berlin; 162.A1 Ruoso Cyril / Biosphoto; 162.A2 A.Shah / WILDLIFE, Hamburg; 163.1 W. G. Allgoewer / Blickwinkel, Witten; 163.2 Helga Lade, Frankfurt; 163.3 BIS / A1PIX, Taufkirchen.

Es war uns nicht bei allen Abbildungen möglich, den Inhaber der Rechte ausfindig zu machen. Berechtigte Ansprüche werden selbstverständlich im Rahmen der üblichen Vereinbarungen abgegolten.